古文書を聴く

鴨志田昌夫歴史論文集

あずさ書店

はしがき―最後の山行き

夫の昌夫は、古文書研究と登山が主な趣味でした。古文書研究はこの論文集としてまとめられましたので、もう一つの主な趣味の登山のことについて書きます。

登山は大学の頃から始めて、都立高校教師として在職中は、山岳部の顧問もしていました。個人的には冬山を除いて、ほぼ月一回ぐらい登り、日本百名山はもちろん、二百名山も残りがあと四つぐらいだと全踏破することを楽しみにしていました。

ところが定年後に、腰痛がひどくなり、二〇一二年に脊柱管狭窄症の手術をしました。これで元のように登山ができると期待していましたが、まもなく膀胱癌が見つかり、二〇一四年に膀胱、尿道、前立腺の摘出手術をしました。その後放射線治療、三か月ごとの検診を受け、二〇一五年六月一日まで「異常なし」が続いていました。

そこで久しぶりに「山へ登ってみよう」と言い出し、二〇一五年七月一日から三日にかけて秋田駒ヶ岳に登ることにし、温泉もあるというので、私も同行しました。初日は宿でゆっくりして、二日目に登り始めました。最初は穏やかな天気でしたが、そのうち次第に風雨が強くなり、ガスで四、五メートル先までしか見えなくなりました。男女岳、横岳を稜線伝いに、強風に吹き飛ばされないよう必死になって歩き、お互いに声をかけることもできず、時々振り返っては無事を確認しあうのがせいぜいでした。

それでも途中八合目あたりで、コマクサ、白根葵、芍薬などの大群落に会い、一面に花が満開に咲き誇っているすばらしい景色を見られました。ガスの中に幻想的に花々が浮かび上がっているのを見たときは、とてもこの世のものとは思えず、別世界にいるように感じました。あの景色はしっかりと今でも思い浮かべることができます。その後、やっと宿に着き、温泉につかり生き返りました。

その前後から、昌夫は腰痛が激しくなり、六月二十日ごろから八月七日まで数回、以前腰痛の手術をした三楽病院で診てもらいました。しかし、異常は見つかりませんでした。そこで念のためにと撮ったＭＲＩで「癌」の転移らしきものが見つかり、膀胱癌の手術をした杏林大学病院へ紹介され、八月十八日に検査を受けました。その結果、骨へ転移していることがはっきりし、九月一日に今後の治療について杏林大学病院で相談する予定でした。八月三十日には、五歳になった孫娘の誕生祝いを自宅で一緒にしました。ところが、翌八月三十一日に息苦しさを訴え、杏林大学病院へ救急車で運ばれ、翌朝九月一日の七時九分に永眠しました。

あまりの急変にただうろうろするだけで、ろくに話も出来ずに、逝かせてしまったことは、非常に強い心残りです。

この「論文集」の出版では、昌夫の姉の川口久美子に多大の骨折りをいただきました。昌夫の自費出版への強い希望を知っていた義姉は、何とかその遺志を形にしようと、尽力してくれました。地下の昌夫もどんなにか喜んでくれたことと思います。心からの感謝の思いを義姉に捧げます。

平成二十八年七月十日

妻　鴨志田　良江

もくじ

まえがき
第1章　郷士の暮らし向き―天保六年（前編）……五
　―「年中出入諸雑用覚帳」翻刻と注釈―
第2章　郷士の暮らし向き―天保六年（後編）……五三
　―「年中出入諸雑用覚帳」の分析から―
第3章　多摩郡上小金井村の幕末農民……一〇一
第4章　鴨志田氏（常陸国久慈郡小島村）の由来……一八七
第5章　水戸藩の郷士と鴨志田又左衛門家……二三七
第6章　常陸国弘安二年「作田惣勘文」の一考察……二九七
あとがき

第1章　郷士の暮らし向き――天保六年（前編）

―「年中出入諸雑用覚帳」翻刻と注釈―

はじめに

『年中出入諸雑用覚帳』（以下、これを『覚帳』と略す）は、筆者が旧鴨志田又左衛門家（現当主鴨志田清敏）で発見したものである。この『覚帳』は、天保六年（一八三五）正月二日から同大晦日までの丸一年の毎日の金銭出納（支出「月日　金銭額　項目」・収入「月日　金銭額　項目」）を記している。縦八センチ、横十四・五センチほどの横長の和紙二五枚ほどに縦書き二段に記され、袋とじにされて、紙縒りでくくられ、帳面風に仕立てられている。

　なお、『覚帳』の末尾には、天保六年の日々の収支以外に、「覚　蛭田より酒借」としてまとめられた酒のいわゆる「付《つ》け」の記録、同様に油屋への油の「付け」の記録、手伝いに使った人物への貸し金の「付け」、手伝い人を雇った月日・作業項目・延人数等の記録等も、六枚ほど付け加えられている。

　これらの「付け」の会計は日々の家計とは別会計である（ただし、この部分は破損や虫食いが多く、十分に読めない所もある）。

　また、こうした『覚帳』は天保六年のもののみ残っていて、他は残っていない（記録者の直升は几帳面な人のように見受けられるので、恐らく他年も作っていたと思う）。

1　『覚帳』の翻刻

　『覚帳』の年間家計簿に当たる部分は、破損・欠損・虫食い等がなく筆も鮮明であるが、草書体で書かれ、メモ風に書き込んだ部分もあり、現在の私の能力では翻刻不能の所もあった。その場合は□□と記した。また、翻刻した部分についてもあるいは誤読している所があるかもしれないことをあらかじめお断りしておく。これらについては、後日なお検討を進めたいと思っている。

　次に、『覚帳』では、支出項目が「まくろ」のように平仮名（旧仮名）で記されることが多い。この場合わかりやすくするために、「まくろ（鮪）」のように（　）内に漢字書きを加えた。

　また月日については『覚帳』では同じ月日が続く場合、同日、同じ月の場合、同十二日のように記されているが、同日が何回も続くとわかりにくいので「二月三日」というように必ず数字を入れて表した。

2　『覚帳』の注釈

支出や収入の内容や項目について、可能な限り必要と思われる注釈を加えた。その際には各種辞典類や地方史文献を参照したが、調べてもわからないものも少なくなかった。この点も課題としておきたい。

なお、私は本史料の内容を分析して、鴨志田又左衛門家（以下、単に直升家と呼ぶ）の暮らし向きを探る論文を「郷士《ごうし》の暮らし向き―天保六年（後編）」として作成した（以後これを『後編』と呼ぶ＝本書第2章）。注釈等について、「後編」でより詳しく述べた場合は「「後編」参照」とした。

3　『覚帳』の表紙

（表紙）　天保六年（注1） 年中出入諸雑用覚帳 未正月吉日　直升（注2）

表紙には上のように、天保六未年の「年中出入諸雑用覚帳」と記され、記述者は「直升」と記されている。

4　『覚帳』の月単位のまとめ

『覚帳』の記述は月日の経過の順番に記されているが、特別に月単位でまとめられているわけではない。ここでは月の初めに「正月」のような月名を入れ、月単位にまとめるような体裁をとった（なお、項目の多い、正月と十二月は半月ずつにまとめた）。

（注1）天保六年は、西暦一八三五年。この年前後に、全国的にいわゆる天保の飢饉が起きていることが注目される。『水戸市史中三』によれば、水戸藩領のこの頃の作柄は、天保元年不作、四年凶作、五年良作、六年（当該年）不作、七年・八年凶作・飢饉、九年凶作である。こうした作柄状況は、当然「又左衛門直升」家の家計にも大きな影響を及ぼしていると思われるが、具体的にどういう影響があったかはわからない。

（注2）鴨志田又左衛門直升は、その生没年を示す古文書は残っていないが、鴨志田家にある墓地の直升の墓石の裏面記載によれば、万延二年（一八六一）二月二一日（注3）に七十四歳で亡く

なっている。逆算すると、生年は天明八年（一七八八）と思われる。直升は、文政三庚辰年（一八二〇）十二月二五日に「父取来御物成五十石頂戴郷士」を継承している。直升が主として活動した年代は、文政・天保・弘化・嘉永頃の大体一九世紀の前半頃と思われる。直升の亡くなった万延二年は、桜田門外の変の一年後で、水戸藩が内戦を展開する元治甲子の乱の三年前、幕末の動乱期である。

（注3）万延二年は二月一八日で終わり、二月一九日に文久に改元されている。したがって、万延二年（一八六一）二月二一日は正しくは文久元年二月二一日とすべきである。何らかの理由で年号記載に誤りが生じたのであろう。

一　正月（一日〜十一日）

覚

三日　一　百文（注1）●まくろ（鮪）（注2）
三日　△弐百七十弐文　下駄緒
三日　一　八十四文　下村油等
三日　△六十八文　扇子弐　秋茂へ
三日　一　廿弐文　おまゆ下駄緒
三日　△百三十弐文　おのせや（注3）ニ而煙草切
三日　一　十弐文　わらんじ（草鞋）
三日　△四十弐文　紋羽初代（注4）
三日　一　弐百三十弐文　長瀬氏進物酒
三日　△弐百文　白さとふ（砂糖）
三日　一　弐十四文　たわし
三日　△六十九文　菓子
三日　一　六十文　青柳ニ而、新介へ酒（注5）
三日　△三十弐文　中ぬき
三日　一　九十文　大ざる（笊）弐つ
三日　△十弐文　ろふそく（蝋燭）
三日　一　三十弐文　紅花
△三百七十七文　去年分　升や（注6）払
三日　一　弐分弐朱弐百五十弐文　おのせや泊（注3）代払
三日　△百文　おのせや（注3）茶代
二日　川村より御切米白紙三枚ニ而弐両之引当（注7）
　一　弐分也　借ル（注7）　外壱両弐分　御地頭上納等（注8）
三日　一　弐分也　森田へ醤油代之内坂本やニ而遣ス
五日　△弐朱文　正林へ礼
五日　一　三十文　法印（注9）年始

五日　△弐十文　法印隠居年始
五日　一　弐十八文　とふ婦（豆腐）
五日　△弐十文　油あけ
六日　一　四十八文　大家福
六日　△廿四文　酒蔵分大家福
七日　一　百文　　ごぼう
七日　△三百文　太田ニ而買物（注10）
七日　一　百廿文　油あげ
七日　△十五文　おかま（注11）
七日（注12）　一　百文　　年越御神酒
七日　△十四文　とふ婦（豆腐）
八日　一　十五文　こんにやく
八日　△百文　　御初穂（注13）
八日　一　百文　　魚油求
九日　△百文　　寺年始（注14）
十日　一　廿四文　御神酒
十一日　△八十五文　●ひらめ壱枚
十一日一　三十弐文　湯殿山御初穂
十一日　△十四文　とふ婦（豆腐）

（注1）文《もん》は銭の単位。江戸時代の貨幣は、この銭貨と金貨・銀貨から成っていた。銭貨は貫・文が単位で千文が一貫文である。金貨は両《りょう》・分《ぶ》・朱《しゅ》の単位で、一両＝四分、一分＝四朱である。金貨と銭貨の交換相場は時によって変動するが、天保六年時点では一両（金）＝六貫七百文（銭）であった（「郷士の暮らし向き（後編）」を参照。以下これを単に「後編」と呼ぶ）。銀貨はこの「覚帳」ではまったく出てこないので、この地方ではあまり流通していなかったと考えられる。

（注2）「●まくろ」のように、魚・卵を購入した際には●印を付けている。なぜ●印をつけているのか。よくわからないが、もしかしたら贅沢品を買ったという意識があるのかもしれない。直升家では季節の旬の魚をしばしば購入している。おそらくこれらの魚は鮮魚であり、行商の魚屋から購入したと思われる。

（注3）「おのせや」は直升家が水戸に上がった際の定宿になっていた旅籠屋。この正月二日〜三日の水戸行きと宿泊は、立原翠軒『水戸歳時記』（秋山房子編）の正月三日の欄に「今日郷士登城奉賀」とあり、「登城奉賀」のためであった。

（注4）「切《きれ》」は、布切れをさす。以後しばしば「切」を買った記事が出てくる。

（注5）青柳は那珂郡青柳村（現水戸市青柳町）。小島村から水戸城下へ行く場合、青柳から那珂川を渡って城下に入って行った

と考えられる。水戸から青柳を通って、鴻巣・瓜連・部垂（大宮）・上大賀等を経て棚倉方面に行く南郷街道が整備されていた（『水戸市史　中一』）。青柳で那珂川を渡る際、荷物運び等でお供させた奉公人の新介に、ご苦労賃として酒をふるまったものと思われる。

（注６）中野村にあった店の名。

（注７）「川村より御切米白紙三枚ニ而弐両之引当」はよくわからないが、御切米白紙三枚は直升が物成五十石の郷士として藩から支給される俸禄米（御切米）の手形三枚を意味するのであろうか。この「御切米白紙三枚」は金二両に当たり、さし当たって二分を現金で受け取り、残り一両二分は御地頭上納等に当てることにしたという意味であろうか。また、「川村」はよくわからないが、藩の年貢米や俸禄米の売却に関わる札差のような商人だろうか（「後編」参照）。

（注８）直升は藩から物成五十石に見合う米金を支給されたが、同時に先祖伝来の田畑を所持し経営する農家でもあった。その点が「郷士」と呼ばれる所以であった。そして農家として経営する田畑に関しては、その土地の知行者（御地頭・知行者の麻田氏）に年貢等の税を納付しなければならなかった。

（注９）「法印」とは、直升に身近な僧侶か、山伏を指すと考えられる。当時直升家の東南寄りの隣家が丹治姓の「山伏」であったので、この山伏を指すのではないか。「法印隠居」はその隠居を指すものか。

（注10）「太田」は、久慈郡太田村（現常陸太田市の中心部）。久慈郡の行政・商業の中心地。小島村直升家から一里半（約六キロ）ほどの地。直升家はしばしば太田に買物に行っている（「後編」参照）。

（注11）「おかま」は、おかまさま（竈神）か。

（注12）「正月七日」は、太陽暦に換算すると二月四日になる。即ち立春である。この「年越御神酒」は、節分・立春に関係したものか。

（注13）「御初穂」は、神仏に供える金銭のこと。本史料ではしばしば出てくる。

（注14）直升家の菩提寺は久昌寺（久慈郡稲木村、水戸二代藩主光圀が創建。日蓮宗）だった。直升家は光圀との関係で久昌寺檀家になったものと考えられる。小島村の多くの農家は隣村の島村・宝金剛院の檀家である。なお、この後、直升家は水戸藩の廃仏の動きが進む中で「神道」を宗旨とするようになる。

二　正月（十二日〜廿九日）

十二日　一　弐百文　右所（湯殿山）御初穂
十二日　△五十弐文　静参詣小遣（注1）
十二日　一　四十八文　醤油
十二日　△廿四文　千八郎（注2）小遣
十二日　一　三十八文　たばこ限士等
十二日　△十五文　こんにやく
十一日　△壱朱也　薬礼　綿引氏
十三日　一　百文　●玉子十弐
十三日　△弐百六十四文●ひらめ
十三日　一　百文　魚油
十四日　一　五十文　醤油
十四日　△四十弐文　中野（注3）茂三郎払去年分ろうそく
十四日　一　百文　神酒
十四日　△弐拾文　油あけ
十四日　一　三十五文　●ひらめ一枚
十四日　△十四文　とふ婦（豆腐）

十五日　一　百文　醤油代
十五日　△三百文　水之介（注4）村松（注5）小遣
十五日　一　百文　田幡　太一郎江（注6）悔
十八日　△壱分也　条蔵へ　麻田様上納（注7）
廿日　一　百七十弐文　●きす
廿日　△十四文　とふ婦（豆腐）
廿二日　一　十四文　釘
廿一日　△八十文　七面大明神（注8）参詣小遣
廿四日　一　五十五文　ちり紙
廿四日　△百文　枕石寺（注9）年始
廿四日　一　百文　水之介　愛宕山（注10）小遣
廿四日　△十四文　とふ婦（豆腐）
廿四日迄　一　四十八文　色々小遣
廿四日迄　△四十文　小つる（小鶴）（注11）桶や
廿六日　一　四十八文　ちり紙
廿七日　△百文　ちり紙
廿七日　一　廿八文　もとゆひ（元結）
廿七日　△廿五文　高状紙（注12）
廿七日　一　百九文　半四郎へ縄張代
廿七日　△八十弐文　筆

廿七日　〇一　壱両ト三十八文籾代取　内四十九文掛り（注13）
廿九日　△十四文　とふ婦（豆腐）
廿九日　一　弐百文　御母様笠紐代（注14）
廿九日△△一朱也　中野素（カ）三郎醤油代遣ス
廿九日　一　廿文　たばこ
廿九日迄△四十八文　色々遣
廿九日　一　百文　醤油代

（注1）「静参詣」は、那珂郡静村（現那珂市静町）にある静神社（常陸二宮、神主は齋藤氏。幕末、神官斉藤監物は桜田門外の変に加わる）への参詣。

（注2）「千八郎」は、直升の二男。後、那珂郡田彦村（現ひたちなか市田彦町）郷士平野伊右衛門重教の養子となる（故鴨志田凞氏の御教示による）。

（注3）「中野」は、久慈郡中野村。小島村の隣村。比較的商業の発達していた地。

（注4）「水之介」は、直升の長男。後、直升の郷士身分を継承し、又左衛門直準を名乗る。天保三年の直升の又左衛門家由緒書では千五郎となっている。その後元服し改名したと思われる。

（注5）「村松」は、那珂郡村松村（現那珂郡東海村村松）。村松大神宮とそれに隣接する虚空蔵堂がある。前者は「元禄七年徳川光圀が社殿を造営し、九年に伊勢から分霊を奉遷した」、後者は村松・虚空蔵さんと言われ「十三参り」で有名（『東海村史民俗編』）。この日には村松大神宮で「筒粥」という農作物の豊凶を占う神事が行われた（立原翠軒『水戸歳時記』（秋山房子編））。

（注6）「田幡《たばた》」（屋号）は、又左衛門家の分家筋にあたる家で、享保頃から代々小島村の庄屋を務めた。関東では一般に名主という所が多いが、水戸藩領では庄屋と称した。

（注7）「麻田様」は、小島村の土地を知行取していた水戸藩上士であろう。

（注8）久慈郡中利員村（現常陸太田市中利員町）の鎮守・七面明神か。

（注9）「枕石寺」は、久慈郡上川井村（現常陸太田市上川合町）にある浄土真宗の寺。親鸞の故事で有名。

（注10）「愛宕山」は、久慈郡玉造村（現常陸太田市玉造町）にある。火伏せの神として、縁日には十一月と正月の二四日、講中参詣でにぎわった。水之介が行ったのは、この正月二四日である。

（注11）「小つる」は、小鶴部落。小島村の中の一部落。前小鶴と後小鶴がある。

（注12）「高状紙」は、高帖紙（厚手の紙のこと）。

（注13）籾米を売って、金一両と銭三十八文を得たということ。経

費として四十九文かかった。
（注14）二月の項の（注1）に同じ

三　二月

朔日　△六十六文　御母様きやはん（脚絆）切（注1）
朔日　一　百文　御母様御持参（注1）
朔日　△五十三文　御母様送り舟ぢん（賃）等（注5）
二日　一　十四文　とう婦（豆腐）
二日　△弐百文　たばこ
二日　一　三朱百三十九文惣兵衛頼母子掛ル（注2）
二日　△弐百文　水之介　御城下小遣（注3）
四日　一　三十一文　こんにやく
五日　△廿四文　こんぶ（昆布）
五日一　十四文　とふ婦（豆腐）
朔日　△弐分也　水之介、又三郎分　刀請ニ遣ス
五日　一　十六文　御神酒
七日　△十四文　とふ婦（豆腐）
九日　一　百文　醤油代
九日迄　△廿四文　色々遣
十一日　一　十四文　とふ婦（豆腐）
十三日　△三十一文　こんにやく
十三日　一　廿文　小遣
十四日　△百文　付木（注4）
十五日　一　十四文　とふ婦（豆腐）
十五日　△五十六文　下村油
十六日一　四十八文　醤油代
十六日　△百文　綿糸七ツ
十六日　一　弐百五十一文　おせと（注5）、ゑり（襟）切
十六日　△三分也　掛札に薬礼（注6）
十四日　○一　壱両也　嶋、定介より借（注7）
十五日　△百文　大里参詣（注8）兄弟小遣
十七日一　一朱三百文　瀬左衛門、頼母子掛
十七日　△四十四文小ざる（笊）弐ツ
十八日　一　三十弐文　ぎんもし
十九日　△三十弐文　庄次郎へ　悔指（注9）
廿二日　一　五十文　きれ（切）等
廿二日　△百七十五文　水之介遣
廿二日一　壱分　会佐両山　孫左衛門に遣ス　東上町に頼（注10）

廿八日　△百八十文　●玉子
廿八日　一　一貫廿六文　太田色々買物

（注1）　直升の母親がどこかへ出かけ、いろいろ出費があった。「笠紐」や「脚絆」等の本格的な旅装束を用意していること、「舟賃」が五十三文かかっていること（渡し舟の金にしては多すぎるような気がする）などから、久慈川等の川舟を利用する遠出の旅のように見受けられる。『瓜連町史』によれば、小島村から近い門部に久慈川の河岸があった。このように、直升の母は、女性の身ながら時々外出をしている。この点については「後編」で扱った。
（注2）　「頼母子《たのもし》」は、「中世に始まる金融方式。参加者は一つの講を結成し、毎回の会合で懸銭《かけぜに》を出しあって、抽選または入札で参加者の一人に配当するもの。講の会合は定期的に開かれ、参加者全員に配当が行き渡るといちおう終了するが、講組織が永続して、講有田をもつ傾向もみられた」（『日本史広辞典』）。この頼母子は惣兵衛が主催するものだったようだが、その外にも頼母子は組織されており、直升はいくつかの頼母子の構成員になっていた（「後編」参照）。
（注3）　二月二日に、直升の長男水之介が水戸城下に上っている。
（注4）　「付木《つけぎ》」は、スギやヒノキの薄片の一端に硫黄を塗りつけたもの。火を他のものに移すに用いられた（『広辞苑』）。ただし、この地方では、簡単な「薄謝の品」の意味にも使われる。この場合はどちらかわからない。
（注5）　「おせと」は、直升の妻と思われる。久慈郡河原子村大内家の出である。
（注6）　「掛札」は、久慈郡落合村（現常陸太田市落合町）の掛札氏。水戸藩家老中山備前守領の郷士。掛札家とは代々深い姻戚関係を結んでいた。直升の母の実家は掛札家であり、娘は掛札源之允の妻になっている。この『覚帳』にも、この後「落合」「掛札」は何回も登場する。
（注7）　嶋は久慈郡島村（現常陸太田市島町）。この村の定介から金一両を借金した。
（注8）　大里は久慈郡大里村（現常陸太田市大里町）。大里には来迎院という天台宗の寺院があり、通称オアミダ様として親しまれた。二月十五日は「阿弥陀様の縁日で若者たちはみなお参りに行った」（『常陸太田市史　民俗編』）。
（注9）　「悔指《くやみさし》」の「指《さし》」は何らかの義務・義理に関係して金品を差し出すことを言うようである。特に神仏に関係したことが多い。ここでは香典のことか。
（注10）　「会（金）佐両山」は東・西金砂山＝東・西金砂神社を指すと思われ、孫左衛門を介して金一分を寄進したことを意味す

るようである。同様の寄進を、この後もしている。定期的にしているようである（この『覚帳』では常に「会佐両山」と記されている。金砂両山のことと思われる。以下金砂両山として話を進める）。

四　三月

朔日　△廿四文　小遣
二日　一　四十七文　御田楽参詣（注1）小遣
二日　△弐百文　水之介　御田楽（注1）遣
三日　一　百八文　●うば貝（注2）
四日　△百文　村松大神宮　勧化（注3）
（二月）廿九日分　一　百文　中野ニ而　ろうそく（蝋燭）
四日　△廿文　万歳初穂
四日　一　百文　万歳御初穂
四日　△七十五文　●玉子
五日　一　三朱也　辰四月七草物　七請元利（注4）
五日　△廿四文　せんべひ（煎餅）
五日　一　十四文　とふ婦（豆腐）
六日　△一朱也　岡部氏　飛脚銭
六日　一　廿六文　たがや
九日　△十七文　す（酢）
九日迄　一　廿四文　色々遣
七日　△廿八文　もとゆひ（元結）
七日　一　四十八文　十三夜参
十一日　△百廿文　●うば貝（注2）
十六日　一　百文　川村より分　しげんし代
十五日　△百文　御母様、大里遣
十四日　一　十四文　とふ婦（豆腐）
十六日　△四十弐文　とふ婦（豆腐）
十六日　一　百四十八文　●きす
十六日　△三十弐文　艾
十六日　一　四十八文　さとふ（砂糖）
十六日　△百文　御母様へ
○　二日分一　弐分九百四十五文もぢ　内三十四文掛（注5）
十七日　△六十四文　●うば貝（注2）
十七日一　百文　又四郎へ悔遣
十八日　△百文　安産御初穂（注6）
十八日一　十四文　とふ婦（豆腐）

十八日　△百文　たばこ
十九日一　百七十弐文　●あんこふ（鮟鱇）
廿一日　△弐百文　玄光へ遣
廿日　一　弐百文　村松参詣（注7）、水之介遣
廿一日一　△五十四文　太田　やき継
廿一日一　十四文　ゑびす様田之神様
廿三日　△四十八文　醤油
廿三日一　十八文　す（酢）等
廿四日　△百八十五文　村松参詣（注7）小遣
廿四日一　四十八文　醤油
廿四日　△七十六文　太鼓さし（注8）
廿四日一　廿八文　とふ婦（豆腐）
廿五日　△五十六文　瑞龍（注9）拝小遣
廿五日一　五十弐文　ちり紙
廿五日　△十六文　夏大根種
廿五日一　八文　天神講指（注10）等
廿五日　△弐朱文　太田西二町こんや（紺屋）へ払
晦日　一　百文　●あんこう（鮟鱇）
晦日　△廿四文　す（酢）
晦日　一　四十弐文　とふ婦（豆腐）

廿六日廿九日　△百文　おせと遣

（注1）「御田楽参詣」は、六年に一度の両金砂神社の小祭礼の田楽か。西金砂神社の祭礼は三月初めに行われたようである。

（注2）「うば貝」は、「〔姥貝・雨波貝〕真弁鰓《さい》目の二枚貝。寒海の砂泥底に棲息。肉は生で食べ、またはひものにする。ホッキガイ。」（『広辞苑』）。今日ではホッキガイの呼称の方が一般的。

（注3）正月（十二日～廿九日）の項（注5）の村松大神宮の補修などのため、水戸藩が下ろした寄付か。それに百文寄付したと思われる。

（注4）辰年（天保三年カ）の四月に入れた質草を元利金三朱払って請け出したということか。質屋の利用はしばしばあったようで、この後も何回か出てくる（四月の（注6）を参照）

（注5）三月二日「もぢ」（恐らくもち米、当地方では「もち」は「もぢ」とにごる）を売って金二分と銭九百四十五文を得た。その掛かりとして三十四文かかった。

（注6）五月十八日の「落合産着求」と関連させて考えると、当時落合村の掛札源之允の妻となった直升の娘が妊娠していて、その安産御初穂と思われる。

（注7）『東海村史　民俗編』によれば、村松虚空蔵尊では天保六年（まさにこの覚書が書かれた年）に「虚空蔵開帳、来ル三月

十三日より日数十五日」とあり、天保六年には出かけている。

（注8）村の鎮守の「太鼓」にかかる費用の一部を負担したということか。

（注9）「瑞龍」は、久慈郡瑞龍村（現常陸太田市瑞龍町）。ここには歴代水戸藩主の墓がある。前掲『水戸歳時記』に「（三月）十日瑞竜山墓祭」とあり、『常陸国水戸領風俗問状答』（秋山房子編『水戸歳時記』所収）に「（三月）八日頃、瑞竜山ニて土神祭有、つちのとの日也」とある。日にちが合わないが、この二五日に記された「瑞竜拝」は「瑞竜山墓祭」「瑞竜山ニて土神祭」にあたるものか。

（注10）「天神講」の「指《さし》」といい、「天神講」に八文の寄付をした。天神講は菅原道真の命日にちなんで毎月二十五日に行われる子どもの祭り。

五　四月

朔日　一　四十八文　千八郎、静参詣（注1）
朔日　△五十六文　水之介、静小遣（注1）
○前日分　一　弐分　古銀　掛札ニ而引替（注2）
前日分　△百文　村松山勧化
○四日一　壱分弐朱也　なかうと礼ニ山野神より（注3）
（二月）廿八日　△三朱弐百文頼母子分　塙へ廻ス（注4）
六日　一　廿八文　とふ婦（豆腐）
四日　△弐百文　御母様分中野糸引ちん（賃）
二日一　弐朱百　太田西二町こんや（紺屋）江
六日　△百文　ゆおふ（硫黄）（注5）三百八十目求
六日　一　四十八文　毛ふるひ（篩）
六日　△五十文　ちり紙
六日　一　廿四文　醤油
六日　△百文　五十部　醤油かり（借り）七日済
六日　一　廿八文　もとゆひ（元結）
七日　△廿八文　とふ婦（豆腐）
八日　一　三百六十四文　七（質）利（注6）
八日　△十六文　七（質）請酒手　松右衛門へ（注6）
　使、松右衛門　蛭田へ
八日　一　千八郎　素居見
前日分　△三十六文　千八郎遣
十日　一　十四文　とふ婦（豆腐）
十日　△四百四十八文　御城下ニ而染代

十三日一　十四文　川合より利借
十二日　△廿四文　天道念仏さし（注7）
十四日一　十六文　もくさ（艾）
十六日　△廿八文　とふ婦（豆腐）
十六日一　一朱也　又介へ前日分塩一俵代
十六日　△百三十四文鰹ふし（節）弐つ代
十六日一　十弐文　村御祈祷さし（注8）
十七日　△四十八文　醤油代
十六日一　四十八文　おせと落合小遣（注9）
十六日　△弐百七十弐文　●れんて（注10）
十七日一　五十五文　ちり紙
十七日　△四十八文　千八郎小遣
十九日一　六十八文　小鶴　おけや（桶屋）
十九日　△十六文　もくさ（艾）
十八日一　八文　す（酢）　△○△
廿一日　△○壱分弐朱也　七（質）借　すが投網蛭田へ（注11）
廿一日　一壱分一朱也　元分　御母様袷請（注11）
廿一日　△利百八十文払　羽織三朱ニ而残ル　使、新介（注11）
廿一日一　百文　御母様
廿二日　△四十八文　醤油代

廿三日一　十四文　とふ婦（豆腐）
廿五日迄　△廿四文　小遣等
廿六日一　並醤油五合中野茂三郎より借　使、由松
　上醤油三合四勺　五月廿八日返ス　勘定済
廿六日　△十四文とふ婦（豆腐）
廿八日一　十六文　もくさ（艾）
廿一日　△十五文　釘

（注1）四月朔日は静神社の例大祭の日であった（『瓜連町史』）。水之介・千八郎兄弟がその参詣に行ったものと思われる。
（注2）落合・掛札家で「古銀」を金二分に替えた。
（注3）直升が仲人の礼に山之神（久慈郡天神林村の一部落名ではないかと思われる）から金一分二朱をもらった。
（注4）「塙」は隣村中野村の郷士である塙茂一郎を指すと思われ、同じ頼母子の構成員であったと思われる。
（注5）ゆおふ（硫黄）は一般の家では使用しないものだと思うが、又左衛門家では代々鉄砲の玉薬の調合をやっていたので、それに使う材料と思われる。あとでも玉薬の材料の記事が出てくる。
（注6）質入の利子として、三百六十四文を質屋「蛭田」に払った。その使いは松右衛門であった。使いの松右衛門には酒手を出し

た。この「蛭田」は、直升の質入先としてしばしば登場する。「蛭田」は質屋の他に酒屋も営んでいたようで、直升家では酒もここから購入している。「蛭田」は小島村本郷部落の「びんだ」と呼ばれる屋号の家を指すのではないかと思われる。なぜ「蛭田」が「びんだ」か。当地方では蛭のことを「びる」と呼び「びるだ」が訛って「びんだ」になったとのことである（故鴨志田熈氏のご教示による）。

（注7）天道念仏は「天道踊とも。念仏踊の一つ。天道すなわち太陽を拝み、田植前後に豊作祈願のために行う。関東から福島県浜通り地方に分布」（『日本史広辞典』）する。こうした民俗行事がこの地方でも行われ、それへ直升家が二四文の寄付をしたもの。なお、仏教の影響を民衆生活から一掃しようとする水戸藩天保の改革で、天道念仏は天保十四年に禁止になっている（『水戸市史　中三』）。

（注8）小島村で行われた何らかの祈祷に際して、寄付をしたもの（なお、（注7）と（注8）については「後編」参照）。

（注9）直升の妻おせとが、落合村掛札家へ行った。嫁した娘の出産に関係してか。五月の項の（注2）に関連していると思われる。

（注10）「れんて」は、「魚「かんぎえい（雁木鱏）」の異名。方言で魚。①がんぎえい（雁木鱏）れんてえ茨城県那珂郡（下略）」（『日本国語大辞典二版』（小学館）。

（注11）四月二一日に、直升は「すが投網」を蛭田（質屋）に質入れして金一分二朱の金を借りる。そのうち一分一朱を元本分として蛭田に払って「御母様袷」を請け出した。また、利子百八十文を払ったが、羽織は三朱入れないと請け出せないので、質として残った。この時の使いは新介であった。

六　五月

朔日　一　百四十文　●さがぼふ（注1）半身
朔日　△五文　さんせん（賽銭）
朔日　一　八文　す（酢）
朔日　△四十八文　醤油代
（四月）廿九日一　廿一文　とふ婦（豆腐）
朔日　△十弐文　紙等
二日　一　四十八文　●ゆわし（鰯）
四日　△四十八文　醤油代
四日　一　十四文　とふ婦（豆腐）
三日　△三十弐文　新介酒手
五日　一　三十文　●ゆわし（鰯）

五日　△三十文　●ゆわし（鰯）
五日　一　三十弐文　石尊□□御初穂
六日　△十四文　とふ婦（豆腐）
六日　一　三十弐文　艾
六日　△弐十四文　御母様落合遣（注2）
七日　一　十四文　上川合　とふ婦（豆腐）借
七日　△四十四文　ちり紙
十日　一　弐十文　なす（茄子）苗
七日　△百文　角
七日　一　一朱也　御見分　水之介小遣（注3）
十日　△十四文　とふ婦（豆腐）
十日　一　廿四文　墨
十日　△三十弐文　雑用等
十二日一　百十三文　●さば（鯖）
十三日　△廿四文　●ゆわし（鰯）
十二日一　十四文　とふ婦（豆腐）
十七日　△十四文　とふ婦（豆腐）
十七日一　百廿四文　●ぶり（鰤）
十八日　△一貫五百九十文落合産着求（注4）
十八日一　四十四文　ちり紙

十八日　△百文　さとふ（砂糖）
十八日一　十六文　あぶら（油）
十八日　△百八文　ふし（節）等
十八日一　四十八文　艾
十八日迄　△三十弐文　色々求
十九日一　弐百六十四文　●初鰹半身（注5）
十九日　△五十六文　す（酢）・醤油
十九日一　百文　たばこ
十九日　五十四文　ちり紙
廿二日一　弐百四十八文　おはま分染代
廿二日　△四十八文　みの（蓑）
廿三日一　一朱也　水橋薬や　内払
廿五日　△百文　醤油
廿六日一　小ぞふり（草履）
廿六日　△四十文　●ゆわし（鰯）
廿六日一　百三十弐文　●かれひ
廿七日　△百文　返り坊　手間代
　　　物兵衛・吉右衛門を詣（遣カ）而、年々利払而
廿六日　△一　壱両弐分　掛札より借　頼母中籤迄借用（注6）
廿七日一　六十四文　ちり紙等

廿七日　△三十弐文　うるし（漆）
廿五日一　一朱百三十文　塩壱俵壱升代法印へ遣

（注1）「さがぼふ」は、「魚「ほしざめ」（星鮫）の異名（中略）。方言で魚。①さめ（鮫）福島県・茨城県・栃木県佐野市・大田原市　さがんほ栃木県芳賀郡　②鮫の一種　常陸（下略）」（『日本国語大辞典二版』（小学館）。

（注2）直升の母が落合・掛札家（自分の実家）へ行った。恐らく、ここに嫁している孫娘の出産に関係しているのであろう。

（注3）七月の項の（注1）を参照。

（注4）嫁した娘の出産に際し、実家である直升家が「産着」を一貫五百九十文で買い、これを贈ったということだと思われる。当地方では「子供の着物は米一升を添えて嫁の実家や親戚から贈られる」（『常陸太田市史　民俗編』）という慣習があった。

（注5）五月十九日「初鰹半身」を、二百六十四文で買っている。「初鰹」という所に直升の思い入れが感じられる。これ以後もしばしば鰹を買って食べている（「後編」参照）。

（注6）五月二十六日には、一両二分の金を「頼母子中籤迄」ということで掛札家から借りている。困った時の掛札頼みで、何かと掛札家を頼りにしている。

七　六月

朔日　△百七十五文　色々買物
朔日　一　百文　さとふ（砂糖）
二日　△廿壱文　とふ婦（豆腐）
五日　一　廿文　久米へ　ちんせん（賃銭）
四日　△廿八文　若芽
六日　一　廿八文　とふ婦（豆腐）
八日　△四十文　●玉子
十日　一　七十弐文　こひしやく（肥柄杓）
十日　△十六文　御神酒
十日　一　廿四文　こふやく（膏薬）
七日・前日　△五十文　忠吉へ両度ニかし（貸し）（注1）
十日　一　壱分六百八十三文　水之介羽織代（注2）
十日　△百文　もくさ（艾）
十日　一　五十弐文　ちり紙
十日　△百八十七文　色々切
十一日一　六十文　●玉子

十一日 △廿四文 千八郎小遣
十一日一 七十文 おせと下駄一足
十二日 △十弐文 す（酢）
十二日一 弐百六文●ゆわし（鰯）・かれひ
十四日 △八十八文 ●さが（注3）半
十五日一 八十文 ●いなだ
十五日 △廿四文 さんせん（賽銭）等
十七日一 十六文 ●ゆわし（鰯）
十七日 △三十六文 色々小遣
十七日一 弐百十六文 びん（鬢）付油
十七日 △四十八文 目薬
十七日一 弐百文 佐藤先生へ
十七日 △百文 定之介へ
十七日一 十文 とふしん（灯心）
十七日一 三十四文 火縄（注4）
十七日 △四十五文 御城下小遣（注5）
十七日 △五十五文 武がん 升やより借
十六日 昼並泊り ○ 小のせや（注5）
廿日 △百七十弐文 ●かれひ
廿日 一 廿八文 小ぞうり（草履）

廿一日 △廿九文 醤油代
廿日 一 廿六文 ちり紙
廿日迄 △百文 色々小遣
廿一日一 弐百文 縄代
廿日 △廿四文 忠吉へかし（貸し）（注1）
廿二日一 弐百七十弐文 醤油代
廿二日 △三百文 下りござ（茣蓙）
廿二日一 三百四十八文 大小二足雪駄
廿二日 △弐百廿九文 紙類等
廿二日一 六十四文 新介笠
廿二日 △四百四十六文 白木綿切 内百文まわた（真綿）
廿二日一 三十文 す（酢）
廿二日 △七文 うちわ（団扇）
廿二日◯ 一壱分五百廿四文籾一俵内十八文掛り◯ 同日 △壱分五
百八十八文 小麦一俵内十八文掛り（注6）
廿三日一 百五文 ●玉子
廿四日 △三十八文 白切代
廿七日一 三十五文 ●玉子
廿七日 △三十弐文 小坊遣
廿七日一 百五十三文 御不動様田植さし（注7）

晦日　△百文　たばこ
晦日　一　百六十四文　椀継代
廿二日分　△四十五文　こんぶ（昆布）
晦日　一　廿文　せふが（生姜）等
晦日　△一朱廿三文　切代
晦日　一　百廿四文　折橋　ちんせん（賃銭）
晦日　△十六文　大根種
晦日　一　十四文　わらんじ（草鞋）

（注1）忠吉は、直升が農作業や使いなどに使っていた使用人的立場の人間と思われる。少額だが、しばしばこの頃直升家から金を借りている。

（注2）長男水之介の羽織を、金一分と銭六百八十三文で新調している。水之介はこの年十七歳になったと考えられ、社会に出て行くことも多くなったからであろう。

（注3）「さが」は、五月の（注1）を参照。

（注4）「火縄」は、鉄砲関係のものであろう。

（注5）六月十六日から六月十七日、直升は水戸城下に上り一泊している。宿はいつもの「小のせや」。

（注6）六月二二日に、籾《もみ》一俵を売り、金一分と銭五百廿四文を得、同じく小麦一俵を売って金一分と銭五百八十八文を得た。掛かり金として、両者十八文ずつかかった。

（注7）小島村本郷部落の御不動様の田（本郷部落で管理維持か）の田植を地域の人々が行うのに、ご苦労さん賃として百五十三文出したということか。

八　七月

朔日　△三十弐文　塩壱升
朔日　一　十五文　さんせん（賽銭）
朔日　△十四文　とふ婦（豆腐）
朔日　一　五十五文　●玉子
朔日　△十九文　久米へ　ちんせん（賃銭）
三日　一　百五十文　●玉子
三日　△五十文　なす（茄子）十
五日　一　弐朱弐百七十弐文　鉄砲見分掛り祝与（注1）
五日　△三百八十文　茶三斤　額田ニ而求　但十三斤直ニ而鈴木
五日　一　三十弐文　色紙代
五日　△百文　縄代

六日　一　五百三十弐文　水之介単物染代
七日　△三十弐文　塩一升
八日　一　廿四文　はいうせ（蝿失せ）薬
八日　△三十弐文　●しじみ（蜆）
八日迄一　三朱三百十弐文周介　七人半萱手（注2）内弐朱弐百文
かし（貸し）
八日　△三十六文　なす（茄子）求分なく（失く）す
十二日一　廿八文とふ婦（豆腐）
十一日▲△弐分弐朱文　蛭田へ七（質）借　よき貳つ（注3）
十二日一　一朱文　太田買物
十三日△壱朱文　中野　山越（注4）　油やへ
十三日一　一朱　山越庄五郎、綿打代
十四日　△七十六文　塩弐升
十四日一　七十文　なす（茄子）十
十六日　△廿四文　す（酢）
十五日一　百文　●鰹ふし（節）四
十五日迄　△三十弐文　小遣等
十八日一　弐百廿四文　●鰹一
十五日　△三百文　おあき糸引代
十八日一　弐分七百壱文　太田ニ而買物　△壱分七百文おせと

単物分（注5）　七百三十五文同人綿代　△六百六十七文綿△
弐百六十五文白切代　内弐分也　八月迄小林ニ而かり
十八日一　七十弐文　大根種
△廿四文　せふのふ（樟脳）
朔日十四日　一　弐朱也　新介手間代　両度ニかす
廿三日　△弐百八十文　●鰹一
廿三日一　四十八文　せふゆ（醤油）
廿一日　△十六八文　釘
廿三日一　廿六文　ちり紙五十枚
廿四日　△六百四十八文●なまりふし（節）
廿四日一　四十四文　塩壱升
廿五日迄　△四拾四文　色々小遣
廿五日一　廿四文　まけ形
廿七日　△三十弐文　御初穂
廿七日○一　中野茂三郎より上醤油五合借
廿七日　△十六文　京な（菜）種
廿七日一　五十七文　ちり紙
廿七日　△壱朱百三十八文　鼻紙入　大仁代
一　四十四文　筆
廿七日　△八十八文　びん付油

廿七日一　三百弐文　御城下色々遣（注6）
廿七日　△五十六文　火縄代
廿六日のしめ　△一　弐分弐朱　蛭田に七（質）借（注7）　白黒
　綿入一つ
廿七日　●壱両三分一朱一文　払取（注8）　玄米弐俵三斗八升四
　合　六斗九升五合直山田やへ払
廿七日一　弐百七十弐文　傘　升や治三郎より借
廿七日　△六文　綿糸一つ
廿九日一　四十八文　醤油代
廿九日　△百文　●あわび（鮑）

（注1）この頃水戸藩では、各（鉄砲）矢場で御年寄・若年寄・御目付といった藩幹部列席の下に、砲術流派ごとに砲術・射撃の訓練の見分が行われた。藩士や郷士が参加した。直升はこうした御見分の世話役をしていたようである（第5章参照）。

（注2）七月八日まで屋根葺き職人（当地方では萱手《かやで》と言う）周介を頼んだ。七人半分で三朱三百十二文払った。

（注3）七月十一日蛭田（質屋）で「よき二つ」を質草に金二分二朱を借りた。「よき」は夜着か。夜着とは『広辞苑』によれば「①夜寝る時にかける衾《ふすま》。②普通の衣類のような形で大形のものに厚く綿を入れた夜具。かいまき」。

（注4）「山越」は、中野村の一部落。

（注5）七月十八日に、太田で直升の妻おせとの単物《ひとえもの》等衣類・切を金二分と銭七百一文で購入した。うち金二分は小林（太田の有力商人・郷士）で借金した。

（注6）七月二七日、水戸城下に上り三百二文の銭を使った。

（注7）七月二六日の〆で「白黒綿入れ一つ」を質草に金二分二朱を蛭田（質屋）から借りた。

（注8）七月二七日に、「玄米二俵三斗八升四合」を売って金一両三分一朱と銭一文を得た（ただし、六斗九升五合分の値は山田やへの払いとした）。

九　閏七月（注1）

朔日一　百文　ろふそく（蝋燭）
朔日　△壱分　太田　吉見や　旧借払
朔日　一　弐朱弐百六十四文会（金）佐両山参詣借（注2）
△朔日　七百文　会（金）佐両山残孫右衛門より借（注2）
　四十六匁分　孫右衛門より借
三日一　五十五文　ちり紙

四日　△三十六文　塩一升
五日一　六十四文　●鰹一筋（注3）
六日　△十六文　釘紙等
十一日一　五十文　小鶴　桶や
十一日　△七十弐文　塩弐升
十一日一　百文　醤油
十三日　△百七十弐文　●鰹一（注3）
十五日一　百文　●鰹半（注3）
十八日　△百文　たばこ
十七日一　四十八文　す（酢）・醤油
廿一日　△百八文　●鰹半（注3）
廿一日一　五十五文　ちり紙
廿一日迄　△四十八文　色々遣イ
廿二日一　弐百七十弐文　●鰹一本（注3）
廿二日　△三十弐文　京すみ
廿三日一　三十弐文　醤油代
廿五日　△十弐文　天神宮さし
廿五日一　八文　付木
廿五日　△弐百文　●鰹三筋（注3）
廿五日一　百十弐文　するす塩三升
廿六日　△六百四十八文　するす　打代
廿四日一　一朱四十九文去年分玄米　御普動掛
廿七日　△三十弐文豊三郎へ酒手
廿八日一　弐百四十文　●鰹（注3）文六へかり（借り）八月十
日済
廿八日　△四十八文　醤油

（注1）この年は閏年で、七月が二回あった。
（注2）この時は実際に両金砂山（神社）に参詣し、金二朱銭百六十四文と銭七百文（奉納などに使ったと思われる）を使っている（孫左衛門よりの借金）。
（注3）この月は鰹をよく購入している。四日に一度の割合。

一〇　八月

朔日　一　五文　さんせん（賽銭）
朔日　△七十六文　鼠半切・ちり紙
朔日　一　七十弐文　塩弐升
朔日　△百文　御母様へ

前日分　一　百文　水之介太田小遣
前日分　△百四十八文　水之介へ
二日　一　三十弐文　豊三郎酒手
三日　△四十八文　瓜連　天王様勧化（注1）
七日　〇一　壱分也　こぬか　中里村常三郎へ壱石直ニ而払
手金一朱取（注2）
朔日　一　一朱也　竹留掛り
朔日　△十二文　中野遣
七日一　弐朱文　水之介　八朔小遣（注3）
九日　△八百十三文　七（質）利　蛭田網等請（注4）
九日　〇一　壱両三分壱貫五百十三文　早わせ籾　内百四文掛
り（注5）
九日　一　弐百文　たばこ
七日　△百廿一文　ちり紙
九日　一　三百文　麻糸
九日　△百文　ろふそく（蝋燭）
九日　一　六十文　と一つ
九日　△八十四文　小ざる（笊）等
七日　一　一朱弐百文　なをし酒等
七日　△弐百七十弐文　醤油

七日　一　七文　せふが（生姜）
七日　△三十弐文　新介へ酒手
七日　一　五十八文　●鰹一筋
七日　△六十四文　土鉢一つ
八日　一　十四文　とふ婦（豆腐）
十日　△百五十六文　●鰹一
十一日△十三日　一　百四十八文　塩三升
十一日　△五十文小ぞおり（草履）弐足
十日　一　八十四文　水之介
十日　△五文　付木
十日　一　十弐文　小遣
十六日　△五百文　●鰹弐本
十五日一　十四文　とふ婦（豆腐）
十五日　△三十八文　水之介　出網
廿日　一　百四十八文　●鰹一本
十八日　△四拾弐文　とふ婦（豆腐）
十九日一　十六文　かつ付　糸代
十九日　△百文　たばこ
廿日　一　十四文　とふ婦（豆腐）
廿日　△廿四文　こふやく（膏薬）

十九日一　　　　　　おのせや泊（注6）
十九日　△弐百文　佐藤先生進物（注6）
十九日一　百四十八文　渡辺先生進物（注6）
十九日　△弐朱文　とふあみ（投網）きぬ糸代
十九日一　五十六文　きんもし
十九日　△三十六文　たわし等
十九日迄　一　百八十五文　御城下行小遣
廿二日　△四十八文　醤油五合
廿五日一　四十八文　醤油
廿五日　△八文　付木
廿三日一　十七文　氷こん（注7）
廿三日　△十六文　天神こふ（講）（注8）さし等
廿一日一　百文　にこり（濁り）酒
廿六日　△百文　松尾山御初穂
廿七日一　十四文　とふ婦（豆腐）
廿八日　△五百四十文　塩壱俵
廿八日一　廿四文　醤油
三十日　△十四文　とふ婦（豆腐）

（注1）　瓜連《うりずら》の天王様は、「京都の祇園にある八坂神社（天王さま）の祭りから当町でも天王さまのお祭を『瓜連《うりずら》の祇園』と呼ぶようになった」「町中に数カ所のお仮屋を建て、お神輿のご出社をいただき、また山車に踊り子が乗りお囃しもついて賑やかな行事であった」（『瓜連町史』）。ここでは祭礼ではなく、「天王様」の社の修繕等への寄付を意味すると考えられる。

（注2）　「こぬか」（小糠）を、中里村（那珂郡中里村、現那珂市中里町）常三郎に金一分で売った。

（注3）　「八朔」は、『金砂郷村史』によれば、「八月一日に行われる行事で、稲の実りを祈願するいわば収穫の前祝いである。八朔には二つの面があって、一つはタノミ、タノム、タノモの節供といわれ、稲の実りを祈願する作頼み、もう一方は普段、助け合いをしている人と結合を強化するための、贈り物をする行事であるといわれる」。こうした農村行事とは別に、直升家は郷士＝武士でもあったので、武士としての八朔行事に参加するということがあったのかもしれない。また、八朔（八月一日）の支出ではなく、八月七日に入っているのはなぜか、わからない。あるいは付け忘れて後で付けたものか。

（注4）　四月二一日に、蛭田で「すか投網」を質草に一分二朱の金を借りたが、これとは別の網を質草に以前に質借をしたものへの利子八百十三文の利子を払ったということか。

（注5）　早わせ（早稲）籾（恐らく収穫されたばかり）を売り、金

一両三分と銭五百十三文を得た。その掛かりとして百四文かかった。

（注6）八月十九日から二〇日に、水戸城下に上って、「おのせや」に一泊した。佐藤先生や渡辺先生に進物したのはこの時と思われる。「佐藤先生」「渡辺先生」がどのような人か分からない。

（注7）「氷こん」は、凍み蒟蒻《こんにゃく》のことか。

（注8）「天神こふ（講）さし」は、三月の項の（注10）を参照。

一一　九月

朔日　一　七文　さんせん（賽銭）
朔日　△十四文　とふ婦（豆腐）
二日　一　百六十四文　空豆種
四日　△三十弐文　色々求
五日　一　百三十弐文　麻糸
五日　△弐十八文　もとひ（元結カ）
五日　一　百八文　ちり紙
五日　△弐百七十四文　入四間参詣遣（注1）
六日　一　廿九文　塩八合
八日　△十四文　とふ婦（豆腐）
八日　一　廿四文　小ぞふり（草履）
七日　△廿四文　酒
九日　一　五十四文　ちり紙求
九日　△三朱百十九文　田幡頼母子掛金（注2）
十一日一　三十六文　塩
十一日　△百文　又四郎へくやみ
十一日一　八文　す（酢）
十一日　△五文　付木
十三日十四日一　廿八文とふ婦（豆腐）
十四日△　弐分弐朱弐百廿八文よき七（質）請元利（注3）
十四日一　廿四文　よき七（質）請　松右衛門へ酒手（注3）
十日　△一朱也　たばこ
十五日一　廿四文　こんぶ（昆布）
十七日　△七十弐文　塩弐升
十七日一　百文　大神楽
十七日　△六十四文　たばこ
十七日迄　一　十七文　小遣
十七日　△三十文　高燭分
十六日一　三十弐文　畠堀手伝松右衛門へ酒手

十七日　△七十八文　片口
十七日一　百四文　ちり紙
十七日一　△九百四十八文　醤油
十七日一　弐朱文　染代　太田ニ而
十七日一　△壱朱三十文　炭代
十七日一　百文　小遣
十七日　△弐百文　枕等ぬり代
十七日一　一朱三百文　瀬左衛門頼母子掛ル
十七日　△十文　瀬左衛門　衣会分かり払
十七日一　三朱也　刀さめ代
十七日　△四十八文　はり金
十七日一　廿四文　付木
十八日　△四十弐文　とふ婦（豆腐）
十八日一　六十一文　太田ニ而切求代
十八日　△六十三文　水之介小遣
廿日　一　百三十弐文　ろくろ　そふ代
廿日　△六十四文　たばこ
十七日一　四十八文　せふが（生姜）
十七日　△八十三文　鰹ふし（節）　小四つ
十七日一　三十文　元結

十七日　△七十弐文　釜ざる
十七日一　五十四文　鼠半切
十七日　△弐百文　ろふそく（蝋燭）
十七日一　三百六十一文　年代紙半わ
十九日△　壱貫六百三十文　頼母子賄候掛リ（注4）
十九日一　壱分三百五十五文　頼母子掛金たし（注4）
十九日　△弐分壱朱百三文引　頼母子之節蛭田指遣ス分（注4）
十七日●一　金弐両也　籾四俵六斗入　内百文　筆せん　百七
十弐文　枡付籾代（注5）
廿三日一　七十弐文　忠吉へかし（貸し）
廿三日　△弐朱文　たばこ
廿一日一　百文　彦兵衛へ悔
廿六日　△三十六文　塩
廿六日一　弐百文　御母様六夜詣り（注6）
廿五日　△三十弐文　豊三郎へ酒手
廿八日九日　一四十弐文　とふ婦（豆腐）
廿九日　△四十弐文　ちり紙
廿九日●一　一朱弐百四文　こぬか代取
廿二日　△七十弐文　●なまず（鯰）
廿一日●一　壱分也　楮手金取（注7）

十二日十四日△　壱分也　楮代取〆弐分（注7）

（注1）「入四間《いりしけん》」は、久慈郡入四間村（現日立市入四間町）。ここには御岩山権現（現御岩神社）の霊場があった。御岩山権現の中の斎《いつき》神社では、春と秋の回向《えこう》祭が行われた。回向祭は、神仏二道を習合した両部神道で行われ、祭日は旧三月十八日、十九日と旧九月五日、六日であった。直升が参詣したのは、九月五日の回向祭であったと思われる。

（注2）田幡（小島村の農家の屋号、又左衛門家の分家）が主催する頼母子に掛金をかけた。

（注3）七月十一日に「よき」を質草に、二分二朱の金を蛭田から借りた。九月十四日に、二分二朱の元金と利子二百二十八文を払って請け出した。この時の使いは松右衛門で、二十四文の酒手を出した。

（注4）九月十九日の一連の頼母子記事はよく分からないが、次のように解釈できる。この日直升家で頼母子の寄合があった。その賄料に銭一貫六百三十文かかった。頼母子の掛金の足しとして金一分と銭三百五十五文を出した。この頼母子の寄合の際、蛭田から酒を買い、その費用として金二分一朱と銭百三文を指遣した（「後編」参照）。

（注5）九月十七日籾米四石を売って金二両を得た（その際、筆せん百文、仲付籾代百七十二文がかかった）。

（注6）九月二十六日「六夜詣り」は、瓜連常福寺の重要な行事である二十六夜尊大祭である。「常福寺二世の了問をしのび、旧暦の九月二十六日と二十七日に法要が営まれた」「二十六夜尊を略して六夜尊といい『ろくやさん』と呼び習わされている（中略）。江戸時代に流行した行事に『二十六夜待』がある。これは陰暦二十六日夜の月の出を拝むことである。この夜は阿弥陀・観音・勢至の三尊が月の姿をとって天に昇り、これを拝むと幸運を得るという信仰があった（中略）。常福寺の二十六夜尊の祭りもこの二十六夜待の行事と重なり、一層にぎやかになったものである（『瓜連町史』）。昭和三十年代の前半頃も、「ろくやさん」はこの地方きっての祭りで、私も子どもの頃に何回か行った（「後編」参照）。

（注7）直升家の土地のどこかに和紙の原料になる楮《こうぞ》の木が植えられており、その楮を売って金二分を得た。

一二　十月

朔日　一　七文　さんせん（賽銭）

朔日△　壱分也　御地頭様秋成（注1）　孫左衛門遣
二日一　四十八文　さつま芋
三日△　壱分一朱八十四文　元利　水之介綿入七請（注2）
四日一　五十六文　外蝋燭弐丁　鷲宮誂元御火
四日　△三十六文　塩一升
五日　一　八文　す（酢）
五日　△廿四文　ぞふり（草履）
五日　一　百廿五文　釘
五日　△四十八文　はり金（針金）
五日　一　廿四文　竹留縄代
三日　△三朱九十三文　惣兵衛頼母子掛ル
七日一　五百三十弐文　黒さとふ（砂糖）五百目
六日　●△弐百十六文こぬか代取
七日　一　六十四文　●ゆわし（鰯）
七日　△十文　忠吉へかし（貸し）
八日　一　廿四文　下駄緒
八日　△三十六文　すみ入
六日九日　一　四十弐文　とふ婦（豆腐）
九日　△五十弐文●ゆわし（鰯）・さんま
十一日一　五十弐文　ちり紙
十一日　△三十六文　塩一升　法印より借
十一日一　三十弐文　びん付油
十四日廿九日　△三十弐文ぎんだし廿九日□より指引済
十五日一　十四文　とふ婦（豆腐）
十六日　△三百四十八文　萱手（注3）へ工料
十七日一　六十文　●さんま
十七日　△四百四十八文　静参詣（注4）小遣
十七日一　一朱弐百九十五文瀬左衛門頼母子掛ル
十七日　△廿八文わらんじ（草鞋）二足
十九日一　百廿八文　色々求
十九日　△百十文　ござ（莫蓙）
十九日一　百文　ろうそく（蝋燭）
十九日　△七十弐文　●すじ（筋）子
十九日一　壱分弐百文　頼母子掛り
十九日　△百七十八文　ちり紙等
廿日　一　廿壱文　とふ婦（豆腐）
廿日　△壱貫弐百八十文　頼母子たし（足し）金
廿一日△六日一　壱分弐百文　川嶋半七より長刀求石つき共（注5）　十八日迄　△百文　水之介
廿日　●一　壱両弐百十八文　籾弐俵代取　壱石壱斗四升　内

百五十四文掛り（注6）
廿日　一　壱朱三十六文　下町迄籾弐俵駄ぢん
十九日●△　五両三分也　内頼母子塙分取（注7）
廿日　一　百文　酒手
廿日　△廿四文　四郎吉へ酒手
廿一日一　壱分一朱也　たばこ
廿一日　△百四十八文　●まぐろ（鮪）
廿一日迄　一　壱朱也　水之介遣
廿六日　△弐十六文　せん（線）香等
廿三日四日　一　弐百文　河原子行小遣（注8）
廿五日　△十弐文　天神講さし
廿六日一　廿四文　筆壱本
廿七日　△廿八文　とふ婦（豆腐）
廿五日一　六十七文　手妻さし
廿七日　△七文　こふやく（膏薬）
廿七日一　六百文　塩一俵
廿八日　△三百七十弐文　●塩引
廿八日一　百廿四文　●あいな（注9）
廿八日　△弐百六十四文　雪駄
廿五日一　弐朱七十五文　長谷山頼母子掛ル
晦日　△廿八文　とふ婦（豆腐）

（注1）御地頭（直升が持つ土地の知行者）に、秋の年貢として金一分を納めた。
（注2）七月二六日に、綿入れを質に入れて二分二朱借りた。その綿入れを、元利一分一朱八十四文払って請け出した（借りた金より返した金の額の方が少ないのはなぜか）。
（注3）萱手は屋根葺き職人のこと（七月の項の（注2）を参照）。
（注4）「静参詣」は、静神社の秋の大祭礼日は旧暦では十月の中の申酉の日と定められ、神社最大の行事。この日は十里四方の善男善女が参集してにぎやかな祭りであった。俗に「お静のまち」と呼ばれた（『瓜連町史』）。これもこの地方の大きな祭りで、小島村からも多くの人が出かけた。
（注5）川嶋は久慈郡川島村。天保十三年に下新地村と合わせて松栄村となった（現常陸太田市松栄町）。ここに半七という刀鍛冶がいたようである。
（注6）籾米一石一斗四升を売って、金一両と銭二百十八文を得た。掛かりに百五十四文かかった。
（注7）頼母子に当たって金五両三分を得た。
（注8）河原子は、多珂郡河原子村（現日立市河原子町）。河原子村大内家は直升の妻おせとの実家であった。大内家は、落合の

掛札家と並んで、又左衛門家がしばしば姻戚関係を結んでいた家である。
（注9）「あいな」は魚の「あいなめ」のことか。

一三 十一月

朔日一 十弐文 さんせん（賽銭）等
二日△ 弐分弐朱弐百八十三文 七（質）請元利（注1）
二日一 三分也 蛭田へ酒代之内払（注2）
二日 △三朱六十九文 田幡頼母子掛ル
二日一 三百廿六文 ●塩引
四日 △百七十弐文 切求
五日一 十四文 とふ婦（豆腐）
六日 △五十四文 袖口切
六日一 百四文 たび（足袋）切
七日 △十弐文 付木等
五日一 廿四文 御神酒
五日より九日 △三朱三百三文 山々所々へ参詣小遣（注3）
九日一 壱朱也 角立川酒代 十四日払
十一日 △壱朱也 加賀水橋 薬や（注4）
十一日一 弐朱五十六文 上すみ（炭）四俵
十一日 △七十五文 えり（襟）切代
十一日一 弐百文 鉈鎌代
七日 △弐朱文 松槙（注5）代 十三駄直
十二日より十四日迄 一 七十文 とふ婦（豆腐）等
十三日 △七十弐文 御初穂等
十三日一 六十八文 水之介
十三日 △百八十四文 たび（足袋）切代
十三日一 五十弐文 ちり紙
十三日 △三十八文 釜〆紙代
十四日一 三十六文 やき継
十三日 △廿四文 御神酒
朔日より十五日 一 四十弐文 色々遣
十四日 △三十六文ちり紙・付木等
十六日一 百文 大神宮様御初穂
十六日 △廿八文 とふ婦（豆腐）
十六日一 四十八文 忠吉へ酒手
十八日 △弐百廿四文 ちり紙
十八日一 五百文 たび（足袋）切

十八日　△百十六文　ほふき（箒）
十八日一　百三十弐文　下駄緒共
十八日　△弐百三十六文　醤油
十八日一　百十八文　ほふ丁（包丁）
十八日　△百四文　びん付油等
十八日一　廿四文　千八郎　すみ
十八日　△七十弐文　辰砂（注6）
十九日一　壱分弐百廿四文　頼母子掛り（注7）
十九日△壱貫三百七十一文頼母子た（足）し金（注7）
　十月十一日　兵次郎
十九日一　弐朱也　頼母子掛金弁（注7）
三日分▲△弐百七十六文　嶋経貢竹　月一弁
十九日一　壱分弐朱三百十文　□□□掛金弁
十九日　△三十弐文　びん付油
廿日一　百三文　切代
十八日　△壱分　御寺奉加納　吉蔵へ巳年分
●一壱分一朱六十弐文法印より三会分　頼母子取
廿六日△壱朱也角立川へ酒代払
十七日●一　壱両一分也瀬左衛門頼母子四半取（注8）
十七日△壱朱弐百九十文瀬左衛門頼母子掛
十七日△一弐分也　惣兵衛へかし（貸し）
廿二日　△三十文　下駄緒等
廿三日一　廿四文　こふやく（膏薬）
廿四日　△四十八文　吉田大明神大々勧化（注9）
廿四日一　百三十文とふ婦（豆腐）三□ひきちん（引賃）
廿五日　△弐百七十弐文●ひらめ等
廿五日一　四十八文　こんにやく
廿八日　△七十弐文　辰砂（注6）
廿八日一　百三十文　油もと（元）結
二十八日　△七十九文　たび（足袋）切
廿八日一　弐百五文　御城下登　小遣（注10）
廿八日　△三十文　小鶴おけや（桶屋）
廿九日一　十四文　とふ婦（豆腐）
廿九日　△一朱也　太田ニ而色々求

（注1）質草を請け出すために、金二分二朱と銭二百八十三文を支払った。
（注2）「蛭田より酒借」（四〇頁）の「内二分也　十一月二日遣ス蛭田へ」（四二頁）に対応するもの。
（注3）十一月五日より九日まで、直升は八溝山（久慈郡大子《だいご》町）

への参詣の旅をしたことが確認できる。この点については、「後編」参照。

（注4） 加賀国水橋の薬屋が巡回した。加賀国は越中国の誤り。越中水橋は「御国廻売薬業」が盛んな地である。「後編」参照。

（注5） 「松槙」は、松の薪のことか。

（注6） 「辰砂《しんしゃ》」は、水銀と硫黄との化合物。深紅色の六方晶系の鉱石。塊状として産することが多い（『広辞苑』）。これも鉄砲玉薬として使われたものであろう。

（注7） この日の頼母子の会合は直升家で行われたか。蛭田より酒を大量に購入している（四三頁参照）。

（注8） 十一月十七日には、瀬左衛門主催の頼母子の「四半取」として金一両一分を得ている。

（注9） 吉田大明神は茨城郡吉田村（現水戸市吉田町）にある吉田神社（常陸三宮）のことか。

（注10） 十一月二八日に、直升は水戸城下に上がっている。

一四　十二月（朔日～十四日）

朔日一　壱分也　会（金）佐両山　孫右衛門取払
朔日　△一朱也会（金）佐両山借　孫右衛門より□り参　三十九匁
朔日一　七文　さんせん（賽銭）
朔日　△弐百文　●ひらめ
三日一　百六十四文　久米へ進物酒
三日　△廿四文　●しじみ（蜆）
三日一　十弐文　ろふそく（蝋燭）
三日　△四十文　わらんじ（草鞋）
四日朝　一　四十八文　蛭田へ忠吉酒代借用遣
四日　△百文　●ゆわし
四日夕　泊り父子昼食共　一　おのせや（注1）△
四日　△六十八文　石嘉へ進物（注1）
四日一　廿八文　小紙一つ
四日より五日迄　△七百六十四文　軍用見分□
五日▲　弐百七十六文　嶋　経貢竹（注2）　月一弁
六日　△四十文●ゆわし（鰯）
六日一　壱分也　兵之右衛門へ返済
六日七日　△廿八文　とふ婦（豆腐）
七日一　三百六十四文　泉愛宕山御初穂（注3）
七日　△三朱四十八文　鉄びん鉈ニ而取替分足
九日一　四十弐文　とふ婦（豆腐）

九日　△十五文　綿糸
九日一　壱朱也　十七匁五分　真綿代
九日迄　△廿四文　小遣
十一日一　十六文　四郎吉へ酒手
十三日　△四十八文　酒代　四郎吉酒手共
十二日十三日　一　四十文　●ゆわし（鰯）
十二日　△十四文　とふ婦（豆腐）
十二日　一　五十文　かき
十三日　△十弐文　こんぶ（昆布）
十三日　一　廿壱文　くぎ（釘）
十四日　△弐百文　川村へ絵進物（注4）
十四日　一　十文　とふしん（灯心）
十四日　△百八十三文　御城下小遣（注4）

（注1）十一月四日にも水戸に行き、今度は水之介も連れて、父子で「おのせや」に一泊している。またこの時「石嘉」（不明）へ進物を贈っている。

（注2）島村のどこかに「経貢竹」を売って、二百七十六文を得ている。経貢竹は不明。

（注3）「泉愛宕山」は、那珂郡泉村（文政六年前小屋村改称、現常陸大宮市泉）の春日明神か。

（注4）十二月十四日に、水戸城下に上っている。この時「川村」へ進物を贈っている。「川村」は直升の弟が養子に入った家か。

一五　十二月（十五日〜大晦日）

十五日迄　一　三十弐文　小遣等
十五日　△三十弐文　ゆ宮　御初穂
十六日　一　百文　砂糖
十六日　△百文　落合へ進物わたし
十六日　一　廿四文　ろふそく（蝋燭）等
十六日　△弐百四十八文　煙草
十六日一　壱貫弐百三文　太田ニ而色々切求
十七日　△三十六文　●蜆一五
十五日▲一　弐朱壱貫八百七十弐文天下野村猟師より貫（注1）
十七日△八十一文●玉子
十八日　一　拾四文　とふ婦（豆腐）
十八日　△弐百十四文　鏡とき（研ぎ）料（注2）等
十八日　一　廿七文　●ゆわし（鰯）

十八日　△廿四文　御神酒
十九日　一　十弐文　こんぶ（昆布）
十九日　△廿八文　鼠半切
十九日　一　六十四文　四郎吉へ酒手共酒代
十九日　△八十四文　ちり紙等
廿一日　一　百廿文　手桶
廿二日　△百七十五文　箕一つ
廿二日　一　弐十文　●ゆわし（鰯）
廿二日　△六十一文　切代
廿三日　一　百文　堀江氏立弓代（注3）
廿日　△百文　川島　惣七へ　立弓代
廿四日　一　五十四文　ちり紙
廿三日　△十四文　とふ婦（豆腐）
廿四日　一　三十五文　高状
廿四日　△廿四文　付木
廿四日　一　三十弐文　天神講さし等
廿四日　△廿四文　はり金（針金）
廿六日　一　百文　酒代
廿六日　▲△　弐分弐貫文　高倉村猟師貫（注1）
廿七日一　四貫三百十弐文太田ニ而諸品求（注4）

廿日　△四百文藤田ニ而糸引代
廿七日一　弐分也法印隠居へ遣ス　新介分
廿六日▲▲　壱両也玄米金内取吉右衛門より（注5）
廿八日一　百文平五郎女房もち（餅）つき代（注6）
廿八日　△三百文　●ふく（河豚）・ひらめ
廿八日一　壱朱弐百廿五文山越庄五郎綿打ちん（賃）
廿八日　△廿四文　こんにやく
廿九日一　壱貫弐百八十五文　内朱小椀百廿四文　切椀等
大晦日　△四十弐文　とふ婦（豆腐）
大晦日　一　壱分三朱百六十四文　内田や糀代
大晦日△　弐分三朱也　五十部油や払済（注7）
大晦日　一　弐百五十五文　掛玄へ酒代
大晦日　△壱朱也　山越こんや（紺屋）
大晦日　一　弐百文　月いり（入り）待御初穂
大晦日△　百七十弐文　処々　羽子板代（注8）
大晦日　一　一朱也　五左衛門へ祝儀
大晦日　△壱分弐朱弐百文　茂三郎へ払済
大晦日　一　壱両也　吉右衛門へ遣ス
大晦日　△弐分也　法印へ　介八身代金
大晦日　一　九百六十四文　中野村油や

大晦日迄　△百文　色々遣分
大晦日　一　炭四俵
大晦日　△一朱也　角立川酒代

（注1）　二月十五日には天下野《けがの》村（久慈郡天下野村。現常陸太田市天下野町）の猟師から金二朱と銭一貫八百七十二文を貰い、二十六日には高倉村（久慈郡高倉村。現常陸太田市高倉町）の猟師から金二分と銭二貫文を貰っている。文政六年に異国船が常陸の沖に近づいた際、水戸藩は郷士に猟師を従えさせて、何日間か交代で常北の海岸要所の防衛に当たらせる措置がとられた（『水戸藩郷士の研究』二六四頁）。こうしたことで郷士の鴨志田直升と天下野村・高倉村の猟師との関係ができたかと思われるが、なぜこの両村猟師から直升に金が出されたのかはわからない（「後編」参照）。

（注2）　鏡とき（研ぎ）料等。「鏡研《と》ぎ。鏡を研ぐことを業とする旅職のことを言い、富山県とくに氷見市が中心であった。江戸末期には二千余名もいた（中略）。鏡研師は毎年八月から翌年の三月までに摂津および関東一帯にわたって出稼ぎし、日本の大半は氷見の鏡研ぎによってしめられていた」（『日本民俗辞典』）とある。こうした鏡研ぎが巡回してきたものであろう。

（注3）　「立弓」は初めての正月を迎える男児に当地方で贈答された「破魔弓」（『金砂郷村史』）のことと思われる。それを堀江氏に贈ったということであろう。堀江氏は西山荘の光圀に仕えた又左衛門君儀と同時期に同じく光圀に仕えたという久米村（久慈郡久米村、現常陸太田市久米町）の堀江家のことと思われる（「後編」参照）。

（注4）　十二月二十七日暮れの市。旧太田町に二十七日から暮れの市が立ち、近郷近在から暮れや正月の買物に人が集まった（『常陸太田市史　民俗編』。「後編」参照）。

（注5）　十二月二十六日、玄米を吉右衛門へ売って金一両を得た。

（注6）　当地方では「餅つきは、二十九日はクモチ（苦餅）、大晦日を一夜餅といって嫌い、また「申酉に餅をつくと火早い」といって、この日は避けて二十五日～二十八日までについた」（『金砂郷村史』）。この場合もそれに従ったものであろう。餅つきを手伝った平五郎の女房に百文払っている。

（注7）　「五十部」久慈郡磯部村（現常陸太田市磯部町）のことか。四三頁「覚―五十部油や借」の「二口〆　為金弐分三朱百八十弐文」に対応。百八十弐文は値引きか（「後編」参照）。

（注8）　「破魔弓」と同じように、正月を迎える女児には「羽子板」を贈る風習が当地方にあった（『金砂郷村史』）。その羽子板を該当する所に贈ったということだろう（「後編」参照）。

一六　蛭田より酒借（注1）

正月十七日　使　徳蔵　一　壱升
正月十九日　使　頭　△　三升
正月廿一日廿二日　使　徳蔵　△　弐升
正月廿八日廿九日　一　弐升
二月十日　△　壱升
二月十七日　使　好松　△　壱升
二月十九日　使　徳蔵　一　百文分
二月廿四日　使　徳蔵　△　壱升
三月四日　田幡分　△△　壱升
三月九日　使　好松　一　壱升
二月廿八より廿九日朝迄　三樽　△　弐斗一升　也。壱升
三月十六日　田幡分　△一　壱升
三月廿三日　使　徳蔵　△　壱升
三月廿八日　使　亀□・茂□　△　壱升
三月晦日　田幡分　△一　壱升　晦日
三月晦日　使　松右衛門　△　壱升

二月廿八日　掛札分　使頭　△△　壱升
四月四日　田幡分　△一　弐升
四月六日　使　好松　△　壱升
四月七日　田幡分　△△　壱升
四月七日　使　徳蔵　一　壱升
四月九日　使　熊五郎　△　壱升
四月十四日　使　熊五郎・新介　△　壱升
四月十七日　使　新介　一　壱升
四月廿日　使　新介　△　壱升
四月廿二日　使　徳蔵　△　壱升
四月廿四日　新介分　一　壱升
四月廿五日　使　松右衛門　△　壱升
四月廿八日　使　好松　△　壱升
五月二日　使　徳蔵　一　壱升
五月四日　使　新介　●△　壱升　上物
五月五日　田幡　△△　壱升
五月　田幡分　△一　壱升
五月七日　新介へ　○△　壱升かし
五月十日　使　好松　△　壱升
五月十三日　使　新介　一　壱升五合

五月十五日　新介へ　○△　百文かし
五月十六日　使　松右衛門　△　壱升
五月十七日　使　徳蔵　一　五合
五月十九日　使　新介　△　弐升
五月廿二日　田幡分　△△　三升　札三枚にて
五月廿三日　使　忠吉　一　壱升
五月廿六日　使　新介　△　四升
五月廿六日　使　落合　●△　上壱升
五月晦日　田幡分　△一　壱升
六月三日　使　熊五郎　●△　上　参升
六月十三日　使　熊五郎　△壱升
六月十四日　田幡分　△一　弐升　札弐枚
六月十五日　使　新介　△　五合
六月十七日　使　徳蔵　△　弐合半
六月十八日　使　新介　一　五合
六月十九日　使　熊五郎　△　壱升
六月廿日　田幡分　△△　三升
六月廿六日廿七日　使　子供　一　壱升　両度
六月廿七日　使　新介　○△　百文
六月廿七日　使　豊三郎　○△　壱升
六月廿九日　使　好松　一　壱升
六月晦日　使　新介　○△　百文
七月朝　使　熊五郎　○△　百文かし
七月二日　使　好松　一　弐升
七月三日　田幡分　△　弐升
七月四日　使　熊五郎　△　壱升
七月五日　使　熊五郎　一　五合
七月六日　使　徳蔵　△　五合
七月十日　使　徳蔵　△　五合
〆九斗弐升七合五勺　内三升上物　壱斗八升　田幡　△壱升豊
三郎分　百文　平五郎（注1）
七月十三日　使　新介　一　五合
七月十八日　使　熊五郎　●△　上　壱升
七月廿二日　使　徳蔵　●△　上壱升
七月廿三日　使　熊五郎　一　上　壱升
七月廿九日　使　徳蔵　●△　壱升
閏七月八日　使　熊五郎　●△　上　五合
閏七月十三日　使　徳蔵　一　上　壱升
閏七月十六日　使　徳蔵　●△上　五合
閏七月十七日　使　正林　●△　上　五合

閏七月廿一日使　熊五郎　一　上　壱升
閏七月廿八日　使　熊五郎　△　壱升
八月二日　使　□□　△　壱升
九月三日　夜　使　豊三郎　一　弐百文
八月十日　使　徳蔵　●△　壱升　上
八月十一日　使　正林　●△　壱升　上□
八月十三日　使　徳蔵　一　上　壱升
八月十四日　使　久五　●△　上　壱升
八月十七日　使　熊五郎　●△　上　壱升
八月十九日　使　熊五郎　一　上　五合　□□
八月十七日　田幡へ　△●△　上　壱升かし
〆　十月十九日　使　由松　△△　上　壱升
十月廿八日　使　由松　○　壱升
十月廿九日　使　四郎吉　○　五合
八月廿五日夜　使　又介　一　壱升
九月廿五日　使　徳蔵　一　壱升
九月十九日　使　四郎吉　○△　弐百文　又吉へかし
九月九日　使　辰茂　△△　上　五合
九月十一日　熊五郎十三日四郎吉　△△　上　一升　弐度
五月十日　使　好松　一　壱升　直酒

五月十七日　使　徳蔵　△　壱升
五月十九日　使　新介　△　壱升
五月廿六日　使　新介　一　壱升
五月晦日　田幡分　△△　壱升
六月五日　使　徳蔵　△　弐升
六月十一日　使　熊五郎　一　壱升
六月十二日　使　徳蔵　△　壱升
六月十五日　使　新介　△　壱升
六月十八日　使　新介　●一　五合　右人へかし
六月廿三日　使　熊五郎　△　弐升
六月廿六日　使　子供　△　壱升
七月三日　使　徳蔵　△上　弐升
七月六日　使　熊五郎　△　壱升
〆壱斗六升五合　内壱升田幡（注3）
七月十二日　田幡分　使　熊五郎　△△　壱升
七月十三日　使　新介　△　上　弐升
十二月十九日　田幡　△△　壱升分
十二月廿五日　田幡　△△　壱升分
代〆
内三分也　十一月二日遣ス　蛭田へ

内弐分三百六十弐文　田幡分

内壱分弐朱文　十月晦日取　△二朱

△十一月十七日取

十一月朔日　使　徳蔵　一　五合

十一月十三日　使　亀次郎　△　壱升

十一月十六日　使　四郎吉　△　壱升

十一月十九日頼母子之節　一　四升

十一月十九日頼母子之節　△　壱斗五合　外四升五合返ス　四郎吉

十一月廿七日廿九日　使　作蔵四郎吉　△弐升

十二月六日　使　四郎吉　一　壱升　田はだ（幡）

十二月十日　使　好松　△△　上　壱升

十二月十五日　使　熊五郎　△　壱升

（注1）「蛭田より酒借」の回数を数えると、百二十回にわたる。蛭田は酒屋と質屋を兼業していたと考えられる。こうした「酒借」には必ず使用人と思われる人物をやっている（子供というケースも数回ある）。

（注2）七月十日（恐らくお盆までの会計）までの〆がトータルで「九斗二升七合五勺」の借り。そのうち三升が上物。一斗八升が田幡分（なぜ田幡分が直升家の付けになっているのか、よくわからない）。一升が豊三郎分。百文が平五郎分。

（注3）五月十日から七月六日までの〆が「一斗六升五合　内一升田幡」。これは前の（注2）と期間は重複するが、別会計になっているものと思われる。

（注4）三五頁の（注2）にある「三分也　蛭田へ酒代之内払」の記事に対応している。ただし、三分は直升家の「蛭田より酒借」のごく一部に過ぎない。この点は「後編」参照。

一七―一　覚―五十部油や借（注2）

正月十四日　一　三百八十文借

二月三日　△　三百八十文

三月五日　一　三百七十弐文

三月廿二日　△　百八十文

五月七日　七合五勺　一　弐百四十八文

六月七日　壱升代　△　三百三十弐文

七月九日　一　百六十四文

七月廿八日　壱升代　△　三百三十弐文

閏七月廿七日　壱升代　一　三百三十弐文
八月廿三日　五合代　△　□百十四文
九月十七日　壱升　一　三百四十八文
十月十二日　△　三百八十文
十一月五日　五合　使　取替　一　百八十八文
十一月廿日　△　三百八十文
〆　四貫弐百十六文
十二月十日　壱升五号　一　五百七十弐文（注2）
二口〆　為金弐分三朱百八十弐文（注2）

一七―二　覚―中野油や（注3）

二月十四日　種油　一　百三十六文
二月廿三日　△魚油壱升
四月廿一日　五合　△百六十四文
六月十三日　種油　一　百三十六文
七月十二日　種油　△
十月晦日　魚五合　△
十二月十五日　種油　一　百三十文

（注1）直升家では、油を五十部（磯部）油や、中野油やの二カ所の油商から付けで購入していた。

（注2）三八頁の「大晦日　弐分三朱也　五十部油や払済」と、上の「二口〆　為金弐分三朱百八十弐文」が対応していると思われる。三八頁の実際の支払いでは百八十弐文少なくなっているが、これは「おまけ」「値引き」だったか。「二口〆」の意味は「〆四貫弐百十六文」と十二月十日の「五百七十弐文」を足したもの四貫七百八十八文を「為金」すなわち金貨に直すと金「弐分三朱」と銭百八十弐文になるということ。これを計算すると、金一両＝銭六千七百文（六貫七百文）で交換されていた。計算の仕方については「後編」に記した。

（注3）中野油やの清算は、三八頁「大晦日　九百六十四文　中野村油や」であった。

一八　覚―新介（注1）（注3）

一　金弐分也　此利六百六十七文
正月八日　一　百文
正月十五日　△　一朱也　利百文

正月廿七日　太田ニ而　△六十七文
三月九日　一　四十八文
三月廿日　△　三十弐文
三月晦日　△一朱也　利七十□文
四月廿四日　一　酒壱升代百八十文（注2）
五月二日ゆわし　△廿四文　酒ニ而
五月五日　△百文
五月七日　一　酒壱升代百八十文
五月十二日　△百文
六月朔日　△百文
六月六日　一　百文
六月七日　△弐朱文利百十五文
六月十五日　△弐百文
六月十八日なをし　一　五合　八十八文
六月廿二日ざる代　△三十五文
六月廿七日　酒代　△四十八文　豊三郎
六月晦日　酒　一　百文
六月廿四日　△百文
閏七月朔日　△百文
閏七月廿七日　　一　三十弐文

八月七日　太田ニ而　△百六十四文
九月二日　久五へ　△弐朱文かし　利五十四文
十月十四日　　利八替分
一　弐百六十六文　但シ一朱也四郎吉へ遣ス
　一朱之所百四十八文　梅次郎へ遣シ残かし
惣〆三分弐朱三貫五百四十文
　為金壱両壱分弐朱百八十八文
四両壱分給金
　一日ニ付本四十四文三分也
正月より八月迄閏共ニ百八十日勤
一　壱両三分本九百七十四文　給金分（注3）
　　弐朱□百八十三文
指引弐分五百九十壱文　可遣分
　内左渡代可差引
十二月廿七日　法印
一　金弐朱也　隠居へ遣ス

（注1）この「覚」は、奉公人・新介の給金と貸金の清算の記録であると思われる。よくわからないところがある。
（注2）ここから、酒一升が百八十文ほどであったことが導き出さ

れる。

（注3）新介の給金等に関しては、『後編』で分析したので参照されたい。

一九　覚（注1）―越後国大でん新田村（注2）
仁右衛門倅四郎吉

一　九月三日四ツ時来ル
十月十四日
一　壱朱也　久吾より請取預り
　此分廿日夜四郎吉へ返ス
一　壱分也　太田ニ而預り置
同廿一日
一　壱朱　染代等ニ而預り置
十一月廿日　古着物代
一　弐百文　平五郎女房
〆壱分一朱□□（弐百ヵ）文
　内三朱也　十一月廿四日・十二月朔日　両度ニ遣ス
　内弐朱文　十二月十二日　廿四文遣ス
　内弐百文　十二月十二日　指引遣ス
十二月廿七日かし　一　弐百四十七文
十二月廿八日　切代△百文
正月十五日　△百文
　右一朱三十弐文取　正月十六日済

（注1）この「覚」は四郎吉に関する貸金の記録と思われるが、記述が不十分でよくわからない所がある。

（注2）「越後国大でん新田村」は、地名辞典『新潟県の地名』（平凡社）によれば、天保郷帳の越後国蒲原郡大伝新田村にあたると考えられる。現在の新発田市大伝である。その村の仁右衛門の倅の四郎吉がなぜ、どのようにして、はるか離れた常陸国久慈郡小島村にやってきたのか。興味あるが、手がかりはない。ともかく四郎吉は直升家に奉公人として住み込むことになったと思われる。この「覚」は四郎吉への貸し金や賃金の清算に関したものであろう。

二〇　覚（注1）―平五□（郎ヵ）（注2）

五月廿九日　ゆわし　△小麦□壱升代　五十五文

○壱朱也　△十四文　（この辺に小さな文字で書き込みがある
　が読み取れない、読めるところだけ記す）
六月十四日　米壱升代
○六百文　△百十文　△十六文ゆわし　△百文酒　△
　百五十文

△二月廿八日　頼母子
△五月廿日　麦刈　△□□□□□田植
△五月廿五日　麦刈
△五月廿六日田植・麦刈
△六月五日　□□□□
△六月六日　麦こき
△六月八日　麦こき
△六月九日　麦こき・小麦かり
△六月十二日　小麦かり
△六月十三日　麦打等
△六月十四日　小麦□□
△六月十六日小麦こき・刈
△（六月十七日カ）　小麦こき
△六月十八日　□□□・小麦□□
△六月十九日　麦打等
△六月廿七日　田（草カ）取
△七月三日　綿□□□
△七月四日　綿草取
△七月五日　粟草取
△七月廿二日　大川□□□
△閏七月　壱人半　〆弐十弐人五分　右ニ而□□□□□□□
○八月二日　稲こき
△八月三日　半日　稲（カ）こき
△八月十七日　草取
△八月十八日　稲こき
△八月廿九日　粟切
△九月二日　豆打草取等
△九月九日　あわこなし三日半日余
△九月廿三日　稲かり等
△九月廿五日　稲かり
△九月廿七日　もちかり
△九月廿八日　もちこき
△十月六日　稲こき等
△十月十四日　稲こき

△十月十五日　稲こき
△十月十六日　稲こき
△十月十八日　稲こき
△十月十九日　頼母子
△十月廿一日　稲こき
△十月廿三日　稲こき
△十月廿四日　稲こき等　△
〆十九人
九月廿二日　四郎吉へ可遣
七百文　平五郎
十一月廿一日
△弐朱文

（注1）　この「覚」は平五郎に関する貸金と、平五郎が農作業に従事した日付とその内容を記録したものと思われる。貸金に関する記事は小さな文字で乱雑に書き込まれていて、よく読み取れない所もある。この「覚」記事は全体に不完全な記述のように思われる。

（注2）　上二文字がかすかに「平五」と読め、三番目の文字は消えているが、この「覚」の最後のところに「平五郎」とみえるので、消えている文字は「郎」と判断した。

（注3）　右の「十一月廿一日△弐朱文」の記事で、この「年中出入諸雑用覚帳」は終わっている。

（注4）　右の△印の月日ごとの記事は、平五郎に賃金を払う必要上、何月何日に何の農作業等に使ったかを記録したものと思われる。これを辿ることによって、当時の農作業の日程をある程度つかめるかと思う。右に書いてある月日は、当時の暦＝旧暦である。しかし農作業は太陽暦に基づくことが多いかと思われるので、旧暦月日を太陽暦月日に直したものを「後編」に記した（この頁は破損・虫食いが激しく良く見えない所が多い）。

二一　亥年おのせ屋―泊り昼食覚

正月二日夕　一　弐百廿四文
正月二日夕　△弐百廿四文家来分
三日昼　一　百八十四文上下分
三日夕　△　四百四十八文上下分
十六日昼食　　△四百四十八文上下分
十六日夕　△弐百弐十四文
十七日昼食　一　九拾文

十七日昼食　△九拾文　石川分
十七日夕　一　弐百廿四文
二月三日分　△弐百廿四文
二月十三日昼食　一　九拾文
晦日夕　是ハ遠山ニ而夕食致　△弐百廿四文　丸ニ記シ候へ□
半泊りカ
四月六日昼食　一　九拾文
四月六日夕　△弐百弐十四文
四月廿三日夕　一　弐百廿四文水之介
四月廿四日昼食　△九十文水之介
金三分弐朱ト
八百三拾弐文
右之通　相済申上候
亥正月七日
小のせや忠二郎
鴨志田又左衛門様
御取次様中

二二　覚

五日　一　八十八文　高倉休
五日　一　弐十四文　両人わらんじ
五日　一　百四十八文　生瀬
五日泊分　△一朱廿四文　下野宮
六日　一　六十文　上野宮休
六日　△五拾六文　くわかし
六日　一　廿八文　御山くわし
六日　△百三十文　御山酒肴
六日夕　一　四十八文　さけ
六日泊　△一朱也　御山ニ而
七日　一　三十二文　わらんじ
七日　△拾三文　かき
七日　一　弐百文　町付休
七日　△百四十八文　大子泊り
七日　一　弐十八文　わらんじ
八日　△百文　酒肴同所茶代

八日　一　百文　初穂▽
八日　△百四十四文　酒肴
八日泊り　一　一朱十二文　酒席
九日　△百七十弐文　山方休
九日　御山ニ而
一　八十文　酒くわし　△三十文　御札
〆三朱壱貫六百九十三文　○三百三文
外百十五文御山ニさんせん　塙□より
可取事

二三　覚

戊正月二日　一　四百文　御弐人様御泊り
三日　一　十八文　わらんじ
〃　一　百六十四文　御昼食
〃　一　四百文　御泊り
〃　一　三拾六文　御供御酒代
十六日　一　八十文　御昼食
〃　一　弐百文　御泊り

二月十四日　一　弐百文　御泊り
十五日　一　弐百文　御泊り
三月四日　一　百六十四文　御昼食
〃　一　弐百四十八文　御泊り
〃　一　十八文　わらんじ
〃五日　一　四百文　御泊り
六日　一　八十文　御昼食
五月九日　一　百六十四文　御昼食
六月廿二日　一　百六十四文　〃
八月朔日　一　弐百文　小旦那様御泊り
十月廿六日　一　八十文　御昼食
〃　一　弐百文　御泊り
十一月十日　一　八拾文　御昼食
〃　一　百弐拾四文　小旦那様御泊り
十一日一　弐百文　〃
十七日一　百六十四文　御昼食
〃　一　弐百文　御泊り
十二月二日　一　弐百弐拾四文　小旦那様・石川様御夕賄
三日　一　弐百弐十四文　小旦那様御泊り
四日　一　九十文　御昼食

十六日　一　四百四十八文　弐人様御泊り
十七日　一　百文　御供御夕はん
〃　一　九十文　御昼食
〆　五貫五百八文

結びにかえて

① 私が「年中出入諸雑用覚帳」の存在を知ったのは、もう四十数年前の昭和四十三年頃であった。私が生まれ育った旧鴨志田又左衛門家（当時の当主は清夫、私はその次男）には、勝手入り口脇に下駄箱があり、その上に普段農作物の種や小間物を入れておく小箪笥が置かれていた。この箪笥は恐らく江戸時代以来使ってきたもので、古くは帳簿入れ等に使っていたのではないかと思う。その引き出しの一つに江戸時代の土地の売券などの書類に混じって仕舞われていた。

当時、私は一応大学で日本中世史を主に専攻する学生だったので、これら史料に注目し、将来解読・研究する積もりで保管しておいた。すぐに着手しなかったのは、当時私は中世史を勉強していて、江戸時代の文書に関心が薄かったこと、近世古文書解読の訓練をあまり受けておらず、それほど近世古文書が読めなかったことなどによる。

② その後、私は四十歳くらいから近世古文書の勉強を再開し、平成の初め頃この「年中出入諸雑用覚帳」の翻刻に着手し、原稿用紙に翻刻文を記す作業を始めた。不十分ながら解読原稿が完成し、不明な点について意見を求めるため、当時旧小島村の長老で地元の歴史に詳しい鴨志田熙氏（この稿で「田幡」の屋号でしばしば登場する家の子孫）に解読原稿を送付しご意見を伺った。同氏からは有益なご教示をいくつか頂いた。しかし、このような取組みもここまでで、それ以上進めることができず、放置したままになっていた。

③ 平成二二年三月末、私は四十年続けた教職の仕事を完全リタイヤした。時間的・精神的余裕が生じたので、近世古文書の勉強を本格的に開始した。

その一環として、以前放置したままになっていた「年中出入諸雑用覚帳」を本格的に解読し直し、その中身に注釈を加える作業に着手した。約二カ月ほどの検討の結果でき上がったのが本稿である。

④ 翻刻・注入れの作業を進めていく中で、私は自分が幼少年期を過ごした旧小島村での日々を懐かしく思い起こした。

「六夜詣り」「静参詣」などの記事を見つけた時は、幼い頃に出かけた隣町瓜連の「六夜さん」の祭り、静神社の「お静の町」のたくさんの参詣者の列、参道に展開される縁日の賑わいなどを思い出した。

また「●鰹半身」等の記事には、幼い頃に貧しい家計の中から時々親が食べさせてくれた行商の魚屋さん調理の「鰹の刺身」のうまかったことなどを思い浮かべた。

考えてみれば、私が物心付いてから幼少期を過ごした昭和二十年代末から三十年代前半（一九五〇年代後半）は、それから百二、三十年前の天保の時代と共通する年中行事、民俗的風習・慣行、人々の人間関係等がまだ色濃く残っていたように思う。

暦も基本的にはまだ旧暦が使われていた。そういえば正月も旧暦のでやっていたなと思い出した。そうしたことが私に懐かしい思いを抱かせた原因かと思う。

⑤　本稿が目指したのは、天保六年に鴨志田又左衛門直升が記録し残した「年中出入諸雑用覚帳」をできるだけ正確に翻刻し活字化すること、その支出・収入項目等にできる限り注釈を加えて分かりやすくすることであった。

「はじめに」でもお断りしたように、本稿の翻刻・注釈とも不完全・不十分に終わった点が少なくない。今後さらに正確なものを期して検討を重ねて行きたい。なお、私は本稿の姉妹編として、本稿の内容を詳しく分析した「郷士の暮らし向き―天保六年（後編）」（本書第2章）を著した。合わせてお読み頂ければ幸いである。

第2章　郷士の暮らし向き——天保六年（後編）
——「年中出入諸雑用覚帳」の分析から——

はじめに

私は先に、天保六年（一八三五）に鴨志田又左衛門直升が書き残した「年中出入諸雑用覚帳」の翻刻と注釈を、本書第1章「郷士《ごうし》の暮らし向き―天保六年（前編）」で行った。本章は、後編として、前編で翻刻した「年中出入雑用覚帳」（以後、これを単に『覚帳』と呼ぶ）を主たる材料に、その分析を通して、天保六年頃の鴨志田又左衛門直升家（以後、これを単に「直升家」と呼ぶ）の暮らし向きを探る。

前編で明らかにしたように、『覚帳』は直升家の日々の金銭の出入を「覚え」のために記録したものと思われ、今日の家計簿のように金銭出納の帳簿的にはまとめられていない。何月何日に誰が（使用者が直升以外の場合のみ、その名が記されている）何に銭何文を使ったか、何月何日に何によって銭何貫何文、あるいは金何両何分何朱が得られたか、が記されるのみである。

そこで私が第一に試みたのは、『覚帳』の記録を収入の部と支出の部に分類し、各月ごとに収入と支出を各々累計し、天保六年の直升家の家計の収支を明らかにすることである。まず、最初にパソコンのエクセルに『覚帳』の記録を収入と支出にわけて入力し、その金銭の集計を行った。このようにして天保六年の直升家の月ごとの収支決算、そして年間の収支表を作成した。そして次に収支の変動の様子を月を追って追求してみた。

第二に私が試みたのは、収入と支出をその内容によって分類整理して、各々について集計することである。そして分類した所得（借金を含む）や支出の内容に細かい検討を加えた。このようにして、直升家ではどのような所からどれくらいの所得を得ていたか、どのような面にどれくらいの支出をしていたかを解明した。

そして、第三に私は『覚帳』の記述を、次のような面から分析してみることにした。『覚帳』は単に金銭の記録にとどまらず、「誰が何月何日に何をしたか」「何月何日に何（事柄）があったか」を物語る最小限の一種の行動録や日記として読むこともできる。こうした行動や事柄の意味を当時の社会制度や慣習、関連文書などと結びつけて丹念に読み解くと、当時の直升家の暮らし向きがいろいろ見えてくる。

一例をあげると、「（一一月）五日より九日　△三朱三百三

文　山々所々へ参詣小遣」とあるのは、この元になったと考えられる「覚」がたまたま残存していて、それによって見れば、これは四泊五日の八溝山（茨城県の最高峰一〇二二・二メートル）への参詣の旅であることがわかり、当時、直升の住む小島村界隈でも、このような山岳信仰の旅が実施されていたことがわかる。

もう一例あげれば、「大晦日　△百七十弐文　処々羽子板代」とあるのは、初正月を迎える女児に「羽子板」を贈る風習が当地方にあったので、直升家もそれに従って、交際のあった該当する家にそれを贈ったと考えることができる。このように、金銭の問題というよりも、直升家の暮らしぶりを探る材料として『覚帳』を活用することも試みた。

以上のような観点から、直升が残した『覚帳』の記述の分析を行い、天保六年における直升家の暮らし向きについて、いろいろな側面からアプローチすることにした。

一　直升と鴨志田又左衛門家

『覚帳』の分析に入る前に、『覚帳』を書き残した直升と鴨志田又左衛門家について、触れておきたい。

天保六年時点での直升家の家族は、左の系図に破線で囲んだ通りで、五人である。これは天保三年に直升が作った「鴨志田又左衛門家由緒書」によって作成した。この時、息子の水之介は一七歳、千八郎は一一歳である

直升は、文政三年（一八二〇）十二月二五日に、父直好から「御物成五十石頂戴郷士《ごうし》」を継承している（父直好の死去によると思われる）。惣領の水之介は、天保三年の「由緒書」では千五郎となっている。恐らく、この間に元服し、名を水之介と改めたものと思われる。

直好の二男（直升の弟）、娘（直升の妹か姉）が縁組した石川家と川村家は、それぞれ水戸藩士で、水戸城下在住だっ

図　鴨志田直升の家族

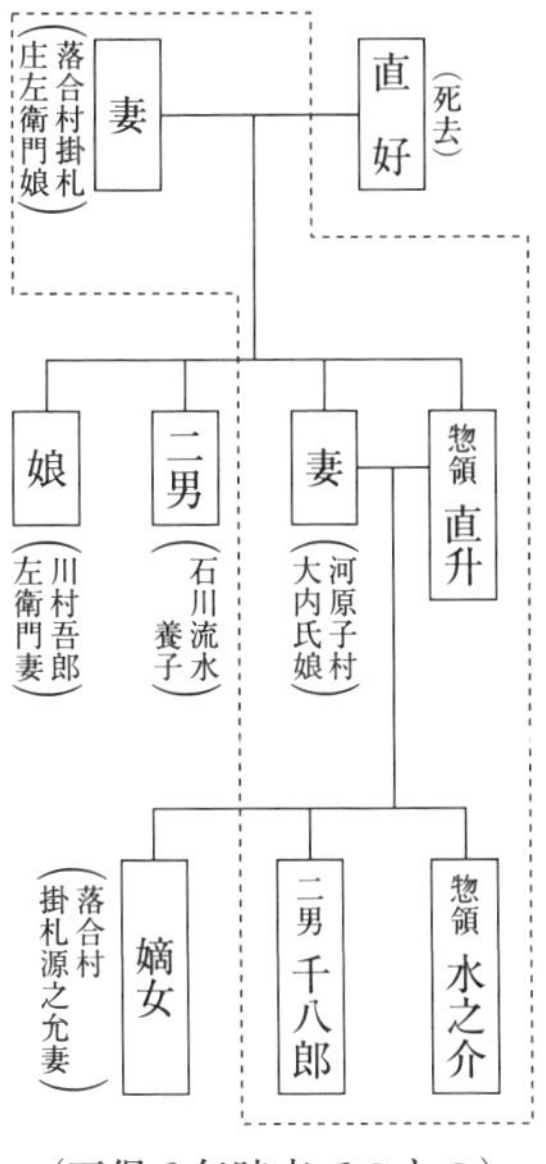

（天保6年時点でのもの）

たと思われる。直好の妻（直升の母）は、落合村「中山備前守（水戸藩家老）郷士掛札庄左衛門女」で、『覚帳』では「御母様」の名で出てくる。

直升の妻は、『覚帳』では「おせと」の名で出てくる。河原子村の大内家の出である。直升の嫡女は「中山備後（マヽ）守殿（水戸藩家老）郷士掛札源之允妻」となっている。「又従兄妹《はとこ》」間の婚姻だったと思われる。このように、とくに落合村の掛札家とは深い縁戚関係を結んでいて、『覚帳』にも親交を示す記事がしばしば出てくる。

直升家の『覚帳』が書かれた天保六年時点での家族構成は、図の破線で囲んだ部分である。すなわち、当主の直升、その妻おせと、惣領・水之介、二男・千八郎、それに直升の母（御母様）の五人家族である（他に下女や下男もいたと思われる）。

ここで、『覚帳』の記述者である直升についてまとめておく。直升の生没年を直接示す史料はないが、鴨志田家の墓地の直升の墓石裏面の記載によれば、直升は万延二年（一八六一）二月二一日（注）に七四歳で亡くなっている。没年から逆算して、生年は天明八年（一七八八）と思われる。そして上記のように文政三年（一八二〇）に郷士役を継承している。直升三三歳頃のことと思われる。直升に関する他の残存史料から考えて、文化の後期くらいから文政・天保・弘化・嘉永頃にかけて、およそ十九世紀前半に活動した人物と思われる。

直升は、兵学・松田新流の指南として、水戸藩では知られた人物であったようだ。『水戸市史　中（三）』に、次の記述がある。

「松田新流は横山吉春から箕裘を享けた桜園権之介尊紡（綱條時代）に始まり、横山左七政矩（宗尭、宗翰時代）に伝承、治保時代あたりから数派に分かれ、斉昭時代の門流には、鴨志田又左衛門直升・石川久敬らがある。直升は久慈郡小島村の郷士で、徳大寺左兵衛昭如が没してからは文化十四年四月指南となり、天保十四年八月、先に合併した古流・新流のものと合併した」。

また、弘道館武芸四〇流派指南役名簿に、

「軍用二流　松田古流・鵜殿八大夫長年、松田新流・下野隼太郎遠猶・石川清漣久敬・鴨志田又左衛門直升」

とある（『水戸市史　中（三）』）。直升が、水戸の藩校・弘道館でも指導に当たっていたことが分かる。直升はまた、自宅屋敷でも鉄砲矢場等で周辺の郷士やその子弟等に兵法火術・

砲術等の指導に当たっていたことが確認できる。天保十二年には、水戸藩から鉄砲矢場世話役の一人に任命されている（瀬谷義彦『水戸藩郷士の研究』二六七頁）。

直升の家は代々「又左衛門」を通称としてきたが、直升は先の由緒書で、当家は「鴨志田又左衛門君儀　元禄二（一六八九）己巳年六月十五日御物成五十石頂戴郷士ニ被召出、男盈福ト父子、大内勘エ門父子ト共ニ御西山エ勤番、所々御成ノ節御供申上候ヨシ　源義公様御成数度」と、五代前の「君儀」の代、元禄二年に郷士に召し出され物成五十石頂戴したこと、水戸藩二代藩主光圀の隠居所である太田の西山山荘に勤番し、「所々御成」の御供をしたこと、その際種々の拝領物があったこと、その後「盈福」「直富」「直好」そして自分（直升）まで又左衛門を名乗り、「五十石頂戴郷士」をつつがなく継承してきたことを記している。

鴨志田又左衛門家は、「常陸国久慈郡小島村」（現常陸太田市小島町）本郷部落に代々屋敷を構え、居住してきた（私は居住の初めを建武年間（一三三〇年代）と推定している）。小島村は水戸城下から北四里（約一六キロメートル）、太田中心街の南西一里半（六キロメートル）の所に位置する水戸藩領の純農村である。『覚帳』には直升や惣領の水之介が何回か水戸城下に上ったこと、太田にしばしば買物に行ったことが記されている。

小島村について『新編常陸国誌』は、およそ次のことを記している。小島は「おじま」と読むこと。南は久慈川をもって那珂郡磯崎村・門部村と境し、東は島村に境し、北は山田川を限り、藤田村に対し、西は中野村に連なっていること。小島村には高畑、前小鶴、後小鶴、本郷、竹ノ越等の小名（部落）があること。その幅は南北一八町二〇間、東西は八町一八間であること。天保一三年の検地帳によれば、田畑一二二町六反九畝一一歩、分米一一四〇石八升一合、「地理志」によれば戸数およそ一〇四戸であること、神社は「鹿島明神」と「妙見社」があること等である。

以上のように、小島村は久慈川と山田川という大河に挟まれた南北（実際には東西に近いか）に長い村で、石高一一四〇石の大村である。小島村内の高畑等の小名（部落）は相互にかなり離れて位置している。直升家のある本郷部落は、小島村の中央部の小高い丘に展開されている。神社二社がいずれも本郷部落に置かれているように、本郷部落は小島村の中心である。鴨志田氏は高畑部落の高畠氏とともに、その「草切百姓」と位置づけられている。

上述のように、小島村内の各部落は散在していた関係もあって、直升家が日常密接な関係をもっていたのは、居住地の本郷部落であったと思われる。同部落は今日でもほとんど鴨志田姓の家からなっており、当時ももちろんそうであったろう。鴨志田姓の家はいずれも、又左衛門家の分家か、同家から自立していった家と考えられる。

又左衛門家は本郷部落の西北寄りに位置し、西屋敷、通称「御西《おにし》」の屋号で呼ばれた。西屋敷の東南寄り隣の二軒は丹治姓を名乗り、江戸時代は山伏の家であったと言われている。『覚帳』に「法印」「法印隠居」として登場するのが、この家ではなかったかと思われる。鴨志田氏と丹治姓山伏との関係は相当長い歴史をもっているのではないか。

他に、『覚帳』にしばしば登場する本郷部落内の家が二軒ある。一つは「田幡《たばた》」であり、もう一つは「蛭田《びんだ》」である。両者とも屋号で、前者は通称定衛門を名乗る家で、慶長頃に又左衛門家から分家したという。享保頃からは代々小島村の庄屋を務めていた。直升家とは本郷部落内では最も親密な関係を持っていたと思われる。

後者は通称恒衛門を名乗っていた家で、この頃急速に勢力を強めてきて、酒屋（恐らく酒造も）と質屋を兼業し、直升家もしばしば酒買、質借等で利用していたことが『覚帳』からうかがえる。恒衛門は弘化三年に、献金によって郷士に取り立てられている。旧族郷士である直升家とは極めて対照的な歩みをとった家である。

（注1）万延二年は二月十八日で終わり、二月十九日には文久に改元になっている。したがって、万延二年二月二一日は、正しくは文久元年二月二一日とすべきであろう。何らかの理由で、年号記載に誤りが生じたのであろう。

二　収支全般について

『覚帳』に記された、天保六年の直升家の、日々の収支を月ごとに集計し、さらに一年分を計算すると、**表1**のようになる。ただし、これは『覚帳』の正月二日から大晦日までの日々の記入を単純に集計しただけのもので、別会計で処理さ

表1　天保5年の収支

	収入		支出	差引
月	金額（両分朱文）（文に換算）	借入金	金額（両分朱文）［文に換算］	（収入－支出）
1月	3両38文（20138文）	0	4両243文［27043文］	6905（－）
2月	1両（6700）	1両（6700文）	2両1分318文［15393］	8693（－）
3月	2分2朱107文（4295）	0	1両1分278文［8653］	4358（－）
4月	1両1分（8375）	1分2朱（2513文）	3分3朱80文［6361］	2014（＋）
5月	1両2分（10050）	1両2分（10050文）	3分1朱203文［5647］	4403（＋）
6月	2分2朱274文（4462）	0	1両3朱248文［8205］	3743（－）
7月	3両1朱1文（20520）	1両1分（8375文）	2両1朱164文［13983］	6537（＋）
閏7月	0	0	1両4文［6704］	6704（－）
8月	2両3朱257文（14913）	0	1両3朱379文［8336］	6577（＋）
9月	2両2分1朱404文（17573）	0	3両1分1朱414文［22608］	5035（－）
10月	6両3分1朱15文（45659）	0	2両3分2朱64文［19327］	26332（＋）
11月	1両2分1朱338文（10807）	0	4両3分1朱240文［32484］	21677（－）
12月	2両1分3朱379文（16711）	0	6両2分3朱297文［45104］	28393（－）
計	26両3分2朱139文（180202文）	4両2朱（27638文）	32両3分1朱93文（219937文）	39735（－）

れている「酒借」「奉公人への給金・日当」等は入っていない。この点は後述する。

またこれも後述するが、収入についても、直升家が水戸藩から支給されているはずの物成五十石に見合う米金がほとんど記されていないように思われる。そのような意味で**表1**に集計されたものは、直升家の全収支を物語るものではないと思われる。しかし、大体の傾向や動きはつかめると思う。

『覚帳』は、毎日の日付の収入・支出を金額・項目ごとに羅列して記入するだけで、収入と支出の欄を区別するような配慮はされていない（わずかに収入の項目の上に○印や▲印が付されているのみである）。とくに月ごとに〆（集計）をするようなこともない。年間の〆もない。表1の数値は、私が『覚帳』の記述を基に集計をしたものである。現代が「月給」「毎月の電気代」等々のように月ごとに会計されるのとは違って、当時は大晦日での年間の〆が大部分である（七月のお盆での〆もあった）。したがって、月間での会計処理は考えられていなかったと思われるが、一応の傾向を探るためにあえて月ごとの集計をしてみた。

『覚帳』に記された直升家の全収入は「二六両三分二朱一

三九文」である。これに対し全支出は「三二両三分一朱九三文」である。差引三九七三五文、換算すると「五両三分二朱と銭三七二文」の赤字である。さらに一応収入に入れた借金の四両二朱（二七六三八文）を差し引くと、六七三七三文すなわち一〇両と銭三七二文の大きな赤字である。

ところで、表1では、一両＝六七〇〇文で換算している（これ以降もすべて同じ）。以下その根拠を述べる。『覚帳』の「五十部油や借」の末尾に「二口〆　為金弐分三朱百八十弐文」とあり、「二口」は「四貫弐百十六文」と「五百七十弐文」を指す。「為金弐分三朱百八十弐文」は、金貨にすると「弐分三朱と（銭）百八十弐文」になるという意味と解される。よって次の式を立てることができる。

二分三朱＋一八二文＝四二一六文＋五七二文

整理すると一一朱＝四六〇六文

よって一朱＝四一八・七三文

一朱＝約四一九文（計算の際は四一八・七三文で行い、小数点第一位を四捨五入）

したがって、

一分（＝四朱）＝四一八・七三文×四＝一六七四・九文

一分＝一六七五文

一両（＝四分）＝一六七五文×四＝六七〇〇文

一両＝六七〇〇文

以上のように、一両＝六七〇〇文、一分＝一六七五文、一分＝四一九文として計算したと考えられる。

三　収入について

『覚帳』に記されている直升家の天保六年の全収入の内訳と金額をまとめると、表2の通りである。年間の収入総額は、二六両三分二朱一三九文である。このうち借入金と質借金のあわせて四両二朱を除くと、実質収入額は二二両三分一三九文となる。借入金・質借金の総収入に占める割合は一五・三%となり、かなりの比重を占める。ここでは、主として「頼母子講の利用」「質屋の利用」の二点について検討を加える。

1　頼母子講の利用

後述のように、直升家は何種類かの頼母子講の講員になっ

表2　収入の内訳

内　訳	金　額	文に換算	構成比
籾・玄米・小麦の売却	10両2朱258文	68096文	37.8%
頼母子からの入金	7両1分1朱62文	49056文	27.2%
借入金	2両2分	16750文	9.3%
その他の収入	2両1朱134文	13953文	7.7%
御切米白紙3枚	2両	13400文	7.4%
質借金	1両2分2朱	10888文	6%
猟師からの入金	1両3分103文	8059文	4.5%
計	26両3分2朱139文	180202文	100%

ていた。頼母子講は、「近世に広く普及し、その基本的な方法は複数の人々で講をつくり、金などを出しあい、それを籤引きで講中の誰かが受けとり、そのようにして講中全員が受け取るまで繰り返す。これによって困窮者が一時にまとまった金を得ることができ、家屋の新築、牛馬の購入、屋根葺き、さらには寺社参詣などができた」（角川書店『日本史辞典』新版の説明）。

直升家では、**表3**のような頼母子からの入金があった。一〇月一九日の「内頼母子塙分取」の「塙」は、隣村・中野村の郷士である塙茂一郎を指すと思われる（塙茂一郎は単に郷士仲間というだけでなく、直升家で行われる砲術の稽古に通い、指導を受ける直升の門弟でもあった）。

表3の二月二八日には、「頼母子、塙へ廻す」とあり、塙茂一郎は直升と同じ頼母子講の講員であったと考えられる。「塙分取」は塙茂一郎が籤を当て本来彼に入るべき分を今回は直升にまわしてもらったという意味であろうか。ともかく五両三分という大金を入手している。

一一月一七日の一両一分は、上記頼母子とは別組織と思われる、瀬左衛門を講親とする頼母子講からの入金であったと思われる。一一月二〇日の一分一朱六二文は、上記のような当たり金とは異なり、「法印」の三回分掛金一分一朱六二文を直升が立て替えていて、それをここで一括して回収したという意味であろう。

このように直升家では、一〇月～一一月にかけて、頼母子関係では全部で七両一分一朱六二文の収入があった。これはこの年の全収入の二八・八％を占める。

これら頼母子関係からの入金は、直升家の家計のやり繰りを大分楽にするものであったろう。その一方、直升家はいくつかの頼母子講の講員になっていて、その掛金など頼母子にかかる出費もかなり大きかった。直升家の頼母子講関係の出費を、所属していた組織ごとに整理すると、**表4**の通りである。

表からわかるように、直升家は五種類の頼母子に出金している。①単に「頼母子」とのみ記されている頼母子、②瀬左衛門頼母子、③田幡頼母子、④惣兵衛頼母子、⑤長谷山頼母子の五つである。

表4によって、それぞれの頼母子について考える。

①の頼母子は、中心になっている講親が誰であるか分からない頼母子講であるが（誰が講親か書いてないのは、あるいは直升自身が講親だったからかもしれない。その可能性はある）、直升家が最もメインにしていた。

基本的掛金は金一分と銭二〇〇文ほどで、二、九、一〇、一一の各月に出資することになっていたようである。直升家が一〇月に五両三分の金を得たのはこの頼母子である。先に見たように隣の中野村の郷士塙茂一郎が講員になっていることから考えて、あるいはこの講は郷士仲間によって構成されたものかもしれない。なお、表の九月一九日の記事から見て、この日に直升家でこの頼母子の寄合が開かれたと思われる。そのため直升家では「賄」費として一六三〇文使い、さらに「頼母子之節蛭田指遣ス分」として二分一朱一〇三文の金を使っている。後者の意味はよくわからないが、蛭田は酒屋を営んでいたので、寄合の酒宴で使った酒代や集まった講員に贈答に贈った酒代を、蛭田に払ったという意味だろうか。

②は、瀬左衛門を講親とする頼母子講と思われる。①と同じように、二、九、一〇、一一の各月に一朱三〇〇文ほどの掛金を出していたようである。なお、この講からも一一月一七日に一両一分の金を入手している。瀬左衛門がどのような人物かは不明である。

③と④の頼母子講は、それぞれ「田幡」と「惣兵衛」を講親とする別の頼母子講のようにも見受けられるが、これは本来同じ講ではないか。というのは、掛金が③、④とも三朱一〇〇文前後であり、しかもその掛金を出す月が、③が九、一一月、④が二、一〇月と重複していないからである。①②から、この地域の頼母子は掛金を二、九、一〇、一一月に徴収していたと考えられるから、③と④が同じものと考えれば、この徴収月と合致する。「田幡」は屋号で、直升の又左衛門家から江戸時代初期頃に分家した家で、享保頃から小島村の庄屋を代々務めた家と思われる。直升家ととくに近しい関係にあったことは、この『覚帳』の記述に「田幡」のことが何回か出てくることからも想像される。「惣兵衛」はどのような人物か分からないが、「田幡」の直系子孫に当たる故鴨志

表3　頼母子からの入金

月　日	金　額	内　容
10月19日	5両3分	内頼母子塙分取
11月17日	1両1分	瀬左衛門頼母子四半取
11月20日	1分1朱62文	法印より三回分頼母子取
計	7両1分1朱62文	

表4　頼母子への掛金等

2月28日	3朱200文	頼母子、塙へ廻す
9月19日	1630文	頼母子賄候掛り
9月19日	1分355文	頼母子掛金たし
9月19日	2分1朱103文	頼母子之節蛭田指遣ス分
10月19日	1分200文	頼母子掛り
10月20日	1280文	頼母子たし金
11月19日	1分224文	頼母子掛り
11月19日	1371文	頼母子たし金
11月19日	2朱	頼母子掛金弁
2月17日	1朱300文	瀬左衛門、頼母子掛
9月17日	1朱306文	瀬左衛門頼母子掛ル
9月17日	10文	瀬左衛門頼衣食分かり払
10月17日	1朱296文	瀬左衛門頼母子掛ル
11月17日	1朱290文	瀬左衛門頼母子掛
11月2日	3朱69文	田幡頼母子掛ル
9月9日	3朱119文	田幡頼母子掛金
2月2日	3朱139文	惣兵衛、頼母子掛る
10月3日	3朱83文	惣兵衛頼母子掛ル
10月25日	2朱75文	長谷山頼母子掛ル
計3両3分3朱404文		

表5　質屋の利用

月　日	金　額	適　用
3月5日	3朱	△辰四月七草物　七請元利
4月8日	364文	△七利　使、松右衛門　蛭田へ
4月21日	1分2朱	◯七借　すが投網　蛭田へ
4月21日	1分1朱	△元分　御母様袷請
4月21日	180文	△利百八十文払　羽織三朱ニ而残る
7月11日	2分2朱	◯蛭田へ七借　よき弐つ
7月26日	2分2朱	◯蛭田に七借　白黒綿入一つ
8月9日	813文	△七利　蛭田網等請
9月14日	2分2朱228文	△よき七請元利
10月3日	1分1朱84文	△元利　水之介綿入七請
11月2日	2分2朱283文	△七請元利

◯七(質)借　△質屋へ払(元利等)

田漯氏が作成した「鴨志田氏略系」（「スワ山古墳と星神社について」『学と文芸』四八集一一二〜一一八頁）によれば、「田幡」が又左衛門家から分家したときの当主が「惣兵衛」を名乗っていたので、「田幡」のことを「惣兵衛」と呼ぶこともあったのかもしれない。ここでは田幡＝惣兵衛と解釈しておく。

⑤の「長谷山頼母子」は、一〇月二五日に一回だけ二朱七五文の掛金を出しているのみで、どのようなものかよく分からない。

以上のように直升家は恐らく四つの頼母子講の講員になっていたと考えられ、講の掛金など合わせて三両三分三朱四〇四文の出費をしている。この金額は直升家の支出を項目別に分けたとき第二番目に位置し、支出全体の一二・七％を占める。

2　質屋の利用

直升家はしばしば質屋を利用していた。『覚帳』に見える、質屋への出入りをまとめると、**表5**の通りである。直升家が利用した質屋は、同じ小島村の百姓で通称恒衛門を名乗り、当時大きく経営を拡大し、酒屋と質屋を兼業した、屋号「蛭田」と呼ばれた家であったと思われる。「蛭田」がいつ頃から質屋を営み、直升家がいつ頃からそれを利用するようになったかは不明であるが、後述の通り少なくとも三年前の天保三年から利用していることは確かである。

次に、表5によって、直升家の質屋・蛭田の利用状況を追う。この年の最初の利用は三月五日で、「辰四月七（質）草物　七請元利」として三朱払っている。すなわち「辰四月」に金を借りるために質草として預けていた物を、三朱の元金・利子を蛭田に払って請け出している。「辰四月」はこの年（天保六年・乙未・一八三五）の三年前の天保三年（壬辰）の四月に当たると考えられる。

四月八日には、使に松右衛門を遣って、質利三六四文を払っている。利子が三六四文と大きいので、この年以前にある程度まとまった金を借りていたことがうかがえる。この時は元利を揃えて請け出す余裕がなく、三六四文の利子のみ払って質草が流れるのを防いだのではないかと思われる。なお、この時は使いに松右衛門をやっているが、松右衛門は直升家の使用人か奉公人であったと思われる。そして彼には「十六文　七請酒手　松右衛門」として一六文の駄賃の酒手が与えられている。彼はまた九月一四日にも使いに行き、酒手二四文をもらっている。四月二一日には新介が使いであった。他の日の場合は「使　誰」の記載がないが、直升本人か家族が行ったのであろうか。

次に四月二一日の動きを追ってみよう。この日はまず「すが投網（魚取りの網の一種と思われる）」を質草に一分二朱の金を借り、続いてこの一分二朱から元金一分一朱と利子一八〇文を払って母親の袷《あわせ》を請け出した。羽織を請け出すにはあと三朱必要だったので請け出せなかった。このように解釈した。

恐らく、以前に母親の袷や羽織を質草に借りた金の返済期限が来たのであろう。そこで新たに「すが投網」を預けて、母親の袷を請け出した（羽織は利子だけ払って残った）。いわば質草の預け換えをしたのだろう。このように苦しいやり繰りがうかがえる。

七月には質借を二回している。一一日に「よき（夜着であろう）弐つ」を質草に二分二朱、同じく二六日に「白黒綿入一つ」で二分二朱借りている。なぜ、この月に合わせて一両一分の質借をする必要があったのか。今回は四月の場合のように返済期限がきて、質草を預け替えるといった事情はなかったようだ。この事情を『覚帳』の前後の金銭の動きから読み取ることはむずかしい。

八月九日には八一三文の質利を払い、「網等請」をしている。これはどう解釈したらよいか。この網が四月二一日に預けた「すが投網」だとすれば、ここで八一三文の質利を払った意味がわからないし、請け出したのであれば八一三文では借りた「一分二朱」に遠く及ばない。あるいは「すが投網」ではなく、以前に別な網を質草に金を借りていて、その利子を払ったということか。

九月一四日には、二分二朱二二八文の元利を払って、七月一一日に預けた「よき」を請け出している。七月一一日から九月一四日までの約三ヶ月（間に閏七月が入る）の利子が、二二八文ということになる。一〇月三日には一分一朱八四文の元利を払って、「水之介綿入」を請け出している。この綿入れは七月二六日に質入した「白黒綿入」とは、その金額からして別物のようだ。

一一月二日に二分二朱二八三文を払って質請けしている。これは質草名を記していないが、金額が一致するので、七月二六日の「白黒綿入」に当たると考えられる。とすれば今回の利子は二八三文になる。概して七月頃までの年の前半は質借や利子のみの返済が多く、九月以後の秋の収穫が得られる時期になると元利を返済して質草を請け出すことが多くなるようだ。それでもこの年以前に質借した借金が残り、質草を預けたままになっている物も多いようである。

四　支出について

1　貨幣経済の浸透

支出の内容の検討に入る前に、直升家ではどれくらいの割合で金銭を使った生活を営んでいたかを見てみよう。こうした観点から直升家の金銭の使用状況をまとめたのが、**表6**である。

直升家で、天保六年のうちに一日に一回、わずかでも金銭を使った日数は全部で二七一日、この年の暦日数三八四日（閏月あり）の七〇・六％である。一〇日のうち、七日以上は金

表6　金銭の使用状況

月	金銭を使った		月当たり	日当たり	月当たり	日当たり	暦日数
	日数	日数%	購入回数	購入回数	支出高・文	支出高・文	
1月	20日	69%	74回	3.7回	16993文	849.7文	29日
2月	16日	53%	34回	2.1回	15393文	962.1文	30日
3月	23日	77%	52回	2.3回	8653文	376.2文	30日
4月	21日	72%	43回	2.0回	6361文	302.9文	29日
5月	18日	60%	50回	2.8回	5648文	313.8文	30日
6月	19日	63%	62回	3.3回	8205文	431.8文	30日
7月	18日	62%	52回	2.9回	13984文	776.9文	29日
閏7	18日	62%	30回	1.7回	6705文	372.5文	29日
8月	21日	70%	57回	2.7回	8336文	397文	30日
9月	25日	86%	65回	2.6回	22608文	904.3文	29日
10月	24日	80%	59回	2.5回	19327文	805.3文	30日
11月	22日	79%	63回	2.9回	32484文	1476.5文	29日
12月	26日	87%	84回	3.2回	45104文	1734.8文	30日
年	271日	70.60%	725回	2.68回	209801文	774.2文	384日

銭を使っていた。

金銭を使った日には、一日に二〜三回使っており、金額は一日七七四文ほどである。このように、かなりの頻度で金銭を使っていたことがわかる。相当強く貨幣経済が浸透していたことを確認できる。

2 直升家における金銭の管理・運用

『覚帳』が直升自身によって詳細に書き残されたように、直升家の金銭の出入りは直升によって一元的に管理されていたと思われる。例えば、「一月二四日　三〇〇文　水之介、村松小遣」「二月一日　六六文　御母様きやはん切代」のように、家族の出費の場合は基本的にその家族の名が記されている。これはその費用が直升から家族の当事者に渡されていることを物語っている。

直升はいわゆる「財布を握って」いて、直升家の家計はすべて主人である直升が関わる仕組みであった。家庭内の日常的な家計の処理は一家の主婦にまかされることの多い今日のあり方から見れば、かなり奇異に見えるが、当時は一般的だったのだろう。

『武士の家計簿』（新潮新書）で加賀藩の御算用者・猪山家の家計簿を分析された磯田道史氏は、次のことを指摘されている。猪山家では俸禄支給日に家族全員に「初尾」といって小遣いが配分されていたこと、その割合は銀高で、祖母九〇匁、父一七六・四二匁、母八三匁、当主一九匁、妻二一匁、婚出の姉二人がそれぞれ五匁、娘九匁であること（初尾は俸禄収入の一三％）、また「猪山家では毎月の定常生活費を『小遣い』と呼んでいる。豆腐代などこまごました出費は、『小遣い帳』を作って、そこで妻女が管理していたものと考えられる。これが毎月一八〇〇文であり、仏様花代の二〇〇文とあわせて、二〇〇〇文が月々の決まった経費になっていた」。

このようにして、猪山家では、家族全員に一定の自由に使うことのできる金が与えられていたこと、定常生活費分の金の管理は妻女にまかされていたことを指摘されている。これは、直升家の家計の処理の権限を一元的に当主である直升が握っていて、家族は直升に要請して出費してもらう形になっていたのとは大きな違いである。

もちろん、直升家においても家庭内の仕事の分業はなされていたと思われ、毎日の炊事や裁縫などは女性で、妻や母の仕事であったろう。したがって、食材や布地・衣類等の買物などは妻などが主体になって行ったと考えられるが、その費用は直升からもらって賄ったと考えられ、必ずしも妻や母の裁量でできたわけではないだろう。息子たちの小遣いも、そのつど父親からもらう形だっただろう。

猪山家では「豆腐代など、こまごました出費は『小遣い帳』を作って、そこで妻女が管理していた」のに対し、直升家では、直升が豆腐一丁の購入から『覚帳』に「こまごま」記録している。金銭のやり繰り、金の工面も直升の責任においてなされたはずである（この点は猪山家でも同じであったろう）。金の工面といえば、直升家は質屋（蛭田）を利用しているが、その質草に使われた物には、「御母様袷」「水之介綿入」など、家族の衣類も含まれていた。これも直升の意思によってなされたものであろう。

このような両家の違いは、なぜ生まれるのか。もちろん、加賀と常陸の国柄の違い、城下居住と農村部居住の違いといった土地柄の差も大きいだろう。しかし私は、猪山家は当主が藩士で城内で御算用者の仕事に従事している（したがって、日中は妻女が留守を守ることになる）のに対し、直升家は郷士であり、普段は家から出ないで兵法の研究や門弟への砲術の指導、あるいは農業経営に関しての指示などにあたっていること、つまり基本的に在宅で仕事をしていること（したがって、妻女や子供は日常当主の監督下にあること）によるところが大であったと思っている。

そして、当地方では、つい一昔前までは、このように当主が「財布を握る」形が一般的にとられていたと私は想像するが、その論証には様々な角度からの検討が必要であることは言うまでもない。

3　支出の内訳

次に、支出をその内容分野ごとに整理し額の大きい順に並べてみると、**表7**の通りである。最も多いのが食材購入の費用で四両一朱一八五文となり、全支出の一二・四%を占める。続いて高い比率を占めるのが、頼母子掛金等の三両三分三朱四〇四文（一二・一%）、質屋への元利払い二両一分一朱二七七文（七・一%）である。こうした金融関連の出費が両方で全体の一九・二%を占める。

三番目に支出の多い「諸買物（品名不明）・諸払い（名目

不明)」は、太田等でまとめて買物をした場合で、個別に品名を挙げず、まとめて金額のみを記した場合を集計したものである。年末などの買物で、恐らく「食材」「衣服」「日用品」などの購入が多かったものと推定される。したがって、これらの分野の支出額は、表の額よりさらに増えるはずであることも念頭に置いておきたい。

表7　支出のおおまかな内訳

内容項目	支出額	文換算（文）	構成比
食材の購入	4両1朱185文	27404文	12.4%
頼母子掛金等	3両3分3朱404文	26785文	12.1%
諸買物（品名不明）・諸払い（名目不明）	3両3分363文	25489文	11.5%
質屋への元利払い	2両1分1朱277文	15771文	7.1%
寺社参詣・寺社への奉納・寄付等	2両1朱88文	13907文	6.3%
上納の費用（畑年貢か）	2両	13400文	6.1%
布地・糸等の購入、染料代等	1両3分2朱145文	12708文	5.8%
その他（分類不能等の物等）	1両3分2文	11727文	5.3%
儀礼・義理・進物等の費用	1両2分1朱418文	10887文	4.9%
生活用品（台所用品等）	1両2分375文	10425文	4.7%
刀と鉄砲に関係した出費	1両1分314文	8689文	3.9%
奉公人・職人等への日当・手当て等	1両2朱22文	7560文	3.4%
酒の購入	1両1朱384文	7503文	3.4%
油・蝋燭の購入	1両135文	6835文	3.1%
直升および家族の小遣等	3分412文	5437文	2.5%
宿泊料・交通運輸関係	3分22文	5047文	2.3%
たばこの購入	2分3朱210文	4816文	2.2%
紙類の購入	1分2朱187文	2706文	1.2%
履物類にかかった費用	3朱128文	1384文	0.63%
薬・こうやく・もぐさ等	2朱387文	1225文	0.55%
頭髪（元結・鬢付け油等）	1朱349文	768文	0.35%
種の購入	304文	304文	0.14%
計	32両3分3朱93文	220777文	100%

寺社への参詣・奉納・寄付等に二両一朱八八文（六・三%)、儀礼・義理・進物等に一両二分一朱四一八文(四・九%)も比率が高い。郷士であった直升家の地域社会における立場に関連していると考えられる。酒購入については、『覚帳』の末尾の方に、ここで集計した酒購入の外に、「覚　蛭田より酒借」として別会計で処理されている「付け」で買った分がある。これが相当の分量・金額になっている。「酒購入」について検討する際、この問題も含めて考えてみる。

以下、支出を物品の購入分と諸出費・諸支払いの分に分け、それぞれそのあり方を検討することによって、直升家の暮らし向きを探っていきたい。ここでは、物品の購入については、食材と酒の購入を中心に、諸出費・諸支払いでは、寺社関係の出費と奉公人への支払いを中心にまとめる。

4　物品の購入

一　食材の購入

A　全般的な傾向

食材に関する支出を、その種類別に金額・割合を整理すると、**表8**の通りである。

最も金額・割合の多いのは、『覚帳』に●印の付いている魚・鶏卵である。全部で一両一分三朱一三八文の支出をし、全食材購入費の三五・六%を占めた。ついで多く支出したのは、醤油・糀《こうじ》（味噌の加工に使った）・塩・砂糖等の調味料関係である。この四品の購入に全食材購入費の五一・六%、半分以上を費やしている。

表8　食材の購入

項　目	金額（両分朱文）	文に換算	%
魚・卵	1両1分3朱138文	9769文	35.6%
醤油	1両284文	6984文	25.5%
糀	1分3朱164文	3095文	11.3%
塩	1分3朱50文	2982文	10.9%
豆腐	3朱363文	1619文	5.9%
砂糖	2朱242文	1080文	3.9%
鰹節等	1朱6文	425文	1.6%
野菜・果物	393文	393文	1.43%
茶	380文	380文	1.38%
こんにゃく	237文	237文	0.86%
海草	190文	190文	0.69%
酢	157文	157文	0.57%
菓子	93文	93文	0.34%
計	4両1朱185文	27404文	

食材そのもので、魚卵についで支出しているのが、豆腐である。単価が安いので金額は大きくないが、後述の通り非常に回数多く購入している。野菜・果物等の出費は非常に少ない。これは直升家が田畑を所持し、農業経営を行っていたので、自分の土地で自給される度合いが高かったためであろう。茶も自給されていた可能性がある。以下、種類別により具体的に検討する。

B　魚・鶏卵の購入

直升は、魚・鶏卵を購入した際には、「正月十一日　八十五文　●ひらめ」のように、必ず●印を付している。これは、直升が何らかの意味で注目すべきこととして印を付したことを物語っている。魚・鶏卵が購入された日は大変多く、七〇日を数える。一日に二種の魚を買った日が二回あり（ふぐとひらめ、鰯とさんま）、これをそれぞれ二回に数えれば、回数は七二回になる。天保六年は閏年で閏七月があり、一年は三八四日あった。月単位の魚・卵の購入を、魚種ごとに、購入回数、購入した月名、金額、一回の平均金額等を表に整理すると、**表9**の通りである。月（平均二九・五日）に約五・五回（五・四日）、魚・卵を購入している。

表9によれば、購入した魚種は二一種にわたる。この内には「塩引」「なまりぶし」等の加工品や、「なまず」のような川魚も含まれている。魚を購入した月に注目すると、ほぼ漁獲時期と対応しているように思う。例えば、鰹は旧暦の五、七、閏七、八月に購入している。ちなみに、初鰹は「五月十九日　一　弐百六十四文　●初鰹半身」となっている。恐らく常陸沖、久慈浜辺りで取れた旬の魚が小島村の直升家に売られてきたものと思われる。久慈浜は小島村から三里（一二キロ）ほどの距離にある。

購入回数の多い魚は、ゆわし（＝いわし）と鰹で、両方とも一四回である。単価の高い魚は「なまりぶし六四八文」「塩引三四九文」「鰹一九九文」「ひらめ一九三文」（塩引・鰹・ひらめは平均値）などであるが、「なまりぶし」は自家で鰹節に再加工されたとも考えられる。塩引は贈答に使われた可能性もあるかと思われる。

次に、月別の魚・卵の購入回数・金額を整理したのが、**表10**である。表10によれば、月々で購入回数にバラつきがある。五月、一二月などは一〇回と多く、二月、四月、九月、一一月などは少なくなっている。これはどう考えたらよいか。私は少ない月は川魚を獲って補っていた（近隣の知り合いからもらったことも考えられる）、あるいは川魚が潤沢にあったので、（海）魚の購入を控えた可能性があるかと思う。

九月等は久慈川・山田川の落ち鮎を獲って食していた可能性は高い。直升家が川魚漁に関わっていたことは、「八月十九日　とうあみ（投網）きぬ（絹）糸代　二朱」とあることからうかがえる。

また時代は百数十年遡るが、元禄年間と思われる西山山荘に隠居した義公（徳川光圀）の側近として仕えた秋山村衛門・三木幾衛門連名の鴨志田又左衛文（君儀）宛の書簡に「以書付申達候、黄門様御機嫌好被遊御座候間御心安候、然ハ御意被遊候者、其元ノ山田川へ鮭魚上り可申候間、取候而塩ニ仕、指上可申候」とあり、山田川の鮭を獲って塩に漬けて差し出すようにとの義公（光圀）の御意が、当時の又左衛門家の当主君儀にあったことがわかる。百数十年後の天保時代にも同じ漁が行われていたのではないか。また、日常的にも、鯉・鮒・どじょう・鰻等を獲って食していたものと思われる。

C　調味料の購入

次に広義の調味料として、醤油・糀《こうじ》（味噌加工の材料）・

表 9　魚種別の購入状況

魚種	鮪	ひらめ	きす	うば貝	あんこう	ゆわし（鰯）	さんま	塩引	しじみ	さがぼふ	玉子	
購入回数	2 回	6 回	2 回	3 回	2 回	14 回	2 回	2 回	3 回	2 回	10 回	
購入月	1月・10月	1・11・12	1・3	3	3	5・6・10・12	10	10・11	7・12	5・6	12367・12	
購入金額	248 文	1156 文	320 文	292 文	272 文	608 文	86 文	698 文	92 文	228 文	881 文	
1 回平均	124 文	193 文	160 文	146 文	91 文	43 文	43 文	349 文	31 文	114 文	88 文	

魚種	鰹	なまりぶし	あわび	なまず	さば	ぶり	すじ子	あいな	いなだ	れんて	ふぐ	計
購入回数	14 回	1 回	1 回	1 回	1 回	1 回	1 回	1 回	1 回	1 回	1 回	72 回
購入月	5・7・閏7・8	7	7	9	5	5	10	10	6	4	12	
購入金額	2786 文	648 文	100 文	72 文	113 文	124 文	72 文	124 文	80 文	272 文	150 文	9679 文
1 回平均	199 文	648 文	100 文	72 文	113 文	124 文	72 文	124 文	80 文	272 文	150 文	134 文

表 10　魚・卵の月別購入状況

月	1 月	2 月	3 月	4 月	5 月	6 月	7 月	閏 7	8 月	9 月	10 月	11 月	12 月	計
購入回数	6 回	1 回	7 回	1 回	10 回	9 回	7 回	7 回	4 回	1 回	7 回	2 回	10 回	72 回
購入金額	756 文	180 文	787 文	272 文	945 文	802 文	1489 文	1156 文	862 文	72 文	892 文	598 文	868 文	9679 文
一回平均	126 文	180 文	112 文	272 文	95 文	89 文	213 文	165 文	216 文	72 文	127 文	299 文	87 文	134 文

表 11　醤油の金額別購入状況

	24 文	29 文	32 文	48 文	50 文	56 文	100 文	236 文	272 文	948 文	計
回数	2 回	1 回	1 回	14 回	1 回	1 回	6 回	1 回	2 回	1 回	30 回
金額	48 文	29 文	32 文	672 文	50 文	56 文	600 文	236 文	544 文	948 文	3215 文
推定量	2.5 合	3 合	3 合	5 合	5 合	5 合	1 升	2.5 升	3 升	1 斗	
推定総量	5 合	3 合	3 合	7 升	5 合	5 合	6 升	2.5 升	6 升	1 斗	3 斗 3 升 6 合

表 12　醤油の月別購入状況

月	1 月	2 月	3 月	4 月	5 月	6 月	7 月	閏 7	8 月	9 月	10 月	11 月	12 月	計
回数	4 回	2 回	2 回	4 回	4 回	2 回	2 回	4 回	4 回	1 回	0 回	1 回	0 回	30 回
金額	298 文	148 文	96 文	220 文	252 文	301 文	96 文	228 文	392 文	948 文	0 文	236 文	0 文	3215 文
平均	75 文	74 文	48 文	55 文	63 文	151 文	48 文	57 文	98 文	948 文	0 文	236 文	0 文	

塩・砂糖・鰹節等について考える。これらに関する出費は極めて多く、全食材購入費の五三・二%を占める。以下、順に具体に検討する。

まず、**表11**によって、醤油の購入状況を見る。

醤油の購入額は、全部で二分一朱三二一五文である。ただし、そのうち二分は「正月三日　弐分也　森田へ　醤油代之内坂本や二而遣ス」とあり、恐らく前年度の借の返済に充てられたと考えられる。また一朱も「正月二十九日　一朱也　中野幸三郎醤油代遣ス」とあり、同二九日に百文の醤油を買っていることから考えて、これも前年分の返済かと思われる。

したがって、天保六年の出費は、二分一朱引いて三二一五文、すなわち一分三朱二八四文である。恐らく、この辺が一年分の醤油の消費量としては妥当な線と思われる。

次に月別の購入状況を、**表12**で見る。醤油の購入回数は、前年分返済二回を除けば三〇回となる。月平均二・三回になる。表12によれば、一月～八月は月二～四回購入し、九月にまとめて九四八文購入し、一〇月はなし、一一月に二三六文購入、一二月はまたなしとなっている。これは秋（九月、一〇月）には籾売却や頼母子の金が入って余裕があったからだろう。表11で購入額別の購入回数を見ると、四八文分の購入が一四回と全体の半分近くを占めている。『覚帳』の八月二十二日の記録に、「醤油五合　四十八文」とあり、醤油五合の値段が四八文であったと判断される。四八文＝五合をベースに考えると、大体次のような勘定になるかと思われる。

二四文＝二合五勺　二九文、三三文＝三合
五六文（酢を含む）＝五合　一〇〇文＝一升
二三六文＝二升五合　二七二文＝三升　九四八文＝一斗

このように推定して、購入した値段から分量を推定して足していくと、総量は三斗三升六合となる。これがこの年に購入した醤油の総量と推定される。日平均一合弱の醤油を消費していたことになる。これは今日の食生活からみれば、一般家庭の消費量としてはかなり多いように思われる。煮物などの献立の多い食生活であったのだろうか。

続いて、糀の一分三朱一六四文を考える。『覚帳』では、大晦日の「内田や」への支払いとなっている。大晦日の諸清算・諸支払いの中の一つとして記載されているから、恐らく以前に「付《つ》け」で買ったものの清算をここでしたということだろう。この糀の大部分は、味噌の製造に使われたものと思われる。当時農村では一般に味噌は自家製造したと考えられ、直升家でも自分の畑で作った大豆とこの糀、それに次に述べる塩を使って、味噌を作ったであろう。一分三朱一六四文という値段でどれくらいの糀が買えるか分からないが、結構大量の糀が買えたのではないか。したがって、作られた味噌の量も相当たくさんだったのではないか。

次に塩について考える。塩の購入にはトータルで一分三朱五〇文を費やしている。全食材購入費用の一〇・九％を占める。塩は一回に一升、二升、一俵といった分量で購入されていた。そこで塩の分量別の購入状況をみると、**表13**の通りである。

表 13　塩の金額別購入状況

	8合	1升	2升	3升	1斗	1斗1升	計
回数	1回	8回	5回	1回	3回	1回	19回
金額	29文	288文	440文	112文	1559文	554文	2982文
平均	29文	36文	88文	112文	520文	554文	
推定総量	8合	8升	1斗	3升	4斗5升	1斗6升	82.8升

表13によると、小口で一升単位で八回、二升単位で五回買っている。大口で一俵が三回、一俵一升を一回購入している。さて、一俵の分量はどれくらいであろうか。それをうかがわせる記載は、『覚帳』にはない。そこで次のような方法で、一俵の分量を推測した。塩一升の値段は区々だが、平均すると三六文ほどである。一俵の平均金額五二〇文を三六文で割ると、

五二〇÷三六＝一四・四四（升）→一斗四升四合四勺

520÷36＝14.44（升）→一斗四升四合四勺

一俵となると区切りのよい分量になっていると考え、一俵＝一斗五升と判断した。

これに基づいて、購入した塩の量を計算すると、合計八斗二升八合となる（約一日二合二勺の勘定）。かなりの分量である。味噌の製造、漬物にも大量に塩が使われたと考えられる。

豆腐の購入は、銭一四文、二一文、二八文等、七の倍数で行われることが多かった。これは間違いなく、豆腐一丁が七文で、二丁、三丁を購入したことを物語っている。こうしたことを考慮して、豆腐の購入状況をまとめると、**表14**の通りである。この表の他に、一

表 14　豆腐の金額別購入回数

	14文	21文	28文	42文	48文	70文	130文	油揚	計
回数	37回	3回	12回	7回	1回	1回	1回	3回	65回
推定丁数	74丁	9丁	48丁	42丁	7丁	10丁			190丁

三〇文の「豆腐ひきちん」がある。これは恐らく、自家の大豆を豆腐に加工してもらった代金を意味すると思われる。

油揚は購入した回数が少なく、三回だけである。しかも購入しているのは、一月のみである。小島近辺の豆腐屋では、油揚の生産はあまり行われていなかったのではないか。豆腐・油揚の購入・加工の回数を数えると六五回となり、一年一三カ月（閏月あり）で割ると、ちょうど一月に五回である。魚・卵に次ぐ回数になっている。単価が安く買いやすかったのか、頻回に豆腐を購入している。しかも一四文（二丁）買ったケースが三七回で、半分以上を占める。このあたりは、前述の醤油や塩を少量・少額ずつ何回も購入しているのと同様に、出費を少額に抑えざるをえない家計の状況を物語っているのかもしれない。

二　酒の購入

奉公人への駄賃としての酒手や神仏への御神酒を除けば、『覚帳』に記されている酒の出費は次の通りである。

八月七日一朱二〇〇文（なおし酒）、八月二一日　一〇〇文（にごり酒）、九月七日　二四文（酒）、九月八日　二四文（酒）、一〇月二〇日　一〇〇文（酒代）、一一月二日　三分（蛭田へ酒代の内払）、一一月九日　一朱（角立川酒代）、一一月二六日　一朱（角立川酒手代）、一二月二六日　一〇〇文（酒代）、大晦日　一朱（角立川酒代）、同日　二五五文。以上合計一両一朱三八四文である。

後述の蛭田への酒代の内払三分を除けば、上記酒に関する支出は一分一朱三八四文で、それほど大きくはない。しかし、実は前述の通り、『覚帳』の末尾には、「覚　蛭田より酒借」として、質屋・酒屋兼業の屋号「蛭田」家から、いわゆる「付《つ》け」で酒を購入したことが記されている。この酒購入代が実に膨大なものである。以下その点に触れる。

「覚　蛭田より酒借」の部分には、「正月十七日　使　作蔵一　壱升」「正月十九日　使　頭　△　三升」のように、「付け」で酒を購入した月日、「使」にやった者の名、酒の分量（壱升、三升等）が記されている。

ここには、実に一二〇回（一二〇日、三日に約一回の割）にわたって酒を購入した記録が記されている。購入した酒の量を総計すると「一石五斗八升五合と銭八〇〇文分」となる。一二〇回の酒購入中、回数にして一八回、量にして二斗五升は「田幡分」となっている。田幡は前述の通り、直升家の分家の屋号で、親しい関係にあった家である。なぜ田幡分の酒購入を直升家の「付け」で処理したのか、よく分からない。

「覚　蛭田より酒借」には「内　三分也　十一月二日遣ス　蛭田へ　内弐分三百六十弐文　田幡分　内壱分弐朱文　十月晦日取　△二朱　十一月十七日取」とあり、一一月二日に内払として金三分を蛭田に払ったこと（これは上記の一一月二日の記事と一致する）、このうち二分三六二文は田幡分であること、そして田幡からは一〇月晦日に一分二朱、一一月一七日に二朱、合わせて二分の金を回収していることが分かる。このように田幡が蛭田から購入する酒は、直升家の「付け」で処理され、後に直升家が田幡から料金を回収するという形になっていた。

したがって、酒購入総計量（一石五斗八升五合と八〇〇文分）から、田幡分（二斗五升）を引いた一石三斗三升五合と八〇〇文分が、直升家が実質的に蛭田から「付け」で購入した分になる。なお、この中には「五月七日新介へ壱升かし」「五月十五日新介へ百文かし」のように、奉公人に貸した酒分も若干含まれる。

ところで、『覚帳』最末尾に近い所に記された、「覚―新介」としてまとめられた奉公人新介の賃金と前貸しの記録によれば、五月七日の記事に「一　酒壱升　代百八十文」、その前の四月二四日にも「一　酒壱升　代百八十文」とある。これは恐らく蛭田から購入した酒一升の値段が銭一八〇文であったことを物語っているものであろう（もちろん、これは普通の酒の値段であって、「上」と記されたものの値がより高いのは言うまでもない）。

そこで、試みに直升家が実質的に購入した酒量（一石三斗三升五合）に銭一八〇文を乗じると、二四〇三〇文、金に換算すると（三両二分一朱と一六一文）となり、これに残り八〇〇文分をプラスすると、合わせて三両二分三朱と銭一二三文となる（ただし、この中には上記奉公人に貸した分も含まれている。また酒の中には「上」もある程度含まれているから、金額がもう少し大きくなることが予想される）。

さて、直升家が蛭田からの酒の「付け」に対し支払った額は、上記のように一一月二日の三分（蛭田へ酒代内払）のみのようである。しかも、これも上記のように大部分が田幡分であり、田幡からは合わせて二分の金を回収している。そうすると、直升家が負担しているのは実質的に一分のみということになる。三両余が借金として残ることになる。直升家はこの返済をどのようにしたのであろうか。天保六年の「覚帳」の記事からは、それをうかがうことはできない。

ところで、直升家は蛭田から酒をどのように購入したのか。一回に購入した酒量に着目して整理すると、**表15**の通りである。

（注） 表15では、「一斗一升 二回」は「覚―蛭田より酒借」の「二月廿八より廿九日朝迄 三樽 △弐斗一升也 壱升」をこのように表した。また「四升 一回」と「六升 一回」は「十一月十九日頼母子之節 一 四升」「十一月十九日頼母子之節 △ 壱斗五合 外四升五合返ス」に当たり、「壱斗五合 外四升五合返ス」を一斗五合買って、後にその内四升五合を返し、結局六升買ったと判断した。

表15 酒量別購入回数

購入量	回 数
100文	2回
5合	19回
1升	68回
1升5合	1回
2升	6回
2升5合	1回
3升	2回
4升	1回
6升	1回
1斗1升	2回
田幡分	18回

表15によって考えると、一回に一升買ったケースが圧倒的に多く、ついでは○・五升すなわち五合である。これは直升家で日常飲んだ分で、恐らく、なくなると次の一升あるいは五合を買いに行かせるという感じではなかったか（これによって、直升自身が相当の酒飲みであったことがうかがえる）。四升以上のケースは、恐らく直升家で大規模な宴会があった場合であろう。

「覚 蛭田より酒借」のただし書きにあるように、四升と六升は一一月一九日の「頼母子之節」に消費したものである。恐らくこの日の頼母子講の寄合が直升家を会場に行われ、その宴席で使ったものであろう。頼母子といえば、九月一九日の頼母子講寄合も直升家で行われた可能性がある。『覚帳』の九月一九日の記事に「壱貫六百三十文 頼母子賄候掛リ」「弐分壱朱百三文 頼母子之節蛭田指遣ス分」とあり、九月一九日の頼母子の寄合が直升家で行われ、その賄いのために一貫六三〇文を使ったものと思われる。

また「蛭田指遣ス分」の二分一朱一〇三文は、蛭田に払った酒代であろうか。この記事に関連したものは「覚―蛭田より酒借」にはまったく見えない。この時は「付け」ではなく、現金で支払ったためと思われる。「二月廿八より廿九日朝迄三樽　△弐斗一升也　壱升」も、何かしらの寄合・宴会が想定される。『覚帳』の二月二八日「一　一貫廿六文　太田色々買物」もこれに関連したものであろうか。

こうした大きな寄合・宴席でなくとも、小さな集まりや寄合は直升家では何回も開かれていたのではないか。まとめて二升以上の酒を買っているときは、その可能性があると思われる。

5　越中「薬屋」の来訪

次に物資購入でやや注目すべきこととして、薬等の購入に触れる。直升家では、灸に使う艾《もぐさ》を、計七回購入し、七九文使っている。膏薬は四回四八文、目薬は一回四八文である。また、五月二三日に、「水橋薬や内払」として一朱、一一月一一日には「加賀水橋薬や」として一朱支払っている。

加賀水橋とあるのは、直升の勘違いか記憶違いであり、正しくは越中水橋であるべきだ。水橋は現富山市水橋地区で、江戸時代には水橋浦など御国廻売薬業が大変盛んであった地なので、間違いないであろう（ちなみに、加賀には水橋の地名は見当たらない。『富山県の地名』日本歴史地名体系一六、平凡社による）。

これにより、越中水橋の薬屋が直升家に巡回販売していることがわかる。恐らく置薬を置いていき、使った分だけの代金を清算し、薬の補充をしていく方式であったろう。越中富山の御国廻売薬業は享保頃から盛んになったとのことだが、いつ頃から常陸北部の地に波及してきたのか分からない。しかし、以上により、天保期にはすでに入っていたことが確かだ。ただ、直升が越中を加賀と間違えているように、「越中富山の薬」としてのブランド名がまだ定着していなかったのかもしれない。

私が子供の頃の昭和二〇～三〇年代にも、越中富山の薬屋が来ていたが、江戸期以来の流れが連綿と続いていたことを感じさせる。こうした遠距離地域との交流を物語るものには、後述の「越後大でん新田村」の仁右衛門倅の四郎吉が直升家の奉公人として雇われているケースがある。

6 諸支払い・諸出費

一 寺社関係の支出

直升家の寺社や広義の宗教行事に関する出費を、その内容項目ごとに整理すると、**表16**の通りである。これらの支出の合計は二両二分二朱五四文であり、直升家の全支出の八・四%を占める。以下、その内容を見ていく。

表16 寺社関係支出の内訳

項目	回数	金額（文）	百分比	平均（文）	備考
寺社参拝	15回	7618文	43.20%	508文	寺社祭礼・縁日小遣
金砂両山	5回	5570文	31.60%	1114文	「金砂両山、孫左衛門へ遣す」等
御初穂	13回	1384文	7.80%	106文	湯殿山御初穂・大神宮御初穂等
「さし」	9回	412文	2.30%	46文	太鼓さし、村御祈祷さし等
勧化	4回	296文	1.70%	74文	村松大神宮勧化、吉田大明神大々勧化等
御神酒	9回	428文	2.40%	48文	
「さんせん」	8回	82文	0.50%	10文	賽銭のこと
その他	5回	1852文	10.50%	370文	「おかま」「大神楽」等
計	68回	17642文		259文	

A 寺社への参詣

直升家が寺社参詣に出かけた回数は一四回、使った小遣等は七六一八文すなわち一両二朱八〇文である。各参詣の内容を整理すると、**表17**の通りである。表17にそって、直升家の寺社参詣について少し詳しく考える。

一月一五日の「水之介、村松小遣」は、立原翠軒『水戸歳時記』の一月一五日の欄に「村松静両祠祭。（中略）筒粥トテカユヲタキ、ヨシヲ入テ、ヨシノ浮ヒヤウニテ年中ノ五穀上中下、八分九分ナト、分テ、豊凶ヲト《ボク》スルコトアリ」とあ

表17 寺社参詣の内容

月日	金額	参詣人、参詣寺社	備考
1月12日	52文	静参詣小遣	
1月15日	300文	水之介、村松小遣	村松大神宮「筒粥」
1月21日	80文	七面大明神参詣小遣	
1月24日	100文	水之介、愛宕山小遣	「愛宕山」（正月24日）
2月15日	100文	大里参詣、兄弟小遣	大里来迎院（お阿弥陀様）縁日
3月2日	247文	御田楽参詣小遣、直升・水之介	両金砂神社小祭礼の田楽？
3月20、24日	200文	村松参詣、水之介、直升	村松虚空蔵菩薩開帳
4月1日	104文	静参詣、水之介、千八郎	静神社例大祭
9月5日	274文	入四間参詣遣	斎神社、秋の回向祭
9月26日	200文	御母様六夜詣り	瓜連、常福寺二十六尊大祭
10月17日	448文	静参詣小遣	静神社秋の例大祭（お静の町）
11月5〜9日	3朱303文	山々所々へ参詣小遣	

るので、村松大神宮での「筒粥」という作物の豊凶占いに出かけたものと思われる。

一月二四日に水之介が参詣した「愛宕山」は、久慈郡玉造村（現常陸太田市玉造町）にあった火伏の神である。一月二四日には、この神社の縁日には講中参詣でにぎわったという。二月一五日の水之介・千八郎兄弟の大里参詣は、大里村にあった通称「オアミダサマ」で知られた来迎院に参拝したものと思われる。

二月一五日は「阿弥陀様の縁日で若者たちはみなお参りに行った」（『常陸太田市史　民俗編』）。このように、とくに若者で賑わう祭りであったようで、一七歳と一一歳の兄弟が出かけたのもそのためであろう。三月二日には、「四十七文　御田楽参詣小遣」「弐百文　水之介御田楽遣」とある。「御田楽」は六年に一度の西金砂神社の小祭礼の「御田楽」であろうか。西金砂神社の小祭礼の御田楽は三月初めに行われたようである。

後述のように、直升家は東西金砂神社への特別な信仰をもっていたようで、この御田楽に直升、水之介の父子で出かけているのもそのためであろう（会計が別に処理されているのは、別々に行動したということだろうか）。

「三月廿日　一　弐百文　村松参詣水之介遣」「三月廿四日百八十五文　村松参詣小遣」とあり、三月二〇日には水之介が、三月二四日には直升が、「村松参詣」をしている。『東海村史　民俗編』によれば、村松虚空蔵尊では天保六年（まさにこの「覚帳」が記された年）「虚空蔵開帳、来ル三月十三日より日数十五日」とあり、天保六年には三月一三日から向こう一五日間大祭が行われている。直升、水之介がこの大祭・ご開帳に出かけたことは確かである。

四月朔日は静神社の春の例大祭の日であり、水之介・千八郎の兄弟で参詣に行ったのであろう。「九月五日　弐百七十四文　入四間参詣遣」とあり、直升が「入四間《いりしけん》参詣」をしている。入四間は、久慈郡入四間村（現日立市入四間町）のこと。入四間《いりしけん》には、御岩山・御岩神社を中心に諸寺社が建ち並び、一大霊場が形成されていた（『御岩山』志田諄一監修、ふるさと文庫、筑林書林）。

「御岩神社は、江戸時代には御岩権現・入四間湯殿権現などと呼ばれていた。一六三〇（寛永七）年、出羽三山の一つ湯殿山権現が御岩山に勧請され、一六五八（万治元）年には大日堂（大日如来は湯殿山権現の本地仏）が建立された。徳川斉昭により、神仏習合が否定されて唯一神道に改められ」（『茨城県の歴史散歩』山川出版社、二〇〇六年版）たとのことである。

斉昭による神仏習合の否定が進められたのは、水戸藩天保の改革の眼目の一つの寺社改革の一環として行われたもので、天保一四年（一八四三）～弘化元年（一八四四）にかけて断行された（『水戸市史　中（三）』）。直升がここで参詣したのは、御岩山霊場域内の斎神社の「回向祭」であったと思われる。

「回向祭は、神仏二道を習合した両部神道で行われる。祭日は旧三月十八、十九日と旧九月五日、六日であった」（前掲『御岩山』八〇頁）ので、直升が参詣したのは、この旧九月五日の回向祭だったと解してよいかと思われる。なお、直升はこの時のみならず、文政四年にも九月五日の回向祭に参詣していたことが確認できる（後述の文政四年「奉公人金銭出納帳」の奉公人忠吉の欄に「九月五日　一　百文　入四間行之節」とあり、直升の入四間行きにお供させた忠吉に、百文貸したことが確認できる）。

入四間の地は久慈郡の奥の山中にあり、小島村からは相当距離がある。直升の強い山岳信仰への思いを感じさせる。直升が御岩神社を参詣したのは、水戸藩の寺社改革が実施される前のことで、直升はこうした山岳信仰に基づく神社参詣に熱心だったようで、まもなく進められる神仏習合否定の動きをどのように見ていたことであろうか。

「九月廿六日　一　弐百文　御母様六夜詣り」とあることから、瓜連《うりずら》（那珂郡瓜連村）常福寺の重要行事である二十六夜尊大祭のお参りに、直升の母親が出かけていることがわかる。「二十六夜尊を略して六夜尊といい『ろくやさん』と呼び習わされている（中略）。江戸時代に流行した行事に『二十六夜待』がある。これは陰暦二十六夜の月の出を拝むことである。この夜は阿弥陀・観音・勢至の三尊が月の姿をとって月に昇り、これを拝むと幸運を得るという信仰があった（中略）。常福寺の二十六夜尊の祭りもこの二十六夜待の行事と重なり、一層にぎやかになったものである」と、『瓜連町史』に記されている。昭和三〇年代の前半頃も、「ろくやさん」はこの地方きっての祭りであり、私も子どもの頃は何回か行った。

「ろくやさん」と並んで、この地方の大きな祭礼が「お静のまち」である。「十月十七日　四百四十八文　静参詣小遣」とあり、直升が「静参詣」に出かけている。「静神社の秋の大祭礼日は旧暦の十月の中の申酉の日と定められ、神社最大の行事。この日は十里四方の善男善女が参集して賑やかな祭りであった。俗に『お静のまち』とよばれた」（『瓜連町史』）。

この祭りは、「お静のまち」と私の子どもの頃にも呼ばれ、たくさんの出店や屋台が並び、まさに「門前市をなす」盛況であった。もちろん天保の頃もそうであったろう。直升が四四八文と他の参詣以上に金銭を使っているのも、「まち」（市）でいろいろ買物をしたためであろう。一一月五～九日の「山々所々へ参詣小遣」については後に改めて詳述することにして、ここまでの参詣についてまとめておこう。

一月一二日～一〇月一七日に、『覚帳』に記されている直升家の寺社参詣回数は、全部で一三回である。もちろん、少し距離のある小島村外の寺社の祭礼等に改めて参拝したケースであり、村内や近隣の寺社等への参拝を含めればもっともっと多いであろう。参詣回数は直升が六回、長男の水之介が六回、二男の千八郎が二回、直升の母が一回である（父子・兄弟で参詣したケースもある）。子どもが多いのは、子どもが寺社のお祭りに出かけるのを大変楽しみにしているのを親が認めてやったからではないか。

家族では、妻のおせとのみが出かけていない。参詣のみならず、『覚帳』に記されたおせとの外出は極めて少ない。当時、郷士の家では当主の妻はあまり外出しないのが一般的だったのだろうか。近隣の百姓の家も同じだったろうか。

これに対し、女性でも直升の母は、小島界隈の大きな宗教行事である「ろくやさん」に出かけており、他の外出も何回かしたことが『覚帳』に記されている（二月一日、直升の母が「笠」や「脚絆」等の本格的な旅装束を用意して、「舟賃」五三文をかけてどこかへ出かけていることなど）。直升の母は当時六〇歳を越えた年齢だったと思われ、こうした年齢の姑（しかも夫は亡くなっている）には、嫁の身分とは格段に異なる多くの「自由」が認められていたように思う。直升は母親のことを、『覚帳』で「御母様」と表し、敬意を表していたことがうかがえ、こうした「自由さ」も尊重していたものと思われる。

ところで、直升や家族が出かけている寺社参詣は、一部を除いて、大体祭礼・縁日や御開帳のような行事で、民俗的・土俗的色彩の濃い宗教行事であったように思われる。瓜連・常福寺の「六夜尊」、静神社の「お静のまち」のように、私の子ども時代の昭和三十年代頃にも盛大に行われていた祭礼もある。これらの参詣は、直升家の生活の中にごく自然に溶け込んでいるように思われる。小島界隈の多くの農家もそうだったのではないか（もちろん、貧窮な農民の場合は必ずしもそうでなかったろうが、直升家には生活の余裕が感じられる）。

そうした意味で、直升家は郷士身分（一応、武士階級）ではあるが、他の多くの農家から、飛び抜けてかけ離れた存在ではなかったと思われる。これが城下に居住する藩士の場合、まったく違っていたのではないか。農村部の祭りや縁日などに出かけていくことはまずなかったのではないか。

B 「八溝山」への旅

一一月五〜九日の「山々所々へ参詣小遣」は、五日間にわたる参詣であり、使った小遣も三朱三〇三文を数え、それ以前の一四回の参詣とは性格を異にしている。この参詣については、幸いにその時の小遣の「覚」が残っていて、その概要をつかむことができる。「覚」には『五日　一　八十八文　高倉休　／　五日　一　弐十四文　両人わらんじ』のように、小遣を使った日にち、金額、使った場所や使途が記されている。

これをまとめると、**表18**の通りになる。この表の地名場所を順に追うと、

（小島・出発）→高倉→生瀬→下野宮（泊）→上野宮→御山（泊）→町付→大子（泊）→（不明）（泊）→山方→（小島・帰宅）

である。上野宮は現在の久慈郡大子町上野宮であると思われ、八溝山の麓に当たる。下野宮、町付も八溝山に至る道筋にある村である。よって四泊五日の参詣旅行は、御山すなわち八溝山を目指したものと解される。ちなみに、八溝山は茨城県久慈郡大子町にある茨城県最高峰で一〇二二・二メートル、茨城・福島・栃木の県境に位置する。

往きの行程は、山田川沿いの道を北上し（旧水府村、現在の常陸太田市水府地区を縦貫し）、復路は久慈川沿いの道（現国道一一八号線）をとったものと思われる。一一月七日から八日にかけてのゆっくりした行程から、八溝山からの帰りに

表18　八溝山への旅

日	金　額	適　用
5日	88文	高倉休
5日	24文	両人わらんじ
5日	148文	生瀬
5日	1朱24文	泊分　下野宮
6日	60文	上野宮休
6日	56文	くわかし（菓子）
6日	28文	御山くわし（菓子）
6日	130文	御山酒肴
6日夕	48文	さけ（酒）
6日	1朱	泊　御山にて
7日	32文	わらんじ
7日	13文	かき（柿）
7日	200文	町付休
7日	148文	大子泊り
7日	28文	わらんじ
8日	100文	酒肴同所茶代
8日	100文	初穂
8日	144文	酒肴
8日	1朱12文	泊り　酒席
9日	172文	山方休
9日	80文	酒かわし（菓子）
御山ニ而	30文	御札

〆3朱1貫693文、外115文御山さんせん
〇303文　塙□より可取事

大子界隈の寺社を参詣したことがうかがえる。だから「山々所々参詣」と言ったのであろう。当時常陸北部地域では、八溝山への山岳信仰があって、このような参詣の旅がなされたのではないかと思う。

　同時にこの旅の行程で、しばしば酒肴に金が使われているのを見れば、観光・慰安旅行的な面もあったことは否定できないであろう（そしてこれも当時の旅の通例であったろう）。なお、この旅行には塙氏（恐らく塙茂一郎。直升と親交のある隣村中野村の郷士）が同行した可能性がある。表の五日に「一四文　両人わらんじ」、末尾に「〇三〇三文　塙□（一字不明）より可取事」とあり、この旅行は両人で行ったと思われること、「塙□より可取事」は立て替えた金を後で塙から返してもらう意味かと思われることなどによる。

　なお、八溝山も斉昭が主導した天保の寺社改革で神仏分離が強行され、寺院・修験が廃され、神道だけが残されている（『水戸市史　中（三）』）。これは直升が訪れた時から八～九年後のことである。

C　「金砂両山」への信仰

山岳信仰といえば、直升家では金砂両山（東と西の金砂神社）について、特別な信仰を持っていたようだ（ちなみに、東西金砂神社で七三年に一回行われる大祭礼の大田楽は有名である。最近では二〇〇四年に挙行され、全国的に大きく報道された）。

　『覚帳』には、金砂両山に関した記述が五ヶ所出てくる。「二月廿二日　一壱分　金砂両山　孫右衛門に遣ス　東上町に頼」「（閏七月）朔日　一　弐朱弐百六十四文　金砂両山参詣借　△朔日　七百文　金砂両山残　孫右衛門より借」「十二月朔日　一　壱分也　金砂両山孫右衛門丸払　△十二月朔日一朱也　金砂両山孫右衛門借」。

　いずれも意味の取りにくい表現だが、直升家が孫左衛門を

介して金砂両山にかなりの金銭を奉納していることが読み取れる。直升家は金砂両山（東西金砂神社）の講に所属していたのではないか。孫右衛門はその先達を務める人物ではないか。金砂両山への出費は多く、五五七〇文、すなわち三分一朱一二六文で、直升家の寺社関係支出の三二・六％を占める。

金砂両山も、上述の御岩神社や八溝山と同時期に神仏習合が否定され、唯一神道に改めさせられている。こうした、宗教改革、神仏習合の否定、廃仏の動きを、直升はどのように受け止めていたろうか。直升が信仰して来た、あるいは興味・関心を抱いてきた諸山信仰は、明らかに変質を余儀なくされた。

D　寺社や行事への奉納・寄付等

「御神酒」「御初穂」「さし」「勧化」「さんせん（賽銭）」は、寺社等への奉納や寄付にともなう出費であると思われる。「御神酒」は寺社や各種宗教行事に際して酒を奉納したものであろう。「御初穂」は本来その年初めて実った稲穂を神仏に供えるものであったが、**表19**に見られるように、収穫期に関係なく、恐らく神社などの御札を持って巡回してくる者に対し、一定の銭を奉納するものであったろう。

一月一一日、一二日の「湯殿山御初穂」の湯殿山は、出羽三山の湯殿山そのものではなく、上記の御岩神社のものかもしれない。一一月一六日の「大神宮様御初穂」は「様」と敬称をつけているところから見て、伊勢神宮へのものであろう。一二月七日の「泉愛宕山」は、一月二四日に水之介が参詣した愛宕山（玉造村）ではなく、泉村（文政六年前小屋村が改称、現常陸大宮市泉町）の愛宕山であろう。

表20の「さし」は、この地方独特の用語であると思われ、

表19　御初穂

1月11日	32文	湯殿山御初穂
1月12日	200文	右所（湯殿山）御初穂
3月4日	20文	万歳初穂
3月4日	100文	万歳初穂
3月18日	100文	安産、御初穂
7月27日	32文	御初穂
5月5日	32文	石尊□□御初穂
8月26日	100文	松尾山御初穂
11月13日	72文	御初穂
11月16日	100文	大神宮様御初穂
12月7日	364文	泉愛宕山御初穂
12月15日	32文	ゆ宮御初穂
大晦日	200文	月いり待御初穂
計	1384文	

表20 「さし」への出費

3月24日	76文	太鼓さし
3月25日	8文	天神講さし
4月12日	24文	天道念仏さし
4月16日	12文	村御祈祷さし
6月27日	153文	御不動様田植さし
閏7月25日	12文	天神こふさし
8月23日	16文	天神こうさし
10月25日	12文	天神講さし
10月25日	67文	手妻さし
12月24日	32文	天神講さし等
計	412文	

直升家が居住する小島村や本郷部落の宗教的行事に寄付や分担金を出すことを言うようである。これらは当時の村落共同体の有様とそれへの直升家の関わりを探る上で貴重な材料を提供してくれるものと思われるので、少し詳しく検討する。

三月二四日の「太鼓さし」は、小島村の神社の「太鼓」の新調か、修繕の費用の一部を出したものだろうか。三月二五日、七月二五日、八月二三日、一〇月二五日、一二月二四日の各天神講《こう》には、いずれも少額だが寄付をしている。

天神講は「天神祭　天神講とも。菅原道真の命日である二月二五日にちなみ、毎月二五日に行われる祭。近世には寺子屋や子供組で行われ、天満宮に参詣したり、天神の画像を掲示して祭って、学問、書道の上達を願った」(『日本史広辞典』山川出版社)という。ほぼ二五日に行われている点では上記辞典の説明と一致するが、内容の点ではどうか。寄付の金額からは、子供の祭りにふさわしいのだが。

「(四月)十二日　廿四文　天道念仏さし」とある、天道念仏は「毎月三月中、村人が鎮守や寺院の庭に集まり、鼓を打ち、鉦を鳴らして念仏を唱え、老若男女が入り交じって踊り廻るもので、日の出を拝し、日の暮に終わる。或いは座敷で仏名和讃を唱え、踊るものである。いわゆる念仏踊りの一種で、その起源は時宗の遊行の門徒から出たものだろうといわれる。これは天道に風水の難のないように祈願する民間行事であった。水戸領の村々でも大いに流行し」(『水戸市史　中(三)』)たとのことである。

上記のように、小島村では三月中ではなく四月一二日に行われているようだが、その時直升は二四文の「さし」をしている。小島村でも天道念仏の踊りが見られたことだろう。

四月一六日の「村御祈祷さし」は、小島村で何か御祈祷することがあったのだろう(恐らく、山伏か、神主を呼んで)。それに一二文の「さし」をしている。六月二七日の「御不動様田植さし」は、直升家のある本郷部落の中央部に「御不動様」と称する石仏があるので、そこから考えて、本郷部落全体で管理維持していた「御不動様の田」の田植を本郷部落の人達が行ったのに対し、ご苦労さん賃として、直升家が一五三文出したのではないかと思われる。

一〇月二五日の「手妻さし」の「手妻」には「手品」の意味があるようなので、あるいは手品を見せるような芸人が小島村に巡回してきて、それへの寄付であろうか。

以上のように、小島村内や本郷部落で、地域共同体の宗教行事や民俗行事が実施されていたことが確認できるが、直升家は郷士という立場から、村民の行うこうした行事には直接的には参加しなかったと思う。その代わりに、こうした行事のたびに、こまめに「さし」（寄付）をしていたと思われる。

以上のような村人たちの宗教的・民俗的諸行事も、仏教的習俗を民衆生活から排除していこうとする斉昭を先頭とする水戸藩の天保の改革によって、メスが入れられることになる。天保一〇年には小島村でも行われていたことを確認した天道念仏が、「風俗に害を及ぼす」という理由で若い男女の参会は差し止められ、天保一四年には他の神道の行事を考案することの引替えに、天道念仏は全面的に禁止されている（『水戸市史　中（三）』）。この「覚書」が書かれた数年後のことである。

「勧化」に関する出費をまとめると、表21の通りである。勧化は本来寺社の造営修繕等に際し、幕府が村などに対し寄付を下ろしてくるものであるが、「村松大神宮」や「吉田大明神」などは水戸藩が行ったものであろうか。「瓜連天王様勧化」は地域社会のものであろう。

表21　勧化への出費

3月4日	100文	村松大神宮勧化
4月1日	100文	村松山勧化
8月3日	48文	瓜連天王様勧化
11月24日	48文	吉田大明神大々勧化
計	296文	

表21に見るように、勧化の対象がいずれも寺院ではなく、「神社」になっているのは、神道への傾斜、廃仏的傾向を強めていた水戸藩の政策によるものであろうか。「村松山」「瓜連天王様」「吉田大明神」のように神仏習合的呼称が使われているのはなぜだろうか。私は、藩からの触れには「何々神社」と書かれていたのを、直升が普段慣れ親しんでいる呼称で表したためではないかと思う。

以上のような神仏への奉納や寄付行為は、直升家は郷士という立場上、率先垂範して協力していくことが求められたのではないか。これらの出費を合わせると、一〇〇二四文、すなわち一両一分三朱三九二文である。一回ごとの額は多くはないが、積み重なるとそれなりの額になる。

二　儀礼・義理・進物

直升家が儀礼・義理の関係で出した費用や進物・贈答等に費やした金をまとめると、**表22**の通りである。

A　進物・贈答の内容

進物・贈答を具体的にまとめると、**表23**の通りである。この表によって具体的に検討する。

一月三日の二件は、年始の品であろうと推定される。六～八月の三件の佐藤先生、渡辺先生はどのような関係の先生か不明だが、直升は文化一四年に兵学松田新流の指南になっているので（『水戸市史　中（三）』）、その方面の関係者か。

一二月の久米・石嘉・川村・落合の進物は、お歳暮に当たるものであろう。同じ一二月の川嶋村・惣七と堀江氏への立弓代各一〇〇文は、初めて正月を迎える男児のいる家へ「破魔弓」を贈るというこの地方の民俗的風習にそった進物だろうと思われる。同様に、初正月を迎える女児のいる家には「羽子板」を贈る風習があった。大晦日の一七二文「処々羽子板代」がそれに当たると思われ、付き合いのある該当家に贈ったものであろう。

表22　進物・贈答の件数と金額

	件　数	金　額	平均額	備　考
①進物贈答	12件	1752文	146文	酒・進物・立弓・羽子板
②祝儀	1件	1朱	1朱	
③年始	4件	260文	65文	寺関係
④悔（香典）	5件	432文	86文	近隣の葬儀
⑤出産祝	1件	1590文	1590文	産着贈・落合掛札家
⑥付木	7件	86文	12文	薄謝の意味
⑦礼	3件	3分2朱	1分279文	うち薬礼3分1朱
計	30件	1両2分32文		

ところで、「立弓」を贈答した堀江氏は、久米村郷士の堀江彦三郎家ではないかと思われる。一二月三日の「久米へ進物酒」の久米も、堀江氏を指すのかもしれない。久米村は小島村から三～四キロ離れた近隣村である。直升は上記兵学松田新流指南として自宅屋敷で周辺の郷士やその子弟に砲術の指導をしていたことが確かめられるが（詳しくは、第5章を参照）、その中に頼母子講のところで

表23　進物・贈答

月　日	金　額	備　考
1月3日	232文	長瀬氏進物酒
1月3日	68文	扇子2秋茂へ
6月17日	200文	佐藤先生へ
8月19日	200文	佐藤先生進物
8月19日	148文	渡辺先生進物
12月3日	164文	久米へ進物酒
12月4日	68文	石嘉へ進物
12月14日	200文	川村へ絵進物
12月16日	100文	落合へ進物わたし
12月20日	100文	川嶋・惣七へ立弓代
12月23日	100文	堀江氏立弓代
大晦日	172文	処々羽子板代
計	1分77文	

表24　悔の相手

1月15日	100文	田幡太一郎へ悔
2月19日	32文	庄次郎へ悔指
3月17日	100文	又四郎へ悔遣
9月11日	100文	又四郎へくやみ
9月21日	100文	彦兵衛へ悔

出てきた中野村郷士塙茂一郎やこの堀江彦三郎の名が見える。郷士同士の深い交際がうかがえる。

B　祝儀・年始・悔など

祝儀は「五左衛門へ祝儀」一朱が出てくるだけである。何の祝儀かは不明であり、五左衛門もどのような人物かは分からない。しかし、一朱は当時の相場で銭四一九文に当たると思われ、表19の各進物・贈答などの金額より高い。直升家と深い関係のある人物と思われる。

年始は、久昌寺・枕石寺・法印・法印隠居への年始で、寺関係の年始であったと思われる。

「悔」は、香典のことと思われる。『覚帳』には五件あげられている。まとめると、表24の通りである。この中「田幡太一郎」はこれまで何度か出てきた直升の又左衛門家の分家で、小島村の庄屋を務める家柄である。直升の屋敷から数百メートルの所に屋敷がある。

又四郎、彦兵衛も、同村近隣の家ではないか。そして直升家が香典として差し出す額は一〇〇文と決まっていたようである。これが小島村辺りの香典のいわば相場であったのだろうか。直升家の場合は郷士なので、他より多く出していることも考えられる。なお庄次郎の場合は三二文で、これに当てはまらないが、「悔指」とあり、事情が違うように思われる。

出産祝は、『覚帳』には「五月十八日　一　一貫五百九十文落合産着求」としか書いてないが、直升の娘が落合村・掛札家に嫁いでいること、この地方では「子供の着物は米一升を添えて嫁の実家や親戚から贈られる」という風習があったことを考えれば、嫁した娘の出産、直升の外孫の誕生に際して、直升家が「産着」を贈ったとみて間違いないであろう。しかも一貫五百九十文という高額を出している。

付木は、ほんのちょっとした謝礼の意味で使う。「礼」のうち二件三分一朱は薬礼である。これは、むしろ薬代に分類すべきかもしれない。

前掲『武士の家計簿』で、磯田氏は武士の家計の特色として、祝儀交際費と儀礼行事入用の多さをあげ、これを「武士の身分費用」だとされている。磯田氏が分析対象とされた猪山家の場合、祝儀交際費が消費支出の一一・八％を占めていた。

直升家の場合、やや集計の仕方が違うのかもしれないが、上記のように、全部で一両二分三二文、全支出の五・〇％である。しかもこの中には、三分一朱の薬礼（医療費）が含まれる。これを差し引くと二分三朱三二文（四六三八文）で、二・一％にすぎなくなる。猪山家に比べると著しく少ない。

また、磯田氏はかかる祝儀交際費のうち、親類の占める割合が高く六五・七％とされている。直升家の場合、親戚との祝儀交際費で目立つのは、直升の娘の嫁ぎ先である掛札家（母の実家でもある）に、その娘の出産に際し一五九〇文で産着を贈ったのが目につく程度である。掛札家とは極めて親密な関係を結んでいたことは、『覚帳』の随所に見られるところで、直升も何かと頼りにしていることがうかがえるが、他の親戚については格段に強い交際を認めることはできない。

こうした直升家と猪山家の親戚との交際の仕方の違いはどうして出てくるのか。いろいろ要因はあるのだろうが、煎じ詰めれば、在村の郷士と城下の藩士の立場の違いによるところが大なのではないか。在村の郷士の方が自立性が高く（実際、俸禄の外に農業等の収入が確保されている）、親戚のような「安全装置」をそれほど必要としなかったのではないか。

五　奉公人について

直升家には何人かの奉公人がいた。天保六年の時点で、何人の奉公人がどのように雇われていたか。『覚帳』の最末尾には、奉公人と思われる「覚　新介」「覚　越後国大でん新田村仁右衛門倅四郎吉」「覚　平五□（郎ヵ）」の三人の「覚」記事が記されている。この部分は破損や虫食いが多く、よく読み取れない所が多い。また、記載も不完全であるように思われる。恐らく、これとは別に奉公人の「金銭出納帳」的なものを作成していたのではないか。というのは、その筆跡から直升が作成したと思われる文政四年（巳、一八二一）、同五年（午、一八二二）の、仮に「奉公人金銭出納帳」とでも名づけるべき帳面が残存しており、恐らく直升は毎年こうした帳面を作成していたと思われるからである（残念ながらそれ以外の年の分は残っていない）。ここではまず、この文政四、五年の帳面の分析を試みる。

1　文政四年・同五年「奉公人金銭出納帳」

文政四年の帳面には、善介、かや、忠吉、平五郎の四人についての記載が見られ、同五年には善介、忠吉、とみ、猟吉の四人の記載が見られる。文政四年の冒頭の善介の部分の一分を抜粋して挙げると、次の通りである。

> 文政四年巳正月より小遣　辰十二月召抱
> 一　金五両弐分　　利壱両銭六百七十七文　　善介
> 　内三両壱分　給金引　　指引　三両壱分銭六百七十七文　立金
> 辰十二月廿七日　一銭百文　太田供之節　〃大晦日　一〃弐百文　小遣イ
> 正月十五日　一〃弐百文　御城下行之節　廿四日　一〃四十八文　楮うりの節
> 二月十四日　一〃百文　小遣イ　（中略、「小遣イ」の記帳続く）
> △〆五貫五百文　外三両壱分六百七十七文
> 惣〆三両壱分六貫百七十七文　金ニ切　四両弐朱三百十七文　立金
> （中略）
> 都合四両三分巳暮貸ニ成

以上のような善介に見られる記載例は、他の奉公人にも大体共通している。ここでは善介を例にとって内容を検討してみる。

まず、冒頭の「五両弐分」は、善介が文政四年の初めに奉公人として召し抱えられるに当たって、主人直升に負っている借金額（元金）である。次の「利壱両銭六百七十七文」は、その借金「五両弐分」に対する利子である。

〈壱両銭六百七十七文〉÷〈五両弐分〉＝〇・二

なので、利子は二割である。次の「三両壱分　給金」は、善介に支払われる給金である。「五両弐分」の元金と、「利壱両銭六百七十七文」の利子を足して、その額から「三両壱分」の給金額を引いたのが、「三両壱分六百七十七文」の立金で、二年目当初の善介の借金額となる。

「辰十二月廿七日　一銭百文　太田供之節」以下には、善介が直升から必要に応じて借りた「小遣」等の日付と金額が列記されている。善介は全部で四五回「小遣」等を借りて、ここに記帳されている。一回に借りた金額に応じて整理すると、**表25**の通りである。

借りた小遣の累計額五五〇〇文に、年初の借金額「三両一分六七七文」を足すと、「惣〆三両壱分六貫百七十七文」に

表 25　善介が借りた「小遣」の額と回数

借金額	回数	合計額
48 文	3 回	148 文
100 文	31 回	3100 文
148 文	1 回	148 文
200 文	9 回	1800 文
300 文	1 回	300 文
計	45 回	5500 文

なり、これを「金ニ切」即ち金に換算すると、「四両弐朱三百十七文」となる。これにさらに若干の差引や「ほうび（褒美）」に遣した弐朱の金をプラスマイナスして、最後の「四両三分」が、次年度に引き継がれる善介の借金である。

以上善介についてまとめたような要領で、他の奉公人についても数値を整理すると、**表26**の通りである。表26について、若干の補足をしておく。

（ア）次年繰越は、借金が次年に繰り越され、奉公が継続することを意味する。文政四年では善介、忠吉が、文政五年では忠吉が該当する。清算は借金の残額全部を年末にまとめて支払い、貸借関係を清算し、「召抱」から解消されることを意味する。文政四年ではかやが、文政五年では善介、とみが該当する。平五郎、猟吉についてはこの欄の記載がまったくなく不明である。

（イ）善介の例で「四両弐朱三百十七文　立金」と「都合四両三分巳暮貸ニ成」といった差があるのは、年末の段階でいろいろな名目の差引があったり、若干の「ほうび（褒美）」金が出されたりして、それらを清算した結果であると思われる。

（ウ）奉公人が主人直升に負っている借金に対する利率は、多くが〇・二すなわち二割であるが、「かや」〇・一四四五、「平五郎」〇・一五、「とみ」〇・二二二などで、なぜこのような異なる利率が適用されたのかは、不明である。なお、この時の金貨と銭の換算は、一両＝六七〇〇文と思われるので、一両＝六七〇〇文で計算した。

次に、表26等を基に、直升家における奉公人の「召抱」について若干考察する。

奉公人達は、いずれも直升家から一定の借金を負った形で、直升家に「召抱」えられている点がまず注目される。この点はどのように解すべきか。私は次のように考える。奉公人達は前述のように、直升から必要に応じて「小遣」等を借りているが、その中には時々、「親病キ之節」「親江遣ス」「親へ」「薬代」「鰹代」「鰹半身代」等の名目がみえる。

奉公人達の多くは、直升家に単身住込みで働いていたと考

表 26　各奉公人の直升に対する借金額の推移

		借金元金	利子（利率）	給金	年初借金総額	小遣等借金累計 文政4年中	年借金総額	次年繰越 借金清算額
文政四年	善介	5両2分	1両677文（0.2）	3両1分	3両1分677文	1両1分2朱 161文	4両2分 377文	4両3分繰越
	かや	5両2分	3分300文（0.1445）	2両2分	3両3分300文	1分3朱119文	4両2分 733文	4両1分清算
	忠吉	1両2分	1分338文（0.2）	3両3分	（－1両3朱81文）	4両2分589文	3分589文	3分589文繰越
	平五郎	2両2分	1分2朱（0.15）	1両1分	1両2分2朱	2朱640文	1両3分 640文	
文政五年	善介	4両3分	3分2朱 510文（0.2）	3両1分	2両1分2朱510文	2両2朱74文	4両2分 584文	4両1分清算
	忠吉	3分589文	2朱283文（0.2）	3両3分	（－2両2分3朱 384文）	3両3朱1091文	2分607文	2分607文繰越
	とみ	4両3分 589文	3分2朱 510文（0.222）	2両3分	2両3分2朱510文	3471文	3両1分 2朱637文	3両1分225文 清算
	猟吉	2両2分	2分（0.2）	1両1分2朱	1両1分2朱			

えられるが、こうした借金は実家の親のためのものであったことを物語っているように思われる（「小遣」とあるものも、自分のための小遣ばかりでなく、それを親に入れる場合があったと考えられる）。

　このような点から考えて、直升家で働く奉公人の多くは若者で、彼らの親が負った負債の返済・埋合わせのために直升家に奉公人として「召抱」えられることになったのではないか。親達はなぜ借金したのだろうか。恐らく当時の古文書によく見られる「御年貢上納に差し詰まり」、直升家から金を用立ててもらったケースが多かったのではないか。

　次に注目すべきことは、奉公人達の負債には、一般的に年利二割という高利の利子が課せられていることである。例えば、文政四年の善介の場合、年初に五両二分の負債を負っており、その利子が一両六七七文を占めている。善介のこの年の給金が三両一分であるから、利子の支払いだけでその三分の一近くを占めることになる。二割という利率は、当時小島村近辺での貸借関係において一般的であったのだろうか。

　直升家では、文政四年には善介・かや・忠吉・平五郎の四人を奉公人として「召抱」、文政五年には善介（継続）・忠吉

（継続）・とみ・猟吉の四人を召し抱えている。この中、平五郎と猟吉はそれぞれ前の三人とは雇用の形態が違うようである。

平五郎の給金が一両一分、猟吉は一両一分二朱と、他の男性奉公人の約三分の一である。また、この二人は小遣の借金の欄が極めて少なく、平五郎の欄には、彼の勤務日と関係あると思われる次の記載が見られる。

「二月廿三、四日両日、三月二日 〆三日 内一日 三月十五日仕フ」

「三月廿五、六日△廿九日、朔日、四月四日、五日 △八月九日 △兵衛門十一日より来ル」

「九月十二日より廿四日迄不参 九月七日一日不勤 〆八日病 内一日返ス」。

このような記事から考えて、平五郎は年に何日と定まった形で、直升家に通いで、季節的に農繁期の農作業を手伝う契約になっていたのではないか。「不参」や「不勤」が記されているのは、こうした日の分を年末の給金から差し引くためだったのではないか。

後述のように、十数年後の天保六年の『覚帳』にも、この平五郎と思しき人物が見え、直升家の各種農作業に従事したことが記録されている。猟吉も類似した記載内容から、平五郎と同様な存在と考えられる。以上のことから、直升家では文政頃には、一年間住み込みで働く男の奉公人が二人、女が一人の計三人の奉公人と、季節的に直升家に通って農作業等に従事する奉公人一人が召し抱えられていたと思われる。

奉公人達の給金は、住込男性奉公人の善介は三両一分、忠吉は三両三分であり、女性奉公人のかやは二両二分、とみは二両三分である（季節的な通いの奉公人であると考えられる平五郎と猟吉は、それぞれ一両一分、一両一分二朱である）。

これを、給金を払う直升家の側から見れば、奉公人給金として、文政四年には合わせて一〇両三分、文政五年には一一両二朱の金を費やしている。かなりの出費になっていたと思われる（もっとも給金は、奉公人達への貸金の回収に含まれるので、さし当たっての直升家の現金支出にはならない）。直升家が奉公人達の借金に二割という高利を課していたのは、出費を少しでも軽減しようとする意図があったのかもしれない。

「奉公人金銭出納帳」から、奉公人達の具体的な勤務の内容をうかがうことはできないが、小遣を主人から借りたケースとして、「太田供之節」「太田行之節」「御城下行之節」「御城下に迎之節」「村松参詣」等の付記が見られる。これは、男性奉公人の重要な任務として、主人（あるいはその家族）の御供があったことを物語っているように思われる。

このように、郷士たる直升が外出の際、「御供」を連れて行くのは、郷士の身分的シンボルの意味があったのかもしれない。また、ことに「太田行之節」が多いのは、直升家がしばしば太田で買物をしたことはすでに確認したが、その際の荷物運び等にお供して、ついでに自分の買物のために「小遣」を借りるということがあったものと思われる。

2 『覚帳』末尾の奉公人記載

こうしたことを前提にして、一三、四年後の天保六年『覚帳』の末尾の記載から、天保六年時点での直升家の奉公人を考えてみる。前述のように、『覚帳』末尾には、当時の奉公人と思われる、新介・四郎吉・平五郎の三人の記述がある。この三人について一人ずつ検討を加える。

新介については、「覚　新介」に列記されている記事の書き方は、文政四、五年の「奉公人給金小遣清算帳」と基本的に同じと解される。最初の「一　金弐分也　此利六百六十七文」とあるのは、新介は年当初に直升から二分の金を借りた状態にあり、その利子が六六七文であり（利率は〇・一九九）、合わせて二分六六七文の借金を負った形で、この年の奉公が始まったと考えられる。

そして正月八日以降にも必要に応じて、小遣や酒代等をそのつど直升から借り、それらは合わせて三分二朱と三貫五四〇文となり、これを金貨に換算すると一両一分二朱と一八八文となる。新介は何かの事情でこの年の八月一杯で奉公を辞めることになったようで、「正月より八月迄閏共ニ百八十日勤」めた。

そこで、本来なら年「四両壱分給金」のところ、途中で辞めたので「壱両三分本九百七十四文」が給金となり、借金等を清算して、新介に「可遣分」として支給されたのが二分五九一文だった。およそこのような記述ではないかと思う（実際に計算してみると若干数値の合わない所や不明な点も見られるが、大筋は上記のようなことになるかと思う）。

次に四郎吉であるが、彼は「越後国大でん新田村　仁右衛

門倅四郎吉　一　九月三日　四ツ時来る」とあるように越後国出身であり、この年の九月三日に恐らく新介と入れ替わりに直升家に住み込んで、基本的に新介の仕事を引き継いだものと思われる。四郎吉がどのような経緯で、越後から遠い常陸久慈郡の小島村に来るようになったかは明らかでない。

「大でん新田村」は、天保郷帳の「越後国蒲原郡大伝《だいでん》新田村（現新潟県新発田市大伝）」に当たると考えられ、遠距離交流の一例である。四郎吉に関する『覚帳』の記載は、前の新介とは異なり、給金に関する記述は見られず、小遣等の借金の記述も不明確である。

最後に平五郎である。この平五郎は、恐らく前述の文政四年の帳面に見える平五郎と同一人物と思われ、その一四年後の姿をここに現していると考えられる。平五郎に関する記述は最初の所の部分に細かい字で、恐らく小遣・物資購入代の借金と思われる記事が書き込まれていると思われるが、今日では消えていたり、虫食いになっていたりして、よく読み取れない所が多い。そして途中から最後にかけては、何月何日に何の農作業に従事したかの記事が列記されるようになる。これは後で給金を清算する際の基礎材料にするために記述されたものと思われる。

平五郎は文政度の所でも指摘したように、基本的に通いで季節的に直升家の農作業を手伝い、給金を貰う立場の奉公人であったと考えられる。ただ、文政度には「一両一分」の給金の記載があるのに対し、天保度にはない。借金等を清算したものもない。これをどのように解すべきか。

四郎吉の場合もそうであったが、給金や借金の清算の記載がないのは、この『覚帳』とは別にきちんとした、文政度のような帳面が作成されていたとも考えられる（新介の場合は給金・借金の清算の記載があるのだが、文政度に比べれば不十分のような気がする）。

それとともに、文政の場合は、平五郎は年一両一分の給金をもらって、いわば年間契約の形で奉公しているが、天保の場合は「覚」記事にみられるように、農作業の日付と内容が克明に記されている点から見て、一日いくらという形で手間賃を計算して、年末に一括して支払う形式に変わったと考えられないだろうか。平五郎の女房が「十二月廿八日　一　百文　平五郎女房もち（餅）つき代」と直升家の仕事を手伝って賃銭百文をもらっているのも参考になるかと思う。

次に平五郎の欄に記されている、農作業の日付と作業内容を検討する。これを整理すると、**表27**の通りである。

さて、この史料の重要性は、天保六年当時の直升家の農事暦の概要がわかることだと思う（直升家のみならず、太田界隈、常陸北部の農事暦と拡大してもよいかもしれない）。もちろん、これは奉公人（使用人）が関わった直升家の農作業のみが記されているのであり、これ以外の日にも直升家では農作業が行われたことであろう。しかし、五月二〇日（太陽暦六月一五日）～一〇月二四日（同一二月一三日）の直升家の主な農作業が記されていると考えて間違いない。

表27によると、直升家では麦・小麦・粟・稲などの穀物栽培が農業の中心であったと思われる。また、一〇月（旧暦）は延べ九日ほど、「稲こき」が行われている（これも平五郎が関わった日のみである）。当時の稲こき（脱穀）は「千歯こき」などを使って行われたと思われるが、九日も費やしているのは、そもそも脱穀する稲の量が多かったことを物語っているように思う。

七月三、四日の記事によれば、直升家では「綿」も栽培していたようである。『覚帳』の七月一三日、一二月二八日に

表27　平五郎の欄に記載されている農作業の日付と内容

月　日	（太陽暦）	作業内容	月　日	（太陽暦）	作業内容
2月28日		頼母子	8月2日	9月23日	稲こき
5月20日	6月15日	麦刈	8月3日	9月24日	半日　稲カこき
（不明）		田植	8月17日	10月8日	草取
5月25日	6月20日	麦刈	8月18日	10月9日	稲こき
5月26日	6月21日	田植・麦刈	8月29日	10月20日	粟切
6月6日	7月1日	麦こき	9月2日	10月23日	豆打・草取等
6月8日	7月3日	麦こき	9月9日	10月30日	あわこなし　三日半日余
6月9日	7月4日	麦こき・小麦かり	9月23日	11月13日	稲かり等
6月12日	7月7日	小麦かり	9月25日	11月15日	稲かり
6月13日	7月8日	麦打等	9月27日	11月17日	もちかり
6月14日	7月9日	小麦かり・小麦□□	9月28日	11月18日	もちこき
6月16日	7月11日	小麦こき・刈	10月6日	11月25日	稲こき等
6月17日カ	7月12日	小麦こき	10月14日	12月3日	稲こき
6月18日	7月13日	□□□・小麦□□	10月15日	12月4日	稲こき
6月19日	7月14日	麦打等	10月16日	12月5日	稲こき
6月27日	7月22日	田草カ取	10月18日	12月7日	稲こき
7月3日	7月28日	綿□□	10月19日	12月8日	頼母子
7月4日	7月29日	綿草取	10月21日	12月10日	稲こき
7月5日	7月30日	粟草取	10月23日	12月12日	稲こき
7月22日	8月17日	大川□□□	10月24日	12月13日	稲こき等
閏七月　1人半　〆22人5分　右にて□□			〆19人		

は「一朱　山越庄五郎　綿打代」「一朱二二五文　山越庄五郎　綿打ちん」とあり、四月四日「二〇〇文　御母様分中野糸引代」、七月一五日「三〇〇文　おあきへ糸引代」、一二月二〇日「四〇〇文　藤田にて糸引代」とあることから、栽培した綿を加工に出して、糸にしてもらっていたと思われる。もちろん、機織《はたおり》の作業は自分の家で行ったのであろう（養蚕や繭等に関する記事はないので、当時直升家では行われていなかったと思われる）。

　このように、直升家の農業経営は、奉公人や使用人の労働力に依存して行われていたと思われる。もちろん、これら奉公人や使用人には日当や給金を払わなければならなかった。一般的に天保期頃には、田地を小作人に貸し、小作料を取る小作制度を採る地主が多くなっていたと思われるが、直升家ではそうした経営を導入した様子は見られない。

おわりに

　水戸藩郷士制度の実態とその変遷を研究された瀬谷義彦氏は、威義粛公（水戸藩初代・二代・三代藩主）時代取立の十八郷士（旧族郷士）について、領民支配体制確立のため「佐竹氏の在郷遺臣の有力者」か「領民に信頼され、領民をおさえる力のある旧族豪農」が郷士に取り立てられたとされている。

　しかしその後、水戸藩の財政難が進行する中で「郷士取立による財政的危機の緩和が当面の政治目的化し、献金郷士、上金郷士などの名称で呼ばれる一種の売官制が公然と行われるようになった。それは寛政前後に発祥し、文政時代にその極に達した感が深い」と献金郷士の出現を説いておられる（『水戸藩郷士の研究』）。

　献金郷士は、いずれも商業活動等を通して莫大な富を蓄積した商人や豪農が、その富の一部を藩に献納することによって郷士に取り立てられたものである。こうした趨勢の中で、一昔前に取り立てられた旧族郷士はどのような実態にあったか。

　瀬谷氏は、旧族郷士達は「村民からは、村役人より上座の郷士として扱われる代わりに村入用などに対しては、まず第一に寄付金などを出さなければならなかったであろうから、新郷士が現われるような時代ともなれば、旧態依然たる一家の経営では、とうてい旧族郷士としての体面の維持が困難になったであろう」と指摘され、旧族郷士の経営の行き詰まりの可能性に言及されている（『同書』）。

元禄二年（一六八九）に義公時代に郷士に取り立てられた十八郷士（旧族郷士）の一員である直升家の場合には、どうであったか。瀬谷氏によれば、常北大津村の旧族郷士西丸家の場合、「文化某の年、醸造を造営し、又かたはら漁舟を業とし、専ら志を貨殖に尽し能旧弊を改めしかバ、財用常にとぼしからざりけり」と、家譜に述べられているような転身を遂げている（『同書』）。直升家の場合もこうした動きが見られたのか。

直升が『覚帳』を記した天保六年（一八三五）は、献金郷士がその極に達した文政時代の次にくる時代である。水戸藩では藩主斉昭の下で天保の改革が推し進められる一方、農作物の不作・凶作いわゆる天保の飢饉に見舞われた時代でもあった。

献金郷士の広範な台頭がみられる状況で、直升家が上記西丸家のような新しい時代状況に対応した何か新しい経営や積極的な施策を導入したかどうか。これまで検討してきたことを総括して考えてみよう。答は否である。以下その根拠をあげてみる。

① 直升家の収入は、藩から支給される五十石物成取に見合った米金以外は、大半を米麦の売却の所得によっている。
② 商品作物を栽培し、所得の増加を図るような施策がほとんど見られない。
③ 農業以外の事業に手を出し、そこからの利益を導き出すような動きもまったく見られない。
④ この時代、田地を小作に出し、小作料収入を得るような経営も増えてきていたと思われるが、直升家がこうした制度を取り入れることはなかった。
⑤ 直升家の農業経営は、その労働力として、奉公人や「作男」のような使用人を雇い、給金や日当を払って農作業に使役するものであった。

以上のように、直升家の経営は、瀬谷氏の言葉を借りれば「旧態依然たる一家の経営」に終始していたと言ってよい。

そして、直升が本分としたのは、こうした農業経営のより一層の発展や多面化を図るといった分野ではなく、兵学・松田新流の研究やその実践としての砲術の訓練指導などだったと思われる。

直升が兵学・松田新流の指導者であったこと、のち弘道館が開設されるとその武芸四十流派指南役名簿に名を連ねていること、自宅鉄砲矢場等に近隣の郷士やその子弟を集めて砲術の訓練の指導をしたこと、水戸藩が郷士の砲術訓練の整備強化を図る中で直升はその世話人的役割を果たしていたこと、これらの背景には、水戸藩が異国船の常陸沖への接近など対外的危機の深化に際して、海防等のため郷士層の軍事訓練を強化し、それを藩の軍事力に組み込んでいく動きがあったこと等については、第5章で触れている通りである。

直升がどのような日常生活を送っていたかを、『覚帳』から即うかがうことはできない。『覚帳』は基本的に金銭の出費を伴う出来事を記録したもので、生活の記録そのものではないからである。

しかし、推測を交じえて考えると、直升の日常生活の中心は砲術指南や兵学研究に力点を置くものであった。直升は使用人に農作業の指示をしたり、その作業内容と日付を帳面に記録して、後の日当計算の資料とするなど、決して農業経営にノータッチであったり、無関心であったわけではない。

だが、農業経営のより一層の発展を図るべく様々な工夫をするとか、より利潤の多い他事業への参入を考えるなどの志向（この点がまさに献金郷士に見られる傾向）はなかった（そのような意識もなかった）のではないか。直升は献金郷士が台頭する中で、己の本分はあくまでも「武士」であると考えていたのではないか。こうした姿勢は、郷士身分を継承した水之介（直準を名乗る）にも受け継がれたと思われ、直升以前の四代の郷士又左衛門にも共通していたと思われる。

第3章　多摩郡上小金井村の幕末農民

はじめに

私が子どもの頃に、郷里（茨城県北部の農村）でしばしば耳にした言葉に、「シンショ（ウ）プリ」がある。「あの家はシンショ（ウ）プリが良い」というように使われたと記憶する。長じて日本史を学ぶようになり、「シンショ（ウ）プリ」は「身上振」という字が当てられ、「暮らし向き」「資産の状態」等を意味する言葉であることがわかった（より一般的には「身上持ち」という言葉が使われるように思う）。

今日「身上」という漢字二字を示せば「一身上《いっしんじょう》の都合」とか「身上《みのうえ》相談」を連想する人が大部分で、「暮らし向き」を連想する人はまずあるまい。私が「シンショ（ウ）プリ」という言葉を久しぶりに思い浮かべたのは、このたび、小金井市の旧家の古文書を読んでいて、「身上不如意」という言葉が使われていたからである。「暮らし向きが悪くなった」「家計が逼迫する」といった意味で使われていた。

そう言えば、民謡『会津磐梯山』には、「小原庄助さん」が「それで身上《しんしょう》潰した」という一節がある。私の子どもの頃には、「身上を潰した」「身上を潰してはいけない」という言い方は日常茶飯に使われていたと思う。「身上」とほぼ同義の言葉に「身代《しんだい》」がある。これもやはり家の財産・資産状態を指す言葉である。「身代が傾く」といえば、破産の一歩手前である。

ところで「身上《しんしょう》持《も》ちの良い生活を送り」、「身代《しんだい》が傾かないようにし」、「身上《しんしょう》を潰さない」ことは、昔の農民の生活信条だったのではないか。少しでも暮らし向きを良くし、土地資産を増やし、それを子孫に伝え、家の継続を図っていくことがモットーだったと思う。とくに家の継続への願望は強かったと思われる。

ところが、人生なかなかまま成らないものである。そうありたいと願いつつ、現実には「身上不如意」になり、「身代が傾き」、挙句の果ては「身上を潰す」ことになりかねない。このような状態に陥ってしまう大きな要因に、病気とくに一家の大黒柱たる壮年男性の病気と死がある。

これは今日でも避けられない問題だが、これから扱う江戸時代末期の社会は、栄養状態も良くなく、医療技術の水準も高くなく、おまけにしばしば伝染病の流行に見舞われ、病気を発症する要素は今から比べればはるかに大きかった。現にこれから調べる武州多摩郡上小金井村の幕末の宗門人別帳においても、いわゆる「後家《ごけ》」が当主になったり、高齢の祖父と孫によって構成される家族がしばしば見られる。「身上不如意」に陥る要素は外にもたくさんあった。中でも農作物の不作・凶作、そして飢饉の発生は大きなダメージを与えた。

本稿ではこうした問題意識のもとに、文政十年（一八二七）頃から明治二年（一八六九）頃にかけての上小金井村の各家々の所持石高の推移や、相続継承の問題等とその背景を探り、さらに具体的な動きを掘り下げて「平太夫家」と「九兵衛家」の動きを追究した。

第一節　村の農民階層と家々の変転

一　問題の所在

「極難困窮者之者其外御取調筋書上帳」という明治二年（一八六九）の古文書が、小川家文書（小金井市史編纂資料第四十九編『上小金井村小川家文書』。以下、小川家文書の引用は、同誌によりOS番号で示すことにする）に残っている（OS二二二）。この文書は明治新政府の下、当時小金井地区が所属していた品川県の「鰥寡孤独極難之もの取調」べ、書き上げるようとの命に基づいて、上小金井村名主浅右衛門、下小金井村名主善左衛門、下小金井新田名主宇左衛門が「取調奉書上候処」のものである。これには八名の該当する農民が記され、

一　高壱斗四升　　上小金井村百姓助右衛門母
　　　　　　　　　〃　ゑん　巳六十六才

右之者義小高寡暮、殊ニ追々老衰および極難渋ニ御座候

というように、一人一人該当者名・年齢・所持石高・困窮の現状と原因が記されている。これを一覧表に整理すると、**表1**になる。困窮の主な原因として、村役人が個々のケースについて挙げているのを総合すると、①小高（所持農地の少なさ）、②本人や家族の病気、③働き手の夫の死去、④本人および家族の高齢化、⑤子だくさん、⑥独居に至るなど家族員数の減少、⑦前々からの借金等である。

これらの原因のいくつかが、個々のケースでいくつかからみあって極貧状態を招いているというのである。そして、これら八名の「鰥寡孤独並に極難之もの」以外は、「尤外極難困窮之もの数多御届候共家内打揃候者」「身分息災」の者は

表1　明治2年上小金井村極難困窮之者一覧

名	年齢	石高	困窮の現状と原因	明治二年宗門人別帳記載
助右衛門母 ゑん	66歳	1斗4升	小高、一人暮、追々老衰	1斗4升 ゑん66
七五郎後家 なか	49歳	5斗2升9合	家内女子のみ3人暮、夫在生中よりの借金	5斗2升9合 なか49、母とり75、娘かね24
佐五右衛門	71歳	記載なし	家内7人暮、倅繁六病身女つる5～6ヵ年前より盲目、本人老衰	9斗4升5合 佐五右衛門71、妻すぎ65、倅繁吉45、嫁みよ41、娘つる40、孫福次郎16、孫さよ14
九左衛門後家 かつ	38歳	2石9斗7升3勺	家内6人暮、夫九左衛門当正月死失、老母抱え子供多い、借用多分	2石9斗7升3勺 かつ38、母かめ70、娘みつ19、倅森太郎9、文次郎6、要蔵4
九右衛門後家 しち	53歳	1石 2石3斗8升2合	家内6人暮、昨年5月より病気で打ち伏している、母眼病、外は幼少の子供のみ	人別張に該当する者の記載なし (下小金井村か下小金井新田の百姓)(注1)
彦兵衛	31歳	8斗4升5合8勺	家内7人暮、元々極困窮、昨年3月より母難病で薬用、家族多、「諸品高直之折柄、瓶灰買入方も出来兼」ている。	8斗4升5合8勺 彦兵衛31、妻くら35、母まつ54、弟次郎吉28、弟三津蔵15、娘さだ6、娘みよ4
平右衛門	62歳	1斗3升3合	家内8人暮、前々より借財多分、小高、家族多	1斗3升3合 平右衛門63、妻ふみ58、兄瀧次郎69、倅元次郎29、嫁かね24、倅金五郎24、熊次郎15、孫はや2
竹松	29歳	2石5斗2升4合	家内6人暮、「追々不仕合打続素々より之借金御座候所追々相増」、当8月中2石余を質地に入れ、借用入金、現在無高同様	「2石5斗2升4合」(注2) 竹松29、妻しう27、弟惣次郎21、留五郎14、倅良助5、娘まき3

(注1)　この「しち」は明治2年の上小金井村宗門人別帳には見当たらず、下小金井村か下小金井新田の人物と思われる。『小川家文書』所収の「極難困窮者之者外御取調筋書上帳」に載っている「しち」以外の7名は、上小金井村住民である。この書上帳は上小金井村名主浅右衛門の外に、下小金井村名主善左衛門・下小金井新田名主宇左衛門の名で出されている。上小金井村のみに集中しているのは不自然である。恐らく上小金井名主浅右衛門が上小金井村に関係するところだけを引き写したものと考えられる。

(注2)　明治人別帳には「8石9斗1升3合」とあるが、誤りであると思われる。

書き上げなかったとして、この外にも極難困窮者が数多存在することを示唆している。このように、当時この村ではこのような困窮者・生活困難者の存在が大きな問題になっていたことがわかる（注1）。

そして、困窮者・生活困難者の問題は、決して明治二年になって急に浮上してきた問題ではなく、幕末の上小金井村がずっと抱えてきた問題であることは、おいおい明らかになるであろう。

次に、上小金井村の上層農民の問題についても見てみる。小川家文書には、嘉永七年（一八五四）と考えられる寅二月の「差出申一札之事」という古文書が残る（OS二五〇）。

差出申一札之事

上小金井村

一金弐両　文次郎㊞　一同壱両三分　文蔵㊞
一〃壱両　九兵衛㊞　一〃壱両　清左衛門㊞
一〃壱両　勘次郎㊞　一〃壱両　八右衛門㊞
一〃壱両　長次郎㊞　一〃壱両　増五郎㊞
一〃壱両　権兵衛㊞　一〃壱両　甚右衛門㊞
一〃壱両　浅右衛門㊞　一〃弐分　次郎右衛門㊞
一〃三分　要助㊞　一〃弐分　文右衛門㊞
一〃弐分　平太夫㊞　合　金拾五両

右者異国船渡来之節、為御備此度江戸内海江御台場御取建被　仰付候段、奉承知候ニ付、私共儀為御国恩冥加書面之金子右御入用之内江上納仕度此段奉願候、以上

寅二月　右村　文次郎㊞

同村　御役人中　（以下十三名署名・印略）

右の御台場建造資金の寄付を村役人に申し出た十五名の農民は（自発的寄付の形を取っているが、実は支配代官所の指示に基づいて村役人からの強い働きかけによるものと思われる）、上小金井村の上層を構成する農民たちであったと考えられ、それぞれの経済力に応じて応分の金額を寄付したものと考えられる（注2）。右十五名の農民の嘉永七年（一八五四）時点での所持石高を直接窺い知る資料はないが、八年前の弘化三年と、十一年後の元治二年の宗門人別帳に記された所持石高を調べることによって、ある程度推測できる。これを整理すると、**表2**になる。恐らく十五名の農民は、嘉永七年の時点では石高五石以上を所持し、その他何らかの農間渡世を展開する、この村では上層農民に属する人たちではなかった

表2　御台場建造資金取立に際しての金子上納者とその所持石高

弘化3年（1846）人別帳		嘉永7年（1854）上納者		元治2年（1865）人別帳	
文左衛門	8石7升1合	文次郎	2両	文次郎	15石9斗1升3合
文蔵	10石0991	文蔵	1両3分	角右衛門	13石2268
九兵衛	6石6871	九兵衛	1両3分	九左衛門	10石2329
清左衛門	6石635	清左衛門	1両	清左衛門	10石1368
勘治郎	13石3866	勘次郎	1両	勘次郎後家さく	2石6471
八右衛門	1石858	八右衛門	1両	八右衛門	6石36
長治郎	7石9085	長次郎	1両	長次郎	10石8273
増五郎	4石5792	増五郎	1両	増五郎	7石7527
権兵衛	5石1873	権兵衛	1両	権兵衛	1石9345
甚右衛門	10石8951	甚右衛門	1両	甚右衛門	9石9417
浅右衛門	5石6005	浅右衛門	1両	浅右衛門	10石142
政五郎	6石645	次郎右衛門	2分	次郎右衛門	8石912
要助	3石372	要助	3分	要助	3石985
文右衛門	2石8476	文右衛門	2分	文右衛門	6石323
平太夫後家ゑい	1石238	平太夫	2分	平三郎	4石0539
		計	15両		

かと推測される。

　ところで、当時の上小金井村の農民は何らかの農間渡世に関わることが多かったと考えられる。農民の生活も田畑耕作に伴う農業収益のみならず、農間渡世展開による金銭的収益の比重も決して小さくなかったと思われる。一例をあげよう。明治二年の人別帳の長吉の場合である。

　高弐石四斗三升八合七勺
　百姓長吉　当巳四十六才　妻はな　〃四十八才
　婿綱五郎　〃四十九才（マヽ）娘さわ〃二十二才
　下小金井村庄左衛門倅七ヶ年季弟子召抱候
　　　　　　　　弟子濱五郎〃二十六才
　府中八幡宿忠左衛門倅七ヶ年季弟子召抱候
　　　　　　　　弟子清吉　〃十七才

　右の百姓長吉は、「弐石四斗三升八合七勺」の小高にもかかわらず、自宅に弟子二人を召し抱えている。長吉は紺屋職人で、高二石四斗余の百姓でも、弟子二人を召し抱えて食べさせていけるだけの収入があったのだろう。長吉夫婦は、安政五年（一八五八）六月の人別送状（ＯＳ一三二）に、「右夫婦之者勝手ニ付其御支配御社役勘十郎殿御役地之内借用致シ、七ヶ年紺屋渡世致度趣申出候」とあり、府中宿内で安政五年六月から七年間「紺屋渡世」に携わっていたことが確認できる。この間上小金井村は、娘さわ（元治二年人別帳では十八才）一人が「高九斗六升八合」を守っていた。長吉は七年間の府中宿時代に財力をつけたと思われ、上小金井村に帰ってからは、石高を弐石四斗三升八合七勺に増やし、弟子を二人雇い入れるまでになっている（補論2参照）。

もう一つ例をあげよう。次の文次郎は、上小金井村一の石高を誇る。

乍恐以書付奉願上候（OS一四五質屋稼開業に付き願上）

武州多摩郡上小金井村組頭文次郎村役人物代名主浅右衛門奉申上候、右文次郎儀高拾五石九斗壱升七合所持罷在候、然処相当之御冥加永上納、農間新規質屋稼いたし度旨申出候ニ付取調候処、村内其外故障之筋無御座候間、何卒以御慈悲相当之御冥加永上納、新規質屋稼被　仰付被下置度奉願上候、已上（以下略）

という、「農間新規質屋稼」の承認を求める願書が代官所役所に出されている。「高拾五石九斗壱升七合」という村一番の大高所持者の文次郎が、さらなる富の増殖を求めて質屋業への新規参入を求めているのである。この願書が承認されたかどうかは不明だが、大高百姓の農間渡世への動きとして捉えることは可能だろう。

このように、農間渡世に関わる農民が多いとすれば、その家が農間渡世に積極的に取り組める態勢にあるかどうかも、農民の生活に大きく関係することになる。また、農間渡世で商業活動等を展開した場合、その成功・失敗が農民生活を大きく左右することにもなったろう。こう考えると、先に村役人が極貧生活困難者を生み出す原因としてあげた、①〜⑦の問題は農間渡世も含めて考えていかなければならない。

上層農民たちの問題を考える時考慮しなければならないのは、上層農民の地位も決して安泰なものではなく、一つ間違えれば小高の貧農に転落しうるものであったことである。表2では「勘治郎一三石三斗八升六合六勺（以後斗升合勺の単位は省略）→勘次郎後家さく二石六四七二」「権兵衛五石一八七八→権兵衛一石九三四五」といった動きが見られ、また表2では、「九兵衛六石六八七一→九左衛門一〇石二三二九」となっているが、明治二年の時点では前掲表1の「九左衛門後家かつ」に移行し、極難困窮者の一人に挙げられている。

こうした動向は、上層に属する農民といえども、決してその地位は安定したものではなかったことを物語っているだろう。以下、上層農民の浮沈についても検討を加えていく。

ここで再び、極貧生活者が発生する原因の問題に立ち返ろう。①小高（所持農地の少なさ）、②本人や家族の病気、③働き手の夫の死去、④本人および家族の高齢化、⑤子だくさん、⑥独居に至るなど家族員数の減少、⑦前々からの借金等が、村役人が総合的にあげた原因である。極貧とはいかないまでも、困窮した農民が多数存在するのが、当時の上小金井村の実態であった。

ということは、その原因となる①〜⑦の問題のいくつかを抱える農民が多かったということになる。逆にいえば困窮しない条件は、次のことが実現できているということだろう。(ア)一定の生活を維持していける石高の所持、(イ)家族の健康維持と世代交代・家の継承の円滑な実現、(ウ)農間渡世で失敗しないこと等である。

本論が問題にする文政十年（一八二七）〜明治二年（一八六九）の約四十年は、右の(ア)、(イ)、(ウ)を達成していくことが決して容易ではない、自然的・社会的状況にあったのではないか。いくつか羅列すると、(a)天保の大飢饉に代表される天候不順、不作、凶作、飢饉の問題、(b)しばしば流行を繰り返す各種伝染病、栄養状態の悪さも関係しての病気疾患率の高さ、(c)治安の悪化に伴う泥棒・強盗などの犯罪の増加、(d)貨幣経済の浸透・発展による貨幣支出の著しい増大、(e)開港以後の物価高、特に金肥肥料の高騰、等々。

幕末上小金井村農民を取り巻く状況は、容易ならざるものがあった。このような状況の中、上小金井村の農民たちにどのような動きがあったか、右にあげた(ア)、(イ)、(ウ)の問題等に観点を置いて、検討を加える。

（注1）困窮難渋者にからむ問題としては、上小金井村で次の動きがあったことも注目される。慶応四年（一八六八）閏四月、「十三日夜前原之内ニ而困窮難渋人ハ村方高札場江相集り候様触出候者有之」（OS二二五「困窮難渋者徒党に付き詫一札」）という動きがあった。しかし、これはいち早く村役人の察知するところとなり、呼びかけ人として力蔵・七五郎・弥左衛門の三人が村役人の詮議を受け、「已来右様之心得違無之様、急度相慎可仕候旨」の詫びを村役人に入れて決着している。これが即徒党・一揆等に繋がる動きなのかどうかはわからないが、困窮難

渋者への積極的な働きかけとして注目される。

（注2） 江戸近郊の代官支配地である上小金井村は、幕末に幕府から、この時代を反映した、様々な負担を命じられている。御台場建造資金の寄付もその一つである。『小川家文書』には、外に元治元年の「兵賦差出」に関する史料（OS三二九）、慶応元年の「御進発ニ付　上納金請取」（OS二四九）の史料、慶応三年の「兵賦金請取」に関する史料（OS三三八）等が見られる。

二　「家」の存続・断絶・分家など

武蔵野市立図書館旧蔵（諸家）文書（小金井市史編纂資料第五十編『武蔵野市立図書館旧蔵（諸家）文書』以下同文書をM番号で表す）には、四部の上小金井村宗門人別帳が収められている。すなわち、「文政十年上小金井村宗門御改人別書上帳」（以下これを「文政人別帳」と略称する。M八）、「弘化三年上小金井村宗門御改人別書上帳」（「弘化人別帳」M九）、「元治二年上小金井村宗門人別帳」（「元治人別帳」M一一）、「明治二年上小金井村宗門人別帳」（「明治人別帳」M一二A）である。

作成年代は、それぞれ文政十年（一八二七）、弘化三年（一八四六）、元治二年（一八六五）、明治二年（一八六九）であり、前三者は、十九年間隔であり、後二者は旧幕時代から明治新政府に移行する四年間隔である。記載形式は四部ともほぼ共通しており、檀家として所属する寺院ごとに、各所帯の①石高、②当主名、年齢、③家族・使用人の個々の名、年齢、当主との続柄、④最後に総所帯員数（男、女員数）、⑤馬所持の場合はその疋数である。

各人別帳の総所帯数は、文政四十八戸、弘化四十八戸、元治四十九戸、明治四十九戸で、ほとんど増減がなく推移している（補論3を参照）。

では、各宗門人別帳の記載内容の検討に入ろう。次に、ある所帯の具体例をあげる。

A　文政　高拾九石九斗三升三合八勺

（貼紙）

　　百姓　文左衛門　四十五才

聟文次郎　廿三才　　妻　かめ　四十五才

娘　ゆわ　廿二才　　妹　しけ　廿才

倅　金太郎　十才　　〃　久太郎　八才

　〆七人　男四人　女三人　馬一疋

B　弘化　高八石七升壱合
金蔵院旦那　　文左衛門　当六十八才
聟　文次郎〃四十才　　娘　ゆわ　〃三十九才
孫　弥太郎〃十八才　　〃たつ　　〃十五才
〃　文太郎〃六才　　〃たき　　〃三才
下女たか　〃十九才　〆七人　男四人　女三人　馬壱疋
C　元治　高拾弐石九斗九升　出作高弐石九斗弐升三合
金蔵院旦那　　組頭　文次郎　当丑五拾八才
妻　ゆわ　　〃五拾七才　　倅　弥太郎　〃三十七才
娵　きた　　〃三十六才　　倅　文太郎　〃廿五才
孫　かね　　〃七才　　下女はな　　〃廿一才
同りく　　〃一七才　〆八人　内男三人　女五人
D　明治　高拾三石弐斗六升七合　出作高三石弐斗六升七合
金蔵院旦那　　組頭　文次郎　当巳六十二才
妻　ゆり（マヽ）　　〃六十一才　　倅　弥太郎　　〃四十一才
娵　きた　　〃四十才　　孫　かね　　〃十一才
孫　慶三郎　　〃三才　　〆六人　内男三人　女三人

以上一例として、文左衛門・文次郎の所帯をあげた。この所帯の場合、明確に四つの人別帳の記載内容に連続性を認めることができる。

すなわち、A（文政）では百姓文左衛門は四十五歳であり、石高一九石九斗三升三合八勺を所持し、妻と娘二人、息子二人の六人家族の所へ長女ゆわに聟文次郎を迎えた。B（弘化）は十九年後の文左衛門一家であり、依然として文左衛門が当主の座にある。石高は八石七升壱合に大幅に減少したが、娘婿夫婦に息子二人、娘二人の子供がおり、また下女たか十九歳を抱えている。文左衛門の妻かめはこの間に亡くなったものと思われる。

C（元治）はさらに十九年後の一家であり、文左衛門は亡くなったと思われ、当主は娘婿の文次郎五十八歳に代わっている。長男弥太郎も三十七歳になり、嫁きたを迎え、子供一人がいる。石高は十二石九斗九升に増加し、さらに出作分として二石九斗二升三合、合わせて一五石九斗一升三合を所持し、組頭役を務めている。下女二人を抱えている。D（明治）は江戸時代から明治に代わったCからわずか四年後の文次郎一家である。Cと大きな変化はないが、石高は出作高を含めて一六石一斗八升七合とわずかだが増加している。下女二人はいなくなっている。

以上のように、文左衛門・文次郎一家の場合、家族構成員の追跡を通じて、この家の継続を明確に証明できる。他の所帯についても、①家族構成員の名前、②年齢に十九年の加算をポイントに一軒一軒の所帯ごとに丁寧に検討してみた。とくに名前に例えば「浅右衛門」のように、その家で代々使われる通称名が使われている場合は見極めは簡単である。通称名でなくとも、名前の一部に共通の文字（例えば文左衛門、文次郎の「文」の字など）が使われている場合も識別しやすい。②の年齢加算は、前の人別帳の年齢に十九をプラスしてみる（元治→明治はプラス四）。それで得られた数値が、人別帳の年齢と矛盾がないかどうかを調べる。このような方法で調べると、上小金井村四十八〜四十九軒の農家のうち、三十四軒は文政〜明治にかけての家としての連続性を認めることができる。

次に、こうした継続性が不明確なケースについて触れたい。前の人別帳に記載されていた所帯が、次の人別帳には見出せなくなっているケース、逆に後の人別帳に記されている所帯で前の人別帳にそれを見出せないケースなどである。実例をあげよう。四部の人別帳に記載されている各所帯の記載順番は大体決まっていて、各人別帳にはほぼ同じ順番の所にその所帯についての記載がなされている（この点も家の継続・非継続を調べる際の有効なポイントになるかと思う）。

文政人別帳では、先にあげた文左衛門は第二番目に記されている（弘化、元治、明治ではいずれも第一番目）。文政人別帳で第一番目に記されているのは、左の長左衛門である。

高四石七斗五升四合八勺　百姓長左衛門　五十八才
　老母りよ　七十才　妻ふし　四十八才
　娘　てつ　廿八才　倅長次郎　廿一才
　娘　とめ　十四才　倅金次郎　十才
　倅　巳之助　六才　娘まさ　四才
　馬一疋　〆九人　内男四人　女五人

次に、弘化の人別帳に第一番目に記されているのは、文左衛門一家であり、第二番目には左の文平が記されている。

　高三石七斗四升壱合三勺
金蔵院旦那　文平　廿八才　妻とく　廿七才
　倅香太郎　弐才　〆三人　内男二人　女一人

以下第三番目長兵衛、四番目定右衛門、五番目九兵衛と続いており、文政の第一番目に記された長左衛門を継承したと考えられる所帯が見当たらない（以下こうした家を(ア)「継承不明の家」と呼ぶ）。同様に弘化の第二番目・文平が継承したと考えられる文政の所帯を見出すことができない（以下こうした家を(イ)「母胎不明の家」と呼ぶ）。これらはどのように解釈したらよいのか。おいおい考えよう。

私は、二つの連続する人別帳について、それぞれの家で継続性が認められるか否かを吟味した。まず、文政↓弘化（これをI期とする）について調べた結果を一覧表にすると、**表3**の通りである。この表で継承が認められるケースは三十七軒である。表で「↓」印がないのが、(ア)「継承不明の家」である。また、（不明）として右横に一覧してあるのが、(イ)「母胎不明の家」である。これらをまとめて左にあげると、

I(ア)「継承不明の家」（文政↓弘化）

高四石七斗五升四合八勺　長右衛門（五十八才、九人暮）

高一石九斗三升四合五勺　弥五郎（三十三才、母・妻・娘の四人暮）

高三石四斗九升三合　四郎右衛門（二十八才、父・母・妻・娘の五人）

高二石六斗二升三合　喜左衛門（六十九才、息子と二人暮）

高四斗四升　勘太郎（三十二才、母と二人暮）

高一石九升三合　七郎右衛門（七十才、一人暮）

百姓店借　吉五郎後家（四十九才、妹・娘の女三人暮）

高八斗八升七勺　儀右衛門（四十才、母・妻の三人暮）

高三石二升四合二勺　甚五右衛門（四十三才、妻・倅夫婦・倅・娘七人）

高三石九斗五升六合　八五郎（廿九才、妻と二人暮）

（政右衛門弟、文政十年政右衛門家より分家）

I(イ)「母胎不明の家」（文政↑弘化）

高三石七斗四升壱合三勺　文平

（廿八才、妻、倅一人、三人暮）↓元治へ続く

（文左衛門家から分家か）

高九斗一升三合　徳次郎

（二十一才、一人暮）↓元治へ継続不明（×）

高四石五斗七升九合六勺　増五郎

（廿三才、母と二人暮）↓元治へ続

高四斗四升　助右衛門後家えん

（四十四才、娘二人、倅一人四人暮）↓元治へ続

高三石六斗三升四合二勺　甚兵衛

表3　文政年代から弘化年代にかけての家の継承（数字は石高を表す）

	文政十年	単位／石	→		弘化三年	単位／石
1	長左衛門	4.7548				
2	文左衛門	19.934	→	a	文左衛門	8.071
3	長兵衛	17.024	→	c	長兵衛	13.6824
4	定右衛門	11.063	→	d	定右衛門	3.5542
5	弥五郎	1.9345				
6	九兵衛	2.4371	→	e	九兵衛	6.6871
7	文右衛門	2.9877	→	f	文右衛門	2.8476
8	太郎右衛門	2.3779	→	g	七右衛門	1.6123
9	彦右衛門	3.368	→	h	彦四郎	3.9419
10	清左衛門	5.0911	→	i	清左衛門	6.6035
11	与五右衛門	3.1921	→	j	富五郎	0.974
12	長次郎	7.6261	→	k	長治郎	7.9085
13	四郎右衛門	3.493				
14	平五郎	7.0832	→	m	平右衛門	5.4514
15	鉄五郎	1.4374	→	o	久右衛門	1.1315
16	喜左衛門	2.623				
17	勘太郎	0.44				
18	金左衛門	2.4718	→	q	金左衛門	3.6497
19	七右衛門	0.3718	→	r	七右衛門	1.065
20	弥右衛門		→	s	由五郎	2.82
21	七郎右衛門	1.093				
22	吉五郎後家					
23	光明院良河		→	w	光明院良伝	
24	平太夫後家いゑ	4.2552	→	x	平太夫後家ゑい	1.238
25	太七	0.463	→	y	多七	0.639
26	甚右衛門	8.2096	→	z	甚右衛門	10.8951
27	文次郎	0.5802	→	A	文次郎	1.338
28	儀右衛門	0.8807				
29	文蔵	9.561	→	B	文蔵	10.0991
30	太右衛門	0.133	→	C	平右衛門	0.3642
31	磯右衛門	1.784	→	E	五郎兵衛	0.4454
32	源左衛門	3.5991	→	F	佐五右衛門	0.592
33	五郎右衛門	1.9792	→	D	五郎右衛門	0.3642
34	与右衛門	0.817	→	J	長吉	0.149
35	与四郎	1.6056	→	H	はや	0.8562
36	八右衛門	8.2885	→	G	松五郎	8.708
37	市郎兵衛	5.3602	→	I	市郎兵衛	0.3095
38	甚五右衛門	3.0242				
39	勘左衛門	8.8741	→	K	勘治郎	13.3866
40	浅右衛門	7.6005	→	M	浅右衛門	5.6005
41	彦八	0.8555	→	Q	亀吉	0.4019
42	新兵衛	6.5917	→	N	新兵衛	7.115
43	善右衛門	8.3024	→	O	源次郎	7.3346
44	仁右衛門	0.8702	→	P	長右衛門	0.6782
45	要助	4.022	→	R	要助	3.372
46	政五郎	6.493	→	T	政五郎	6.645
47	八五郎	3.956				
48	久左衛門後家まん		→	V	四郎左衛門	2.94
					不明	
				b	文平	3.7413
				l	徳治郎	0.913
				n	増五郎	4.5796
				p	助右衛門後家ゑん	0.44
				t	甚兵衛	3.6342
				u	権兵衛	5.1873
				v	九右衛門	1.093
				L	勘助	5.7311
				S	八右衛門	1.858
				U	要左衛門後家たよ	0.67

（四十四才、妻、娘一人、倅三人六人暮）↓元治へ続
高五石一斗八升七合三勺　権兵衛
（五十二才、妻、娘一人、孫娘一人四人暮）↓元治続
高一石九升三合　九右衛門（三十九才、倅一人二人暮）↓元治へ×
高五石七斗三升一合一勺　勘助
（二十六才、妻、父母、倅一人五人暮）↓元治続
（勘左衛門家から分家か）
高一石八斗五升八合　八右衛門
（四十七才、母、倅二人四人暮）↓元治続
高六斗七升　要左衛門後家たよ（四十才、一人暮）

次に、同様の方法で弘化↓元治（これをⅡ期とする）をまとめたのが、**表4**の左側である。

Ⅱ　継承が認められるケース　四十三軒
Ⅱ(ア)「継承不明の家」（弘化↓元治）
高九斗壱升三合　徳次郎（廿一才、男一人暮）
高一石九升三合　久右衛門（三十九才、倅一人、二人暮）
高四斗四升五合四勺　五郎兵衛（五十四才、娘一人、二人暮）
高八斗五升六合二勺　はや（六十四才、倅二人、娘一人、四人暮）
Ⅱ(イ)「母胎不明の家」（弘化↑元治）

高三石二斗四升三勺　長左衛門
（四十六才、妻、倅三人五人暮）↓明治へ続
（清左衛門家から分家か）
高一石九升三合　七郎左衛門
（廿三才、母、妹一人、弟三人六人暮）↓明治へ続
高八石五斗二升　甚五兵衛
（四十二才、妻、娘一人三人暮）↓明治へ続
（甚右衛門家から分家か）
高二石九斗五升五合四勺　重蔵（廿三才、妻、二人暮）↓明治へ×
地借　今五郎（五十才、娘一人二人暮）↓明治へ続

次に元治↓明治（これをⅢ期とする）では、表4の右側の通りになる。

Ⅲ　継承が認められるケース　四十九軒（全部）

ただし、左のケースは名前・年齢とも明らかに異なるが、人別帳に載せられている位置が同じ（両人別帳とも「八右衛門」と「市右衛門」の間）であること、石高がまったく同じであること、両人別帳の間隔がわずか四年であること等を理由に、平吉は重蔵の家を継承したと判断した（平吉と重蔵との関係は不明である）。

表４　北小金井村における家の継承（数字は石高を表す）

弘化３年				元治２年		
a	文左衛門	8.071	→	ア	文次郎	15.913
b	文平	3.7413	→	イ	文五郎	4.0369
c	長兵衛	13.6824	→	ウ	長兵衛	2.7619
d	定右衛門	3.5542	→	エ	定右衛門	1.4867
e	九兵衛	6.6871	→	オ	九左衛門	12.2329
f	文右衛門	2.8476	→	カ	文右衛門	6.323
g	七右衛門	1.6123	→	キ	七右衛門	0.7045
h	彦四郎	3.9419	→	ク	彦四郎	3.7639
i	清左衛門	6.6035	→	ケ	清右衛門	10.1368
j	富五郎	0.974	→	サ	与五右衛門	0.974
k	長治郎	7.9085	→	シ	長次郎	12.7456
l	徳治郎	0.913				
m	平右衛門	5.4514	→	ス	与五兵衛	4.8872
n	増五郎	4.5796	→	セ	増五郎	7.7527
o	久右衛門	1.1315	→	ソ	久右衛門	1.13
p	助右衛門後家ゑん	0.44	→	ナ	助右衛門	0.44
q	金左衛門	3.6497	→	ニ	金左衛門	3.7067
r	七右衛門	1.065	→	タ	六右衛門後家ちよ	0.797
s	由五郎	2.82	→	チ	由五郎後家きん	2.93
t	甚兵衛	3.1342	→	ツ	甚兵衛	3.634
u	権兵衛	5.1873	→		権兵衛	1.9345
v	久右衛門	1.093				
w	光明院良伝		→	ヌ	光明院良純	
x	平太夫後家ゑい	1.238	→	ネ	平三郎	4.0539
y	多七	0.639	→	ノ	太兵衛	1.368
z	甚右衛門	10.8951	→	ヒ	甚右衛門	9.9417
A	文次郎	1.338	→	フ	四郎兵衛	3.046
B	文蔵	10.0991	→	ヘ	角右衛門	13.2268
C	平右衛門	0.3642	→	ホ	平右衛門	0.133
D	五郎右衛門	0.3642	→	マ	七五郎	0.529
E	五郎兵衛	0.4454				
F	佐五右衛門	0.592	→	ミ	作五右衛門	0.945
G	松五郎	8.708	→	ム	八右衛門	10.985
H	はや	0.8562				
I	市郎兵衛	0.3095	→	モ	市右衛門	0.8095
J	長吉	0.149	→	ヤ	長吉娘さわ	0.968
K	勘治郎	13.3866	→	ユ	勘治郎後家さく	2.6471
L	勘助	5.7311	→	ヲ	勘助	1.516
M	浅右衛門	5.6005	→	ラ	浅右衛門	10.142
N	新兵衛	7.115	→	リ	新兵衛	7.716
O	源次郎	7.3346	→	ル	源次	8.5926
P	長右衛門	0.6782	→	レ	長右衛門妹たけ	0.6782
Q	亀吉	0.4019	→	ロ	彦兵衛	0.8458
R	要助	3.372	→	ワ	要助	3.985
S	八右衛門	1.858	→	ン	八右衛門	6.36
T	政五郎	6.645	→	ガ	次郎右衛門	8.913
U	要左衛門後家たよ	0.67	→	ギ	要左衛門後家たよ	1.008
V	四郎左衛門	2.94	→	グ	四郎左衛門	2.524
					不明	
				コ	長左衛門	3.2403
				ト	七郎左衛門	1.093
				ハ	甚五兵衛	8.562
				メ	重蔵	2.9554
				ゲ	今五郎	

元治２年				明治２年	
ア	文左衛門	12.99	→	文左衛門	16.187
イ	文五郎	4.0369	→	文五郎	5.0078
ウ	長兵衛	2.7619	→	長兵衛	2.7619
エ	定右衛門	1.4867	→	定右衛門	2.4867
オ	九左衛門	12.2329	→	九左衛門後家かつ	2.9703
カ	文右衛門	6.323	→	文右衛門	6.323
キ	七右衛門	0.7045	→	七右衛門	0.7045
ク	彦四郎	3.7639	→	彦四郎	3.34
ケ	清右衛門	10.1368	→	清右衛門	10.1368
コ	長左衛門	3.2403	→	長左衛門	3.2403
サ	与五右衛門	0.974	→	与五右衛門	0.974
シ	長次郎	12.7456	→	長次郎	12.7456
ス	与五兵衛	4.8872	→	与五兵衛	7.1495
セ	増五郎	7.7527	→	増五郎	7.7527
ソ	久右衛門	1.13	→	久右衛門	2.878
タ	六右衛門後家ちよ	0.797	→	六右衛門後家ちよ	3.1705
チ	由五郎後家きん	2.93	→	弥左衛門	2.506
ツ	甚兵衛	3.634	→	甚兵衛	3.634
テ	権兵衛	1.9345	→	権兵衛	1.934
ト	七郎左衛門	1.093	→	七郎左衛門	1.093
ナ	助右衛門	0.44	→	助右衛門母ゑん	0.14
ニ	金左衛門	3.7067	→	金左衛門	3.7067
ヌ	光明院良純		→	光明院良純	
ネ	平三郎	4.0539	→	平三郎	4.0538
ノ	太兵衛	1.368	→	太兵衛	1.368
ハ	甚五兵衛	8.562	→	甚五兵衛	8.562
ヒ	甚右衛門	9.9417	→	甚右衛門	9.941
フ	四郎兵衛	3.046	→	四郎兵衛	3.046
ヘ	角右衛門	13.2268	→	角右衛門	12.9498
ホ	平右衛門	0.133	→	平右衛門	0.133
マ	七五郎	0.529	→	七五郎後家なか	0.529
ミ	作五右衛門	0.945	→	佐五右衛門	0.945
ム	八右衛門	10.985	→	八右衛門	10.985
メ	重蔵	2.9554	→	平吉？	2.9554
モ	市右衛門	0.8095	→	市右衛門	0.633
ヤ	長吉娘さわ	0.968	→	長吉	2.4387
ユ	勘治郎後家さく	2.6471	→	勘治郎後家さく	2.647
ヨ	勘助	1.516	→	勘助	3.536
ラ	浅右衛門	10.142	→	浅右衛門	14.2432
リ	新兵衛	7.716	→	新兵衛	7.715
ル	源次	8.5926	→	源次	8.5926
レ	長右衛門妹たけ	0.6782	→	長衛門	0.6882
ロ	彦兵衛	0.8458	→	彦兵衛	0.8458
ワ	要助	3.985	→	要助	3.985
ン	八右衛門	6.36	→	八右衛門	6.36
ガ	次郎右衛門	8.913	→	次郎右衛門	8.913
ギ	要左衛門後家たよ	1.008	→	要左衛門後家たよ	1.008
グ	四郎左衛門	2.524	→	竹松	2.524
ゲ	今五郎		→	今五郎	

（元治人別帳）
高二石九斗五升五合四勺重蔵（廿三才、妻よし廿才、二人暮）
↓
（明治人別帳）
高二石九斗五升五合四勺平吉（三十四才、妻ゆわ二十四才、二人暮）

ここで（ア）「継承不明の家」と、（イ）「母胎不明の家」との関係をまとめる。Ⅰ期・Ⅱ期・Ⅲ期とも、（ア）の軒数と（イ）の軒数は同じである。Ⅱ期は（ア）が四軒、（イ）が五軒で（イ）が一軒多いが、「地借・今五郎」は次の史料により、他村より転入したことが明らかで、（イ）から除外できる（「人別送状」ＯＳ一六五）。

人別送り状一札之事
竹垣三右衛門御代官所
武州多摩郡下小金井新田
百姓　今五郎　当戌四十七才
同人倅　菊次郎　〃十六才
同人娘　こう　〃七才
右之者とも義其御村方八右衛門殿当村兼吉両人之世話ヲ以、御村方四郎右衛門殿居屋敷内借地江家作ニ而当分之間住居仕（中略）
文久二戌年三月
右村　名主　宇左衛門
上小金井村
御名主　浅右衛門殿

このように、（ア）の数と（イ）の数が一致するということは、（ア）の家を継承したのが（イ）の家であると一応考えられる（（ア）のどの家に（イ）のどの家が繋がるかを特定することは困難だが）。しかし、この考えには無理がある。というのは、（イ）の家の中には、明らかに新しく分家して創設されたと思われる家が含まれるからである。この点を論証しよう。

Ⅰ（イ）の文平の場合を見てみよう。文平の家が初めて人別帳に現れるのは、弘化の人別帳である。それをもう一度挙げると、

高三石七斗四升壱合三勺
金蔵院旦那　文平　廿八才　妻とく　廿七才　倅香太郎　弐才
〆三人　内男二人　女一人

このように若夫婦と幼い子供一人の家族である。そしてこの家の母胎になる家を、文政人別帳に探しても見つけることは困難である。また、文平はこの人別帳では文左衛門家の欄の次に記されており（次の元治、その次の明治でも位置は同じだが）、また、文平の「文」の字は「文左衛門」の「文」

の一字を受け継いだと考えることができる。このような点を総合して考えると、文平の家は文左衛門の家から分家して新しく創設された家であると考えるのが自然であろう。同じように、Ⅰ(イ)勘助も勘左衛門かこれを継承した勘治郎の家から分家した家であると考えることができる。Ⅱの(イ)の長左衛門は清左衛門から同じく甚五兵衛は甚右衛門家から分家して新しくできた家と考えられる。

　このように考えると、先に「(ア)の家を継承したのが、(イ)の家であると一応考えられる」とした推定は修正を余儀なくされる。少なくとも新しく分家として創設された家の分は、廃絶する家がないと数が合わなくなる。私は(ア)の欄であげた「継承不明の家」の多くはいったん潰れ＝断絶したのではないかと考える。特にⅠ(ア)、Ⅱ(ア)に見られる所帯で、当主の高齢化が進み、小高で小家族の家などは存続を図ることがむずかしかったのではないか。この時期にはいわゆる天保の大飢饉があり、次項で詳しくみるように、上小金井村の八割の農家が極貧・飢えの状態に陥ったことを思えば、右のような農家の存続は一層困難だったのではないか。

　この点について示唆を与えてくれるのが、次の「田畑相続に付き一札」（OS一四四）という史料である。

A
　差上申一札之事
　惣反別合弐町七反弐拾歩
　〃高合六石三斗八升三合　村高
外ニ　高壱石四斗弐升五合　下小金井村入作高
右之通り我等所持致来り候処、追々老衰致候而今夕跡相続人見届兼候ニ付、今般御村役（江脱カ）申出、以来跡相続人取究候迄、前書田畑村役人衆中江御預ケ申候処相違無御座候、已来跡相続人之義ハ親類組合一同相□可申出候、且又夫迄前書田畑之義、喜太郎御年貢入用ハ不及申、諸附合共相勤□依之親類組合一同惣代を以一札入置申候
　上小金井新田　当人　要（助脱カ）
　組合惣代　八（右衛門脱カ）
　田無村　親類惣代　持　□
　孫聟　喜太（郎脱カ）
上小金井村
　御役人衆中

右の当人・要助に関する人別帳の記載を示すと、次のようになる。

B（弘化人別帳）　　高三石三斗七升弐合
禅宗長昌寺㊞旦那　要助 当六十七才　雇 くめ〃五十九才
聟　初五郎〃十四才　孫 きん〃十八才　孫 たつ〃十五才
孫　くま〃五才（後略）

C（元治人別帳）

高弐石五斗六升　出作高壱石四斗弐升五合

禅宗長昌寺㊞旦那　新田出百姓　要助㊞ 当丑九才
父　喜太郎〃三十弐才　母　きん〃三十七才
妹　たけ〃六才　妹せい〃四才

右のA、B、Cの史料を見比べながら考えよう。Aの当人要助は「追々老衰致而」とあるから、Bの「要助　当六十七才」その人であると考えられる。とすれば、Aの万延元年（一八六〇）当時八十一歳の高齢になっているはずである。また、Aの孫聟・喜太郎はBの「聟　初五郎〃十四才」であり、Cの「父　喜太郎三十弐才」に当たると考えられる。このように考えたのは、Cに「父　喜太郎三十弐才、母　きん三十七才」と並んでいることから、Bの「聟初五郎十四才」は「孫きん十八才」の聟であると判断され、初五郎が喜太郎と改名したと思われる。十四歳の聟というと奇異に感じるが、現実にはありえたのであろう（十四歳の初五郎が十九年後の人別帳で三十弐歳になることに大きな矛盾はない。十四歳の年齢が正しいとすれば、正確には三十三歳とすべきであろうが、一歳程度の誤差は本人別帳ではしばしば見られる）。この要助家は、B、Cの家族構成を見ても相当複雑な家庭の事情を持った家のようで、Bでは祖父と孫娘三人、それと長女孫の聟で構成され、Cでは当主が要助丑九歳であり、その父・母が「喜太郎三十二才、きん三十七才」である。

こうした複雑な家庭情況ゆえだろうか、Aの当主・要助は、この家の相続人を決めかねたらしく、彼の死後の親類・組合の判断に委ねているようだ。また、それまでの要助名義の土地の権利を村役人に預けているようである。そして、恐らく耕作は孫聟喜太郎が行い、年貢その他の負担や諸付合も喜太郎が果たすことにしたようである。本来なら喜太郎がすんなり相続することが自然のようだが、そうならない事情があったのであろう。現実にこの家の当主になっているのは、Cによれば「要助　丑九才」になっている。この人物は「喜太郎三十二才、きん三十七才」の子であり、A、Bの要助の曾孫になる。なぜ孫娘聟にではなく、その子供（しかも九歳）を相続人に指定したのか、不明である。

右の事例で示唆を受けるのは、家の相続人を現当主が決められない事情がある時には、親類・組合の相談で決められ、それを村役人が見守る（監督する）ということがあったことである。先に見た、文政や弘化の人別帳に見られた、その家族を受け継いだと思われる所帯・家が見当たらないケース、「継承不明の家」のいくつかも、相続すべき家族員がいなくなり、自然に途絶える形に陥った家もあったのではないか。こうした場合、恐らく右に見たように、親類・組合が相談して親類の中などから適当な人物を相続人に仕立てて相続させるか、または廃絶もやむ無しの判断をしたのではないか。

後者の場合は、大高の持主で土地に余裕のある家に村役人等が働きかけて、分家を勧める等の動きが見られたのではないか。このように村役人は、家の相続について、強い関心を持ち、場合によっては介入して、村の戸数が減少しないように注意を払っていたものと思われる。

四つの人別帳に記されている戸数は、順に四十八戸、四十八戸、四十九戸、四十九戸で一見各所帯がそのまま相続され、継続性が保たれているようにみえるが、実はいくつかの所帯の廃絶、他家によるその相続、分家による新しい所帯の創設などの入替わりがあったことは否定できない。

これらの人別帳が作成された、文政十年から明治二年の四十二年間、時代は「天保の大飢饉」を経て、幕末・維新期の激動の時代を迎えるが、多摩の小村・上小金井村の農民達が自らの生命を維持し、家の存続を図っていくことは必ずしも容易でなかったことが推測される。最後に文政十年から明治二年までの家の相続・継承関係をトータルにまとめた**表5**を挙げておく。

三　小金井界隈と天保の大飢饉

人別帳の記載石高の本格的な分析に入る前に、天保の大飢饉時の上小金井村やその周辺地域についてまとめておく。『小金井市誌（歴史編）』（以下これを『市誌（歴史）』と略称）には、天保の大飢饉についての記述はない。また、『小金井市誌（資料編）』（以下これを『市誌（資料）』と略称）にも管見の範囲では関連史料は見当たらない。幸い、隣接する『国分寺市史（中）』には、まとまった形で天保の大飢饉についての叙述があり、しかも小金井地区についての言及もあるの

表5　北小金井村における家の継承

文政10年（1827）		弘化3年（1846）		元治2年（1865）		明治2年（1869）	
文左衛門	19石9338	（文左衛門）	8石071	（文次郎）＊	15石913	（文次郎）＊	16石187
		文平	3石7413	（文五郎）	4石0369	（文五郎）	5石0078
長兵衛	17石0237	（長兵衛）	13石6824	（長兵衛）	2石7619	（長兵衛）	2石7919
定右衛門	11石063	（定右衛門）	3石5542	（定右衛門）	1石4867	（定右衛門）	2石4867
九兵衛	2石4371	（九兵衛）	6石6871	（九左衛門）	10石2329	（九左衛門後家かつ）	2石9703
文右衛門	2石9877	（文右衛門）	2石8476	（文右衛門）＊	6石323	（文右衛門）＊	6石323
太郎右衛門	2石3779	（七右衛門）	1石6123	（七右衛門）	7斗045	（七右衛門）	7斗045
彦右衛門	3石369	（彦四郎）	3石9414	（彦四郎）	3石7639	（彦四郎）	3石34
清左衛門	5石0911	（清左衛門）	6石635	（清右衛門）＊	10石1368	（清右衛門）＊	10石1368
				長左衛門	3石2403	（長左衛門）	3石2403
与五右衛門	3石1921	（富五郎）	9斗74	（与五右衛門）	9斗74	（与五右衛門）	9斗74
長次郎	7石6261	（長治郎）	7石9085	（長次郎）＊	10石8273	（長次郎）＊	12石7456
平五郎	7石0832	（平右衛門）	5石4514	（与五兵衛）	4石8872	（与五兵衛）	7石1495
		増五郎	4石5792	（増五郎）＊	7石7527	（増五郎）＊	7石7527
鉄五郎	1石4374	（久右衛門）	1石1335	（久右衛門）	1石13	（久右衛門）	2石878
		助右衛門後家えん	4斗4	（助右衛門）	4斗4	（助右衛門母ゑん）	1斗4
金左衛門	2石4718	（金左衛門）	3石6497	（金左衛門）	3石7067	（金左衛門）	3石7067
七右衛門	3斗718	（七右衛門）	1石065	（六衛門後家ちよ）	7斗97	（六衛門後家ちよ）	3石1705
弥右衛門	記入なし	（由五郎）	2石82	（由五郎後家きん）	2石93		
		甚兵衛	3石1342	（甚兵衛）	3石634	（甚兵衛）	3石634
		権兵衛	5石1873	（権兵衛）	1石9345	（権兵衛）	1石934
				七郎左衛門	1石093	（七郎左衛門）	1石093
光明院　良河	記入なし	（光明院　良伝）	記入なし	（光明院　良純）	記入なし	（光明院　良純）	記入なし
平太夫後家いゑ	4石2552	（平太夫後家ゑい）	1石238	（平三郎）	4石0539	（平三郎）	4石0539
太七	4斗63	（多七）	6斗39	（太兵衛）	1石368	（太兵衛）	1石368
甚右衛門	8石2096	（甚右衛門）	10石8951	（甚右衛門）	9石9417	甚右衛門	9石941
				甚五兵衛	8石562	甚五兵衛	8石562
文次郎	5斗82	（文治郎）	1石338	（四郎兵衛）＊	3石046	（四郎兵衛）＊	3石046
文蔵	9石561	（文蔵）	10石0991	（角右衛門）	13石2268	（角右衛門）	12石9498
太右衛門	1斗33	（平右衛門）	3斗642	（平右衛門）	1斗33	（平右衛門）	1斗33
五郎右衛門	1斗9792	（五郎右衛門）	3斗642	（七五郎）	5斗29	（七五郎後家なか）	5斗29
磯右衛門	1石784	（五郎兵衛）	4斗454				
源左衛門	3石5991	（佐五右衛門）	5斗92	（作五右衛門）	9斗45	（佐五右衛門）	9斗45
八右衛門	8石2885	（松五郎）	8石708	（八右衛門）	10石985	（八右衛門）	10石985
与四郎	1石6056	（はや）	8斗562				
与右衛門	8斗17	（長吉）	1斗49	（長吉娘さわ）	9斗68	（長吉）	2石4387
市郎兵衛	5石3602	（市郎兵衛）	3斗95	（市右衛門）	8斗095	（市右衛門）	6斗33
勘左衛門	8石8741	（勘治郎）	13石3866	（勘次郎後家さく）	2石6471	（勘次郎後家さく）	2石647
		勘助	5石7311	勘助	1石516	（勘助）	3石536
浅右衛門	7石6005	（浅右衛門）	5石6005	（浅右衛門）＊	10石142	（浅右衛門）	14石2432
新兵衛	6石5917	（新兵衛）	7石715	（新兵衛）	7石715	（新兵衛）	7石715
善右衛門	8石3024	（源次郎）	7石3346	（源次）＊	8石5926	（源次）＊	8石5926
仁右衛門	8斗702	（長右衛門）	6斗782	（長右衛門妹たけ）	6斗782	（長右衛門）	6斗882
彦八	8斗555	（亀吉）	4斗019	（彦兵衛）	8斗458	（彦兵衛）	8斗458
要助	4石022	（要助）	3石372	（要助）	3石985	（要助）	3石985
政五郎	6石493	（政五郎）	6石645	（次郎右衛門）	8石912	（次郎右衛門）	8石913
久左衛門後家まん	記入なし	（四郎左衛門）	2石94	（四郎左衛門）	2石524	竹松	2石524
		八右衛門	1石858	（八右衛門）	6石36	（八右衛門）	6石36
		要左衛門後家たよ	6斗7	要左衛門後家たよ	1石008	（要左衛門後家たよ）	1石008
				地借　今五郎	0	地借　今五郎	0

（注）　元治2年と明治2年の＊印は、出作高を加算した数値である。

で（第十二章世直しと維新変革、第二節天保の飢饉）、それを引用してまとめておく。

天保の大飢饉は後年「巳年の飢饉」と呼ばれた。巳年は天保四年（一八三三）であるが、その国分寺地域の実態については、史料が残っていないのか、『国分寺市史（中）』にも記されていない。「巳年（天保四年）は春前から天候不順で冷害・大雨が続き」「関東は大風雨が続き、作柄は」「中部から東北・北陸にかけては三分一作から皆無作となった」。もちろん、小金井・国分寺地域の農作物の出来も極めて悪かったであろう。

そして不作はこの年だけでなく、「天保五年・六年も同様の不作が続き、七年に至っては、全国の平均作柄は四分という、慢性的凶作状態となり、日本全土が大飢饉でおおわれた。同八〜十年も虫害・疫病があり、同十一年にようやく平年作となって小康を得たが、不作はなお十四年頃まで続いた。実に天保期の十四年間（一八三〇〜四三）は不作・凶作続きであった」。

このような中で、この地域でも次のような動きがあった。

上小金井村は、下小金井村・貫井村・恋ヶ窪村・国分寺村四ヶ村とともに、府中宿寄場組合の小組合を構成し、日ごろ密接な関係を持っていた。代官所等へ共同（名主連名）で嘆願することもしばしばあった。

上小金井村・小川家文書の中にもそうした歎願書の写しのいくつかが残っている（天保の大飢饉時のものは残念ながらない）。天保八年（一八三七）正月右五ヶ村は夫食の借用願を代官所に提出した。その前年十月には恋ヶ窪新田・貫井新田の二ヶ新田が夫食拝借願をやはり代官所に出している。二ヶ新田が出した借用願には、武蔵野新田地帯が一般に地味の悪い軽土であり、肥料を多用しなければ作物の出来が期待できない。そして近年の不作続きとその年の農作と困窮の進化について「当年柄貧民共当日夫食ニ差支、相凌兼候者共数多有之候間、村役人共種々手段を以是迄為相続置候え共、実々相続相成不申、貧民共取調別紙帳面ニ而奉書上候、何卒格別の以御慈悲前書難渋困窮の始末御憐愍被成下置貧民共へ夫食拝借被仰付被下置候様奉願上候」とある。

親村五ヶ村が出した借用願にも、新田と同様武蔵野付きの農村で耕地の条件が悪く、さらに肥料値段が高騰し、今年は初夏の四月から冷気が続き、野菜類が根腐れとなり、雑穀・

芋・菜・大根など、農民の主食とも言うべき作物が成育せず、早霜もおりたため、翌年分の種もとれぬほどの不作であったという。そして「貧民ども当日の夫食ニ差支」え、「見捨て置き候ては、往々飢渇の者出来候様成り行き申す可きは眼前の儀」であり、夫食の貸下げを要請するものである。

二ヶ新田および五ヶ村が夫食拝借の願書に添えて提出した「実々取続き兼ね候貧民ども」の帳面を表示すると、**表6**のようになる（表6は『国分寺市史（中）』所掲の表を小金井市域中心に順番を変えているが、数値・形式は元のままである）。なお、表中の「内ケ（カ）成取続」とは『国分寺市史（中）』によれば、総数のうちの「ケ（カ）成取続き候者」すなわち夫食を拝借しないでも生活し続けることのできる者の意とのことである。

さて表6に示されている数値は、いずれの村も厳しい現実を示している。問題としている上小金井村では、夫食の拝借を受けないでやっていけるのは、四十七戸のうち十戸のみ、わずかに二割強を占めるのみで、残り八割弱は極貧、夫食の拝借を受けないでは存続を図れない家々である。隣村の下小金井村は百四十四戸のうち二十四戸（一六・七％）、百二十

表6　極貧家・飢人数（天保8年正月）

村別	石高	家数（戸）			人数（人）					
		総数	内ケ成取続	極貧	総数	内ケ成取続	うち飢人数	飢人男	飢人女	うち老若
上小金井村	265石706	47戸	10戸	37戸	226人	65人	161人	79人	82人	80人
下小金井村	578石402	144戸	24戸	120戸	768人	230人	537人	285人	253人	190人
貫井村	242石930	53戸	12戸	41戸	308人	93人	215人	112人	103人	110人
貫井新田		16戸	0戸	16戸	61人	0人	61人			
国分寺村	459石578	64戸	17戸	47戸	321人	77人	244人	118人	126人	170人
恋ヶ窪村	141石230	29戸	7戸	22戸	176人	51人	125人	74人	51人	87人
恋ヶ窪新田		22戸	0戸	22戸	106人	0人	106人			
合計		375戸	70戸	305戸	1966人	516人	1450人	668人	615人	637人

戸（八三・三％）、貫井村は五十三戸のうち十二戸（二二・六％）、四十一戸（七三・四％）となっており、上小金井村は国分寺地域の村々よりも極貧家庭の割合が高い。

これを人数の面から見ると、上小金井村では総人数二百二十六人のうち、六十五人が「ケ成取続」（二八・八％）、百六十一人が「飢人」（七一・二％）、飢人数の内「老若」の人数は八十人（四九・七％）である。下小金井村は「ケ成取続」三〇・〇％、「飢人数」七〇・〇％、「老若」二四・七％、貫井村は「ケ成取続」三〇・二％、「飢人数」六九・八％、「老若」三五・七％である。

基準になるものが示されていないので、「ケ成取続」者と、「極貧」「飢人」との違いが不明であるが、村役人が調査して報告したものであり、かなり実態を反映していると思われる。上小金井村の「飢人数」のうち、「老若」の数が五〇％近くも占めているのも注目される。前に明治二年の上小金井村の「極難困窮者」等の取調筋書上帳のところで、村役人が貧窮の原因として高齢化や子だくさんをあげていたことを想起すれば、「飢人数」の内に「老若」の占める度合いが高いのは、「飢人」の立場を一層困難にしているように思われる。

助成の歎願と困窮者の調査書上げにより、五ケ村には年明け早々から次のような払下げがあった。『国分寺市史（中）』が記すところをまとめると、

① 原則として家族一人当たり稗一斗・小麦三升を貸し下げる。

② 「被下切」（返済を要しない）御手当てとして一戸当たり金二朱ないし二分二朱ほどと小麦一人当たり三升、大豆三升一合、小麦粉一升、ふすま一升五合が割り渡された。

③ 下染屋村名主・兵右衛門が出した義捐金が代官所を通して「被下切」に配布された。国分寺村では、中飢家・人数九十人に対して永四貫五百文（一人に付き永五十文）、極々飢家三十二戸・人数百五十四人に永十貫五百文（一人に付き永六十八文一分八厘）、合計永十五貫文（＝金十五両）である。

④ 国分寺村に小麦五石、大豆一石、小麦粉一石（一かます）、ふすま九斗が下染屋村兵右衛門の買い置いたものに、村内の百姓が拠出した金を合わせて極貧に配布した。別に病人・老人の手当てとして一両二分の出金もあった。

以上のような措置が国分寺村ではとられたことが、『国分

寺市史（中）』には記されている。恐らく、上小金井村等小金井市内の村々にも同様な措置が施されたものと思われる。

なお、『国分寺市史（中）』に引用されている次の文書の記事は、飢饉にともなう栄養不足等のため「病を生し」ている現実があること、そのため薬の配布がなされたことが記されており、注目される。

去秋已来米穀高直一統難儀および就中山寄村方ハ夫食不足いたし平年食せざる草木の根或は実を取夫食ニいたし、里方ニても木々の芽、草の葉夫食足合ニ仕、中ニは麁食のためニ病を生し、辺鄙の土地は平常すら医業不便、里方迚も当夫食不足取続方ニても苦罷在候折柄ニ付、自然病は医薬迄ハ不手廻も可有之（中略）、貧家病人医薬手当無之もの共へ追々ニ相与へ候様可仕（後略）

前出の明治二年の上小金井村の「極難困窮者」等の取調筋書上帳には、極難困窮の要因に病気があげられているケースが多かった。飢饉に病気が重なった場合、事態はさらに深刻なものになったと思われる。

以上、『国分寺市史（中）』によって、当地方の天保の飢饉についてみてきた。天保の飢饉が上小金井村に与えた影響についてはは次節で詳しく検討することにして、ここで一つ付け加えておきたいことがある。

文政十年から明治二年の間に当地方で起こった凶作等の災害は、この天保年間のものだけではなかったことである。少なくとも文久二年（一八六二）にも当地方が疫病の流行と凶作に見舞われたことは、下小金井村など五ケ村と戸倉新田など七ケ新田が連合で代官所に出した次の歎願書の文面から確認できる（OS一六七、OS三二五）。

乍恐以書付奉申上候

武州多摩郡左之村々役人奉申上候、当村々之義当六月中より麻疹流行いたし、家並相煩、尤追々肥立ニ差向之処、尚又当節暴瀉病ニ類候急病専流行致し、相果候もの多、就中麻疹肥立を損し、療養不行届、是又相果候もの間々有之、村毎八九分通病人ニ而、一同家業相捨、挙而心信又ハ医師送迎（注3）等罷在候次第、且又当村々者畑方重之場所ニ而当七月中迄ハ諸作物共至極宜敷御座候処、其後雨天続ニ而次第ニ悪敷罷成、一体畑方ハ粟重ニ蒔付、実法夫喰肝要之作物ニ御座候処、実法最中是又雨天ニ而相倒、実法方安心不仕、剰最早当節麦作蒔入時節ニ差懸り候処、何れも手少ニ而蒔入方難出来、蒔旬相後れ、殊ニ近年肥類高直ニ而銘々

入肥不行届故、来亥年麦作不作ハ眼前之義、病難其外不作等稀成悪年ニ而、一同当惑難渋、罷在候ニ付、乍恐以書付此段御訴奉申上候、以上

武州多摩郡

文久二戌年閏八月廿五日

関野新田（以下五ケ村・六新田名　名主名　略）

この歎願書を連名で出したのは、上小金井村・下小金井村・貫井村・恋ヶ窪村・国分寺村の五ケ村と関野新田・梶野新田・下小金井新田・本多新田・戸倉新田・内藤新田・鈴木新田の七ケ新田の合わせて十二ケ村である。おおよそ今日の小金井市・国分寺市と小平市の一部にあたる地域である。

この歎願書から、当地方では文久二年の六月中から麻疹が流行し、其上「暴瀉病ニ類候急病」も流行して「村毎八九分通病人」が出て、村人一同は家業を打ち捨て、（神仏の）信心と医師の送迎に明け暮れていること、また当村々は畑作中心の地域であるが、七月中以降雨天続きになり、大事な食料である粟の出来が心配される、また来春収穫の麦の蒔きつけ時期になっているが病人続出で働き手がなく、蒔きつけ時期が遅れている、その上肥料の高値で入肥が十分にできない、このままでは「来亥年麦作不作ハ眼前之義」である、このように今年は病難に農作物の不作が重なり「稀成悪年」となっており、村人たちは当惑難渋していることなどが読み取れる。外に史料がなく、被害がどの程度あったのか、また代官所等から天保時のような救済の手が差し伸べられたのかは分からないが、この地方の農民たちに一定の打撃を与えたことは確かだろう。

さらに、『国分寺市史（中）』によれば、慶応元年（一八六五）も天候不順だったようだ。『国分寺市史（中）』には、次のような史料がある。

乍恐以書付奉申上候

武州多摩郡左の村々役人共一同奉申上候、私共村々の義ハ畑勝の場所ニ有之候処、当夏大麦四分小麦五分位之収納方ニ罷在候処、引続雨天ニて前栽物ハ（熟）実も無覚束、其余秋諸作の義ハ葉癖相□（付カ）次第ニ根腐相成、且田方ハ聊ニ有之候え共、谷間より清水一円ニ湧出し冷渡り難生立、此段照続き候ても時候後れニ相成、見直可申見居無之、只今（　　）実法の程無覚束安心不仕候間、此段御届ケ奉申上候、以上

武州多摩郡下小金井村兼

慶応元年　六月十三日　　上小金井村名主　浅右衛門
（以下、三ケ村、四新田 名主・名省略）

これにより、「大麦四分、小麦五分の不出来の上に前栽物（野菜類）も不作、さらに雨天続きで秋作（稲）も冷害が見込まれる状態であった」ことがわかる。文久二年の疫病流行と不作から三年しか経っていない。またしても打撃を受けた。

また、慶応四年（明治元年・一八六八）・明治二年（一八六九）も、農作物は不出来だったようだ。いわゆる御門訴事件に関係する新座・多摩両郡の武蔵野新田十二ケ村（小金井市域では、関野新田・梶野新田が入っている）が出した歎願書（小平文化財シリーズⅠ「小平に残る御門訴事件関係史料集」）の中に、「去辰巳両年凶作ニ而百姓夫食ニ差支候者多分御座候」「辰巳両年之凶作ニ而難渋之折柄」といった件が見える。

辰は慶応四年（明治元年）であり、巳は明治二年にあたる。これらの歎願書を出した村には、上小金井村のような本村は一つも含まれておらず、新田の方が被害は大きかったと考えられる（注4）が、新田に隣接する村である上小金井村なども、江戸時代前期に開発された畑地を多く含み、相当の被害があったのではないか。

このように見てくると、文久二年（一八六二）・慶応元年（一八六五）・明治元年・二年（一八六八・六九）と、西暦一八六〇年代は、天保時代に続く天候不順・不作・凶作の時代だったように思える。

（注3）前掲『上小金井村小川家文書』は、「医師送迎」を「医師送連」と読み、注で「送連」は「葬斂」の当て字かとしている。原本をコピーで確かめたが、「送迎」の方がよい。

（注4）辰（慶応四年）・巳（明治二年）の凶作被害の影響は、直前の慶応元年（一八六五）・文久二年（一八六二）の不作・凶作の痛手があったことで、より大きいものになったと見ることもできる。

四　農民の階層分布

すでに見たように、上小金井村の四つの人別帳には各家・所帯ごとの家族構成と所持石高が記されている。四つの人別帳に記されている各家の所持石高を持高の大きい順に当主名とともに並べて整理すると、**表7**になる。さらに表7を基に

表7　北小金井村における各家の所持石高の推移

文政10年（1827）		弘化3年（1846）		元治2年（1865）		明治2年（1869）	
文左衛門	19石9338	長兵衛	13石6824	文次郎＊	15石913	文次郎＊	16石187
長兵衛	17石0237	勘治郎	13石3866	角右衛門	13石2268	浅右衛門	14石2432
定右衛門	11石063	甚右衛門	10石8951	八右衛門	10石985	長次郎＊	12石7456
文蔵	9石561	文蔵	10石0991	長次郎＊	10石8273	八右衛門	10石985
善右衛門	8石3024	松五郎	8石708	九左衛門	10石2329	角右衛門	10石9498
勘左衛門	8石8741	文左衛門	8石071	浅右衛門＊	10石142	清右衛門＊	10石1368
八右衛門	8石2885	長治郎	7石9085	清右衛門＊	10石1368	勘右衛門	9石941
勘右衛門	8石2096	源次郎	7石3346	勘右衛門	9石9417	次郎右衛門	8石913
浅右衛門	7石6005	新兵衛	7石1158	次郎右衛門	8石912	源次＊	8石5926
平五郎	7石0832	九兵衛	6石6871	源次＊	8石5926	甚五兵衛	8石562
長次郎	7石6261	政五郎	6石645	甚五兵衛	8石562	増五郎＊	7石7527
新兵衛	6石5917	清左衛門	6石635	増五郎＊	7石7527	新兵衛	7石715
政五郎	6石493	勘助	5石7311	新兵衛	7石715	与五兵衛	7石1495
清左衛門	5石0911	浅右衛門	5石6005	八右衛門	6石36	八右衛門	6石36
要助	4石022	平右衛門	5石4514	平右衛門＊	6石323	平右衛門＊	6石323
平太夫後家いゑ	4石2552	権兵衛	5石1873	与五兵衛	4石8872	文五郎	5石0078
長左衛門	4石022	増五郎	4石5792	平三郎	4石0539	平三郎	4石0539
八五郎	3石956	彦四郎	3石9414	文五郎	4石0369	要助＊	3石985
源左衛門	3石5991	文平	3石7413	要助＊	3石985	金左衛門	3石7067
四郎右衛門	3石493	金左衛門	3石6497	彦四郎	3石7639	甚兵衛	3石634
与五右衛門	3石1921	定右衛門	3石5542	金左衛門	3石7067	勘助	3石536
彦右衛門	3石369	要助	3石372	甚兵衛	3石634	彦四郎	3石34
金左衛門	2石4718	甚兵衛	3石1342	長左衛門	3石2403	長左衛門	3石2403
喜左衛門	2石623	四郎左衛門	2石94	四郎兵衛＊	3石046	六衛門後家ちよ	3石1705
太郎右衛門	2石4718	文右衛門	2石8476	重蔵	2石9554	四郎兵衛＊	3石046
文右衛門	2石9877	由五郎	2石82	由五郎後家きん	2石93	九左衛門後家かつ	2石9703
九兵衛	2石4371	九右衛門	1石903	長兵衛	2石7619	平吉	2石9554
与四郎	1石6056	八右衛門	1石858	勘次郎後家さく	2石6471	久右衛門	2石878
五郎右衛門	1石9792	八右衛門	1石065	四郎左衛門	2石524	長兵衛	2石7919
磯右衛門	1石784	文治郎	1石338	権兵衛	1石9345	勘次郎後家さく	2石647
七郎右衛門	1石6056	平太夫後家ゑい	1石238	勘助	1石516	竹松	2石524
鉄五郎	1石4374	久右衛門	1石1335	定右衛門	1石4867	弥左衛門	2石5006
弥五郎	1石093	七右衛門	1石6123	太兵衛	1石368	定右衛門	2石4867
仁右衛門	8斗702	富五郎	9斗74	久右衛門	1石13	長吉	2石4387
彦八	8斗555	徳治郎	9斗13	七郎左衛門	1石093	権兵衛	1石934
与右衛門	8斗17	はや	8斗562	要左衛門後家たよ	1石008	太兵衛	1石368
太右衛門	1斗33	長右衛門	6斗782	与五右衛門	9斗74	七郎左衛門	1石093
儀右衛門	5斗802	要左衛門後家たよ	6斗7	長吉娘さわ	9斗68	要左衛門後家たよ	1石008
文次郎	5斗82	多七	6斗39	作五右衛門	9斗45	与五右衛門	9斗74
太七	4斗63	佐五右衛門	5斗92	彦兵衛	8斗458	作五右衛門	9斗45
七右衛門	3斗718	五郎兵衛	4斗454	市右衛門	8斗095	彦兵衛	8斗458
勘太郎	1斗33	助右衛門後家ゑん	4斗4	七右衛門	7斗045	七右衛門	7斗045
弥右衛門	記入なし	亀吉	4斗019	長右衛門妹たけ	6斗782	長右衛門	6斗882
吉五郎後家	記入なし	市郎兵衛	3斗95	七五郎	5斗29	市右衛門	6斗33
光明院　良河	記入なし	平右衛門	3斗642	助右衛門	4斗4	七五郎後家なか	5斗29
久左衛門後家まん	記入なし	五郎右衛門	3斗642	平右衛門	1斗33	助右衛門母ゑん	1斗4
		長吉	1斗49	地借　今五郎	記入なし	平右衛門	1斗33
		光明院　良伝	記入なし	光明院　良純	記入なし	地借　今五郎	記入なし
						光明院　良純　?	記入なし

（注）　元治2年と明治2年の＊印は、出作高を加算した数値である。

ほぼ一石ごとに刻んだ石高内に収まる人数を出して整理し、またその割合（パーセント）を示すと**表8**になる。

表8によって考えよう。まず目につくのは、各人別帳とも一石未満の極小農家の割合の高さである。三つの人別帳では二割を超え、明治も二割近く、弘化には三割近くまで及んでいる。さらにこれを二石未満の小高農家にまで拡大してみると、いずれの人別帳とも三割〜四割を占めている。

こうした農家は当然、自己の保有する農地からの収穫・収益だけでは「食べて」いけないはずだから、大土地保有者の土地を借りて小作するとか、何らかの日傭稼ぎ等の仕事に従事して給金を得るとかの手段で、何とか生活を維持していたものと考えられる。したがって、自己の保有地からの収穫・収入以外の所得の内容を吟味しないと、その家の生活程度は正確にはわからないが、まず多くは貧農に分類して差し支えないと思われる。

また、一石未満・二石未満の数（割合）が、文政→弘化への移行の中で著しく増加していることにも注目しなければならない。九人（二一・四%）→十四人（二九・八%）、十五人（三五・七%）→二十一人（四四・七%）である。これは、

表8　上小金井村所持石高の階層分布とその推移

<table>
<tr><th>所持石高</th><th colspan="2">文政10年</th><th colspan="2">弘化3年</th><th colspan="2">元治2年</th><th colspan="2">明治2年</th></tr>
<tr><td>15石〜20石</td><td>2人</td><td rowspan="2">3人
7.1%</td><td>0人</td><td rowspan="2">4人
8.5%</td><td>1人</td><td rowspan="2">7人
15.2%</td><td>1人</td><td rowspan="2">6人
12.8%</td></tr>
<tr><td>10石〜15石</td><td>1人</td><td>4人</td><td>6人</td><td>5人</td></tr>
<tr><td>9石〜10石</td><td>1人</td><td rowspan="5">11人
26.2%</td><td>0人</td><td rowspan="5">12人
25.5%</td><td>1人</td><td rowspan="5">8人
17.4%</td><td>1人</td><td rowspan="5">10人
21.3%</td></tr>
<tr><td>8石〜9石</td><td>4人</td><td>2人</td><td>3人</td><td>3人</td></tr>
<tr><td>7石〜8石</td><td>3人</td><td>3人</td><td>2人</td><td>3人</td></tr>
<tr><td>6石〜7石</td><td>2人</td><td>3人</td><td>2人</td><td>2人</td></tr>
<tr><td>5石〜6石</td><td>1人</td><td>4人</td><td>0人</td><td>1人</td></tr>
<tr><td>4石〜5石</td><td>3人</td><td rowspan="3">13人
31.0%</td><td>1人</td><td rowspan="3">10人
21.3%</td><td>3人</td><td rowspan="3">14人
30.4%</td><td>1人</td><td rowspan="3">18人
38.3%</td></tr>
<tr><td>3石〜4石</td><td>5人</td><td>6人</td><td>6人</td><td>8人</td></tr>
<tr><td>2石〜3石</td><td>5人</td><td>3人</td><td>5人</td><td>9人</td></tr>
<tr><td>1石〜2石</td><td>6人</td><td rowspan="2">15人
35.7%</td><td>7人</td><td rowspan="2">21人
44.7%</td><td>7人</td><td rowspan="2">17人
37.0%</td><td>4人</td><td rowspan="2">13人
27.7%</td></tr>
<tr><td>1石未満</td><td>9人
21.4%</td><td>14人
29.8%</td><td>10人
21.7%</td><td>9人
19.1%</td></tr>
<tr><td>石高記載無し</td><td colspan="2">（4人）</td><td colspan="2">（1人）</td><td colspan="2">（2人）</td><td colspan="2">（2人）</td></tr>
<tr><td>計</td><td colspan="2">46人</td><td colspan="2">48人</td><td colspan="2">48人</td><td colspan="2">49人</td></tr>
</table>

前節で見た文政から弘化の間で起こった天保の大飢饉の打撃・影響によると考えて差し支えない。その後は、元治・明治とその数が少しずつ減少している。天保の大飢饉の影響から緩やかに回復傾向にあったと見ることもできよう。

二石～五石の小・中農家の場合、文政→弘化で十三人（三一・〇％）→十人（二一・三％）と減少し、弘化→元治で十人→十四人（三〇・四％）と元の水準に戻っている。これもこの階層の農家が天保の大飢饉の打撃で小農（二石未満）に転落し、その後に回復の道を辿ったケースが多かったためと考えられる。

五石～十石の中・上農家の場合は、文政→弘化で十一人（二六・二％）→十二人（二五・五％）と一見ほとんど変わりがないように見えるが、よく見てみると、九石台が一人→〇人、八石台が四人→二人、七石台が三人→三人、六石台が二人→三人、五石台が一人→四人と変化し、上の方が減少し、下の方が増加していることがわかる。これはワンランク下の石高に下がった農家が多かったことを示している。

弘化→元治では、十二人→八人（一七・四％）と減っているが、これは一つにはさらにさらに上の十石以上に二人上昇したためと考えられる。また、右の文政→弘化とは逆に、五石～十石の枠内で少しずつランクを高めている農家が多かったことも見て取れる。

十石以上の上層農家について考える。文政→弘化では十石以上の家は三戸→四戸と増えているが、文政では二戸あった十五石以上の農家が弘化では〇になっている。また、十石以上の農家が弘化→元治では四→七に増えている。十石以上の上層農家は、上小金井村の場合七％～一五％ほどで推移し、決して多くはない。しかもこの村の場合、上層農家と言っても、その石高を見ると文政の文左衛門一九石九三三八が最高で、弘化・元治では最高でも十五石前後である。

ここで、隣村下小金井村の場合を見よう。下小金井村には文政十二年（一八二九）と文久二年（一八六二）の宗門人別帳が残っているが（小金井市史編纂資料第五十一編『下小金井村星野家文書』以下この文書をH番号で示すことにする。H二二、H三一）、これによると文久二年には左のような大土地保有者の存在を確認できる。

庄左衛門　四五石一二九　（文政時庄左衛門七石四一〇九）
善左衛門　四三石一五八四（〃　善左衛門一七石三〇六二）

治右衛門　三八石九三〇四（〃　治右衛門一六石〇九二二）
金助　二六石五四〇六（〃　金助　六石一三〇七）
安右衛門　一八石二五三一（〃　安右衛門七石七一三四）
源次郎　一七石四八五四（〃　源次郎　五石二九三二）

これら下小金井村の上層農家のうち、トップ3の庄左衛門・善左衛門・治右衛門は、それぞれ鴨下・大久保・星野姓で、いずれもしばしば下小金井村の名主を務めた家柄であった。また、三家とも、農間渡世に質屋業を営んでいたことが知られる。もちろん、下小金井村でも、次に見られるように、土地を手放して石高を減らす農家もあった。

伊左衛門　六石〇九五九（文政時　伊左衛門　一九石七六三四）
勘吉後家せき三石八二八七（〃　勘左衛門　一一石八九九〇）
弥五右衛門　三石〇三八〇（〃　弥五右衛門一〇石〇四三三）

以上のように隣村下小金井村では、幕末時土地集積を重ね、四十石以上も土地を保有する大地主の出現を見るが、上小金井村の場合こうした大地主に成長する農家は見られなかったようだ。後で改めて言及するが、むしろ、かつて享保時の人別帳に二二石余の土地保有が記され、二四石余の保有と記された本家光明院とともに、上下小金井村を合わせても一、二を誇る土地を保有していた「平太夫家」が、弘化の人別帳によればわずか一石二三八〇の石高に激減している例に見られるように、凋落する農家が目立つ。

こうしたことから考えて、上小金井村で質流れ地などになった農地の多くは、同じ上小金井村ではなく、隣の下小金井村の庄左衛門などの大地主の手に吸収されていくことが多かったのではないか。

五　所持石高の変動

ここでは、人別帳に記された各家々の石高の変動を追う。表5を見ると、前後する人別帳に記された各家の石高には増減の変動があることが多いが、石高の変動量を、一定の間隔に刻んだ石高ごとにその人数を数えて整理したのが、**表9**である。

表9によると、文政→弘化の場合は、減少者数が増加者数をはるかに上まわり、しかも減少の割合も三石以上の大幅減

表9　上小金井村宗門人別帳に見る所持石高の変動

宗門人別帳	文政→弘化			弘化→元治			元治→明治		
増減の幅	減	増	なし	減	増	なし	減	増	なし
0石以上～0.5石	4件	5件		5件	8件		5件	1件	
0.5石～1石	5件	5件		3件	5件			1件	
1石～2石	3件	2件			2件			3件	
2石～3石	2件	1件		1件	3件			3件	
3石～4石	3件			1件	4件			1件	
4石～5石		2件		1件	3件			1件	
5石～6石	1件		0件		1件	3件			31件
6石～7石							1件		
7石～8石	1件				1件				
8石～9石									
9石～10石									
10石～11石				2件					
11石～12石	1件								
計	20件	15件	0件	13件	27件	3件	6件	10件	31件
合計	35件			43件			47件		

少者が七人もいることが注目される。さらに、表5によって大幅減少者の例を挙げると、

①　文左衛門　一九石九三三八→文左衛門　八石〇七一〇
②　定右衛門　一一石〇六三〇→定右衛門　三石五五四二
③　市郎兵衛　五石三六〇二→市郎兵衛　三斗九五〇

等を挙げることができる。③のケースのように、五石前後の中等度石高所持者の地位から一気に一石未満の極小百姓や二石未満の小高百姓に転落したケースは、外にも見られる。

④　与五右衛門　三石一九二一→宮五郎　九斗七四〇
⑤　平太夫後家いゑ　四石二五五二
→平太夫後家ゑい　一石二三八〇
⑥　源左衛門　三石五九九一→佐五右衛門　五斗九二〇〇

以上のように、減少者の数の多さと率の高さ（五七％）、三石以上の減少者が七名もいること、一気に「極小」「小高」百姓に転落した百姓も多かったこと等と、二項で明らかにした文政→弘化の移行で廃絶した所帯や構成家族が入れ替わったと思われる家がみられること、四項で明らかになった一石未満や二石未満の石高の家の率の増大等の事実を合わせ考えれば、天保の飢饉の影響が強くあらわれていることが確認で

きる。

しかも大幅に石高を減少させ、「小高」「極小」百姓に転落した者の場合、その後所持石高を回復できず、「小高」「極小」のまま推移して明治を迎えているケースも多いことに注意しておきたい。

③　市郎兵衛
五石三六〇二→三斗九五〇→八斗〇九五→六斗三三〇
⑤　与五右衛門
三石一九二一→九斗七四〇→九斗七四〇→九斗七四〇
⑥　源左衛門
三石一九二一→五斗九二〇→九斗四五〇→九斗四五〇

②の定右衛門も右に近い歩みで、一一石〇六三〇→三石五五四二→一石四八六七→二石四八六七である。
逆に天保の大飢饉をくぐりぬける中で、石高を増加させている家も十四戸見られる。増加幅は二石未満が十戸で、それほど大きくない家が多いが、この時期に四石以上増大させた次の二例は、注目に値する。

勘左衛門八石八七四一→勘治郎一三石三八六六
（しかもこのケースは前にも指摘したように、勘左衛門からか、勘左衛門を継承した勘治郎からか分からないが、土地が勘助に五石七三一一分地されている可能性がある）
九兵衛二石四三七一→九兵衛六石六八七一

これら二例は、後で改めて検討するが、いずれも農間渡世に商業活動（勘治郎は穀物商、九兵衛は荒物・切物商等）をしており、その収益によるところが大であったと考えられる。

次に、弘化→元治について見る。この時期は前の文政→弘化とは逆に、石高を増加させている百姓が多く、増加した家が減少した家の約二倍である。大きな流れとしては、天保の大飢饉の痛手から立ち直っていったとの前項の指摘を、ここでも確認できる。三石以上増大させた家も八戸を数える。著しく増大させていった例としては、次のケースがある。

1　文左衛門八石〇七一〇→文次郎一五石九一三〇
2　浅右衛門五石六〇〇五→浅右衛門一〇石一四二〇
3　九兵衛　六石六八七一→九左衛門一〇石二三二九
4　文右衛門二石八四七六→文右衛門六石三二九〇
5　清左衛門六石六三五〇→清右衛門一〇石一三六八（しかも、清左衛門の土地は、清右衛門のみならず、長左衛門三石二四〇三に分地された可能性がある）

1の文次郎は文左衛門時代に一九石九三三八→八石〇七一〇と大幅に減少させたのを、元の水準に近い一五石九一三〇に回復させて、上小金井村一の土地持ちに戻っている。2の浅右衛門は当時上小金井村の名主を務めており、前期に七石六〇〇五→五石六〇〇五と二石減らしていたのを、この期には一〇石一四二〇と倍増させた。3の九兵衛→九左衛門は前期に引き続いて大幅に石高を増加させているが、これも農間渡世の商業活動によるところが大であったと考えられ、後に改めて検討する。4の文右衛門は、もともと小高の百姓であったが、石高が六石三二三〇となり、二・二倍強増の著しい成長を示している。5の清左衛門→清右衛門の増加も著しく、しかも長左衛門の三石二四〇三の土地も清左衛門か、それを継承した清右衛門の土地から分地された可能性があり、増大の幅はさらに拡大する。

減少した家は十四戸で、増加した家の半分ほどだが、大幅に減少させた次の三例は注目される。

6　長兵衛一三石六八二四→長兵衛二石七六一九

7　勘治郎一三石三八六六→勘治郎後家さく二石六四七一

8　権兵衛　五石一八七三→権兵衛一石九三四五

6、7は一気に十石以上の激減で、原因が何か注目される。7の勘治郎は前期には著しく増大させた数少ない例として九兵衛とともに取り上げたが、今度はこの激減である。後に改めて検討する。

次に、元治→明治も簡単に見ておく。元治二年から明治二年は幕府支配から明治新政府の激変があったとはいえ、わずか四年しか経っておらず、石高の増減がないケースが圧倒的に多い。減少六戸に対し、増加十戸と、この期も増加する家が多い傾向は続いている。減少した六戸の家も、五戸は五斗未満の減でほんの微減である。ただ一例だけ、九左衛門一〇石二三二九→九左衛門後家かつ二石九七〇三と激減していることが注目される。この点はすでに取り上げたが、第二節で改めて個別のケースとして検討を重ねる。

増加の方では、弘化→元治で石高を倍増させた浅右衛門が、この四年間でも一〇石一四二〇→一四石二四三二と四石余増大させ、上小金井村第二番目の土地持ちに成長しているのが注目される。

第二節　家々の動向

ここでは、第一節で人別帳の記載内容の分析により得た上小金井村の全体的傾向を踏まえて、二、三の家について個別的にその変遷を追う。対象としたのは、比較的史料が多く残存している「平太夫家」と「九兵衛家」である。なお、「九兵衛家」のところでは、「勘治郎（勘次）」家についても若干だが検討した。

一　平太夫家

1　平太夫家の歴史

文政十年の人別帳には、平太夫家について次のように記されている。

高四石弐斗五升五合弐勺　平太夫いゑ後家　四十五才
老母　いそ　七十壱才
娘　らく　廿壱才
〆三人女

以上のように平太夫家では、文政十年（一八二七）には、当主であった「平太夫」が人別帳作成前のどこかの時点で死去し、当面妻の「いゑ四十五才」が当主になっていた。そして家族は老母いそ七十一歳、娘らく二十一歳を加えた女性のみの三人家族になった。持高は「四石弐斗五升五合弐勺」。右の平太夫に至る平太夫家当主は、管見の及ぶ範囲では、次のように交代した。

①　長太夫→②藤右衛門（初代）→③平太夫（初代）→④平三郎＝藤右衛門（二代目）→⑤平太夫（二代目、いゑの夫）（注5）

以下①から⑤に至る平太夫家の流れを、簡単に見ておこう。

平太夫家の初代当主である長太夫は、光明院住・正蔵院法印の弟として生まれ、後に光明院から分家した。光明院は本山修験・京都聖護院末小田原玉瀧坊に属する修験の坊として、当地域に宗教的勢力を保持してきた。同時に同院（の祖先）は小金井地域の最初の開発者（それは鎌倉時代まで遡れると思われる）として多くの田畑を所持し、世俗的にも当地域で大きな勢力を保持し続けてきた。

同院が江戸時代初期に保有する田畑は、寛永時に田一・五町、畑五・八町、延宝時に本田の田一・三町、畑五・八町、計七・一町、新田の畑一・六町で、小金井村（上・下に分かれる以前）トップの座にあった（『市誌（歴史）』による）。

『市誌（資料）』には、享保十三年（一七二八）の「上小金井村宗門人別帳」（ＫＳ三六、身分・戸口三七）が収められている。これによれば、

廿四石四斗九升
一真言宗妙光院旦那　光明院　年三十才
（以下、妻・母・娘二人、下人三人、下女四人の記述あり）
弐拾弐石三斗
一真言宗妙光院旦那　長太夫　六十八才
同宗同寺　女房　年五十才　同宗同寺　藤右衛門　年三十九才
同宗同寺　女房　年三拾弐才　同宗同寺　文蔵　年廿七才
同宗同寺　女房　年廿二才　同宗同寺　幸助　年廿二才
同宗同寺　はな　年十一才　同宗同寺　亀之助　年
同宗同寺　勝之助　年九才　同宗同寺　折松　年六才
（以下下人三人（廿、三十七、十三才）、下女二人（五十、五十一才）記述あり）

この宗門人別帳の末尾には、

武州多摩郡上小金井村
享保十三年戊申三月　名主　長太夫
組頭　甚右衛門（以下組頭五名の名あり）

と記されている。この人別帳によれば、光明院の石高は廿四石四斗九升、長太夫は弐拾弐石三斗で、上小金井村の一、二位を占めている。『市誌（歴史）』によれば、長太夫は延宝以後享保までのどこかの時点で光明院から分家したと思われ、その際延宝時に光明院が単独で保持していた本田の田畑と新田の畑が分割されたと思われる（享保人別帳の両者の石高から見れば折半に近い形であったか）。

長太夫家は、分家以後に数代名主役を世襲したと思われ、上小金井村の村政を担った。それに対し、本家光明院は宗教的権威で村人に臨むという二元的体制ができたと思われる（実際、上小金井村の村政に関わるような問題で光明院が表に出ることはほとんどなかったようだ）（注6）。

当主の長太夫は、梶家の墓碑から、寛保二年（一七四二）に亡くなったことが確認できる（享年推定八十二歳）。享保人別帳の末尾に「名主　長太夫」と署名しているので、この頃まで上小金井村の名主を務めていたと思われる（もっとも後述のように、長子・藤右衛門が享保九年に上小金井村名主を名乗っている文書があるので、この頃は高齢で長子・藤右

衛門が実務につくことが多かったのかもしれない）。

長太夫は、多数の家族・下人・下女の労働力を使って、二十二石余の田畑を「地主手作経営」（『市誌（資料）』の注の表現）していたと考えられる。

二代目の当主・初代藤右衛門は、長太夫の家督を継いで上小金井村名主となり（右に述べたように最初の頃は父長太夫と重なっている）、当時八代将軍吉宗の下、享保の改革の一環として推進されていた武蔵野新田開発の動きに積極的に対応し、後に「梶野新田」の名で呼ばれる開発地の「新田割渡し」を享保九年に受け、その開発に努め、「梶野新田」を確立した。

ちなみに梶野新田の名は、梶氏の藤右衛門によって開発が推進されたことに由来するという。このようにして、藤右衛門は上小金井村とともに梶野新田にも居屋敷を構え、両方の村の名主役を兼帯していた。やがて藤右衛門家はその子息の代になって、上小金井村で平太夫を名乗る家（姓は梶氏）と、梶野新田で藤五郎など「藤何々」を名乗る家（姓は梶野氏）に分立していった。そしてそれぞれに名主を務め、別々に活動を展開するようになったと思われる。初代藤右衛門は墓碑から明和四年（一七六七）享年七十八歳で亡くなったことが確認できる。

三代目当主の初代平太夫は、藤右衛門の子で、上小金井村の名主役を継いでいる。『市誌（歴史）』には、「『梶野平太夫由緒書』によると、この人は川崎平右衛門の「取子」（烏帽子子、猶子に似たもの）で、十五歳の時平太夫（平は平右衛門、太夫は長太夫より採る）と命名されたという」とある。

初代平太夫はいつ頃、上小金井村名主に就任したであろうか。これもはっきりは分からないが、藤右衛門は兼任していた梶野新田名主の座を宝暦十四年（一七六四）頃子息藤五郎に譲って引退しているので、上小金井村でも大体同じ頃、西暦一七六四年頃バトンタッチがなされたのではないか。とすると、平太夫四十四歳の頃である（ただ、晩年の藤右衛門は梶野新田の経営に主力を注いでいたようにも思われ、上小金井村名主職はもっと早い時点で平太夫に譲っていた可能性も高い）。そして初代平太夫は、天明二年（一七八二）に亡くなるまで名主を務めていたことが、次の文書から確認できる。「名主取極につき惣百姓連印願書」（ＫＳ三九九、『市誌（資料）』村政一四）

乍恐書付を以奉願上候

一武州多摩郡上小金井村惣百姓共奉願上候、当村名主平太夫当六月八日ニ病死仕候ニ付、早速御訴申上候、諸御用向等組頭共相勤罷在候、然ル所右平太夫倅平三郎儀平成実躰成者ニ御座候得は則名主役之儀平三郎江被為　仰付被下置候様惣百姓共不残連印を以奉願上候（以下略）

名主平太夫が、天明二年（一七八二）に病死したので、名主役を倅平三郎に仰せ付けられるよう要請する村人連印の願書である。これにより、初代平太夫は天明二年に病没したことが確認できる。「平太夫」は川崎平右衛門が名付け親になったともいわれる由緒ある名で、この家では後、二代、三代と当主にこの名が使われる。そして「平太夫」は後々この家の屋号になった（そのような意味でこの家を「平太夫家」と呼ぶ）。

四代目当主は、右の史料に見える平三郎で、平三郎は初代平太夫の死後に、上小金井村名主になったと思われる。後に平三郎は左史料に見えるように、藤右衛門（二代目）を名乗った。平三郎＝藤右衛門（二代目）の時代になると、平太夫家の身代は大きく傾き始め、名主の座も安泰ではなくなってきたことが、次の史料等によって窺える。

享和二年（一八〇二）頃になると、上小金井村では名主役をめぐって、名主藤右衛門（二代目＝平三郎）と、自ら名主役であることを主張する四郎兵衛との間に訴訟沙汰が起こっている。

名主藤右衛門（二代目）が、代官所に自らの正統性を主張して出した願書（「上小金井村名主役銭免除願」（KS四〇五ノ一）『市誌（資料）』近世　支配八）の中で、自らの経歴と立場に触れ、次のように書いている。

明和七寅年（中略）私十五才ニ罷成、初而名主役被仰付、其後（中略）寛政元年（中略）迄、私引続御役相勤候得共、村中之者共へ利害申聞、出入出来不為致、誠ニ静謐ニ相治メ候処、病身其上身上不如意ニ罷成候付、同年休役御願申上呉候様村役人共江申談候得は、組頭新兵衛重々申聞候は、休役御願ニ不及義ニ可有之、其詮者病気致平瘉（癒）候與、又ハ身上立直り候節迄、組頭共ニ而代役相勤候ハヽ、御役所ニ御察当も有之間敷、然は組頭共ニ而一ヶ年宛も代役相勤可申旨申之、早速相談決着仕、御年貢取引仕候諸帳面は組頭共へ引渡し候得共、御水帳之義は唯今以私所持仕この「私十五才ニ罷成、初而名主役被仰付」の部分について考える。藤右衛門は明和七寅年（一七七〇）十五歳で初めて名主役を仰せ付けられたと言っているが、これは先に指摘した天明二年（一七八二）に名主平太夫が死去し、「諸御用向等組頭共相勤」るようになったが、倅平三郎という「平成実躰成者」がいるので、平太夫の後釜の名主にこの平三郎を仰せ付けて欲しいとの村人連印の願書との関係をどのように解したらよいか。平三郎＝藤右衛門の主張と矛盾する。私は、これは藤右衛門（二代目）が、ことさら長期間上小金井村の名主職を務めたことを示すために、名主就任時期を早める虚偽の申立てをしたと思う。全体にこの文書は、藤右衛門（二代目）が上小金井村の正統な名主であるという立場から文章が作られているように思われる。このような点を考慮して、この文書は読んでいかなければならない。

また、「病身其上身上不如意ニ罷成候付」以下について検討する。この文書が出される十三年ほど前、寛政元年（一七八九）に、藤右衛門は「病身」になり、平太夫家は「身上不如意」になったので、名主役を休役する御願を代官所に出して欲しいと村役人に申し入れたというのである。この「身上不如意」については、やや後の文化十四年の史料であるが、「平太夫親藤右衛門代之節不如意ニ罷成、取立置候御年貢等遣込候ニ付、右片付方ニ家財者勿論屋敷共売払、諸借金」を片付けようとしたが、本家光妙院が「屋敷地者売渡難相成ニ付、不足金之分者光明院方ニ而相弁、尚又屋敷者藤右衛門方遣し候」(注7)と記されたものがある。右の藤右衛門（二代目）の時に「不如意」になり、（名主として）取り立てて置いた年貢を使い込む事態になり、その処理のために「家財」はもとより「屋敷」まで売り渡さざるを得ない事態に陥ったが、本家光明院が「屋敷地者売渡難相成」につき、不足金分は光明院が「相弁」ずることにし、屋敷地は藤右衛門に戻るようにするといった内容かと思われる(注8)。

以上のように、この時の平太夫家の「不如意」は相当深刻なもので、田畑なども多く手放さざる得ない事態に追いこめられていったのではないか。この間の持高の変遷を直接物語る史料はないが、享保十三年（一七二八）「弐拾弐石三斗」であった平太夫家の持高が、約百年後の文政十年（一八二七）には「四石弐斗五升五合弐勺」に激減しているのはこのあたりに原因があろう。なぜこのような「不如意」に立ち至ったか、その原因を記した文書がなく、原因は不明だが、当時藤右衛門が「病身」だったことも関係しているのかもしれない。十九世紀前半には後述のように、平太夫家の当主は男系の後継者を残さずに若死にし、妻が暫定的に家を継ぎ、養子を迎えることを繰り返す。藤右衛門の病身はそうしたこの家の先のことを暗示しているようにも見える。

こうした「病身」と「不如意」により、それに恐らく取り立てておいた年貢等を使い込むという不祥事も関係して、藤右衛門は組頭達に名主役休役を代官所に申し出るよう村役人たちに申し談じた。それに対し、組頭新兵衛は、代官所に休役願を出すには及ばない、平太夫の「病身」や「不如意」が改善されるまで、組頭たちが名主の仕事の代役を務めていけば代官所からのお咎めもないということを主張し、「組頭共ニ而一ヶ年宛も代役相勤可申旨申之、早速相談決着仕、御年貢取引仕候諸帳面は組頭共へ引渡し候得共、御水帳之義は唯今以私所持仕」として、組頭どもが一年交替で代役を務めることにしてはどうかと提案した。組頭たちは相談しそのようにすることを決定したので、年貢に関係する諸帳面は組頭達に渡すことにし、（本来名主が保管する）御水帳は藤右衛門が保管することにしたというのである。藤右衛門の意識としては、自分が「病身」「不如意」の間は、名主の仕事は組頭達に持ちまわりで務めてもらうが、それはあくまでも暫定的なもので、「病身」「不如意」がある程度改善されれば、また名主役に復帰する積もりだったと思われる。そして現実に何年か経過し、「病身」「不如意」も改善してきたので名主役復帰とその正統性を主張しているものと思われる。一方、持ちまわりで一年ごとに名主の仕事を務めることになった組頭側は、ここから年番で名主役に就任することになったと理解し、自分たちは正統な名主職についていることを主張したのではないか。このような見解の相違のため、右のような訴訟沙汰になったと理解される。この二代目藤右衛門と四郎兵衛の名主の座をめぐる争いは最終的に四郎兵衛に軍配が上がったようだ。文書の中の「四郎兵衛野心ニ差挟、組頭共申衒、又は愚昧百姓共ヲ荷簷（担）為致、印形取之、惣代名目ニ而三月上旬村方出立、私ヲ相手取、当御役所江願書差上候義ニ御座候」という文面からみれば、組頭や百姓の多くは四郎兵衛側についたことが予想され、二代藤右衛門は苦しい立場に立たされたのではないか。そして間もなく名主役から完全に退くことになったのではないか。後で引用する文化五年（一八〇八）の文書に名主として名を連ねているのが四郎兵衛であることが、これを物語っている。

藤右衛門が名主役を「休役」せざるをえなくなった寛政元年（一七八九）は、一方で藤右衛門が農間渡世に水車業を始めた年であることも記憶に留めておきたい。水車業の展開については後に詳述するが、同家は以後少なくとも江戸時代一杯は農間渡世として水車業を営む。また、「病身」「不如意」と水車業の営業開始が同時期に起こっているが、「病身」「不如意」が水車業の営業開始と関係あるのかどうか、あるとすればどのような関係にあったのか、史料がなく不明である。

さて、いろいろ問題を残して、二代目藤右衛門は、先の願書を出した一八〇二年以降の間もない時期に亡くなった（遅くとも一八〇八年までには亡くなった）。そしてその後を継いだのが、この節冒頭に掲げた文政十年人別帳の平太夫家当主「いゑ後家」の夫二代目平太夫である。二代目平太夫の署名のある史料上の初見は、文化五年（一八〇八）の上小金井村平太夫質流地証文（『市誌（資料）一〇　商業・金融一三四、KZ六』）である。

質流地証文之事

丸山下

一下田四畝四歩　　高弐斗四升七合八勺也

右は当村御高之内我等名田ニ御座候処、去ル卯年御年貢ニ差詰リ候ニ付、貴殿江質流地相渡し、為祝金金壱両三分、只今不残慥ニ受取、御蔵へ御上納仕処、実正ニ御座候（中略）

文化五年　　上小金井村

辰四月朔日　　地主　平太夫㊞

親類　光明院㊞

組頭　金右衛門㊞

名主　四郎兵衛㊞

下小金井村

治左衛門殿

右のように二代目平太夫は、自己の所持する丸山下の下田四畝四歩（高弐斗四升七合八勺）を年貢上納に差し詰まったため、下小金井村治左衛門に祝金壱両三分で質流地として相渡している（事実上売却）。「御年貢ニ差詰リ」とは、田地を質入する時のいわば常套句であるが、この場合は文字通り「御年貢ニ差詰」って質入しているようで、平太夫家の「不如意」

は代が替わっても続いている。次に「年寄平太夫」の署名のある文書は、次の「麦作御引方割合連印帳」である。この末尾に、

（前略）
年寄　平太夫
名主　源兵衛
川崎平右衛門様御役所

とあり、二代目平太夫が「年寄」という村役人の一つに就いていることが分かる。「年寄・平太夫」が署名した文書は、外に三通ほど『市誌（資料）』に収められている（結局、この平太夫が名主に就くことはなかった）。二代目平太夫と水車業との関連については後にあらためて触れたい。

次に、二代目平太夫からその後継者への移行について考える。次の史料がある。

a　文政八年（一八二五）三月「上小金井村年番名主につき惣連印願書」（『市誌（資料）』2村政二一、KS二五九）に「年寄　平太夫」と見える。

b　文政九年（一八二六）十一月「上小金井村組頭役一件につき詫状写」（『市誌（資料）』2村政二二、KS四二七）に「年寄　平太夫殿」と見える。

c　文政十年（一八二七）三月宗門人別帳

高四石弐斗五升五合弐勺　平太夫　いゑ後家　四十五才
いそ　七十壱才
娘　らく　廿壱才
〆三人女

d　文政十一年（一八二八）正月上小金井村諸帳請取状（『市誌（資料）』2村政二四、KS二六四）

請取一札之事
一御水帳　弐冊
一屋敷附除藪御検地帳　弐冊
一新田御検地水帳　弐冊
一新田御水帳　壱冊
〆七冊
右之通、村役人立会、無相違慥ニ請取申候、以上
文政十一年子正月
上小金井村　当番名主　文左衛門
立会人　組頭　浅右衛門
〃　磯右衛門
同村　平太夫殿

a、bに見える「年寄　平太夫」は、二代目平太夫である

と思われる（「いゑ」の夫）。しかし、文政十年（一八二七）の人別帳には、「平太夫　いゑ後家」とあるから、この時には二代平太夫は亡くなっている。とすると、二代平太夫は文政九年十一月から文政十年三月の間に亡くなったことになる。

　したがって、dの「平太夫」は、a、bの「平太夫」とは別人で、恐らく文政十年三月以降（文政人別帳にその名が見えない）文政十一年正月までに平太夫家に養子に迎えられ、三代目平太夫を名乗ることになった人物であろう（文政十年人別帳の娘「らく」の婿に迎えられたとも考えられるが、娘「らく」廿壱才↓（十九年間隔）↓b平太夫後家「いゑ」四十二才となり、やや年齢があわず、養子を迎えたと推定した。したがって、三代平太夫の妻「ゑい」も、他家から嫁に入ったことになる）。

　平太夫家の家督を継ぐことになった三代平太夫は、dの史料に見られるように、その当時の名主・文左衛門等と話し合って、これまでずっと平太夫家が保管してきた「御水帳」類七冊を当番名主の手に渡すことになった。この御水帳こそ、先にあげた、享和二年（一八〇二）の「上小金井村名主役銭免除願」の「御水帳之義は唯今以私（藤右衛門・二代目）所持仕」っていた「御水帳」であることは確実である。こうして、三代目平太夫の身代相続とともに、平太夫家は名主役に関するすべての権利を放棄し、完全に上小金井村の村政から身を引くことになったと思われる。

　さて、この三代目平太夫も、弘化三年（一八四六）の人別帳作成時点までには亡くなったようだ。

弘化三年人別帳

　高壱石弐斗三升八合　平太夫後家　ゑい　当四十二才

　　　　　　　　　　　母　りよ　六十三才

　　　　　　　　　　　娘　ちか　十四才

〆三人女

　右の人別帳から明らかなように、「平太夫後家　ゑい　四十二歳」とあり、三代目平太夫は弘化三年の人別帳の作成までに亡くなっている。その後、平太夫家は「後家　ゑい」がしばらく当主を務めていたようだ。少なくとも、嘉永七年（一八五四）の文書に、当主として「平太夫後家　恵意」の署名が見られる。この頃まで「ゑい」が当主の座を占めていたことは確実である。では、「ゑい」の後はどうなったか。元治二年（一八六五）の人別帳は、次のようになっている。

高四石五升三合九勺　百姓　平三郎　当丑三十五才
　妻まち〃三十才　母りよ〃八十二才
　妹ちか〃三十二才　娘りか〃九才　〃たき六才
　　倅平十郎　〃三才　下男　栄七〃二十一才

右のように、当主は平三郎三十五歳になっており、「ゑい」の名は見えない。この時点までに「ゑい」は死去していると思われる。そして、平三郎なる人物が、平太夫家の養子に迎えられたと思われる。というのは、先の弘化の人別帳には女性三人の記載しかなく、幼少の男児が成長して当主になるというケースは考えられないからだ。平三郎の妻「まち」も、他家から嫁に入った人だろう。つまり、平三郎は婿に入ったのではない。というのは、弘化人別帳の家付きの娘「ちか」（十四歳）は、元治でも独身のまま妹「ちか」（三十二歳）と見えるからである。

以上のような、それぞれの人物の生年・没年等を考慮し、それぞれの平太夫やその配偶者が「平太夫家」の当主の座にあった期間を推定すると、次の通りである。

1　初代平太夫　一七六四頃～一七八二（この間名主）
2　二代目藤右衛門　一七八二～　？（最初の頃名主）
3　二代目平太夫　　～一八二六頃までか
4　二代目平太夫死去後、一八二七年前後の少しの間、二代目妻「いゑ」が当主を務める。
5　三代目平太夫（養子）　一八二七年の人別帳作成直後の時期～一八四六年の人別帳作成の前のある時期まで
6　三代目平太夫死去後、少なくとも一八五四年八月まで、三代目平太夫妻「ゑい」が当主を務める。
7　平三郎（養子）　一八五四年八月以降のある時期（恐らく三代妻「ゑい」の死後）当主になり、明治へ続く。

平太夫家当主は、二代目藤右衛門が名主を退いた後、一度も名主役に復帰していないが（幕末上小金井村諸文書に名主・平太夫の名は一度も見られない）、その原因の一つは右に見たような、度重なる当主の死・病気、妻の暫定的な家継承、養子の擁立などの動きにあったように思われる。

2　平太夫家の水車業

次に、平太夫家は寛政元年（一七八九）から農間渡世として水車業を開始し、おそらく少なくとも江戸時代一杯はそれを続けたと思われるので、これを検討したい。平太夫家の水車業については、すでに『市誌（歴史）』の「村々のなかの商工業」のところである程度触れられているが、ここでは『市誌（歴史）』が取り上げていない史料も加えて、さらにそれを敷衍する形で考える。

まず、平太夫家が関係する水車業に関する史料を左にあげる。

A 「上小金井村平太夫水車再建願書」（KS二六六『市誌（資料）』近世諸産業一三〇）

乍恐以書付奉願上候

一御鷹場内多摩郡上小金井村平太夫奉申上候、我等儀、去ル寛政元酉年、自分居屋敷江流来候田用水捨水ヲ以、水車一ケ所取建申度旨奉願上候処、右場所御見分之上、御聞済被下置候ニ付、農業之間自分飯料舂挽仕、難有仕合ニ奉存候、然ル処文政五年家内少ニ相成候ニ付、右水車相休度旨、御陣屋様江其段奉願上候処、休年之内は御免御礼差上候様被　仰渡候ニ付、其節指上置候、然ル処今般右水車再建仕度奉存候間、御用場御差障りも無御座候ハヽ、何卒以御慈悲右場所稼方御免被下置候様偏ニ奉願上候以上

天保九戌年閏四月　山本大膳支配所

武州多摩郡上小金井村
願人　平太夫
組頭　定右衛門
名主　甚右衛門

尾州様　御陣屋御役所

B 「水車貸渡証文」（KS二六七『市誌（資料）』近世諸産業一三一）

貸渡申証文之事

一水車壱ケ所但シ家作諸道具附

子ノ三月四日より来ル巳三月四日迄

右之通貸渡申候処実証ニ御座候、即当金六拾八両弐分慥ニ請取申候、

残金之儀は来ル丑より年々金弐両宛十一月十五日迄ニ御入可成候、且又屋根替之儀は我等懸り、水車方修覆之儀は貴殿方ニ而可被成筈、然ル上は　御公儀様御法度之儀は不及申、店作法急度相守可被申候、水車入用之節は、右金子算入致、何時ニ而も御戻ニ可被成候、且年季明之節は、諸道具は御修覆被致、御返シ被成候、右水車ニ付脇より故障決而無御座候、為後日水車貸渡証文仍而如件

天保十一年子三月　　上小金井村

貸主　平太夫

組合証人

甚右衛門

年寄　定右衛門

矢ノ口村

所左衛門殿

C「人別送状」（OS六〇）

送り一札之事

当村百姓助太郎養父　角平　年四十四

（以下妻・娘三人・妹〆六人の名・年齢省略）

一右者其御村方政右衛門殿当村定右衛門鈴木新田長右衛門殿世話を以、助太郎殿養父オ角平殿家内六人、村方平太夫水車借受し六ケ年二ケ月之間為稼与被引越候ニ付、今般送り一札被差越無紛宗門之趣、依之村方帳面江六年之内書加江候処相違無御座候、一札如件

弘化四年未正月　　多摩郡上小金井村

名主　浅右衛門㊞

上広瀬村

御名主　播右衛門殿

D「人別引取一札」（OS七九）

江川太郎左衛門様御代官所

多摩郡小金井村

御名主中

引取一札之事

当村　百姓助太郎養父

角平家内六人

右之もの当村政右衛門御村方定右衛門𠀋話を以、去巳十一月より来ル亥十二月まて六年二ケ月之間、御村方平太夫水車借受、為稼為引越候処、今般勝手合を以引戻候条、依而ハ村方帳面江書載候間、御村方御帳面御除可被成候、為後日引取一札仍如件

松平誠丸領分

高麗郡上広瀬村

名主　寛右衛門

E「焔硝舂立人足・荷物引払に付き詫一札」（OS一〇五）（注9）

差出申一札之事

一今般我等儀、閏七月上旬より焔硝制方迄之諸品舂立ヲ請負仕、

荷物附廻置候処、同月十一日御村役人衆中より御差止被成、早々引払可申処、硝石舂立之儀者不仕候得共、右荷物其侭差し置、猶亦焔硝掛り人足迄も立帰り不申候ニ付、度々引払被申聞候、然ル処私儀不斗大病ニ而万事行届兼候故、当月二日御村役衆中之御差図ニ而本家光明院様五人組之内甚右衛門殿・文蔵殿より焔硝荷物并右掛人足等迄引払可申段有之候処、全心得違之挨拶仕候ニ付、既ニ御願立ニも相成候而者申訳無御座候間、依之下小金井村勘之丞殿・甚右衛門殿ヲ以、詫入早速御勘弁被下難有奉存候、然上者余時焔硝舂立不及申、右荷物引払、右様之義決而不仕候、依之為後日一札差出申処如件

嘉永七年寅八月四日　上小金井村

平太夫後家　恵意

親類　光明院

梶野新田　同　藤右衛門

立入人

下小金井村　甚右衛門

同村　同　勘之丞

御村役人中

F 「水車稼人分水増引停止に付き一札」（OS一二九）

差上申一札之事

（私共）儀玉川御上水分水路ニ而水車相稼罷在候処、右上水之義者御本丸江も相掛、其外糀町出雲分節御遣方并諸方呑水等ニ相成候処水車稼之もの猥ニ（分）水を増引取候義者不軽儀ニ付、銘々心得違無之、正路ニ稼方可仕、万一心得違之もの有之候ハヽ、厳重之御沙汰可有之候間、其旨可相心得旨被　仰渡承知奉畏候、仍御請証文差上申所、如件

安政五午年十二月廿八日

武州多摩郡上小金井村

百姓　平三郎

村役人惣代

名主　浅右衛門

竹垣三右衛門様御役所

右史料を根拠に、平太夫家の水車経営の歩みを、西暦年代とともに示すと左の通りになる。

一七八九年　「平太夫」自分居屋敷内に「水車一ケ所」開業を尾州藩陣屋に願出、許可になる（注10）。

一八二二年　平太夫家、「家内少」のため水車休業する。

一八三八年　「平太夫」水車営業再開を尾州藩陣屋に願い出る。

一八四〇年　「平太夫」水車一ヶ所（家作諸道具付）を「賃金七拾六両弐分」で矢ノ口村所左衛門に一八四五年までの約束で貸与する。

一八四七年　平太夫家、水車施設を上広瀬村角平家内六人に六年二ヶ月の約束で貸与する。

一八五〇年　右角平一家、期限の六年二ヶ月満了を待たずに途中で平太夫水車から撤退する。

一八五四年　「平太夫」後家恵意（ゑい）「焔硝制方迄之諸品舂立」を請け負い、「（舂立のための）荷物・人夫」を用意するが、村役人から舂立取りやめと荷物・人夫の片付けを要請される。これに対し恵意はしばらく村役人の要請に応ぜず抵抗するが、結局要請に従う。これに関し、恵意は村役人に詫状を出す。

一八五八年　「平三郎」水車稼を致すに際し、「猥ニ（分）水を増引取」しない旨の請証文を代官所に出す。

以下、さらに平太夫家の水車場経営について掘り下げる。

「平太夫」は、寛政元年＝一七八九に「自分居屋敷江流来候田用水捨水」を使って水車場の経営に乗り出した（その許可を尾州藩陣屋に求めたのは、上小金井村が尾州藩御鷹場になっていたからである）。この平太夫は一七八二年に亡くなった初代平太夫から当主の座を引き継いだ二代目藤右衛門だろう。「農業之間自分飯料舂挽仕」るという触れ込みだったが、『市誌（歴史）』が指摘するように、「営業としたのでは鷹場だけの問題でなくさし障りが多かったので、控え目に採らざるを得なかった表現」と思われる。

　平太夫家当主は二代目藤右衛門から二代目平太夫に継承されるが、以後一八二二年に休業するまでは平太夫家自体で水車場の経営に当たったと思われる。その経営状態はいかがなものだったか。この頃の平太夫家の水車場経営の内実を示すような史料は見つからないが、先に挙げた一八〇八（文化五）年の質地証文、即ち下田四畝四歩を「御年貢ニ差詰り」下小金井村の治左衛門に「祝金壱両三分」で質流地にし（事実上売却し）年貢納入にあてているところを見ると、平太夫家の家計がかなり逼迫していたことが窺われ、水車場経営も必ずしも順調に利益をあげていたのではないかもしれない。

　次に、一八二二年に平太夫家が「家内少」のために水車場の休業を尾州藩陣屋に願出、「御免御礼」を指し上げることによって認可になったことについて考える。そもそも、「家内少」とは、いかがな事態をさすか。その当時「家内」とは家族と使用人を合わせたものを言ったようであるが、「家内少」とは文字通り解釈すれば家族＋使用人の人数が少なくなることだろうが、この場合はそれだけではなく、家族の成人男性の減少を意味するのではないか。

というのは、水車場を運営していくには、水車を動かし、操作して穀物などを舂挽する技術が必要だろうし、また重い穀物などを動かす一定の体力が要求されると思われ、どうしても成人男性の力に頼らなければならなかったのではないか。家内にこうした労働力がいないか、いても病気等でこの仕事に従事できない状態にあれば、水車場の運営は成り立たなかったのではないか。先にも指摘したように、五年後の一八二七年の人別帳の平太夫家の欄には、当主の平太夫後家「いゐ」、老母「いそ」、娘「らく」の女三人家族で、「いゐ」の夫二代目平太夫が亡くなっている。あるいは「いゐ」の夫二代目平太夫は、この一八二二年に亡くなったのであろうか。亡くならないまでも、病気で水車場の運営に関われない状態にあったことも考えられる。また「いゐ」の年齢が一八二七年の時点で四十五歳であったこと、また同年に二十一歳の娘一人がいたことを考えると、一八二二年頃には二十歳前後の男子の子がいた可能性がある。この男子も夫平太夫と前後して亡くなったとも考えられる。

後のことになるが、三代目平太夫として養子に迎えられた人物も途中で亡くなっていることを考えると、平太夫家には何か病気の原因になるようなものがあったのかとも考えられる。このような男の働き手の無さ、あるいは不足が、水車場の運営を休業せざるを得なかった理由ではないか。平太夫家は、一八二二年から一八三八年まで十六年ほど、水車場を休業する。この間に、平太夫家では養子を迎え（三代目平太夫）、水車場を再開する態勢を整えていったと考えられる。

三代目平太夫によって、一八三八年水車場再開願が尾州藩陣屋に出される。恐らくすぐ認可されて、間もなく水車場の運営が平太夫家の手によって再開されたと考えられる。

ところが、わずかその二年後の一八四〇年に、平太夫は「水車一ケ所但シ家作諸道具附」を「賃金七拾六両弐分」で矢ノ口村所左衛門に向こう五ヵ年貸し与える契約を結んでいる（矢ノ口村は現稲城市矢野口）。

これはなぜだろうか。私は前に休業したのと同じような事態を想定する。即ち、当主の三代目平太夫が病気になり、水車場の運営に直接タッチするのが困難な事態である。六年後の一八四六年の弘化人別帳の平太夫家当主は「後家ゐい」であり、家族は母「りよ」、娘「ちか」の女三人家族になっており、この時までに三代目平太夫が亡くなっている。一八四〇年の矢ノ口村所左衛門との契約は平太夫自身が行っているから、少なくともこの時点までは、三代目平太夫が生存していたことは確認できる。

ところで、平太夫が所左衛門に貸与の条件とした「賃金七拾六両弐分」の支払いは、五年間の「賃金」であるから、一年間十三両三分である。水車一式全部、家作諸道具附とはいえ、相当に高い「賃金」だろう。もっとも次の借り手、上広瀬村角平は一八五〇年に、「水車持主平太夫に交渉して、毎月の揚金のうちから金三朱を減額し二分一朱とすることを認められている」(『市誌(歴史)』三〇四頁。ただし、水車持主平太夫とあるのは疑問。恐らく平太夫後家「ゐい」の誤りではないか)。月二分一朱とすれば、年に六両三分となる。引き下げる前を三分とすれば、年九両になる。いずれにしても、年十三両三分に比べれば大分引き下げられている。

右に見たように、年十三両三分の「賃金」(借り賃)は相当に高かったが、逆にいえばその高い「賃金」を支払ってもなお利益が上がるほど、水車場経営は利益率が高かったとも言える。とすれば、自分の家で経営を行えば、当然丸々その利益を確保できるわけで、自分の家で経営可能なら当然自己経営を図るはずである(他への貸与でもかなり多額の貸し賃を得ることができるが)。

先に述べたように、平太夫家では当主三代目平太夫の病気・死亡・妻「ゐい」の継承等が続き、水車場を他に貸与する状態が続く。次に貸与したのは、上広瀬村角平一家である(上広瀬村は現狭山市上広瀬)。家内六人で六年二ヶ月の間、平太夫家の水車場を借り、運営に当たる。右に述べたように、最初の借り賃は年九両であったと考えられ、のち一八五〇年には年六両三分に引き下げられている。しかし、こうした借り賃を払っては十分に採算がとれなかったのか、角平一家は約束の六年二ヶ月の期限を待たず三年余で撤退している(九両から六両三分に引き下げたのは角平一家を引き止めるためであったと考えられるが、それでも角平一家は間もなく撤退した)。

さて、次に私が注目したいのは、平太夫後家「ゑい」の一八五四年の焔硝製作をめぐる動きである。時は嘉永七年（一八五四）である。前年ペリー来航という大問題が起こり、海防の強化が叫ばれた。幕府は江戸湾に海防の拠点として御台場を建設し、これに対応しようとした。軍事的緊張の高まりは、武器としての鉄砲用の火薬の需要を高めた。こうしたことは多摩地区にも波及し、例えば今日の国立市の市域の村々で硝石製造が盛んであったことは『国立市史（中）』（第三章第一節黒船の到来）などで詳しく述べられている。また、大石学氏も二〇一二年に小金井市公民館で行った市民向け講座『首都江戸の誕生と武蔵野・小金井』で、ペリー来航後、江戸近郊各地で水車を利用した火薬製造が起こり、米や麦などを挽いていた水車番の者が不慣れな火薬製造をしたため爆発事故が続出したこと、こうしたことが地域住民の不安を高め、射撃練習場などへの反対運動が起こってきたことなどに触れておられる（講座レジュメなど）。

平太夫後家「ゑい」が水車場を使って「焔硝制方迄之諸品春立ヲ請負」うという動きも当然右のような状況に積極的に対応しようとするものであったことは明らかである。「焔硝制方迄之諸品春立」というのは、恐らく焔硝を製造する前段階として、その原料等を水車で舂いて粉末にする等の作業を意味すると思う。「ゑい」は右の舂立をするための諸品を準備し、またその舂立に当たる人足を呼び集めて待機させた。しかし、こうして準備が整った段階で、村役人からその実施についてストップがかかった。また、準備した諸品の片付けと集めた人足の解散も村役人から要請された。

「ゑい」には、こうした村役人の対応が不満だったのではないかと想像される。村役人のたびたびの荷物片付・人足引払の要請にも関わらず、しばらく放置しておいた。ゑいは「焔硝制方迄之諸品春立」に未練があり、なお開始するチャンスを窺っていたのではないか。村役人は本家・光明院、五人組の甚右衛門・文蔵に頼んで説得をしてもらったが、ゑいは「心得違」の挨拶をしてしまった。

村役人からこの件について、代官所等へ「御願立」にもなるような動きにもなったので、「ゑい」はようやく下小金井村の勘之丞、甚右衛門に間に入ってもらって、村役人に詫び証文を出し、荷物の片付け、人足の解散に踏み切る。このようにして「ゑい」の「焔硝制方迄之諸品春立」の試みは失敗に終わった。ここで私は「ゑい」の試みについて、二つの点から考えてみる。その一つはなぜ「ゑい」はこのような試みをしようと思い至ったかということ、もう一つはなぜ「ゑい」の試みは村役人の強い制止にあったかということである。

まず前者の問題は、平太夫家の家計の問題・経済状態に強く関係していると思われる。前にもあげたように、享保十三年（一七二八）のこの家の石高は二十二石三斗を誇っていた。ところが、約百年後の文政十年（一八二七）の石高は四石二斗五升五合二勺と激減した。さらに夫平太夫が亡くなり、「ゑい」が当主を務めていた弘化三年（一八四六）の石高はさらに下がり、わずか一石二斗三升八合に過ぎなくなった。石高だけからいえば、完全に小高百姓に成り下がったといってよいであろう。

もちろん、すでに指摘したように、水車業に参入しており、この面から一定の収益があったことが考えられ、単なる田畑耕作に依拠する百姓とは同一次元で論じられない。しかし、石高所持の多寡は、当時の百姓の社会的地位を物語るメルクマールであったことは確かだ。そのようなことを考えると、一石二斗余の石高は、名門平太夫家の後家「ゑい」としては、屈辱と感じられたであろう。この落ち込んだ石高を何とかしたい、傾いた身上を何とか立ち直らせたいという思いは人一倍強かったのではないか。

こうした心情でいる時に、水車で火薬の原料を舂挽すると大変儲かるという話を誰かが「ゑい」に持ちかけたのではないか。火薬に対する需要が高まっている社会で、各地の水車場経営者にこうした話を持ちかけ、道具・原料・人足等を調達してやるブローカーが生まれていたのではないか、と私は想像する。

二番目の問題については、『国立市史（中）』の「黒船の到来」の節に、次の史料がある。

史料三六　嘉永六年　公私日記

「硝石製之儀ニ付而ハ、亥年中御触も有之所、此節無沙汰ニ製方いたし、勝手売之者有之趣不埒に付、御用受候共又ハ是迄御用受之者共江下受ニ相成共可致旨、御役所より御廻状、青柳村より宮沢江受継

（大意）硝石製造の件については、嘉永四年の触れにもいわれているように、近年勝手に製造し売っているものがあるという。これはよくないことであるから、きちんと申請して許

可を得るなり、許可されている製造人の下請けになるかのいずれかの方途をとるように。」

上小金井村の役人も、硝石を勝手に製造し、販売するのは不埒である。きちんと申請して許可を受けるか、許可されている製造人の下請けになるかするようにという指示は当然受けていたはずである。

「ゑい」の「焔硝制方迄之諸品春立」について、村役人は右の指示に抵触すると判断したのではないか。「ゑい」は「焔硝制方迄之諸品春立」について許可を受けていなかったのだろう。もっとも「ゑい」側の論理としては、これは焔硝を作るのではなく、焔硝を作るまでに必要な原料の加工をするのであって焔硝製作そのものではない、したがって許可を受ける必要がないと思っていたかもしれない。「焔硝制方迄」という言葉の置き方にそのようなニュアンスを感じるのだが、それは考えすぎか。

これが、私の推測する村役人制止の第一の理由である。あるいは、次のような理由も考えられるかもしれない。前に大石学氏のペリー来航後江戸近郊各地で水車を利用した火薬製造が起こり、従事者の不慣れにより爆発事故が多発したし、地域住民の不安が高まっていたという見解を紹介したが、こうした情報が流布し、上小金井村などでも今度「ゑい」が水車場を使って「焔硝制方迄之諸品春立」を行うことについて、これを危険視する空気が生じていたのではないか。村役人が村民の間に起こっているこうした空気を察知して制止に動いたということも考えられる。

第三に考えられるのは、女性である「ゑい」が、こうした危険を伴うであろう事業に積極的に乗り出していくことに対する非難の空気である。「女だてらに」「女の癖に」といった非難の陰口がささやかれていたのではないか（夫平太夫が生きていて同じことをやった場合は反応が違っていたのではないか）。このような空気が周りにあったとすれば、村役人が制止に動く一つの背景になったであろう。

以上のように、村役人の強い制止によって、結局平太夫水車場の「焔硝制方迄之諸品春立」は幻に終わった。「ゑい」としてはさぞ無念であったろう。また、この時代の女性が農間渡世の主体になることの困難さを感じさせる。

次に平太夫家の当主になるのが、平三郎である。平三郎は先にあげたFの史料で安政五年（一八五八）に御請証文を出していることから、この時までに平太夫家の当主になっていることは確実である。前述のように、平三郎は一八二〇年頃の生年で、恐らく、右に述べた「焔硝騒動」後の一八五五～五六年頃に養子に迎えられたと思われる（一八六五年の人別帳で長女「りか」が九歳とあるから、そのように判断した）。「焔硝騒動」の「ゑい」の死後か、晩年のことと思われる。以後平三郎は平太夫家当主として、「ゑい」の時代の「焔硝制方迄之諸品春立」失敗という、平太夫家の重い痛手を背負って、この家を切り盛りしていかなければならないことになる。

当主になった平三郎は、自ら積極的に水車事業に乗り出していったようだ。Fの「水車稼之もの猥ニ（分）水（注、玉川上水の）を増引取候義者不軽儀ニ付、銘々心得違無之、正路ニ稼方可仕」という指示に対する請証文を安政五年（一八五八）に出しており、このことを確認できる。平三郎の水車業はその後順調だったようで、一八六五年の人別帳によれば、平太夫家の石高は文政時とほぼ同じ四石五升三合九勺に戻っている。また、家族も子供三人が生まれ、久しぶりに大家族を取り戻している。さらに使用人として下男一人を雇っている。四年後の明治二年になると、石高は同じだが、使用人は下男一人、下女一人と二人に増えている。このように平太夫家は、当主平三郎の下、かつての平太夫家の勢威に及ぶべくもないが、それなりの地歩を上小金井村に回復していったように思われる。

（注5）文化十四年に書かれた「秘書実録」（『下小金井村星野家文書』一四（小金井市史編纂資料五十一））に、

「分地覚

光明院住　正蔵院法印弟

一　　　　長太夫

一　　　　藤右衛門

一　　　　平太夫

一　　　　平三郎

一　　　　平太夫」

とある。右史料の「分地覚」は、長太夫以下五人に分地したという意味ではなく、長太夫→藤右衛門→平太夫→平三郎→平太夫の順に相続したことを物語ることは明白だろう。この文書の記載者は、当時の光明院当主の良阿である。

（注6）享保以後、光明院の石高がどのように推移したかは、文政以後の四つの人別帳の光明院の欄に石高の記載がなく不明である。推測であるが、分家平太夫家と同じように石高を大幅に減

少させている印象を受ける。

（注7）「文化十四年質地出入内済証文」（光明院文書ＫＭ４）。この史料は破損個所が多く、文字の読めないところがかなりあるが、引用個所は鮮明に読み取れる。

（注8）この史料は文化十四年（一八一七）に質地をめぐって起こった本家光明院と分家平太夫家の間の争論を和解させる目的で作成された文書である。文書末尾には両方の当事者である、平太夫と光明院良阿の署名がある。したがって、記載内容については両当事者が認め合っているものと解され、引用部分のような事実があったことを平太夫家側も認めていると解して間違いないと思われる。

（注9）この史料に見える人名について、小金井市史編纂資料第四十九編『上小金井村小川家文書』は、「平太夫後家　嘉意」「同村　同　勘之意」と読んでいるが、原文コピーで確かめると、そのように見えなくもないが、人別帳等との整合性を考えて、「嘉意→恵意」「勘之意→勘之丞」と改めた。

（注10）平太夫家の水車は有名だったようだ。小金井市の「平代坂」の説明柱には次のように記されている。「万延か文久（一八六〇～六四年）のころ、坂の東側に住む梶平太夫が、玉川上水の分水を使って水車を回したので皆が平太坂と呼んでいた。いつのころからか、これが平代坂といわれるようになった」。また、小金井市文化財パンフレットには「都立小金井工業高校の東側から、薬師道に通ずる坂道で玉川上水の分水が流れていた。坂の東に住む梶平太夫が水車を営んでいたところから、平太夫が平太、さらに「平代」に変化したと言われる。」

二　九兵衛家

九兵衛家については、すでに第一節の一、五などで、石高を著しく増加させていった事例として取り上げた。文政→弘化→元治の九兵衛家の石高の変動をみると、

弐石四斗三升七合壱勺→六石六斗八升七合一勺→拾石弐斗三升弐合九勺

となり、幕末三十八年の間に約四・二倍に石高を上昇させている。

次に取り上げたのは逆に一転石高を急減させ、極困窮者の家の一つに数えられるまで零落したこの九兵衛家の推移である。

元治　九左衛門（九兵衛後継）　拾石弐斗三升弐合九勺

↓

明治　九左衛門後家かつ　弐石九斗七升三勺

1　九兵衛家への押込強盗

九兵衛家を、所持石高を劇的に変化させている家として注目したのだが、実は私が最初に九兵衛家に関心を持ったのは別なことであった。『小川家文書』に、何通かの盗難届に当たる文書があることを知った。そしてその中に、九兵衛に関する被害届が大変多いことに気づいた。しばしば盗難の被害にあっている九兵衛とは何者か。これが最初の私の関心であった。

それで『小川家文書』に見える「窃盗」「強盗」などの犯罪被害届の類の全文書をピックアップした。こうした文書は弘化四年（一八四七）から明治二年（一八六九）頃まであり、全部で十三通を数える。いちいち史料をあげるのも煩雑なので、一覧表にまとめると、**表10**になる。

表10によって考察を加える。まず発生件数は全部で十五件（被害届は十三通であるが、一通に二件の被害が記されているケースが二度あるので、それぞれ一件に数えた）。ただ、これは『小川家文書』に残存しているものに限ったもので、必ずしもこの期間に上小金井村で起こった被害の全部を網羅したものではないかもしれない。

『小川家文書』は浅右衛門が名主としてタッチした事件について、被害届をまとめ、代官所や火付盗賊改に提出した文書の写や草案であると思われる。弘化四年から明治二年の間は大体浅右衛門が名主であったと思われるが、全期間名主であったかどうかは確かめていない。浅右衛門が名主であった場合でも、こうした文書が残らなかったケースも考えられる。また、被害額が些少であった場合、煩雑さを避けてあえて被害届を出さないケースも十分考えられる。この点で示唆的なのが、次の文言である。

本文紛失品出候節者追而江戸於　御役所様ニ御渡被下候旨難有奉畏候、然処農業閙（さわが）敷、殊ニ困窮出府等ニ差支、甚難渋仕候間、右品御取捨一件落着之砌、御呼出御用捨（容赦）被下候様奉願上候

要するに、犯人が捕まって盗品が回収され、それを江戸の御役所で被害者に返還することについて、農業が忙しかったり、困窮で路費にも差し支えるので、江戸の御役所に出頭するのは勘弁してほしい、御役所の方で適当に処分して欲しい（お金と手間隙かけてあえて出かけても採算が取れないとの

表 10　幕末の上小金井村における盗難事件（小川家文書）

発生年月日	被害者	盗難発生状況	盗難品・金額	届出先	届出月日	文書番号
弘化 4 年 8 月 4 日	はつ（平五郎後家）	昼農作業留守中、空巣窃盗	女物衣類 3、鐚銭 164 文	火附盗賊改	10 月 1 日	65
弘化 4 年 8 月 21 日	八右衛門	夜間就寝中、忍び込み窃盗	男女衣類 3 品（代合 1700 文）	不明	10 月 1 日	67
弘化 4 年 8 月 27 日	久兵衛	夜間就寝中、忍び込み窃盗	衣類 5 品	火附盗賊改	10 月 1 日	284
嘉永 3 年 4 月 16 日	久兵衛	夜間就寝中、忍び込み窃盗	男女衣類等 7 品	代官役所	4 月 18 日	77
嘉永 3 年 9 月 5 日	勘次	夜追剥強盗（集金して帰宅途中、人見村地内）	金 7 両 2 朱 銭 100 文	代官役所	9 月 8 日	78
安政 4 年 11 月 1 日	なを（長兵衛後家）	昼農作業留守中、空巣窃盗	男衣類 2 品	関東取締出役	12 月	130
万延 1 年 9 月 25 日	増五郎	夜間就寝中、忍び込み窃盗	拵付脇差 1、衣類 2 品	代官役所	10月14日	147
文久 2 年 4 月 5 日	久兵衛	夜押込強盗、30 歳くらい男が抜身を携えて脅す	脇差等 3、衣類 15 品、切類 30 端程、銭 1 貫文ほど	代官役所	4 月 10 日	166
元治 1 年 12 月 4 日	久兵衛	夜、押込強盗、頭巾にて面体隠す男 2 人、抜身携え脅す	種類・数不明	代官役所	12月12日	185
元治 1 年 11 月 28 日	久兵衛	夜水戸浪人を名乗る男 3 人、抜身を持ち脅す	衣類 1 品、銭 2 貫文	関東取締出役	元治 2 年 2 月	187
明治 2 年 5 月 16 日	平蔵 与頭・文次郎	夜押込強盗、男 2 人抜身を持ち、家内縛り上げ脅す	銭 1 貫文（平蔵被害）、金 7 両銭 80 貫文、衣類 2 品、脇差 1、短刀 1	品川県役所	5 月 22 日	281
不明（ただし江戸時代）	修験・光明院	夕刻、混雑に紛れ、忍び入り、盗み取る	拵付脇差	不明	不明	316
不明（ただし、明治初年頃）	要助 かつ（九左衛門後家）	夜押込強盗、2 人、音をたてると「切り殺す」と脅す	金 1 両 2 分、銭 1 貫 200 文、衣類 3 品、脇差 1（要助）、衣類 2 品（かつ被害）	品川県役所	不明	328

意思表示であろう）との意味だろう。

このようなことを考えると、被害が些少の場合、煩雑な被害届を出しても意味がないと考える農民も多かったのではないか。表10を見ても、強盗事件や被害金額・品目が多い事件が比較的多くあげられている。空巣などの被害はもっと起こっていたのかもしれない。以上のように考えると、弘化四年から明治二年の間の十三通の被害届は、この間の全被害を物語るものではないと思える。

それはさておき、表10に再び目を向けよう。被害届十三通のうち九兵衛あるいは九兵衛家に関するものが六通、被害事例十五件のうち九兵衛家に関するものが六件である。九兵衛家の被害頻度が突出している。犯罪の種類で見ると、「忍び込み窃盗」に分類される事例が十五件中七件（うち九兵衛家二件）、押込強盗が十五件中七件（うち九兵衛家四件）、追剥一件となる。凶悪な強盗事件が文久以後しばしば起こり、とくに文久から元治にかけて集中的に発生し、しかもその襲撃対象がいずれも九兵衛家であったことも注目しなくてはならない。明治の新政府の時代になっても、初年には押込強盗が起こっている。

次に盗難の品目についてみて見よう。これを整理すると、次のようになる。

衣類十件、現金六件、脇差・短刀四件、不明一件

このように、衣類と現金が盗まれているケースが圧倒的に多い。『国分寺史（中）』第十二章「世直しと維新変革」は、幕末期国分寺地域でも盗難事件が多発していることに触れ、「盗難品には金銭のほか、衣類・夜具の類が目立」つとしている。衣類が盗品の対象になることが多かったのは、比較的軽く金目になったからであろう。脇差（特に拵付きなど装飾等の多いもの）が対象になったのも、やはり金目になったからであろう。九兵衛家がしばしば盗みや強盗の被害にあったのも、これら衣類と現金を多数所持していたからと考えられるが、この点は後にまた検討する。

次に、九兵衛家に絞って考えてみる。九兵衛家では文久二年（一八六二）四月五日、元治元年（一八六四）十一月二十八日、同十二月四日とわずか二年余の間に三回、元治に至ってはほとんど日を置かず、押込強盗に襲われている。この被害届には当時の生々しい様子がリアルに記されているので、その部分を左にあげてみる。ただ、元治元年（一八六四）十

一月二十八日のケースは、他二つとは性格を異にすると思われるので、後まわしにする。

(ア) 文久二年四月十日の場合（「家財盗難に付き訴申上」〔OS一六六〕）

乍恐以書付奉申上候

（以下、盗難品についての記述略）

右者武州多摩郡上小金井村百姓九兵衛、村役人惣代名主浅右衛門奉申上候、右九兵衛義高拾石余所持家内八人暮、農間荒物小切類商罷在、然処当月（四月）五日夜、居宅其外夫々戸〆りいたし、一同寝臥候処、同夜九ツ半時（午前一時）頃与覚、寝間入口ニ而声立呼起候もの有之候ニ付、不斗目覚見候処、年齢三拾才位之男壱人、面体黒キ頭巾ニ而包、木綿竪縞袷羽織を着、同花色股引紺脚絆草鞋を履、蝋燭を灯し、片手ニ抜身を携、ィ（たたずみ）居、金銭着類等可差出、声立候ハヽ一同可及切殺旨申威候ニ付、一同恐縮し、怪我之程も難計、見合罷在候中、座敷戸棚内其外見せ先江差置候書面品々奪取、逃去り候（下略）（「盗難品々書上控・人相書」OS一七二）

(イ) 元治元年十二月四日の場合（「押込強盗被害届」〔OS一八五〕）

（前略）右九兵衛義（中略）当月（十二月）四日夜、家内之もの共夫々（戸脱カ）〆りいたし、一同相臥候処、同夜九ツ時（午前〇時）頃与覚、居宅表入口戸相破、立入候もの有之候間、驚入起上り見受候処、御用提燈を持、色頭巾ニ而面体を隠、抜身を携候両人旅支度いたし、土足之侭座敷江押上り、有合候金銭可差出、声立候ハヽ可切殺旨申威候ニ付恐肺（怖カ）之余り見守罷在候処、右両人自然与家内家探いたし、座敷戸棚江入置候書面之品物奪取、逃去り候（後略）

(ア)、(イ)の事例は、この時代の典型的な押込強盗の例に数えることができるのだろうか、頭巾で顔を隠した犯人が(ア)の場合は単独、(イ)の場合は二人)、抜身を持ち、「声立候ハヽ可切殺旨申威」して金銭・着類等を奪って逃げている。

犯行時刻は夜九ツ半（午前一時）、夜九ツ（午前〇時）と、まさに深夜である。『国分寺市史（中）』によれば、国分寺村および本多新田で、文政四年から文久三年の間に強盗事件が四件起きていると言う。「いずれも手ぬぐいやずきんで顔を隠し、合羽や脚絆に長脇差をもった博徒姿であ」ったとしている。(ア)、(イ)の事例に類似している。

(イ)の場合、文書が前欠でどのような物、どれくらいの金が奪われたか分からないが、(ア)の場合は文書の冒頭に盗難品が列記され、また後日被害者・九兵衛が改めて記した盗難品リストが残っているので、それを左に挙げる。

文久二戌年　　戌四月五日夜紛失之品控　　九兵衛
　戌四月五日夜八ツ時頃
一　黒糸柄脇差　　壱腰（中略）一　木柄脇差　　壱腰（中略）
一　黒さや身　　壱腰　　長サ壱尺八寸位
一　青梅紺萌黄こげ茶替り竪嶋（縞カ）女袷壱　但裏花色木綿、裾廻し同断
一　横ぶと鼠小紋女袷　壱　　但裏花色木綿、裾廻し波色木綿
一　太織鼠小紋女綿入羽織　壱　但胴裏鬱金木綿
一　黒太織女綿入羽織　壱　但胴裏□鼠海気（甲斐絹カ）与覚候
一　木綿茶紺浅黄白ク糸入竪嶋（縞カ）袷羽織　壱　但胴裏花色木綿
一　太織黒地鼠こけ茶竪嶋（縞カ）女綿入半天　壱　但裏花色木綿
一　晒紺地墨ニて飾り入竪嶋（縞カ）男帷子　壱　但袖口白麻
一　木綿紺白鼠小格子嶋（縞カ）女単物　壱
一　木綿紺白こぼん小格子嶋（縞カ）男単物　壱
一　木綿藍竪嶋（縞カ）古女綿入　壱　但裏花色木綿其外色々剥々
一　木綿藍竪嶋（縞カ）古綿入半天　壱　但裏木綿色々剥々
一　木綿小供物古綿入　壱
一　黒八丈□□□帯　壱筋　片面八丈黒博多半襟紫ちり面
一　木綿浅キ白麻九葉中形女地伴壱　但両袖御納戸ちり面板〆半襟紫山帯ちり面
一　木綿紺絞り女地伴　壱　但両袖ニて八丈嶋（縞カ）。裏袖不覚
一　手拭地凡□り切はした共　十五端位
一　柳絞り紺絞り、なるみ絞りあかね木綿、白木綿其外切　はした共拾五六端位
一　銭壱貫文位　百文銭　四文銭　小銭　取交り（後略）

以上のように、相当膨大な分量である。これを整理すると、次のようになる。

脇差等三点、木綿地を中心とした衣類（一分絹地）十五点（袷二、羽織三、半天二、帷子一、男女単物各一、綿入一、小供物一、帯一）、切類・手拭地（十五端くらい）、絞り・木綿其外切（十五・六端）、銭一貫文である。

以上の被害額はいかほどになるか分からないが、相当の金額になるのではないか。また、これらは分量的にも相当なものになるはずで、(ア)では強盗一人が押し入ったとあるが、一人で運べる分量か疑問も残る。外に仲間が待っていて一緒に運んだのではないか。

それはともかく、九兵衛家はどうしてこのような物・金を奪われることになったのか。さらに端的にいえば、なぜ九兵衛家が狙われたのか。

それは(ア)の被害届の文の中に示されていると思われる。九兵衛家は当時十石余の石高を有し、上小金井村では上層の農民に位置づけられる。だが、九兵衛は単なる富裕百姓ではなかった。文書(ア)に、「見せ先」とあるのは「店先」のことで、恐らく店舗を構えて商いをしていたと思われる。「農間荒物小切類商」をしていたことがわかる。被害にあった衣類・切類は、大半が商品だったのではないか。とすれば「小切類商」のみならず、古着衣類等の商いも合わせ行っていたのではないか。

このように九兵衛はかなり手広く商売を営み、しかもある程度繁昌している店だったのではないか。上小金井村では突出して目立つ存在になっていたので、九兵衛家が泥棒や強盗から繰り返し狙われることになった要因なのではないか。私はこのように推測している。

(イ)については被害品目・量が分からないが、この時は二人で押し入っており、やはりかなりの品が奪われたのではないか。なお、(イ)文書に「九兵衛義」とあり、九兵衛が被害にあったように見えるが、後述するように、実はこの年の八月に九兵衛は病死し、養子の九左衛門が身代を継承したと思われる。したがって、「九左衛門義」とすべきであろうが、九兵衛没後間もなくであり、まだまだこの家は九兵衛で通っていたのであろう。この点は次の(ウ)文書でも同様である。

次に後まわしにした元治元年のケースについて見てみる。

(ウ) 元治元年十一月廿八日の場合（「盗難品申上」［OS一八七］）(注11)

御尋ニ付以書付奉申上候

一 去子（元治元年）十一月廿八日夜四ツ時（夜十時）頃多摩郡上小金井村百姓九兵衛方家内寝伏罷在候処、表入口戸こぢ放し候音ニ驚、目覚見候処、水戸浪人成、静ニいたせと申なから、三人麻付草履をはき、直様寝所江参り、三人共抜刃を持、

声立候ハヽ可切殺旨申、座敷ニ有之候
一　玉紬藍万筋袷羽織　一　凡銭弐貫文　但当百大小銭取交
右之衣類銭奪取立去り申候（中略）
村松忠四郎様御代官所
武州多摩郡下小金井新田
名主　宇左衛門
上小金井村
与頭　文次郎
下小金井村
惣代名主
善左（衛門脱カ）
関東御取締御出役
柏木正吾郎様

まず、(ウ)の文書の性格を検討する。この文書は提出先が、「関東御取締御出役」であり、また「御尋ニ付以書付奉申上候」とあるので、関東取締出役の「御尋」に応えて作成された強盗事件についての調査報告書であると考えられる。しかし、この文書には不可思議なところがある。(ウ)文書の内容を見る限り、この文書は上小金井村百姓九兵衛（実は九左衛門）に関する強盗事件であり、当然その調査主体は上小金井村名主・浅右衛門でなければならないはずである。

ところが、その上小金井村名主・浅右衛門の名が本文書の末尾の名主名等を列記した欄に見えない。その代わり、下小金井新田・名主宇左衛門、上小金井村与頭文次郎、下小金井村惣代名主「善左」の名が記されている。これらのことはどう解釈すべきか。この疑問を確かめるために『小川家文書』一八七「盗難品申上」の原本コピーを見た。その結果、この文書の筆跡は他文書と比較して浅右衛門と思われること、しかも急いで書き写したようにやや粗雑な書き方をしていることが確かめられた。

『小川家文書』に収められている文書の原本を通観してみると、他村等から送られてきた文書について、これがそのまま保存されて、『小川家文書』として残存しているのではなく、浅右衛門が写し取り、書き付けておいたものが残存しているケースが多いように思われる。こうしたことを考慮し、改めてこの文書を見ると、次のことが考えられる。この文書は下小金井村名主・善左衛門（文書末尾に「善左」とあるのは、浅右衛門が筆写の際、「衛門」を省略したものであろう）が、総括して「水戸浪人」を名乗る男達の犯罪について作成した原文の上小金井村の部分についての抄録であると思われる。

この「水戸浪人」を名乗る男達の犯罪は、上小金井村・九兵衛に関するばかりでなく、名主・宇左衛門の下小金井新田や善左衛門の下小金井村でも同じ夜に発生していたのではないだろうか。そこで関東取締出役の「御尋」に応えるため、それぞれの名主がそれぞれの村の事例について調査し、持ち寄り、それを下小金井村名主の善左衛門が調査報告書にまとめた。こうしてできた文書案を下小金井新田、上小金井村両名主に廻送した。そして、上小金井村名主・浅右衛門は、その文書の上小金井村に関する部分を中心に筆録した。その際、元の文書案にあった末尾の「上小金井村名主　浅右衛門」の部分は自分のことであるから省略し、善左衛門も「善左」と略称した。私はこう推理している。

さて、(ウ)の内容の検討に入ろう。この文書で何といっても注目すべきは、犯人が自ら「水戸浪人」を名乗っていることだ。これは当然、次の(エ)文書に見られるような動きと結びつけて考えなければならない問題である（文書は『国分寺市史(中)』九二三～四頁から引用)。

(エ)　乍恐以書付奉願上候

当御支配所左の村々一同奉申上候、今般常州筑波山等ニ集屯罷在候浮浪の徒厳敷御誅伐被為在候ニ付、脱走の輩又ハ最寄無宿無頼の者共其虚ヲ伺ひ八七人宛徒（党カ）を結ひ、昼夜の無差別横行いたし、人家へ押込是悲（非）ヲ不論切害いたし、金銀衣服等奪取候は勿論、甚しきニ至候ては婦女ヲ姦淫し候儀も有之哉ニ付（中略）左村々へ高嶋流小筒凡百挺御貸渡ニ相成候様偏奉願上候、以上

拝嶋組合惣代

元治元子年十二月

砂川村　名主　源五右衛門

（他一ケ村・三新田名主・名省略）

江川太郎左衛門様

御手代羽鳥為助様

(エ)文書の「常州筑波山等ニ集屯罷在候浮浪の徒」とは、天狗党の名で呼ばれた水戸藩の集団で、三月の挙兵以後、少なくとも関東の元治元年の台風の目になっていた。挙兵以後、これを追討する幕府軍、水戸藩内の天狗・諸生の争い等がからんで、八月から十月にかけて常陸・那珂湊を中心とする激しい戦闘が展開された。この戦闘に敗れた武田耕雲斉・藤田

小四郎を中心とする千人余の集団は、京都にいる一橋慶喜を頼り西上することに決し、十一月一日常陸北部の大子村を出発する。その後十一月十六日下仁田で高崎藩兵との戦闘、十一月二〇日には和田峠で高島・松本藩兵との戦闘に勝利し、京都をめざすが、一橋慶喜の態度が天狗党追討にあることを知り、美濃から越前へのコースに変え進軍する。しかし結局、越前敦賀で加賀藩に降伏する。

(ウ)文書の事件が起きた十一月二十八日頃は、天狗党集団は美濃から越前に通ずる険しい雪の山道を辿っていた。天狗党集団が京都をめざして西上したことは、人々にどのような反響を巻き起こしたか。『国分寺市史（中）』には次のように記されている。「天狗党が京都に向かうと聞いて、関東・中部地方の恐怖は大きかった。幕府によって天狗党がいかに残虐無道の集団であるかを喧伝されていたからである。天狗たちがいつごろどの辺に現れ、農民らに暴力を振るうかも知れない。村々では若者が自警団のような警戒組織を作っていた所もあった」。そして右の(エ)の拝島組合砂川村等の願書も、こうしたことに対応するものであったとしている（鉄砲貸し渡しの願は結局かなわなかったが）。

(ウ)の文書に戻ろう。ここで「水戸浪人」を名乗っている三人組と、(エ)文書の「脱走の輩又ハ最寄無宿無頼の者共其虚ヲ伺ひ八七人宛徒（党カ）を結ひ」との関係であるが、天狗党の脱走者が武蔵の多摩にまで流れてきて犯行に及んだとは考えがたいので、「最寄無宿無頼の者」が「水戸浪人」を騙って行った犯行と思われる。

『水戸市史（中五）』によると、「幕府は『近頃浪人共水戸殿浪人或いは新徴組と唱え、所々の身柄宜しき者共へ攘夷の儀を口実として無心申しかけ、その他公事出入りなどを携って、彼是と脅して金子を差し出させること』について禁令を出している」と言う。(ウ)の文書の「水戸浪人」を名乗る男達に、「攘夷の儀を口実として無心申しかけ」るといったことは見られず、単なる押込強盗の犯行になっている。「水戸浪人」のセリフは、当時多くの人々の間に流布していた天狗党・水戸浪人への恐怖心に便乗しての「脅し文句」の一つであったのではないか。

しかし、「水戸浪人」を名乗っての犯行だったので、関東取締出役も無視できず、(ウ)文書に見える「御尋」になったのではないか。「水戸浪人」の問題にこだわって思わず長い説明になったが、多摩の片隅の小村・上小金井村で起こった出来事が、大きな日本の歴史に同時進行的にからんでいることが分かり、興味深い。「水戸浪人」事件は被害規模でいえば、二年前の(ア)の事件よりはるかに小さい。わずかに衣類一点と銭二貫文の被害だ。恐らく金が狙いで、家捜しして衣類を奪い取るようなことはしなかったと思われる。短時間で犯行をすまし、近くの下小金井村や下小金井新田のめぼしい家を次々に襲ったのではないか。

そしてこの「水戸浪人」事件のわずか五、六日後の元治元年十二月四日に、(イ)の押込強盗の被害にまたまた九兵衛家が遭っている。これは、九左衛門が当主になってわずか三~四ヶ月で、この連続強盗事件が起こっている。さぞや強い衝撃を受けたものと思われる。このように、九兵衛家は九兵衛の晩年から新当主・九左衛門の初期にかけて、たび重なる強盗被害を受けている。

しかし、そのことで直ちに身代が傾くようなことはなかったようだ。この間に九兵衛は亡くなり、身代は養子の九左衛門にバトンタッチされる。バトンタッチ直後の元治二年の人別帳の九兵衛家の石高は十石二斗余で、これは前年十二月の強盗被害届に見える「拾石弐斗余所持」の石高をそのまま維持している。また、人別帳の末尾には、組頭九左衛門の名が見え、九左衛門が村役人として活躍している様が読み取れる。

しかし、後で詳述するが、その後九兵衛家の身代は数年にして急激に傾いたようで、九兵衛後継の九左衛門が亡くなり、後家かつが九兵衛家を守る明治二年になると、前述の通り、極貧窮者家庭とみなされるまでになる。しかし、強盗等の被害にあったことと、この九兵衛家の没落を直接的に結びつけて考えることはむずかしく、没落の原因は別に求められなければならないと思われる。この極貧窮家庭に、さらなる不幸の追い討ちがかけられる。明治二年ごろと思われる史料に、後家かつが守る九兵衛家にまたしても押込強盗が入る。

(オ)「家財盗難に付き訴申上」(ＯＳ三二八)

乍恐以書付御訴奉申上候

武州多摩郡上小金井村

高弐石六斗六升　百姓　要助　家内七人暮

（被害金・品目省略）

上小金井村　百姓　九左衛門後家かつ

高弐石九斗七升　家内六人暮

一　目倉縞脚半
一　小納戸脚半
〆
右要助かつ両人、名主浅右衛門奉申上候、右要助方江男弐人程押込、かつ方江四ツ時頃前後同様弐人押込、金銭衣類可差出、若こえたて（声立て）候ハヽ可切殺旨申威候ニ付、銘々恐縮罷在、家さかしいたし箪笥等江仕舞置候、前書金銭其外盗取逃去候、（後略）

品川県　御役所

この史料は年月日が記されていないので、いつのものか断定できないが、内容から恐らく明治二年頃と思われる（「かつ」の夫九左衛門が亡くなるのが明治二年正月で、石高がこの年作成の人別帳の石高と一致すること等々）。「金銭衣類可差出、若こえたて（声立て）候ハヽ可切殺旨申威候」と、文久、元治のときと同様である。注目すべきはこの時の盗難品である。わずかに脚半（絆）二点のみである。外に盗るべき品がなかったのであろう。九兵衛家の零落を象徴している。

2　勘次の追剥被害

これまで、九兵衛家の盗難・強盗事件を見てきたが、ここで九兵衛と同様に農間渡世に成功していたと思われる勘次（勘治郎とも言ったようである）が、嘉永三戌年（一八五〇）九月八日に追剥に遭った時の史料をあげる。

(カ)　金子強盗につき訴申上（OS七八）

乍恐以書付奉申上候

一　金七両弐朱　銭百文
内　但　壱分銀　六両三分　弐朱金　壱分弐朱　当百銭　百文

右者武州多摩郡上小金井村百姓勘次、村役人物代名主浅右衛門奉申上候、右勘次義高拾七石余所持、家内六人暮、農間穀物渡世罷在候処、当月五日同州荏原郡靏巻村親類内葬式ニ罷越、返り途中甲州道中石原宿同渡世勘六方より前書仕切金請取、最早夜ニ入、隣村人見村地内江差懸り候処、跡より面体不存男壱人追欠参り、理不尽ニ打懸り、右勘次を其場江押伏、懐中致置候、前書金子奪取逃去り候間、早速追欠候得共、最早闇夜之折柄故、面体姿振等一向見覚無之、右之金子所持仕候を附込、金追剥之仕業と被存候間難捨置、此段御訴奉申上候、已上（以下略）

(カ)史料より、百姓勘次は荏原郡奮巻村（現世田谷区弦巻の辺一帯）の親戚の葬式に参列しての帰途、甲州道中石原宿（現調布市上石原）の同業（穀物商）の勘六方に立ち寄った。そして勘六方から「仕切金」を受け取っての帰り道、人見村（現府中市若松町の辺一帯）地内で追剥に遭い、「仕切金」として勘六から受け取った「金七両弐朱と銭百文」を奪われたことが分かる。七両弐朱はそれなりに大金である。犯人について勘次は「面体」を知らない男一人と言っている。

その犯人がなぜ勘次を襲ったか、よく分からないが、勘次には金を持っていそうな様子・雰囲気が感じられたものと思われる。そのはずで、勘次は次に見るように上小金井村では一、二を争う富裕な百姓であった。(カ)文書には、勘次は「高拾七石余所持、家内六人暮、農間穀物渡世罷在候」とあり、石高十七石余を所持し、家内六人暮らし（恐らく奉公人を含む、後述）で、農間渡世に穀物商を営んでいたことが分かる。

この四年前の弘化三年（一八四六）に作成された人別帳には、「勘次」という名の百姓は見えないが、次の勘治郎が持高の面や名前の類似性から考えて「勘次」であると考えられる（「次」と「治」はしばしば混用される。例えば治右衛門はしばしば次右衛門と表記される）。勘治郎について、弘化人別帳は次のように記す。

高拾三石三斗八升六合六勺

妙光院㊞旦那　　勘治郎㊞当三十一才

妻みね　〃三十弐才　娘とり　〃十才　倅由五郎　〃四才

〆四人　内男弐人　女弐人

(カ)の石高の方が四石ほど多くなっているが、これはこの四年間に増加した分と考えられる。家内員数も二人増えているが、この間に子供が生まれたり、使用人を雇ったりしたためと考えられる。ちなみに、弘化人別帳の石高拾三石三斗八升六合六勺は、上小金井村二番目の石高である（一位は長兵衛の十三石六斗八升二合四勺で僅差）。勘次（勘治郎）は農間穀物商も営んでおり、(カ)文書からも窺えるように、かなり手広く展開していたようにも思われ、その方面での所得も大きかったと思われる。このように見ると、勘次（勘治郎）は先に検討した九兵衛と極めて類似した存在と見ることができる。勘次（勘治郎）家の変遷については、後で九兵衛家を検討するところで再び取り上げる。

3　九兵衛家が富んだ背景

主として九兵衛と九兵衛家を襲った犯罪被害の関係を中心に、勘次の追剥被害についても述べた。その中で浮かび上がったのは、九兵衛家が盗賊に狙われるほどの金持ちで、物持ち（特に衣類、切類）の家と周りから見られていたことである。所持石高も増え、文久・元治には十石を超えている。

次に、九兵衛家がこのように上昇・発展する歩みを関係史料から探ってみよう。次にあげるのは、九兵衛が初めて史料上に登場する文政十年の人別帳から、九兵衛が亡くなった直後に作成されたと思われる元治二年の人別帳まで、九兵衛の暮らしぶりが少しでも窺える史料を年代順に並べた。

A　文政十年（一八二七）宗門御改人別書上帳（M八）

高弐石四斗三升七合壱勺　　百姓　九兵衛㊞三十二才

義母　にわ　五十五才　　女房　かめ　廿八才

妹ゑん　廿五才　　弟　留五郎　十五才

倅　金五郎　四才

〆六人　男三人　女三人

B　弘化三年（一八四六）上小金井村宗門御改人別書上帳（M九）

高六石六斗八升七合一勺

金蔵院㊞旦那　九兵衛㊞当五十一才

妻　かめ　当四十七才　　倅　千代松　〃十二才

（中略）下男　弁之助　〃廿一才

〆四人　内男三人　女一人

C　弘化四年（一八四七）十月盗難被害届（OS六五）

「百姓ニ而荒物渡世仕田中屋九兵衛」

D　嘉永三年（一八五〇）四月盗難被害届（OS七七）

「九兵衛義高九石壱斗四升九合所持、家内五人暮ニ而農間荒物渡世罷在」

E　文久二年（一八六二）四月盗難被害届（OS一六六）

「九兵衛義高拾石余所持、家内八人暮、農間荒物小切類商罷在」

F　元治元年（一八六四）十二月盗難被害届（OS一八五）

「九兵衛義高拾石二斗余所持、家内八人暮、農業罷在」

G　元治二年（一八六五）上小金井村宗門人別帳（M一一）

高拾石弐斗三升弐合九勺

同寺（金蔵院）旦那　　組頭　九左衛門　当丑廿九才

妻　かつ　〃三十四才　　母かめ　〃六十六才
娘みつ　〃十五才　　倅　森太郎　〃五才
（中略）倅　文次郎　〃二才　（中略）下女　かね　〃廿才
〆七人　内男三人　女四人

H　私父九兵衛去子（元治元年）八月病死仕候（元治宗門人別帳の末尾の人の異動欄の記載）

まず、九兵衛の生没年を探る。Aの人別帳によれば、西暦一八二七年の時点で三十二歳であるから、逆算して九兵衛の生年は一七九六年（寛政八年）と思われる。次に没年は、右Hより元治元年八月である。享年六十八歳である。当時としてはまずまず長生きか。

ところで、文政十年の人別帳以前には、管見の範囲では、小金井市の残存古文書の中に九兵衛の名を発見することはできない。また、享保十二年（一七二八）の上小金井村人別帳の中にも九兵衛の名は見えない。このようなことから、九兵衛が当主を務める家は、代々「九兵衛」を通称とする家ではなかったと思われる（ちなみに九兵衛の後継は九左衛門と言う）。九兵衛が当主になる前の「九兵衛」家が、どのような家であったかは不明である。

さて、Aによれば、文政十年（一八二七）の九兵衛家は石高二石四斗余を所持、家族は三二歳の当主九兵衛を中心に、妻、義母、妹一人、弟一人、倅一人の六人家族である。義母にわとあるから、九兵衛はこの家に婿入りしたのかもしれない。それはともかく、先代の当主は亡くなっており、比較的若い時にこの家を継いだと思われる。当時の九兵衛家は所持石高からだけ見れば、零細農家の範疇に入るかと思われる。

後に九兵衛は「荒物仕田中屋九兵衛」（C）、「農間荒物渡世」（D）、「農間荒物小切類商」（E）に見られるように農間渡世に荒物商や小切類商をしていたことが確認できるが、それが文政十年やそれ以前に遡れるかどうかは分からない。しかし、私は次に述べる文政十年から弘化三年までの間に著しく石高を増加させていることを考えると、その基盤として農間渡世に荒物商などを営んでいたと考えた方が合理的のように思う。なお、九兵衛家が田中姓であることは、屋号が「田中屋」である（C）ことから想像できるが、明治四年の史料（「村入用書上帳」OS二二八）に「九左衛門（九兵衛の後継）後家、田中かつ㊞」とあることから確実である。

次にBの弘化人別帳である。文政の人別帳から十九年の年月が経過している。九兵衛夫婦は五十一歳、四十七歳となっている（文政時の年齢三十二歳、二十八歳に十九を加えると五十一歳、四十七歳となる。このように、正確に年齢の加算が行われていることはむしろ珍しく、大抵十八を加えて一足りなかったり、二十加えて一多かったりするケースが多いような気がする）。義母にわは亡くなっているようだ。また、文政に見られた倅金五郎も亡くなったのか、弘化には見えない。その代わり、文政の時には生まれていなかった「倅千代松十二才」が見える。また、次の石高増加を反映してか、下男一人を雇っている。九兵衛家の石高は、この十九年間に実に三倍近い六石六斗八升七合一勺に上昇している。このことは一三二頁で指摘したが、九兵衛家以外では、勘左衛門→勘治郎の例に見られるのみである。

この時期は天候不順・凶作・飢饉が起こった天保期を間に挟み、石高を減少させる農家が多かった。そのような中、九兵衛と勘治郎のみが石高を急増させている現象をどう説明したらよいか。九兵衛は天保の前頃から（あるいは文政以前の先代の時代から）前記荒物商を始めていたのではないか。そしてそれが当たり、ある程度金を蓄積していたのではないか。第一節三で見たように、天保の飢饉時、上小金井村の農民たちも大打撃を受け、極貧・飢人が続出した。九兵衛は蓄えておいた金を貧民の一部に融通するということをしたのではないか。そしてその一部の人々は返済に困り、自らの土地を質流地として九兵衛に手放すということが起こったのではないか。このような経緯で九兵衛は石高を増やしたのではないか。勘治郎の場合も事情は同じだったのではないか。勘治郎が穀物商として羽振りがよかったことは、すでに触れた。

そして今度は弘化以後であるが、九兵衛の農間渡世の荒物商はますます繁昌していったのではないか。それに伴って、九兵衛家は泥棒・空巣の被害をこうむることになる。被害届が最初に出たのは弘化四年（一八四七）である（C）。次は嘉永三年（一八五〇）である。弘化の被害は「私并女房やす所持之」衣類三点である。嘉永になると被害は増え、衣類七点となっている。この頃には、荒物の外に古物衣類等も商うようになっていたのであろうか。

嘉永になると石高は一層増え、弘化からわずか四年しか経っていないにも関わらず、石高は九石壱斗四升九合に増えている。これもまた、金融→借金の形《かた》として獲得したものではないか。そしてさらに十年以上後の文久・元治頃になると、荒物・古物衣類・切類商は繁昌し、石高も十石を超える。そして、そのことが強盗などに九兵衛家が狙われることになった要因であったことは、すでに指摘した。このような九兵衛家の商売繁盛・石高増加は、ひとえに九兵衛の商才によるところが大きかったように思われる。

4　九兵衛家の零落

九兵衛家の身代は、九兵衛の死後急速に傾いていったようである。では次に、九兵衛死後の九兵衛家について見ていこう。前述のように、九兵衛は元治元年（一八六四）八月に亡くなった。もう一度元治人別帳をあげる。

高拾石弐斗三升弐合九勺
同寺（金蔵院）旦那　組頭　九左衛門　当丑廿九才
妻　かつ　〃三十四才　母かめ　〃六十六才
娘みつ　〃十五才　倅　森太郎　〃五才
（中略）倅　文次郎　〃二才　（中略）下女　かね　〃廿才
〆七人　内男三人　女四人

九兵衛に代わって当主になったのが、九左衛門二九歳である。実はこの九左衛門は、元の名を三次郎と言い、九兵衛の死の直前の三月に、隣村の貫井村から九兵衛家に聟養子に迎えられた人物である。次のような人別送状がある（ＯＳ一八二）。

人別送状之事
屋代増之助御代官所　武州多摩郡貫井村
百姓三郎兵衛弟三次郎　当子三拾壱才
右之もの儀今般仲人有之、其御村方百姓九兵衛殿聟養子ニ貰請度段被申出候ニ付、則差進申処相違無御座候（中略）
文久四子年三月　右村名主　武左衛門
（中略）
上小金井村御名主衆中

再び、元治二年三月に作成された人別帳を見てみよう。貫井村三次郎は、「娘みつ十五才」「倅森太郎五才」を子供に持つ「かつ三十四才」の聟に迎えられたのであろう（文次郎二歳は、当時の年齢の数え方からすれば、三次郎と「かつ」の子であろう）。そうすると「かつ」の元の夫は誰なのか。私は次のように考えた。弘化の人別帳に千代松十二歳という男児がいたので、この千代松が成長して「かつ」を嫁に迎えた。そして「みつ」と「森太郎」の二人の子供が生まれたが、千代松はその後死亡した（ただ、「みつ」と「森太郎」の年が大分離れているので、「みつ」の父である千代松の死後にもう一人「森太郎」の父に当たる聟が迎えられたが、その聟もまた死去したということも考えられなくもない）。

以前見た平太夫家もそうであったが、この九兵衛家でも、後継者への家の継承が円滑に進まなかったように思われる。元治元年の聟入り後すぐに、九兵衛から家・財産を継承した九左衛門は、わずか五年後の明治二年（一八六九）一月には亡くなる。関連史料を二つあげる。

Ｉ　明治二年（一八六九）上小金井村宗門人別帳（Ｍ一二一Ａ）

高弐石九斗七升三勺

同寺（金蔵院）旦那　百姓　九左衛門後家かつ　当巳年三十八才

妻（マヽ）かめ　〃七十才　娘みつ　〃十九才

倅　森太郎　〃九才　（中略）倅　文次郎　〃六才

倅　要助　〃四才

〆六人　内　男三人　女三人

Ｊ　明治二年極困窮者其外御取調箚書上帳（ＯＳ二一二）

九左衛門後家　〃かつ

「右之者義家内六人暮罷在、当正月夫九左衛門死失仕、壱人之老母有之、其上子供多く、借用多分ニ而、今日営方ニ差支、当時極難困窮ニ御座候」

史料Ｊにより、九左衛門は明治二年正月に亡くなったことがわかる。九兵衛から身代を受け継いでから四年半、わずか三十三歳である。そして九兵衛家は、九左衛門の妻かつが引き継ぐ。長男森太郎はまだ九歳である。また、史料Ｊによれば、かつの家は七十歳の老母と十九歳の娘（恐らく前夫の子）、九歳を頭とする倅三人（元治以後、人増えている）の四人の子供を抱えており、しかも借金も多分にあって、毎日の営みにも差し支えるほどの極難困窮の状態だというのである。またＨから、四年前の元治人別帳では十石二斗余あった石高も、弐石九斗七升三勺に激減している。九兵衛家は、どうしてこういうことになったのか。

史料Ｊによれば、九左衛門の死によって、いわば老母を抱えた母子家庭になったことによって貧困が起こったようにも読めるが、恐らく九左衛門の生前からこの家の没落は始まっていたと思われる。少なくとも、かつが抱えることになった借金の多くは、九左衛門時代に負ったものと思われ、また著しい石高の減少も九左衛門時代に大半は起こっていたと思われる。もっとも、史料Jの文が作成されたのは九月であり、また、Iの人別帳が作成されたのは三月であるから、九左衛門の死の一月から八ヶ月、二ヶ月の月日が経っているので、貧困が一層促進されたといえると思われるが。

では、どうして九左衛門はこうした事態を招いたのか。それについては推測を加えるしかないが、恐らく二つほどの要因が考えられる。一つは、九左衛門が九兵衛の身代を継承して間もないある時期に、病気を発症したことである。当主が病気で寝込むようになれば、医療費に出費が嵩むだろうし、九兵衛家の農業・商業活動に大事な働き手を失うことになり、大きな支障が生じたことは容易に想像できる。

もう一つは、老練な九兵衛から身代を受け継いだ若い九左衛門が、その未熟さから商売に失敗したことである。九兵衛には商才があったと思われ、彼一代で持高を四倍強にし、農間渡世の荒物・小切類商も店舗を構え、繁昌する店に仕上げた。これは九兵衛の手腕によるところが大であったろう。若い九左衛門にそうした商才や手腕があったかどうか。あるいは若さ、未熟さゆえに商い上で何か失敗を侵し、家計に穴を開けたのかもしれない。

いずれにしても、九左衛門が九兵衛から受け継いだ身代を大きく傾けていったことは事実と思われる。そして、妻と老義母、四人の子供（うち三人は十歳以下）、多くの借金を残しての三十三歳の若死にである。妻かつは途方に暮れるばかりであったろう。まもなくこの家は村役人から極難困窮の家と判断されることになる。

以上、九兵衛家の急激な没落について見てきたが、後継者の病気・若死に、その妻の身代継承など、前に見た平太夫家で起こっていたことと同じような事態が、この九兵衛家でも進行していたことがわかる。

5　勘治郎家の繁栄と没落

最後に、九兵衛とともに、天保期の逆風の中、著しく石高を増大させた勘治（次）郎についても、触れておこう。三つの人別帳の勘治郎に関係した部分を次にあげる。

A　文政人別帳

高八石八斗七升四合壱勺　百姓勘左衛門㊞六十三才

女房みの　六十弐才　孫浜次郎　十才

〆三人　内弐人男　壱人女

B　弘化人別帳

高拾三石三斗八升六合六勺

妙高院㊞旦那　勘治郎㊞　当三十一才

妻みね〃三十弐才　娘とり〃十才　倅由五郎〃四才

〆四人　内男弐人　女弐人

C　元治人別帳

高弐石六斗四升七合壱勺

同寺（妙高院）㊞旦那　百姓勘次郎後家さく㊞丑四十三才

娘うら〃十八才　娘みと〃十八才　娘ひで〃十二才

倅勘左衛門〃十才　倅喜太郎〃七才

〆六人　内男弐人　女四人

Bの勘治郎三十一歳は、恐らくAの孫浜治郎十歳が成長して、祖父勘左衛門の身代を継承した後の名ではないかと思われる。Bの人別帳の時（一八四六）には、祖父勘左衛門、祖母「みの」両人はすでに亡くなっている。文政時の勘左衛門の年齢六十三歳を考えれば、相当早い時期に身代の継承がなされたのではないか。

したがって、文政時の石高八石八斗七升四合壱勺を、弘化時の拾三石三斗八升六合六勺に増やしたのは、主として勘治郎の力によると考えてよいのではないか（先に見た勘次（郎）が嘉永三年（一八五〇）に追剥ぎに遭った時の被害届に、「勘次義高拾七石余所持」とある。弘化三年（一八四六）から四年の間に、四石近く石高を増やしている。勘治郎の勢力が急成長している様が窺える）。

すでに見たように、勘治郎（勘次）は農間渡世で穀物商いに携わっており、その商いは好調だったように思われる。勘治郎は穀物商い等で得た金を周辺の困窮した農家に融通した。そして返済できなくなった農家から、借金の形《かた》にとった土地を入手した。前に九兵衛のところで想像したのと同じことを、ここでもあてはめるのだが。いずれにしても、勘治郎時代に資産を著しく増大させたことは事実であろう。

ところが、元治人別帳の勘次郎後家「さく」の代になると、石高は激減して弐石六斗四升七合壱勺になっている。この「さく」は勘治郎家に後妻に入った人物と思われる。というのは、弘化人別帳では「妻みね三十弐才」とあり、「さく」と名前も年齢も異なるからである。「みね」は亡くなるか、離縁されるかして、後添えに「さく」が迎えられたのであろう（弘化人別帳に見える倅由五郎四歳の名が、元治では見えない。母子とも流行り病等で亡くなった可能性がある。娘「とり」十歳の名も見えないが、これは他家に嫁に出た可能性もある）。

そしてこの「さく」の夫勘治郎はこの間に亡くなっている。勘治郎は、前述のように嘉永三年（一八五〇）に追剥ぎに遭う被害を受けている。また、嘉永七年（一八五四）の御台場の寄付者にも勘次郎の名が見える（壱両寄付）。したがって、勘治郎は一八五四年以降、元治人別帳が作成される一八六五年三月までのいつかの時点で、亡くなったことになる。

これは恐らく勘治郎の死後のことと思われるが、文久二年（一八六二）十一月の「勘次郎家諸道具其外瀬利物帳」という文書が小川家文書に残る（OS一七一）。これによれば、何らかの理由により、勘次（治）郎家の家財諸道具約八十点が瀬利《セリ》に掛けられ、総計金二両二朱と銭二七貫文余で、多くの村人らに売られている。

また、「小家　壱軒　一金壱両弐分　長兵衛」「物置　一金四両　源次」「穀櫃　一金弐両弐分　角右衛門」とあり、小家一軒、物置、穀櫃がそれぞれ村の有力百姓である長兵衛、源次、角右衛門に売られている。これらは勘治郎家のかつての繁栄とこのたびの没落の様を象徴的に物語る。

しかし、これは勘治郎家の廃絶を意味するものでない。大きく石高を減らしたとはいえ、勘治郎家をその妻「さく」が守っていたことは、元治二年、明治二年の人別帳を見れば明らかである。

さて、この勘治郎家の没落の原因と時期であるが、これらに手がかりを与える史料は残念ながら見つからない。しかし、憶測を加えれば、先に見た九兵衛家の九左衛門の場合と同じような事態、勘治郎の商い上の大きな失敗、病気による療養生活、負債の累積等が、勘治郎の晩年に起こり、大きな負債を抱え、後継の態勢も確立できないまま勘治郎は亡くなり、それらは後家「さく」に引き継がれたという事態である。私はこう想定するのだが、いかがであろうか。

いずれにしても、この勘治郎といい、先の九兵衛といい、農間稼ぎの商いに成功し、一代で身代を大きくした家の急激な没落は、こうした農間稼ぎの商いの不安定さを物語る。この時代に「身代を維持していくこと」「身上を潰さないようすること」のむずかしさを感じさせる。

（注11）小金井市史編纂資料第四十九編『上小金井村小川家文書』「盗難品申上」（一八七）では、「水戸浪人成」とあるところを「水戸浪人義」と読んでいる。原文コピーに当たってみると「成」に見えるので改めた。その方が次の「静ニいたせ」というセリフに自然につながると思う。また、（注）で、「本件は一八五で上小金井村の九兵衛が代官所へ訴えた盗難事件を関東取締出役へ提出したものである。しかし盗難に遭った日時・強盗の人数・強盗を水戸浪人と云っている点等が違っている。また下小金井新田の名主が中心になって本書を提出している点も理由不明である。敢えて推論すれば九兵衛家へ侵入した盗賊が下小金井村で関東取締出役に捕まり、その自白に基づいて口書をとり、それに相違ない旨の確認書を下小金井新田等からとったのではないかと考えられる」としている。これに対する私の見解は本文で述べた通りである。

補論1　極困窮者の家

明治二年「極困窮者其外御取調筋書上帳」の百姓九右衛門後家「しち」の項には、次のように記されている。

百姓九右衛門後家

一高壱石　　高弐石三斗八升二合　　しち　午五十三才

右之者義家内六人暮、小高困窮ニ罷在候上、去辰五月中より悪病引受、只今□打伏居、薬料等ニ差支、其上母ひち当七月中より眼病相発、外幼年之子供のみニ而今日之食禄も相不成、親類方之厄介ニ相成、漸取続居、極々難渋之ものニ御座候

「百姓九右衛門後家しち」を当主とする所帯は、明治二年の宗門人別帳には存在しない。とすれば、上小金井村に「九右衛門後家しち」の家内六人暮らしの極困窮者所帯は存在しなかったのか。否である。

下小金井村の有力者であった大久保善左衛門が、明治三年午正月二日に行った困窮者対象の銭二貫文の施しを受けた者の中に「上小金井村　百姓九右衛門後家ひち」がいた。同じく鴨下庄左衛門から明治三年午二月二〇日に大麦一斗六升の施しを受けた者の中に「九右衛門後家ひち」がいることを確認できる（「明治二・三両年度施しの上申奇特筋取調書上」下小金井村大久保家文書（近代編）三四　小金井編纂資料第五十二編）。

「九右衛門後家しち」と「九右衛門後家ひち」は同一人物と思われ、上小金井村に「九右衛門後家し（ひ）ち」なる困窮者の家族がいたことは確かである。

右の「書上帳」の「しち」の項にもう一度着目しよう。「書上帳」の他の七人の記載内容と比べると、いくつかの点で問題があることに気づく。他の七人はすべて、明治二年の宗門人別帳の各所帯の記述内容と一致している（対象となった所帯の当主名・その年齢・石高・家族構成・人数等）のに対し、「しち」はそのような対応が見られない。

書上帳に二つの石高が記されているが、これは何を意味するか。また、「しち」の年齢が「午五十三才」と記されているが、他の七人は「巳何才」という書き方をしている。この書上帳が品川県に提出されたのは、明治二年巳年九月であるから、当然年齢は「巳年」のものでなければならないはずである。それをなぜ「午五十三才」としたのか。もし巳年ならば「巳五十二才」である。

このように「書上帳」の「しち」についての記述には問題があり、なぜこのような書き方をしたのか疑問も残るが、「しち」が下小金井村の有力者から貧窮者対象の施しを受けていることから考えても、上小金井村の「しち一家」が極困窮者として「書上帳」に記されたことは否定できない。

そこで、右の書上帳の「しち」の記載内容の次のようなことに着目して、明治二年の宗門人別帳の各所帯と照らし合わせた。

①「しち（あるいはひち）」という「巳五十二才」の女性のいる所帯であること、②家族員数は六人であり、その多くが「幼年之子供」であること、③石高は小高であること。

右の①②③に該当するのは次の所帯しかない。

（明治二年上小金井村宗門人別帳）

高壱石九升三合

（金蔵院）旦那　百姓七郎左衛門　当巳廿七才
母　しち　〃五十二才
妹　みと　〃十九才
弟　鶴吉　〃十五才
〃　亀吉　〃十五才
〃　菊蔵　〃十才

次に、この人別帳の記載内容を基に、先の「書上帳」の「しち」の項を吟味しよう。書上帳は「しち　午五十三才」の名をあげ、「右之者義家内六人暮、小高困窮ニ罷在候上、去辰五月中より悪病引受、只今□打伏居、薬料等ニ差支」と記し、当主「しち」が右のような状態にあるように思わせるのだが、それに続く文に「其上母ひち当七月中より眼病相発」していると記されていることから、「悪病引受、只今□打伏居、薬料等ニ差支」えているのは宗門帳の当主「七郎左衛門　当巳二十七才」であると解される。

では、なぜ当主を七郎左衛門ではなく、「九右衛門後家しち」にしたのか。理由としては次の二つが考えられる。宗門帳の当主七郎左衛門が独身である上、悪病で打ち伏しており、この家の当主の務めを果たせないような状態にあったことが一つ。もう一つはこのたびの書上は、品川県からの「鰥寡孤独并極難之もの」を「取調」べ「書上」げよとの命により、村役人が取り調べたものであり、「後家しち」を当主にした方が「鰥寡孤独」の「寡婦」に該当し、対象として相応しいと考えたと思われる。

次に考えたいのは、「九右衛門後家しち」の夫九右衛門のことである。九右衛門を当主とする所帯が過去の人別帳に記されていないか。そこでまず四年前の元治二年（一八六五）の人別帳で、この所帯について調べると、次のように記されていた。

（元治二年上小金井村宗門人別帳）

高壱石九升三合

（金蔵院）旦那　百姓七郎左衛門　当丑廿三才

母　しち　〃四十八才

妹　みと　〃十五才

弟　鶴吉　〃十一才

〃　亀吉　〃十一才

〃　菊蔵　〃六才

右のように、明治二年の人別帳とまったく同じで、年齢が四歳若く記されているだけである。次に、さらに十九年前の弘化三年（一八四六）の人別帳を調べてみると、九右衛門を当主とする所帯は発見できたが、反対に「妻しち」や「倅七郎左衛門」の名が見えない。九右衛門の所帯は、次のように記されていた。

（弘化三年人別帳）　高壱石九升三合

（金蔵院）旦那　九右衛門㊞当三十九才

倅　寅之助　〃十五才

〆男弐人

右の九右衛門を当主とする所帯と、元治二年の「七郎左衛門」を当主とする所帯が繋がることは、①元治二年や明治二年の人別帳の「母しち」が明治二年の極困窮者書上帳の「九右衛門後家しち」と同一人物と思われること、②両所帯の石高が「高壱石九升三合」でまったく同じであること、③弘化人別帳の「九右衛門」所帯は人別帳の二十二番目、金蔵院檀家の最後の方に記されているが、元治人別帳の「七郎左衛門」の掲載順も大体同じであること等から、ほぼ間違いないと思われる。

とすると、弘化人別帳に「妻しち」「倅七郎左衛門」の名が見えないのは、なぜだろうか。弘化三年時点でしち＝二十九歳、七郎左衛門＝四歳であるはずだ。もっとも、七郎左衛門の名は成人後に改名したと考えられるが、弘化の倅寅之助とは年齢が合わず、別人と思われる。

考えられるケースは、しちが弘化人別帳作成後に「七郎左衛門」という男の子をつれて、九右衛門と再婚したことである。九右衛門の倅寅之助は、再婚前に亡くなっていたのではないか。寅之助という後継者を亡くして一人になった九右衛門は、「七郎左衛門」という男の子を持つ、やはり何かの理由で一人者になっていた「しち」と再婚したのではないか。「みと」「鶴吉」「亀吉」「菊蔵」の四人の子供は、再婚後「九右衛門」と「しち」の間にできた子供と思われる。そして、当主九右衛門は、元治二年の人別帳作成前に亡くなったと思われる。

さらに遡った十九年前の文政十年の人別帳には、九右衛門の名は見えない。関連があるかと思われるのは、次の所帯である。

（文政十年人別帳）

高壱石九升三合　　百姓　七郎右衛門㊞七十才

〆壱人男

右の七郎右衛門七十歳の独居所帯は、その石高が「壱石九升三合」と、弘化の九右衛門や元治・明治の「七郎左衛門」の所帯とまったく同じであること、人別帳の記載順番が大体同じであること等から、後の九右衛門や七郎左衛門の所帯との関連を窺わせるが、それがどのように繋がるかは不明である。

なお、前掲「明治二・三両年度施しの上申奇特筋取調書上」

（下小金井村大久保家文書（近代編）三四）には、「去ル辰年十二月中従当　御役所様鰥寡孤独并極難之もの可書上旨被仰触奉畏、則取調拾弐人奉書上候処、夫々御救助被下置難有奉頂戴候」と記され、下小金井村では「鰥寡孤独并極難之もの」として「拾弐人」の者が上申され、「御救助」を下されたことがわかる。

そして、これら十二名とは別に「窮民并廃疾之類」ではないので、「書上候も奉恐入」り「相除」いたが、同様の極貧の者どもがおり、その者たちが不憫に存ぜられるので、十二人の者とは別に大久保善左衛門が下小金井村の十一名の者に銭三貫文～金壱分を施し、銭・金として与えていることも分かる。同文書には、下小金井村の金蔵院が明治二年二月晦日に一律三貫文の施し銭を下小金井村の貧窮者十七名、上小金井村の六名、下小金井新田の二名に与えたことも記されている。

明治三年正月二日には、前出大久保善左衛門が銭二貫五百文～金一分の二回目の施し銭・金を下小金井村の貧窮者十三名、上小金井村四名に与えている。同二月廿日には、下小金井村の鴨下庄左衛門が大麦壱斗六升や銭弐貫文などの施し品や銭を下小金井村の二十九名、上小金井村の七名、それに下小金井新田六名の各貧困者に与えている。同十二月廿八日には、大久保善左衛門が下小金井村の貧民計九人に白米三升五合～五升を施している。

以上のように、明治二・三年に都合五回にわたって、下小金井村の有力者から下小金井村・同新田・上小金井村の貧窮者たちに施し金・品が与えられていることが確認できる。下小金井村で一回でも施し金・品を受けた者は四十二名を数える。

補論2　転住の際の方便

紺屋職人・長吉に関する弘化・元治・明治の人別帳を記すと、

（弘化）高壱斗四升九合　　長吉　当廿三才
　母ふで　〃五十才　　妻はな　〃廿四才
（元治）高九斗六升八合　百姓長吉娘さわ　当丑十八才
（明治）高弐石四斗三升八合七勺　百姓長吉　当巳四十九才
妻はな〃四十八才　婿綱五郎〃四十九才（マヽ）
娘さわ〃二十二才　　外に弟子二人

本論一〇六～一〇七頁でも触れたように、長吉夫婦は安政五年（一八五八）に、府中宿内で「紺屋渡世」を営むために、同宿内に七年間の約束で移住している。その際、上小金井村の家と土地は「娘さわ」が守るという形にしたと思われる（安政五年の時点で「娘さわ」は十一歳で、現実にそのようにできたかどうかは疑問が残るが、少なくとも建前上はそうしたものと思われる）。

おそらく、そのようにすることが村役人から府中宿内に人別送状を出してもらう条件だったのではないか。これは第一節二（一一九頁）で述べた、村役人が村の一定戸数を維持していく政策の一つと見ることができると思う。このような措置は、当時農間稼ぎのための転住の際の方便として多く行われたのではないか。

これも本論一四九頁で述べた、平太夫家の水車場を借り受けるために、高麗郡上広瀬村から同水車場に移住してきた「当村（上広瀬村）百姓助太郎養父角平家内六人」の場合も、こうした事例の一つに数えられるのではないか。移住に際し、角平は恐らく「助太郎」と養子縁組を結び、養子助太郎が上広瀬村の家・土地を守るという形にして、角平家内六人（これが実際の角平の家族と思われる）が平太夫水車場に移住して来ることが認められたのではないかと思われる。

補論3　天保の大飢饉での人口減少

表11から表14まで、四つの人別帳の当主と家族に関する記載内容を分析した表を作成した。

表11は、文政・弘化・元治・明治の各人別帳に記された各家の当主の年齢を十年刻みに分類し、その人数を出したものである。また、最後の欄には各人別帳の当主の平均年齢を出してある。

表12は、各人別帳に記された各家の家族人数（人別帳では使用人も家内人数に数えられているが、ここでは除外した）を家族数ごとに分類し、その数を出したものである（右端の欄には家族人数の平均を示した）。

表13は、各人別帳の独居所帯を、具体的に上げたものである。なお、参考のために所持石高と年齢を記した。

表14は、各人別帳の女性が当主になっている所帯（「後家」等として記されている）を上げたものである。ここでも参考のために所持石高と年齢・家族数を記した。

表 11　人別帳の当主の年代別人数

	10 歳前	10 代	20 代	30 代	40 代	50 代	60 代	70 代	80 代	不明	平均年齢	計
文政 10 年			4 人	8 人	18 人	7 人	7 人	3 人		1 人	47.7 歳	48 人
弘化 3 年			7 人	7 人	16 人	7 人	9 人	1 人		1 人	45.9 歳	48 人
元治 2 年	1 人	1 人	8 人	6 人	9 人	11 人	6 人	5 人	2 人		47.5 歳	49 人
明治 2 年		1 人	7 人	9 人	10 人	8 人	9 人	4 人	1 人		48.0 歳	49 人

（注）　明治 2 年人別帳には、光明院良順についての記載がない。元治 2 年の年齢 30 歳に 4 歳を加えて歳処理した。

表 12　人別帳の家族人数

家族人数	1 人	2 人	3 人	4 人	5 人	6 人	7 人	8 人	9 人	10 人	11 人	12 人	計	総計	平均員数
文政 10 年	1 戸	4 戸	12 戸	10 戸	5 戸	7 戸	4 戸	2 戸	2 戸			1 戸	48 戸	226 人	4.7 人
弘化 3 年	3 戸	3 戸	7 戸	15 戸	8 戸	3 戸	4 戸	1 戸	3 戸	1 戸			48 戸	221 人	4.6 人
元治 2 年	5 戸	4 戸	5 戸	2 戸	10 戸	12 戸	3 戸	3 戸	4 戸	1 戸			49 戸	249 人	5.1 人
明治 2 年	5 戸	4 戸	4 戸	2 戸	7 戸	9 戸	9 戸	4 戸	5 戸				49 戸	262 人	5.4 人

（注）　各人別帳の「家内人数」には奉公人も含まれているが、上の表では除外してある。

表 13　独居所帯

	石高	名前	年齢	石高	名前	年齢	石高	名前	年齢
文政	1 石 093	七郎右衛門	70 歳						
弘化	0.913	徳次郎	21 歳	7.1158	新兵衛	50 歳	0.67	要左衛門後家たよ	40 歳
元治	0.795 7.715	六右衛門後家ちよ 新兵衛 *	65 歳 70 歳	1.9345 1.008	権兵衛 要左衛門後家たよ	72 歳 58 歳	0.968	長吉娘さわ	18 歳
明治	3.1715 7.715	六衛門後家ちせ * 新兵衛	69 歳 74 歳	1.934 1.008	権兵衛 要左衛門後家たよ	76 歳 62 歳	0.14	助右衛門母ゑん	66 歳

表 14　女性が当主の所帯

	石高	名前	年齢	家族	石高	名前	年齢	家族
文政	百姓店借 新田出百姓	吉五郎後家 久左衛門後家まん	49 歳 60 歳	3 人 3 人	4 石 2552	平太夫いゑ後家	45 歳	3 人
弘化	0.44 0.8562	助右衛門後家ゑん はや	44 歳 64 歳	4 人 4 人	1.238 0.67	平太夫後家ゑい 要左衛門後家たよ	42 歳 40 歳	3 人 独居
元治	0.795 0.968 0.6782	六右衛門後家ちよ＊ 長吉娘さわ 長右衛門妹たけ	65 歳 18 歳 64 歳	独居 独居 2 人	2.930 2.6471 1.008	由五郎後家きん 勘次郎後家さく 要左衛門後家たよ	51 歳 43 歳 58 歳	4 人 6 人 独居
明治	2.9703 0.14 2.647	九左衛門後家かつ 助右衛門母ゑん 勘次郎後家さく	38 歳 66 歳 47 歳	6 人 独居 9 人	3.1705 0.529 1.008	六衛門後家ちせ＊ 七五郎後家なか 要左衛門後家たよ	69 歳 49 歳 62 歳	独居 3 人 独居

まず、表11・表12から窺えることを考える。表11・表12で注目すべきなのは、弘化三年の各数値である。当主の平均年齢は四五・九歳で、他の三つと比べて一歳近く下がっている。村の総人口二二一人、家族員平均人数四・六も一番低くなっている。文政・弘化・元治と並べてみると、弘化の数値はV字形の底を示している。この傾向は本文第一節の表7、表8、表9等に見られるように、文政↓弘化では所持石高を減らしている農家が多く、逆に弘化↓元治では増やしている家が多いのと同じ傾向である。

これらの数値の示すところは、本文で述べた通り、天保の大飢饉の影響の現れと見ることができる。文政↓弘化の時期は相対的に他時期に比べて死亡率が高かったと考えられ、それがより若い当主への世代交代を促し、当主の平均年齢を下げていると思われる。その点をさらに考えよう。第一節二で見た、文政人別帳の「継承不明の家」すなわち次の弘化人別帳にこれを継承したと思われる家が見当たらないケースの十戸の当主の平均年齢は、四五・一歳である。これは文政十年の当主の平均年齢四七・七歳より二・六歳低い。

次に、弘化の人別帳の「母胎不明の家」すなわち前の文政人別帳に継承する母胎になった家が見当たらないケースの十戸の家の当主の平均年齢は、三六・四歳である。これは弘化三年の当主の平均年齢四五・九歳より実に九・五歳も若くなっている。本文で推測したように、「継承不明の家」は直系の後継者（倅や娘婿）に所帯を継がせることができず、親類・組合等の相談で適当な人物が後継者に立てられたり、廃絶に追いこまれたりしたケースが多かったと思われ、「母胎不明の家」は右のような経緯で継承した家や廃絶した家に見合う数で分家した家であると思われる。

したがって、結果的には「継承不明の家」から「母胎不明の家」への継承・世代交代がなされたと考えることができる。そしてこのバトンタッチの際、より若い年齢への移行がなされたのだろう。これが弘化人別帳の当主の平均年齢の低下に現れていると思われる。天保の大飢饉の影響は、弘化人別帳の人口減（二二六人↓二二一人）や家族員数減（四・七人↓四・六人）にも現れていると思われる。そして弘化以後は人口・家族数とも増加の傾向を示している。

次に、表12について若干触れておく。一戸当たりの家族人数で一番多いものを順にあげると、

（文政）三人（十二戸）、四人（十戸）
（弘化）四人（十五戸）、五人（八戸）
（元治）六人（十二戸）、五人（十戸）
（明治）六人（九戸）、七人（九戸）

となる。これはどう解釈したらよいか。五十戸足らずのデータではあっきりしたことは言えないが、しだいに個々の家の経済力が高まり、家族を養っていく力が強まっていることを一応確認できるのではないか。しかし、一方では時代が下るに従って、一人家族（独居所帯）が増えているのが気になる。

次に、その表13独居所帯について考えてみる。元治の「長吉娘さわ」については先に触れた通りである。弘化の「徳次郎二十一才」も「さわ」と同じようなケースかもしれない。これらは例外的で、それ以外の事例は、不幸にして配偶者や子供に先立たれ、高齢の当主（「後家」として継承したケースも含む）のみが残されたケースであると考えられる。元治・明治になると、高齢のみならず、女性の独居所帯が増えている点も注意する必要がある。

ここで表13・表14の＊印「六（右）衛門後家ちよ（せ）」について触れておく。小金井市史編纂資料第五十編『武蔵野市立図書館旧蔵（諸家）文書』所収「一一元治二年上小金井村宗門人別帳」には、

同寺㊞旦那　高七斗九升五合　百姓七右衛門後家ちよ㊞当丑
六十五才
〆女壱人

とある。ところが同人別帳には別に、

同寺㊞旦那　高七斗四合五勺　百姓七右衛門㊞当丑六十才
（以下略）

と出ている。七右衛門が二人いるのは奇妙なので、『武蔵野市立図書館旧蔵（諸家）文書』の元治人別帳の原文コピーに当たると、小さい字ではあるが、はっきり「百姓六右衛門後家」と記されている。したがって「百姓七右衛門後家」は誤りであると思われる。次にこの四年後の明治人別帳を見ると、

同寺㊞旦那
高三石壱斗七升五勺　百姓六衛門後家ちせ㊞当丑六十九才
女壱人

と出ている。石高が明治の方が大分増加していて、名前も「ちよ」「ちせ」と異なっているが、「六（右）衛門後家」であること、女一人所帯であること、年齢が六十五歳→六十九歳（元

治二年から明治二年は四年経過）で矛盾がないこと、両人別帳とも久右衛門と由五郎後家きん（後継弥左衛門）の間に「六（右）衛門後家ちよ（せ）」を記していることなどから、「ちよ」と「ちせ」は同一人物と判断した。

さて、独居所帯の問題に戻る。女性の独居所帯である「助右衛門母ゑん六十六才」の場合は、第一節一で記したように、村役人から極難困窮者に指定され、品川県に報告されている。その「書上帳」で「ゑん」について、

一　高壱斗四升　　上小金井村百姓助右衛門母
　　　　　　　　　〃　ゑん　巳六十六才

右之者義小高寡暮、殊ニ追々老衰および極難渋ニ御座候

と記されている。この「ゑん」は四年前の元治人別帳によれば、

同寺㊞旦那　高一斗四升　百姓助右衛門㊞当丑廿三才
　　　　　　　　　　　　母ゑん〃六十二才
〆弐人　男一人　女一人

とあり、倅助右衛門と二人暮らしであったものを、その後に助右衛門が亡くなって一人暮らしになったものと思われる。もともと小高の上に倅に先立たれ、高齢化・老衰が進み、極難渋の状態に陥っている。こうした問題は、男女を問わず、高齢独居所帯に存在したのではないか。

最後に、表14女性当主の所帯について考える。六所帯のうち、右に述べた「助右衛門母ゑん」以外に、「九左衛門後家かつ」「勘次郎後家さく」については本文で詳しく述べた。また、六（右）衛門後家「ちよ」「ちせ」については、両者が同一人物であることを指摘した。この「ちよ（せ）」については、元治→明治の四年間に石高を大きく増やしている理由がよく分からない。女性の高齢独居所帯の「ちよ（せ）」がわずか四年間に二石三斗七升余も増やしているのはなぜか。あるいは石高の写し間違いとも考えられるが、明治人別帳の原文コピーが手元にないので確かめようがない。疑問として残しておく。

六所帯のうち、村役人から極難困窮者に指定されているのは「九左衛門後家かつ」「助右衛門母ゑん」「七五郎後家なか」の三所帯であるが、他の三所帯の生活も同様に苦しかったのではないか。この時代に女性が当主になって「家」を維持していくことの困難さが思いやられる。

あとがき

私は二〇〇五年四月に小金井古文書の会に参加した。そして二〇〇六年一月から長尾信之氏のご指導のもと、『小川家文書』の解読が始まった。同文書の翻刻・釈文作りを進め、将来的には『小川家文書』という史料集を出すことを目標に解読は進められた。われわれ会員には、事前に一定枚数の小川家文書コピーとその釈文（長尾氏作成）が配られ、月二回の定例会の席上会員が順番に音読し、長尾氏のご指導や解説を受けるという方式がとられた。

このような形で『小川家文書』を読み続け、二年余の歳月をかけて全小川家文書を読み終えた。その後、『武蔵野市立図書館旧蔵（諸家）文書』、『星野家文書』を読み終え、現在は『光明院文書』に取り組んでいる。『星野家文書』の解読・翻刻までご指導いただいた長尾信之氏は、現在病のため、療養生活に入っておられる（氏の一日も早いご回復と会への復帰を心より願う）。

以上のように、小金井古文書の会の活動は、ここ五、六年小金井市内諸家に残る古文書の解読・翻刻・釈文作りを中心に進められた。諸家の文書といっても決して少ない数ではない。一家の古文書を読み終えるのに一年以上もかかる有様である。したがって、古文書の会の活動も文書解読・翻刻にウェイトが置かれ、各文書の内容を詳しく検討していくとか、その歴史的意義を探るとかいったことは十分には行い得なかった。会の性格上これもやむを得ないであろう。

私は、これらのことは結局自分の手でやってみるより他ないと思うようになった。私は古文書の会で読んだ文書のいくつかを、自宅でさらに掘り下げて読み直した。幸い私は仕事をリタイアし、時間が十分あったので読み直す作業を進め、問題点や意義を探ることを少しずつ行い、それをノートに書き留めた。例えば本文でも詳述した平太夫家後家「ゑい」による水車を使っての「焔硝制方迄之諸品春立」や、九兵衛家を襲った「水戸浪人」を名乗る強盗の存在など、早くから注目していた。

また『武蔵野市立図書館旧蔵（諸家）文書』所収の四つの上小金井村宗門人別帳の記載内容の検討も早くから行い、表などを作成する作業も進めた。『小川家文書』の再読を行う中で、いくつかの文書に関連性があることも知り、それらを繋いで考えてみると、いろいろなことが見えてくることも分かった。

これらの諸文書の再検討を進めると同時に、私はすでに発行されている『小金井市誌(歴史編)』、『小金井市誌(資料編)』、『国分寺市史(中)』、『国立市史(中)』などの小金井市や近隣の市の市史類を読むことを進め、小金井とその近辺の近世、とくに幕末の歴史の把握に努めた。とくに『国分寺市史(中)』の幕末期の記述は、同期の国分寺村名主・良助に関わる史料を多く含む『本多家文書』がベースになっていると思われ、近隣・上小金井村と同様の問題を抱えていることが分かり、大いに参考になった。

当時の上小金井村名主が浅右衛門であり、その浅右衛門関係の文書を収めているのが『小川家文書』である。浅右衛門と良助はほぼ同期の名主で、代官所への願書などで上小金井村名主・浅右衛門、国分寺村名主・良助と並んで名を記すことも多かった。いろいろ連携することも多かったと思われる(両村とも府中宿寄場組合の同一小組合に所属し、一緒に行動することが多かった。良助はこの小組合の惣代になることが多く、リーダー的存在であったと思われる)。

以上のような検討を進める中で、私は上小金井村に残る四つの宗門人別帳に記された各家の「石高」「当主と家族の名前と年齢」の変遷を追い、これに関連する文書を結びつけて考察を進めれば、上小金井村の幕末期の農民達の歴史の一端を描くことができるのではないかと気づいた。

そのような点から検討・分析を進めた結果、でき上がったのが本稿である。果たして幕末期に生きた上小金井村の農民達の歴史を、その一端でも明らかにすることができたかどうか。心もとない気もするが、不十分な点は今後さらなる検討を重ねて行きたいと思う。最後になったが、いろいろお世話になった小金井古文書の会の皆さんに深く感謝申し上げる。

第4章　鴨志田氏（常陸国久慈郡小島村）の由来

はじめに

多くの人がそうであるように、私もまた自分の先祖の歴史について関心を抱いてきた。たまたま私の生まれた家が常陸国旧久慈郡小島村の鴨志田又左衛門という、いわゆる旧家(私が生まれた頃は零落した状態にあったが)であったので、なおさら強く関心を持つことになったのかもしれない。

旧又左衛門家は明治初期の鴨志田直以来、終戦直後の清夫(私の父。旧軍人で、終戦直後に妻の実家であった又左衛門家の養子となる)まで、ほとんど小島の地を離れて東京等に生活基盤を置いてきた。そのこともあってか、古文書の保管も行き届かず、私が歴史に興味を持ち、家の古文書を探し始めた頃には、いくらも残存していない状態にあった。

それでも、又左衛門家が義公(徳川光圀)時代の元禄二年に水戸藩郷士に取り立てられたこともあって、その前後の藤井紋大夫等の藩上層部や義公側近からの書翰が大切に保管されていることを知った。また、文政から天保頃(一九世紀前半)に又左衛門家当主であった直升という人が残した文書がある程度まとまって残っていることもわかった。これらの古文書は外部の人の関心を引くこともなく、研究対象として俎上に載せられることもなかったようである(義公時代の書翰は、昭和三年義公生誕三百年に際して、水戸徳川家に資料提供したことがあったようである。水戸徳川家からの印刷物の礼状が残っている)。

私がこうした史料を解読して鴨志田又左衛門家の歴史を解明したいと思ったのは、随分若い頃からのことであり、思い立って少しずつ史料を読んだり、文にまとめたりしてきたのであるが、本格的に所論を展開するのはリタイア後の今日に至ってしまった。

私は幼少年期を小島の地で過ごしたのであるが(今日は東京都小金井市に在住)、近所に鴨志田澌氏という方が住んでいた。われわれは「田幡《たばた》(屋号)のおじさん」と呼んでいた。本論の中でもしばしば取り上げさせていただいた、小島村庄屋定衛門家の直系の子孫である。

この方は鴨志田家や本郷部落(鴨志田家などのある小島村の一集落)、小島村などの地域の歴史に明るく、私も何度か、本論で取り上げた小島の鴨志田氏が平将門の流れを汲み、信太郡から小島に遷住してきたという話を聞いた記憶がある。

晩年は『学と文芸』誌などに投稿され、その論文を私などに送ってくれたこともあった。

「鴨志田姓」が結ぶ縁であろうか、その鴨志田漂氏の論文が安部川智浩氏という方の目にとまった。そして二〇〇六年二月頃、当時まったく面識のなかった私（鴨志田）宛に、次のような手紙と資料を送って頂いた。安部川氏の了解を得ておらず大変失礼ながら、学術的な利用ということでご勘弁頂いて、次に要点を引用させて頂く。

「私、神奈川県大磯町出身で、現在は札幌市にて勤務しております。私どもの鴨志田家は神奈川県の海老名本郷で戦国期～江戸初期頃から名主をしていたようで、同地の武家出身の七旧家との伝承がございます。一五年ほど前に、母方の叔父が書いた家史で鴨志田氏との縁を知りましたが、鴨志田という苗字が大変珍しく、その後同氏族の発祥や系譜などについて、少しずつ調査を進めて参りました」。

「常陸国では、佐竹旧臣の鴨志田式部少輔を祖とする久慈郡常陸太田の鴨志田氏（資料2）と、勘解由左衛門を祖とする那珂郡の鴨志田氏（資料4）があります。常陸太田市とひたちなか市の鴨志田氏は所在地や遷住の伝承は異なっても信田（志田）義政を遠祖とする点では一致しています。とくに久慈郡常陸太田の鴨志田氏は遠祖を平将門の第二子である将国とし、大掾に属し、鹿島神を奉じて徳治二年（一三〇七）に小島に来着し、九曜を家紋とするなどが、定衛門家の末裔にあたられる鴨志田漂氏の著作（資料2）にあります。」

「私としては、平将門所縁の信田氏の者が常陸国において、何らかの経緯で鴨志田氏を発祥し、少なくとも鴨志田十郎が吾妻鏡に初出する一一九〇年以前に武蔵国に遷住し、同氏の滅亡（一二〇五年畠山重忠の事件に加担）後に、一族は四散し、氏族の供養として氏族名が郷名（鴨志田）として残ったものと推測しております。」

以上のようなことを骨子とする内容の手紙であった。私（鴨志田）のことは、鴨志田漂氏の論文で知り、苦労して私の勤務先を探され、その勤務先の私宛に送って下さった。そして、「鴨志田氏に関して、常陸と武蔵／相模の関連についての伝承など、貴家に伝わっていること」はないだろうか、「小金井の鴨下氏、調布の鴨志田氏と系譜上の関連」「その他鴨志田氏について何か」知っていることをご教示頂きたい旨の依頼をされてきた。

また手紙とともに資料として、
資料1「鴨志田氏の起源と系譜」（古代氏族研究会、宝賀寿男会長）
資料2鴨志田漂氏「スワ山古墳と星神社について（その二）」（『学と文芸』四八集）
資料3信田汎二氏著『常陸国信太郡に足跡を残した人達』
資料4『勝田市史』中世編、近世編「二一　旧家の由緒と系譜」（執筆志田諄一氏）
資料5鴨志田彬人氏「多摩鴨志田家考」（『姓氏と家紋』）
資料6『横浜市緑区史　通史編』第二編中世編の「鴨志田十郎　谷戸の景観と板碑の造立」の部分
資料7神奈川新聞昭和五四年四月二四日記事「わが心の山河鴨志田一族の板碑」（伊藤宏見氏）
と、七点のコピー資料を送って頂いた。
安部川氏の鴨志田氏についての分析の幅の広さ、利用している資料の多さ、情報収集能力の確かさ等には、正直にいって圧倒される思いで、私は強い衝撃を受けた。それは私の鴨志田氏の研究に強い刺激を与え、研究意欲をかきたてるものであった。

またお送り頂いた資料も私には未知なもので、いずれも魅力的な内容であった。しかし安部川氏が、鴨志田氏の系譜について「平将門所縁の信田氏の者が常陸国において、何らかの経緯で鴨志田氏を発祥し、少なくとも鴨志田十郎が吾妻鏡に初出する一一九〇年以前に武蔵国に遷住」したとのお説にはどうしても納得いかないものを感じたので、氏の所論に対する批判・反論と私の武蔵・鴨志田氏と常陸・鴨志田氏の関係に関する卑見を、小島・鴨志田氏に関する若干の史料とともに安部川氏にお送りした。
本稿は、その時の手紙の内容を骨子とし、それに大幅に加筆訂正して、史料的な裏づけを加えたものである。なお、執筆に際しては、安部川氏より提供を受けた資料も大いに利用させて頂いた（とくに資料2、4、6、7。このうち2については、すでに漂氏から頂いたものを持っていた。4については、『勝田市史』の原稿をより広範に論じた志田氏の『中世常陸の土豪と農民』を中心に利用した）。

一　『新編常陸国誌』鴨志田氏記

鴨志田姓について、『新編常陸国誌〈巻九十六 中世貫附〉』に、次の記述がある。

武蔵国都築郡ニ鴨志田村アリ、蓋其起ル処ナリ、東鑑ニ東国諸士ノ内鴨志田十郎アリ、当国ニ移ルノ時代詳ナラズ、白石文書ニ、鴨志田□郎ト云アリ、佐竹義□状ナリ、今那珂久慈等ノ郡ニ、コノ苗字存セリ（後略）

(ア)武蔵国都築（筑とも書く。以下同）郡鴨志田村がこの姓の発祥の地であること、(イ)『吾妻鏡』に鴨志田十郎がみえること、(ウ)この姓が常陸国に移ってきた時代は詳らかにできないこと、(エ)現在は那珂郡・久慈郡にこの姓がみられることを記している。

以下、まず『新編常陸国誌』の右の記述についての検討から始める。

(ア)について。日本歴史体系一四『神奈川県の地名』（平凡社）の横浜市緑区の欄に、

〔中世〕古代末期から中世に成長した郷に黒金郷・八佐古郷・佐江戸郷・恩田郷・鴨志田郷・市尾郷・石河郷・江田郷・津田郷などがある。

〔近世〕鴨志田村（現横浜市緑区（現在は青葉区—引用者）鴨志田町、寺家町、たちばな台一—二丁目、若草台、すみよし台、桂台二丁目）「永仁（一二九三—九九）頃と推定される恩田殿宛の武蔵国留守所代連署書状（早稲田大学蔵）に府内分倍河原（現東京都府中市）堤防の修築に際しての「恩田鴨志田所課分」を「両郷」が難渋したとある」。

以上のように、武蔵国都築郡に中世鴨志田郷（近世鴨志田村）があったことは確かである。そしてここが鴨志田姓発祥の地であるかどうかは、おいおい検討を加える。

(イ)について。『吾妻鏡』に建久元年（一一九〇）十一月の源頼朝入洛の際、行列の先陣畠山重忠の随兵（三騎列之）に、

八番　大井四郎　高麗太郎　鴨志田十郎

同じく建久六年（一一九五）三月十日、「頼朝赴東大寺供養」際の先陣畠山二郎・和田左衛門尉（各不相並）の随兵（三騎相並）に、

阿保六郎　鴨志田十郎　青木丹五

とある。鎌倉時代初期に鴨志田十郎なる御家人が存在したことも確認できる。いずれも三騎並んで行進したわけだが、他の二人は武蔵国の武士と思われ、鴨志田十郎も武蔵国の武士であったことが推定でき、武蔵国都築郡鴨志田郷に基盤をもつ武士であることが強く推測できるが、これは後にさらに検討する。

(ウ)について。「武蔵国都築郡鴨志田郷に発祥した鴨志田姓がいつ常陸国へ移ってきたか」。これは本論の中心テーマである。後に深く検討する。

(エ)について。ＮＴＴのハロー頁電話帳、茨城北部「日立・常陸太田」「水戸・ひたちなか」版などをざっと見ると、鴨志田姓は茨城北部市町村の電話帳に見られ、常陸太田市では一一三軒、うち真弓町二六軒、同小島町三四軒、ひたちなか市では一二一軒、うち外野《そとの》三五軒、東石川三八軒など、これら地域に鴨志田姓が濃密に分布している。真弓・小島は久慈郡、外野・東石川は那珂郡に属すので、(エ)の説は十分首肯できる。「真弓」「小島」「外野」は常陸・鴨志田姓の中心をなす村であると思われ、後に検討する。

以上のように『新編常陸国誌』の記述について確認できるが、根本問題は鴨志田姓の武蔵都築郡鴨志田郷発祥説が妥当かどうか、妥当だとしてそれが常陸にいつ頃移ってきたか、そしてそれらのことと常陸国久慈郡小島村の鴨志田氏（以下これを小島・鴨志田氏と呼ぶ）がどのようにつながるのかである。

二　鴨志田氏の由緒書・家譜・系図

小島の鴨志田氏の由来を示すと考えられる史料を、次にあげる。

A．元禄二年（一六八九）のものと推定される「覚書」

覚

一又左衛門　年三拾八

一同人女房　年弐拾九

一同人女子　　年拾弐
一同人男子　　年五つ
下人　弐拾人　内八人男　拾弐人女
家風　三拾人　内拾四人男　拾弐人女（以上、家風人数マヽ）
持高百弐拾石　内六拾三石　田方　五拾七石　畠方
其外古証文等茂有之候者差上可申由、私五代以前ニ鴨志田式部と申者、藤田村之内五貫文之処知行仕候、佐竹様よりノ御証文共ハ、六代以前ノ若狭と申者自火之時分焼失仕候由申伝候、以上

（旧鴨志田又左衛門家所蔵文書）

B．寛政三年（一七九一）の小島村古来百姓書上帳

小島村　郷士
鴨志田又左衛門

一　此先祖ハ当国信田郡ニ数代居住、其後信田新太郎と申者当村へ相移り、佐竹様より知行拝領仕、夫より拾代目道忠と申者、苗字鴨志田と相改、夫より六代目式部少輔と申者天正拾九年加増、藤田村内五貫文被下置候、系図其外古キ書記等ハ式部親若狭と申者代、不残焼失仕所持不仕候、右式部少輔倅又左衛門より佐竹様御国替ニ付百姓ニ罷成、右又左衛門より相分り申候者共ニ御座候

同人三男　惣兵衛

此者慶長年中又左衛門より相分り申候

惣兵衛子　庄左衛門

一　此者組頭役義相勤申候

庄左衛門子　定衛門

一　此者組頭役義相勤居候処、享保拾八年庄屋役義被　仰付、同拾九寅相果申候

（中略）

右当村百姓之内、古来之者共書上候様被　仰付候ニ付相改、前書之通無相違付指上候、以上小島村庄屋　定衛門㊞
寛政三年亥四月
組頭　名（略）

（故鴨志田溉氏所蔵文書）

C．文化四年（一八〇七）『水府志料』小島村の項所載文書

（前略）古文書　鴨志田又左衛門所蔵也。其先信田氏鴨志田若狭と称す。天文年中、佐竹氏に仕ふ。其子式部少輔といふ。天正十九年、野州壬生城攻の時、一方の軍将たりとぞ。勝利を得るに及んで、藤田の内五貫文の地をあたえて賞せらる。慶長年中、

佐竹氏秋田に移るの時浪人となる。元禄二巳年水戸殿郷士に命ぜられ、今に伝ふ。〈古文書一通略〉

水戸義公観楓の作、又左衛門家蔵

詠小島楓葉

任笻到一小舎　遶舎楓葉飽霜
仙人錬丹鉛薬　青女湿臙脂妝
吹起火焼林上　寸断錦曬夕陽
夜易明天難暮　紅継晷短日長

D. 年不詳鴨志田又左衛門家由緒書

一　　鴨志田又左衛門

平親王後胤信田氏孫

鴨志田若狭守

天文年中佐竹殿ニ仕イ、若狭守嫡子鴨志田式部少輔代佐竹殿ノヨリ、天正年中壬生城引潰シノ節、賜感状今ニ所持、慶長年中秋田エ国替ノ節ヨリ浪人トナリ、田畠高四百石余所持、小島村ニ在居、大庄屋其外郷代庄屋役等代代勤羅アリ候所

源義公様御代郷士ニ被召出、御物成五十石頂戴、私マテ数代無恙実子ニテ相続仕、御奉公申上、難有奉存候　御先代様ヨリ百姓ノ内ヨリ御成数度　延宝二甲寅年二月十一日　源義公様御成ノ節古書御尋ニ付、感状奉入高覧候ヨシ申伝候

御殿有之候所、郷士役被召出候三代目直富代困窮仕リ、相破レ申候、百姓ニ分家数人数人有之、分家ノ者内ニテ代々庄屋組頭役等無滞相勤申候、若狭守代焼失仕候テ系纂相失ヒ候、家臣トモ数人取立有之候所、他参死絶等ニテ只今ハ二軒ニ相減シ申候（中略）

一源義公様御成数度有之、鉄砲矢場相済ミ、拝領物サラシ地御菓子略之

詠小島楓葉

任笻到一小舎　遶舎楓葉飽霜
仙人錬丹鉛薬　青女湿臙脂妝
吹起火焼林上　寸断錦曬夕陽

（旧鴨志田又左衛門家文書）

E. 天保三年鴨志田又左衛門家由緒書および郷士来歴

一　　鴨志田又左衛門

平親王後胤信田氏孫

鴨志田若狭守

天文年中佐竹殿ニ仕イ、若狭守嫡子鴨志田式部少輔代佐竹殿ヨリ、天正年中壬生城引潰シノ節、賜感状今ニ所持、慶長

年中秋田エ国替ノ節ヨリ浪人ト成、田畠高四百石余所持、小島村在居、大庄屋其外郷代官庄屋等代々勤羅在候トコロ

源義公様御代郷士ニ被召出、御物成五十石頂戴、私マテ数代無恙実子ニテ相続仕、御奉公申上、難有奉存候　御先代様ヨリ百姓ノ内ヨリ御成数度、延宝二甲寅年中御成ノ節、古書御尋ニ付、感状奉入高覧候由申伝候

御殿有之候所、直富代困窮仕、相破レ申候、百姓ニ分家数人有之、今以分家ニテ代々庄屋組頭役無滞相勤申候、若狭守代焼失仕候、系纂失、家臣数人有之候所、他参死絶等ニテ只今ハ二軒ニ罷成申候

鴨志田又左衛門君儀、元禄二己巳年六月十五日御物成五十石頂戴、郷士ニ被召出、男盈福ト父子大内勘右エ門父子ト共ニ、御西山エ勤番仕、所々御成ノ節御供被　仰付候ヨシ

源義公様御成数度有之、鉄砲矢場相濟、拝領物サラシ地・クワシ類略之、御自筆二枚其外左ノ通

一詠小嶋楓葉六言律御詩一首　但御紋表具掛物

一即事蓮五言律御詩一首　但御鼻御カミ被遊候紙御ノシ被遊候テ御書被遊候由（中略）

元禄二己巳年ヨリ宝永六丑年マテ二十一年御奉公申上候

鴨志田又左衛門盈福、宝永七庚寅年中親取来御物成五十石頂戴郷士月日不分（中略）

宝永七寅年ヨリ享保九辰年マテ十五年御奉公申上候（中略）

鴨志田又左衛門直富、享保十乙巳年六月九日親取来御物成五十石頂戴郷士（中略）

享保十巳年ヨリ天明八申年マテ六十四年御奉公申上候（中略）嫡子病身ニ付、願ノ上嫡孫承祖

鴨志田又左衛門直好、寛政元己酉年十一月廿一日親取来御物成五十石頂戴郷士（中略）

寛政元酉ヨリ文政二卯年マテ三十一年御奉公申上候（中略）

鴨志田又左衛門直升、文政三庚辰年十二月廿五日親取来御物成五十石頂戴郷士（中略）

右

源義公様御代郷士被召出、私マテ数代実子ニテ相続仕、無滞御奉公申上、難有奉存候、此段書上申候、以上

鴨志田又左衛門

天保三年辰九月

（旧鴨志田又左衛門家文書）

鴨志田氏略系

鴨志田氏略系

平 將門 ― 恒武天皇五代孫
將国 ― 信太小太郎と称、常総信太荘在住
義政 ― 將国～義政間数代不詳
小太郎（義將） ― 大掾氏と倶に江戸氏と戦ひ敗れて鹿島郡に遁住、後小島村移住
新太郎 義道 ― 鹿島明神分霊（鉾）と釋迦牟尼佛（等身大）持参と伝ふ。（宝金剛院安置）（本仰山萊斎）（徳治二年）
嶋成太夫 ― 小太郎信道 ― 道国 ― 政宣
道尚 ― 宜貞 ― 道儀 ― 義道 新左衛門
道忠 ― 佐竹義信公に仕、苗字鴨志田賜
良継 ― 若狭 ― 天文年中佐竹義重仕
式部少輔 ― 慶長年中、佐竹国替帰農（残留）
文左衛門 ‥‥ 西屋敷に移る（宗家）
五左衛門 ― 元屋敷 慶長中 堀、内居住 分家
惣兵衛 慶長中分家
茂左衛門 ‥‥ 永井氏（平衛門をつぐ）

弥兵衛 ‥‥ 本郷（中組住）元和年中分家
三衛門 ― 栗原（宇野氏）養子
伝衛門 ― 本郷新田（あらぢ）居住（黒沢とき子実父方祖）
女子二人
与頭 庄左衛門 ― 組頭 庄左衛門 ― 庄や 定衛門
庄や 定衛門 種峯 ― 庄や 定衛門 存誠
庄左衛門 ‥‥ 分家 ― （忠）十兵衛 分家
庄や 定衛門 高則 ― 惣五郎 補佐早逝の為服名セズ ― 与頭 定衛門 朝□
与頭 定衛門 明済 ― 藤之助 義嗣 ― 義顕 ― 熈（筆者）

宗家方

祖父式部少輔 ― 慶長時、佐竹国替により帰農西屋敷居住、義公～召出郷士、以後明治期迄、世襲
文左衛門 自安
文左衛門 香水
文左衛門 盈福 ― 文左衛門 直富 ― 文左衛門
文左衛門 直好 ― 文左衛門 直竹 ― 文左衛門 直準
本介 直列 ― 元治甲子変に殉難
直 在京代官（非役士） ― 直貞 大坂毎日記者 ― 清夫 太平洋戦参加 ― 清敏
昌夫

＊この「略系」は、鴨志田熈氏が作成したものと思われる。

以上が管見に入った小島・鴨志田氏の由来に言及した古文書・系図である。次にこれらA～Fについて解説を若干加える。

Aの史料は年不詳であるが、又左衛門君儀が郷士に取り立てられる元禄二年（一六八九）六月の少し前に書いて藩に提出した覚書の下書きではないかと推測する。理由は「其外古証文等茂有之候者差上可申由」とあり、郷士取立の判断材料の一つとしてこうしたものを差し上げさせたと思われること、この文書と同じ筆跡の元禄二年の「潰諏訪社跡拝領始末」とでも称すべき古文書が旧又左衛門家に残っていること等による（この古文書も延宝二年（一六七四）に「殿様御鷹野」で御成りの節、「殿様」が潰諏訪社跡の森にあった「きつね穴」に興味をもたれたことが縁で又左衛門がこの地を拝領することになった経緯を書き上げて、藩に提出するよう求められたものである。この文書も郷士取立の材料の一つになったと考えられる）。

Bの史料は、寛政三年（一七九一）に「当村百姓之内、古来之者共書上候様被　仰付」、小島村庄屋定衛門が水戸藩に提出したものである。最初に百姓ではない郷士身分の鴨志田又左衛門家の由緒・来歴が述べられているのは、定衛門家を始め、小島村の古来百姓の何軒かが又左衛門家の分家筋にあたる関係である。なお、この古文書は定衛門の直系の子孫にあたる故鴨志田漑家に所蔵されている。B史料からも窺えるように、定衛門家は代々定衛門を名乗り、小島村・庄屋を務める家柄であった（屋号を田幡という）。

Cの史料は水戸藩の学者で郡奉行だった小宮山楓軒が、文化四年（一八〇七）に編集した「水府志料」の小島村の項に所載の部分である。『茨城県史料（近世地誌編）』「水府志料」解題によれば、文化二年に各村々庄屋・組頭に基礎材料の提出を求めているので、小島村分も文化二年に庄屋（恐らくこの当時も定衛門）から郡奉行（藩）に提出されたと思われる。

Dの史料は、作成年不詳の文書である。しかし、Cの史料と比較してみると、内容的に極めて類似していることに気づく。Cの文書は小島村から提出された文書をそのまま掲載したのではなく、恐らく編者・小宮山楓軒の手が加わり、内容が意訳されているのではないかと考えられる。そう考えると、Dの文書はCの基礎材料（小島村提出の古文書そのもの）とも考えられる。もっともC「天正十九年（一五九一）、野州壬生城攻の時、一方の軍将たりとぞ。勝利を得るに及んで、藤田の内五貫文の地をあたえて賞せらる」が、Ｄ「天正年中壬生城引潰シノ節、賜感状今ニ所持」となっている点が気になる。Ｄの文書がいつ作成されたかを断定することは保留せざるを得ないが、いずれにしてもＤの文書の内容に類した由緒書は文化二年以前にできていたのではないかと思われる。

Ｅの史料は、天保三年（一八三二）に又左衛門直升が恐らく藩の求めに応じて、鴨志田又左衛門家の由緒と元禄二年の郷士取立以後の来歴をまとめて記述して提出したものと思われる。そして前半の郷士取立までの由緒を述べた部分は、Ｄの史料とほとんど同じある（若干言いまわしや助詞の使い方に違いが見られるが）。恐らく又左衛門家には、又左衛門家の由緒をまとめた基本文書が作成・保存されていて（それがＤの文書である可能性がある）、藩等から提出を求められるたびに、それを基に作成して提出していたのではないか。

Ｆの「鴨志田氏略系」（「スワ山古墳と星神社について（その二）」『学と文芸四八集』一一二〜一一八頁）は、故鴨志田漲氏が同家に伝わるＢ等の文書や記録を基に作成した鴨志田氏の系図であると考えられる。漲氏が物故された今では確かめる術もないが、①人名の書き方に通称名・諱《いみな》・号が不統一に使用され、いわゆる系図としての統一性に欠けること。例えば、式部少輔、又左衛門、又左衛門香水（香水は号、諱は君儀）、又左衛門盈福（盈福は諱）といった具合である。②古い時代の部分には「数代不詳」などの書込みがあること、③添書の書き方に漲氏らしい観点や表現があること。それは又左衛門方の近現代の部分は（例えば在京代言（弁護士）など）はもちろん、近世の部分でも「式部少輔　慶長年中佐竹氏国替帰農（残留）」の（残留）を書き加えていること、それに式部少輔の部分に「慶長年中佐竹氏国替帰農（残留）」と入れることは誤りで、これは式部少輔の子「文左衛門」（実はこれも誤りで又左衛門が正しい）の部分に入れるべきである（後述）。以上のような点から、この「略系」は鴨志田漲氏が作成したと判断したい。前述の通り故鴨志田漲氏は、又左衛門家から江戸時代初期に分家した代々定衛門を名乗り庄屋を務めた家の直系の子孫である。最初私は、漲氏宅に何らかの系図類が残っていて、それに漲氏が加筆してできたのが「鴨志田氏略系」であると考えていたが、右のように考え直すに至った。

三　由緒書等から見た小島・鴨志田氏系譜

1　若狭以後の系譜

A～Fの記載内容を検討する。A～Fの史料の中、又左衛門家に伝来するのはA、D、Eである。Cも又左衛門家文書を基礎に作成されていると考えられるので、又左衛門系に入れることができる。これに対し、BとFは定衛門家に伝来もしくはそれを基礎に作成された史料である。

又左衛門系と定衛門系では、記載内容に大きな差異が見られる。その差異は、結局、鴨志田若狭（天文年中に佐竹氏に仕えたという）以前の小島・鴨志田氏の具体的系譜に言及しているか否かにある。

すなわち、又左衛門系では、「若狭」は「平親王後胤信田氏孫　鴨志田若狭（D、E）」とか、「其先信田氏　鴨志田若狭（C）」等と記され、「若狭」以前の具体的系譜の記載がない。

これに対し、定衛門系、ことにFでは「若狭」以前の系図が具体的人名で示され、それは平将門・常陸国信田庄（郡）に由来することが説かれている。小島・鴨志田氏、常陸信田庄（郡）発祥説である。果たしてこの点の信憑性はどうであろうか。これは小島・鴨志田氏の系譜を探る上で極めて重要な問題だと思われるので、後で詳しく検討する。

まず、A～Fのすべてに記載されている「若狭」以後についての検討から始める。若狭の嫡子・式部少輔について、①天正十九年（B、C）、天正年中（D、E）に、②下野国壬生城攻の際、その武功が認められ（C、D、E）、③主君佐竹氏より感状を賜り（D、E）、④藤田村内に五貫文の地を賜った（A、B、C）ことは、先祖の輝かしい武功として、いずれの由緒書にも記されている。

とくにD、Eでは、延宝二年（一六七四）水戸藩主徳川光圀（義公）が「御成ノ節古書御尋ニ付、感状奉入高覧候由申伝候」とあり、こうした先祖の武功とそれを物語る「感状」を所持する家柄であることを藩主光圀にアピールしていることが窺われる。

また、④の「藤田村中に五貫文の地を賜った」ことも重要な意味をもったと考えられる。この五貫文の地は大きさにおいてはそれほどでもないが、武功に対する恩賞として与えられた給地であり、こうした土地をもつこと自体武家にとって大変名誉なことであったに違いない。小島・鴨志田氏はそれまでに佐竹氏に臣従していたが、土地支配については従来から土豪地侍として確保してきた土地を佐竹氏より安堵されたに過ぎなかったのではないかと思われる。佐竹氏の下級の臣はこのような土豪地侍が大半ではなかったか。そうした中で五貫文とはいえ、主君よりの恩賞の地を与えられるということは、従来よりも家臣としての地位を向上させたことは間違いないと思われる。

以上のような先祖・式部少輔の武功・感状所持・恩賞の給地の存在等も有力な判断材料となって、元禄二年（一六八九）に、式部少輔より五代子孫又左衛門君儀は物成五十石頂戴、郷士に取り立てられたものと思われる。そうした意味で式部少輔は、又左衛門家の系譜の上で最重要人物として各由緒書に強調されることになったのではないかと思われる。

そして式部少輔の父が、若狭あるいは若狭守と称される人物である。若狭については、天文年中（一五三二～一五五五）に①佐竹氏に仕えた（D、E）こと、②若狭の代に火事にあい、「佐竹様よりノ御証文（A）」「系図其外古キ書記等（B）」「系纂（D、E）」を焼失したことが記されている。又左衛門家側の最も古い由緒書の類である元禄二年郷士取立て前のAの文書にも、当時の又左衛門君儀から「六代以前」の祖として若狭の名が記されており、その嫡子で武功をあげて佐竹氏から感状や恩賞の地をもらった「五代以前」の祖・式部少輔とともに、はじめて佐竹氏に仕えて、小島・鴨志田氏の発展の基礎をつくった人物として伝承され、重んじられていたのではないか。小島・鴨志田氏の正統な武家としての歴史は、はじめて佐竹氏に仕えた若狭に始まるという認識ができていたのではないか。

それ以前も恐らく有力農民・土豪としての実力を持ち、武士化もしていたと推測されるが、それ以上のものではなかったのではないか。又左衛門系の各由緒書が若狭を最初においているのは、こうした理由ではないか。したがって若狭以前には、小島・鴨志田家にはこれといった誇れる系譜はなかったのではないか。そうした事実を隠蔽あるいは曖昧にするため、「系纂・文書等」が若狭代に焼失したという話ができたのではないか。若狭以前の系譜については、後に改めて検討する。

以上のことから考えて、確実に遡りうる、又左衛門家の祖として、鴨志田若狭を置くことに間違いはないと思う。

さて、右のことを前提に、鴨志田漑氏が作成したと推測されるFの略系の若狭以後の部分を検討する。Fの若狭以後の系図の又左衛門家の分を便宜上右から左へ（ただし、⑥〜⑨、⑩〜⑪は上から下）父子関係が続くように変えて、**表1**に示す。

表1の①〜⑪について、問題点をあげる。

①の若狭の添書「天文年中佐竹義重仕」の佐竹義重は義篤か、義昭の誤りと思われる（この点は「2　若狭以前の系譜」で触れる）。C、D、Eにはただ「佐竹氏に仕イ」とある。

表1　前掲略系図より抽出

①	若狭	（添書部分）天文年中佐竹義重仕
②	式部少輔	慶長年中佐竹国替帰農（残留）
③	文左衛門	西屋敷に移る
④	又左衛門自安	
⑤	又左衛門香水	義公〜召出郷士、以後明治期迄世襲
⑥	又左衛門盈福	
⑦	又左衛門直富	
⑧	又左衛門	
⑨	又左衛門直好	
⑩	又左衛門直竹	
⑪	又左衛門直準	

②の式部少輔に「慶長年中佐竹国替帰農（残留）」とあるが、Bの文書に「式部少輔伜又左衛門より佐竹様御国替ニ付百姓ニ罷成」とあり、この添書は③文左衛門につけるべき添書である。

③の「文左衛門」は右のBの引用部分から、「又左衛門」に書き改められるべきである。

⑤の又左衛門香水の香水は号、諱は君儀であるから、Eの文書の書き方に従って又左衛門君儀と書くべきである。

③の文左衛門（又左衛門の誤り）と④の又左衛門自安の間に、二代の又左衛門が入るべきである。その理由はAの文書に又左衛門（君儀）の五代前が式部少輔、六代前が若狭と記されているので、系図に表せば、若狭―式部少輔―又左衛門―□―□―又左衛門（自安）―又衛門君儀（香水）となる。

⑩の又左衛門直竹は、又左衛門直升の誤り。

以上の点を勘案して略系を修正し、若狭以後の又左衛門家の系譜を表すと、次頁**表2**の通りである（右から左に親子関係を示す）。

表2

① 若狭　天文年中（一五三二～五五）に佐竹氏に仕ふ
② 式部少輔
　天正年中（一五七三～九二）下野・壬生城攻の軍功により佐竹氏より賜感状。藤田村内五貫文の地を賜る
③ 又左衛門（諱不明）
　慶長年中（一五九六～一六一五）佐竹氏秋田国替により浪人となる。西屋敷に移る
④ 又左衛門（諱不明）
⑤ 又左衛門（諱不明）
⑥ 又左衛門（諱不明、号自安）
⑦ 又左衛門君儀（号香水）
　元禄二年（一六八九）御物成五十石頂戴、郷士に召し出される
⑧ 又左衛門盈福
　宝永七年（一七一〇）親取来御物成五十石頂戴、郷士
⑨ 又左衛門直富
　享保十年（一七二五）親取来御物成五十石頂戴、郷士
⑩ 又左衛門（諱不明）病弱につき郷士継承できず
⑪ 又左衛門直好
　寛政元年（一七八九）親（祖父）取来御物成五十石頂戴、郷士
⑫ 又左衛門直升
　文政三年（一八二〇）親取来御物成五十石頂戴、郷士
⑬ 又左衛門直準
　年不詳、親取来御物成五十石頂戴、郷士　明治維新に至る

2　若狭以前の系譜

次に、略系の若狭以前の系譜の検討をする。繰り返すが、又左衛門系の史料にはこの部分について具体的な記載はない。すべて定衛門家側の史料による。まず、略系の系図を、**表3**として次頁にあげる。その際便宜上、右から左へ親から子、祖先から子孫に継承される形（ただし、⑤～⑧、⑨～⑪は上から下）に改め、それに添書が添えられている場合は、その人名下に記載した。また、〔　〕内に系図人物名に対応するBの文書の文言を入れた。

この表3について、まず全体的に言えることは、各人の名の下に記されている添書文言と史実と見られる事象との間には、大きなズレや矛盾・誤謬が見られることである。次にそれを具体的に見ていく。

表3

① 平　将門　　桓武天皇五代孫
② 将国
信太小太郎と称、常総信太荘在住
ア〔此先祖ハ当国信田郡ニ数代居住〕
（この間数代不詳）
③ 義政（小太郎〔義将〕）
④ 新太郎義道
大掾氏と倶に江戸氏と戦い敗れて鹿島郡に遁住、後小島村移住。鹿島明霊明神分霊（鉾）〔本仰山奉斉〕と釈迦牟尼佛（等身大〔宝金剛院安置〕）持参と伝ふ。（徳治二年）
イ〔信田新太郎と申者当村へ相移り、佐竹様より知行拝領仕〕
⑤嶋成太夫―⑥小太郎信道―⑦道国―⑧政宣
⑨道尚―⑩道儀―⑪新左衛門義道
⑫ 道忠　佐竹義信公に仕、苗字鴨志田賜
ウ〔苗字鴨志田と相改〕
⑬ 良継
⑭ 若狭　天文年中佐竹義重仕
エ〔系図其外古キ書記ハ（中略）不残焼失仕所持不仕候〕
⑮ 式部少輔
オ〔天正拾九年加増、藤田村内五貫文被下置候〕

②将国については、添書に「信太小太郎と称、常総信太荘在住」とあるが、「常総」という言い方はどうであろうか。当国あるいは常陸国と書くべきではないか（「常総」という言い方は県内に旧常陸国部分と旧下総国部分を抱える茨城県で、その両国の境近辺の地方を指す言葉として使われる。明治以後に使われ始めた用語であると思われる）。恐らく濰氏の用法であろう。

さて「信太小太郎と称」の部分であるが、網野善彦氏が信太荘の説明とともに「将国」についても触れておられるので引用してみよう。「信太郡は恐らく直幹（引用者注―常陸大掾本宗・多気直幹）のときに、小野川を境として東条と西条に分れる。そのうち東条は直幹の子五郎忠幹に譲られ、忠幹はここを名字の地とし、東条氏を名のることになった。これに対し、西条は仁平元年（一一五一）、平頼盛の母藤原宗子によって立荘されて信太荘といわれ、安元二年（一一七六）までに八条院庁文の荘園となっている（中略）。その領家職は頼盛から子光盛に伝えられているが、荘の寄進にあたって現地で寄与したのは、一応常陸平氏本宗下妻広幹と推測しうる。しかしその後の下司については、平将門の子将国が信太小二郎と称し、その流れが信太郡に住んだとする伝説（『相馬系図』等）、紀八郎貞頼がはじめて常州信太郡を領し、信太荘司と称し、これを頼康、頼高と伝領したとする所伝（中略）、志田三郎先生義広を下司と見る説などがあって、明らかでない。このうち将国流については伝説としてよい」（『里の国の中世』七〇～七一頁）（注1）。

このように、平将門の子将国が信太小二郎と称して、その流れが信太郡に住んだとする伝説があるが、それはあくまでも伝説であるとして信太郡在住説を否定している。私もこの説に従いたい。

⑤新太郎義道については、添書にa「大掾氏と倶に江戸氏と戦い敗れ」、b「鹿島郡に遁住」した。そのc「後小島村移住」した。その際d「鹿島明霊明神分霊（鉾）（本仰山奉斉）と釈迦牟尼佛（等身大（宝金剛院安置））持参」した。そのように伝えられている。それはe「徳治二年（一三〇七）のことである。またBの文書にはイ（信田新太郎と中者当村へ相移り、佐竹様より知行拝領仕）とある。

a「大掾氏と倶に江戸氏と戦い敗れ」を徳治二年にすることは歴史認識として誤っている。というのは、江戸氏が台頭し、大掾氏と戦うのは室町中期頃のことだからである。『水戸市史　上』には、次のようにある。「南北朝初期の争乱で、それまでこの水戸の台地と那珂川北岸を見はるかす、那珂西丘陵の突端に城を構えて、大きな勢力を擁した那珂氏も、太田城の佐竹氏との戦いで、族滅に近い打撃をうけて姿を消した。争乱の末期、那珂西城の対岸、下江戸にふたたび姿を現した那珂氏の子孫は、姓を江戸とあらため、佐竹氏と婚姻を結んで、その下風に立つ土豪となった。やがて、応永二十三年、佐竹・大掾以下の常陸諸豪族をまきこんで関東一円に拡がった、上杉禅秀の乱を契機に、江戸氏は大掾の拠る水戸の地をえてそこに進出し、那珂・茨城地方の雄として、新たな発展を示すにいたった」（四三六頁）。

「大掾氏と倶に江戸氏と戦い敗れ」た戦いを、仮に応永三十三年（一四二六）の戦い（江戸通房の水戸城攻撃・奪取と大掾側の反撃による戦闘。大掾氏は敗退し府中へ撤退）に移して考えても、水戸・那珂川近辺の戦いに遠い信太郡に居住していた新太郎義道が参加したというのは無理がある。したがって、いずれにしてもaは史実としては認められない。

aが成立しないとすれば、b「鹿島郡に遁住」もまた否定しなければならない。そもそも「鹿島郡に遁住」という事柄は、d「鹿島明霊明神分霊（鉾）」を持参したということと結びつけて発想されたのではないか。この「鹿島明霊明神分霊（鉾）」を持参して、小島村に入ったという伝承は、小島村における鴨志田家の地位において重要な意味を持つことになる。この点は後述する。

次に、Bの「小島村古来百姓書上帳」記載のイ〔信田新太郎と申者当村へ相移り、佐竹様より知行拝領仕〕に関して「当村へ相移り」の問題は後まわしにして、「佐竹様より知行拝領仕」ったことを考えてみよう。結論から先に言えばこうしたことは考えられないと思う。

理由の一つは、徳治二年（一三〇七）頃というのは、北条得宗家の常陸北部（従来佐竹氏の勢力圏）への進出が著しく、佐竹氏は雌伏を余儀なくされ、小島周辺の土地も北条氏の所領と化していたこと、二つは「佐竹様より知行拝領仕」は佐竹氏に臣従し、知行地を与えられたという意味かと考えられるが、鎌倉末のこの時代、佐竹氏の支配にこうした体制ができていたとは思えないからである。

では前半の「当村へ相移」った（c「後小島村移住」）ことはどうか。私は「新太郎義道」が信太郡ないし鹿島郡から移住してきたとは考えられないが、この徳治二年（一三〇七）という年は、鴨志田氏の移住の上で重大なことが起こった年という認識を反映しているのではないかと考える。私は後述の通り、これを武蔵・鴨志田氏が初めて常陸北部の地に入った年だと考える。それがずっと後世になって小島村移住の年と混用されてしまったと考える。後ほど詳しく検討する。

⑫道忠「佐竹義信公に仕」、⑭若狭「天文年中佐竹義重仕」の問題については、佐竹氏歴代当主一覧と「略系」の人名を対応させた**表4**を参照されたい。表の中、佐竹氏当主の西暦年は、第一五代までは生没年、一六代からは家督を維持していた期間である。

道忠が仕えた「佐竹義信公」であるが、表4によれば、第一一代義宣（義信、一三四六〜一三八九）以外に該当者がいない。しかし道忠は天文年中（一五三二〜一五五五）に「佐竹義重」に仕えた若狭の二代前に位置しているから、とうてい年代が合わない（注2）。恐らく佐竹氏に仕えるという事実そのものがなかったのではないか。したがって、「苗字鴨志田賜」という事実もなかった。また、若狭が仕えたのは「佐

表4　佐竹氏と鴨志田氏略系の関係

佐竹氏歴代当主一覧	鴨志田氏略系	備考
	平将門—将国	
	（数代不詳）	
	義政	
	新太郎義道	徳治2年小島移住、佐竹氏より知行拝領
	嶋成太夫	
10代義篤（1311年生、1362年没）	小太郎信道	
11代義宣（義信）（1346年生、1389年没）	道国	
12代義盛（1365年生、1407年没）	政宣	
13代義人（1400年生、1467年没）	道尚	
14代義俊（1420年生、1477年没）	道儀	
15代義治（1444年生、1490年没）	新左衛門義道	
	道忠	佐竹義信公に仕える
16代義舜（1490年家督継承、1517年没）	良継	
17代義篤（1517年家督継承、1545年譲）		
18代義昭（1545年継、1565年譲）	若狭	天文年中佐竹義重に仕える
19代義重（1565年継、1586年譲）	式部少輔	
20代義宣（1586年継承）	又左衛門	

『佐竹氏物語』（無明舎出版）、『茨城県の歴史』（山川出版社）による。

竹義重」ではなく、一七代義篤か、一八代義昭でなければならない。

しかし、若狭については前述の通り実在は確かであり、佐竹氏に仕えたことも確かと思われる（「佐竹義重」に仕えたとあるのは「略系」のみで、他の由緒書ではただ「佐竹氏に仕」とあるのみである）。若狭以後の系譜のところで考察したように、小島・鴨志田氏で佐竹氏に最初に臣従したのは天文年中の若狭であった。このような人物として認識されたがために、又左衛門系の由緒書では最初に書かれることになったと思われる。

略系が「道忠　佐竹義信公に仕、苗字鴨志田賜」としているのは、道忠が小島・鴨志田氏で最初に佐竹氏に仕えた人物として意識されたためとも考えられるが、表3ウの「苗字鴨志田に相改」に対応して「佐竹氏に仕えて、同氏より鴨志田の姓を賜った」と脚色したのが真相ではないか。前の考察でも指摘したように、こうした事実は否定せざるをえない。

以上のような分析から私は、略系に描かれている平将門の子孫が信太氏を名乗り、信太荘（郡）に在住し、それが江戸氏との戦いに敗れ、鹿島郡小島を経由して久慈郡小島の地に入部し、そこで勢力を築き、道忠代に佐竹氏に仕え（あるいは小島村古来百姓書上帳のように鎌倉末の新太郎義道代に佐竹氏に臣従し）、今までの信太（信田）に変わって鴨志田の姓を佐竹氏から賜った。そしてそれが天文年中の若狭やその子式部少輔に受け継がれていくというストーリーは、全体として否定せざるを得ない（部分的には何らかの史実を反映していると考えてもおかしくないところもあるが）。

では「略系」の若狭以前の具体的人名をどう解釈するか。私は定衛門家にはB以外に由緒書の類の文書が残されていて、漑氏がそうした文書の記載された人名を系図の中に挿入したのではないかと思っている（事実「略系」とBに出てくる人名、その人名にまつわる出来事はほぼ対応している）。

次に、又左衛門家側の史料でも「其先信田氏鴨志田若狭（C）」「平親王後胤信田氏孫鴨志田若狭（D・E）」というように、鴨志田若狭の先祖が「信田氏」あるいは「平親王後胤信田氏」と記されている問題を検討する。平親王とは平将門のことで、「『平親王（新皇ではない）というよび方も同じころ（引用者注－一三世紀）、『平家物語』以後に一般的になる」（福田豊彦『平将門の乱』岩波新書、二〇九頁）。

平将門の後胤である信田氏の流れを汲む鴨志田若狭であることになる。こうした認識は定衛門系のBやF「鴨志田氏略系」のそれと一致する。このことはBが書かれた寛政三年（一七九一）頃までには小島・鴨志田氏の共通認識になっていたように思う。ではこのような認識はいつ頃どのようにして形成されたか。この問題は節を改めて検討したい。

（注1）網野善彦『里の国の中世―常陸・北下総の歴史世界―』（平凡社ライブラリー五一二）。同書は「『茨城県史　中世編』（通史）の網野氏執筆部分を一書に纏めたもの」（同書解説）とのことである。

（注2）安部川智浩氏は、道忠が仕えたのは佐竹北家の（北）義信（一四七六～一五三三）であるとされている。（北）義信は、山入一揆をおさめた義舜の弟で、佐竹北家を興した人である。そして北家が成立するのは、義舜が太田城を奪回した一五〇四年以降、義舜の最晩年のことと考えられる。そうすると、天文年間（一五三二～五五）に佐竹氏に仕えたという孫の若狭の年代とあまりに近いという問題が生ずる。それに、成立したばかりの佐竹北家に、この段階で新たに家臣を召し抱える体制ができていたのか。さらに、道忠が最初に佐竹氏に仕えた人であるなら、そ

れは小島・鴨志田氏にとって重大な事柄であったはずで、そのことは当然記憶・伝承され、又左衛門家の由緒書の最初に書かれなければならないはずである。以上のことから私は、道忠が佐竹北家の義信に仕えたことはあり得ないと判断する。

四 「信(志)田(太)から鴨志田へ」の背景(一)

私は 前節2の論考で、小島・鴨志田氏の前身は、平親王・平将門の後胤の信太荘（郡）居住の信田（太）氏であるとの所伝が小島・鴨志田氏の間にでき上がっていたこと、しかしそれは歴史的事実とは認めがたいことを論じた。しからば、このような所伝がいつ頃、どのようにして発生したのか、次にそれを探る。

前節で「平将門の子将国が信太小二郎と称し、その流れが信太郡に住んだという伝説」が「相馬系図」にあるとの網野善彦氏の説を紹介したが、小島・鴨志田氏＝信太荘・信田氏の系譜の所伝には明らかに相馬系の伝説の影響が見られると思う。

小島・鴨志田氏はどのようにしてこの伝説を取り入れていったのか。私は江戸時代、小島・鴨志田氏と緊密な関係にあった同村・高畠氏がその媒介をしたと考えている。高畠氏の又衛門は同氏の系譜について、寛政三年の小島村古来百姓書上帳（Bの後ろの部分）の中で、次のように記している。

私共先祖下総国千葉氏三男武士三郎より相分り申候系図所持仕、尤妙見縁起等も所持仕候、当村江相移り申候年数之儀ハ慥成ル義無御座候得共、私共迄弐拾壱代ほど以前佐渡と申者、当村へ落着、代々鎮守妙見大菩薩勧請仕、居住仕候由申伝候、鎮守遷宮等之節ハ御鉾守仕、神社へ相納来り申候（後略）

以上のように、①高畠氏は下総千葉氏の系譜を引き、「妙見縁起」等も所持し、千葉氏系統で顕著な妙見信仰を保持していたこと、②又衛門より二十一代ほど前の佐渡以来、小島村に居住し、鎮守妙見大菩薩を勧請して、鎮守遷宮の節は、「御鉾」を守って神社に納めてきたこと等が述べられている。

①については、高畠氏が千葉氏の流れを汲むことは、現在でも小島・高畑部落に居住する高畠姓の男子の一部の名に、千葉氏系によく見られる「胤」の一字がつけられていること、家紋が九曜の星であること等から信じてよいものと思う。千

葉氏系統の家紋が九曜の星であること、そしてそれは妙見信仰と結びついていることは広く知られている（福田豊彦、人物叢書『千葉常胤』（吉川弘文館））に詳述）。なお、小島・鴨志田家の家紋が「鍋島茗荷に九曜の星」になっているのは、高畠氏の影響ではないか。

②については、寛延二年の文書に次のようにある。

乍恐以書付御訴訟申上候事

一小嶋村草切百姓と申者、鴨志田若狭、高畠佐渡、伊藤□左衛門、堀口左馬之助と申者ニ御座候由申伝承知仕候、依之鎮守造栄遷宮在之節者、鹿嶋御ほこ（鉾）ハ鴨志田、妙見御ほこハ高畠子孫ニ而御もり仕候、尤座付之儀ハ壱番鴨志田、弐番高畠、三番伊藤ニ御座候由、然所伊藤堀口氏儀ハ子孫相絶、鴨志田高畠之儀者子孫相続、左右之座上仕候（後略）

このように、神社遷宮に際して、鹿嶋御ほこ（鉾―御神体）は小嶋村草切百姓である鴨志田子孫が、妙見御ほこ（鉾）は同高畠子孫が御守り、納めてきたこと、そしてその際の座付は左上座が鴨志田、右上座は高畠が占めてきたこと等が述べられている。

こうした鴨志田・高畠両氏の神社遷宮儀式主催、上位左右座付占有に対して、正徳二年に小嶋村在住他六氏（永井・片岡・白石・藤咲・大内・中村）より、「右之座付引替、別当壱人遷宮ニ仕度由」すなわち遷宮儀式を鴨志田・高畠主催ではなく、神社を管理する寺の別当が行うべきであるとの異議が出され、水戸藩への訴訟事件に発展した。

そしてこの時の郡奉行の裁許は、異議を唱えた六氏に御呵入獄三人、閉戸六人の処分、遷宮儀式は従来通りというものであった。ところが、これから三十八年後の寛延二年にも同様の動きが六氏側から起こり、とくにこの時は高畑氏を排除しようとする動きがあった。右の「乍恐以書付御訴訟申上候事」という文書は、高畑氏が六氏を水戸藩に訴訟した文書の冒頭部分である。この時に水戸藩がどのような判断を下したか、今残る史料からははっきりしないが、恐らく従来のやり方を踏襲するようにという判断がくだされたのではないかと思われる。

こうした遷宮に関する訴訟関係の文書は、長く小島村庄屋を世襲した定衛門（鴨志田又左衛門家の分家）の子孫の故鴨志田灑家に保存されており、当時この紛争の鴨志田・高畠側の中心になったのが、庄屋定衛門と判断される。これは村内の身分序列をめぐる問題であると同時に、村政を牛耳る鴨志田・高畠勢力に対抗する、他氏からの権力闘争・主導権争いの側面もあったのではないかと思われる。

このように神社遷宮の儀式・座付の問題は、一八世紀を通じて小嶋村では燻ぶり続け、対立が続いたと考えられる。こうした対立が続く中で、鴨志田・高畠の連携はさらに深まったと思われ、また対立する六氏に対し、鴨志田・高畠側の先祖の氏素性の確かさを明示する必要があったのではないか。

①で見たように、高畠氏の場合、関東の武家の名家・千葉氏に連なる家系であるとの伝承は確かであるように思われるが、鴨志田氏の方は若狭以前が不明確だったのではないか。しかし、何か武家の名家に連なる系譜であることを明示する必要がある。そうした中、高畑氏との情報交換の中で、高畑氏側の千葉・相馬系図や由緒書の中に「平将門の子将国が信太小太郎と称し、その流れが信太郡に住んだとする伝説」の存在を知り、鴨志田の下の二字「志田」との関連から、鴨志田氏—信田氏（信太郡）—平将国（信太小太郎）—平将門という系譜が連想されていったのではないか。あるいはこうした系図作成を請け負う、ある種の専門家の関与があったのかもしれない。

また、鴨志田氏の小島村における権威の源泉である「鹿島御ほこ（鉾）」を守護し続けてきたということから、祖先が信太郡から鹿島郡を経由して（信太郡から直接でなく）小島村に入部したとの伝説も作られていったのではないか。

こうした系譜作成は、小島村庄屋を世襲し、六氏との紛争において、鴨志田・高畠側を主導したと考えられる定衛門家が中心になって進められ、後に本家又左衛門家を含め、小島・鴨志田氏の共通認識になっていったのではないか。若狭以前の具体的人名や歴史を示す由緒書等が定衛門家側のみに残存するという事実も、右のように考えれば首肯できる。

小島村在住の百姓には、鴨志田・高畠以外にも武家に連なる系譜を持つ者がいた。寛政三年小島村古来百姓書上帳で、藤咲氏は「私先祖之儀者往古吉田太郎廣幹五男藤作久五郎為幹と申者ニ而那珂郡田彦村館ニ居住仕候」と、白石氏は「私共先祖ハ佐竹一族ニ而代々佐竹ヲ名乗、岩瀬村館ニ居住候（中略）佐竹為代、奥州白石之城主伊達大膳太夫与欤申候者ヲ攻依戦勝在城仕、其節在名白石ヲ氏と仕」とある。

『常陸大掾系図』の吉田幹清の子孫に「藤佐久」氏の名を

見出すことができ、白石氏については後にも出てくるが、佐竹氏の一門に白石氏がいる（白石氏の名字の謂われについての右の史料は、そのまま史実とは認めがたいが）。小島に移住した藤咲（佐久）氏・白石氏が正しくこうした系譜につながるのかどうかは不明とせざるをえないが、こうした伝承を主張していること自体が重要で、村政や宗教儀礼において主導権を握り、藤咲・白石氏などと対立する鴨志田・高畠氏側としては、対抗上より古い武家の名家に連なる家系であることを示す必要がなおさらあったのではないか。

以上のように、私は鴨志田氏の前身は平将門の子孫・信田氏であるとの説が、神社遷宮儀礼・序列をめぐる小島村の内部対立が表面化した正徳以降に、高畠氏との緊密な関係の中で定衛門家が中心になって成立していったと推測する。それ以前にはこうした認識がなかった一つの傍証として、前に取り上げたA元禄二年のものと推定される又左衛門の「覚書」には、先祖として五代以前の「鴨志田式部」、六代以前の「鴨志田若狭」の存在が記されるのみで、それ以前の系譜には漠然とではあれ、まったく言及していないことをあげることができると思う。

五　「信田から鴨志田へ」の背景（二）

次にもう一つ、小島・鴨志田氏の前身が常陸国信太郡の信田氏であるとする主張の背景として考えられるのが、志田諄一氏が「旧家の由緒と系譜」「幸若舞曲と武士、土豪層」（『中世常陸の土豪と農民』所収、筑波書林）等で述べられている幸若舞曲「信田」の影響である。志田氏がここで分析対象としているのは、那珂郡外野《そとの》村の鴨志田氏（以後外野・鴨志田氏と呼ぶ）の旧記「鴨志田氏系伝略」である。

『新編常陸国誌』によれば、外野村は、「元禄十五年ノ石高二百三十一石六斗二合（地理志云、戸数凡三十三）天保中、大島、外石川二村ト合テ」「東石川村ト称シ」た。現在はひたちなか市外野町で、勝田駅から二キロほど北である。一九二頁で指摘したように、外野周辺は鴨志田姓が現在でも濃密に分布する。

外野の地を開発したのは、元和の頃に没した鴨志田勘解由左衛門の祖先であった。以下、外野・鴨志田家の歩みに関するところを、志田氏の研究から抜書きする。そして、それに対応すると思われる小島・鴨志田家の動きを（　）内に記す。

①「外野の開発が鴨志田氏によってなされたことはたしかである。外野の小字名は鴨志田家の屋敷を中心にして、放射状に関連する地名がつけられているのである。屋敷内、下屋敷、内後などの広い屋敷地を有した鴨志田家の屋敷跡は、その一部が現在も残っている」（『中世常陸の土豪と農民』四七頁）。

小島村の「草切百姓」は、鴨志田又左衛門家の祖先であり、とくに又左衛門居住地の小島村の中心地に位置する本郷部落には、もとは又左衛門屋敷があった場所に、堀の内の地名がついている。江戸時代初期に移ったと伝えられる又左衛門の同じ本郷部落の屋敷は西屋敷と呼ばれ、家屋敷の周りに一丁ほどの堀をめぐらした武家屋敷の構造になっている。

②「鴨志田家は、おそらく、室町時代に、この地に入り岩清水八幡宮を奉じて、外野とよばれていた原野を開墾し、うなぎやら溜などの水路を掘って田畑を開き、村を作った開発土豪である。こうして、はじめは鴨志田家の氏神であった岩清水八幡宮が、のちに外野村の鎮守としての役目を果たすようになるのである。現在も鴨志田家には、八幡宮の神宝である掛軸が、大切に保存されている」（同書四九頁）。

又左衛門家の祖先が小島の地に入部した際、鹿島御鉾（御神体）を持参し、その後、代々妙見御鉾を守護する高畠氏とともに、それを守護してきた。また、そのことを理由に神社遷宮の際の儀礼や上位の座席を独占してきた。

③「天正から文禄・慶長にかけての時代の激動期に生きた鴨志田家の当主は、鴨志田勘解由左衛門である。勘解由左衛門は、天正一八年（一五九〇）一二月、佐竹義宣が水戸城の江戸重通を攻めて滅ぼすと、まもなく佐竹氏に仕えたらしい。しかし、慶長七年（一六〇二）に、義宣が秋田に移ったときは、これに従わず外野村にとどまって、村の政治にたずさわったようである」（同書五〇頁）。

天文年中、若狭のときに佐竹氏に仕えた。天正年中式部少輔のとき武功があり、佐竹氏より感状と五貫文の地を藤田村内に賜った。慶長の佐竹国替の際は小島村に留まり浪人となった。

④「『水府系纂』所収の鴨志田五衛門重孝の系図に、つぎのような伝えがある。（系図略）

鴨志田五衛門重孝、祖父ヲ勘解由左衛門輝重ト云フ、佐竹義宣ニ仕フ、義宣封ヲ羽州秋田ニ移サルヽ時、退テ常州市毛ニ住シ

テ終ル、父ヲ雅楽之介某ト云フ、不仕終リ、重孝寛文九年己酉六月十八日義公ニ奉仕切符ヲ賜テ勘定役トナル

この伝えによると、鴨志田勘解由左衛門は輝重と称し、佐竹義宣に仕えたことが明らかである。しかし、市毛に住したというのは誤りであろう。その子の雅楽之介の存在も、鴨志田家文書と一致する。寛文九年（一六六九）に、義公（光圀）に仕えて勘定役になったという鴨志田五衛門重孝は、雅楽之介の子で、長男は鴨志田家をついだが、弟の五衛門重孝は武士になったのであろう。鴨志田家には光圀から襖を拝領したというい伝えがあるので、雅楽之介の子が光圀に召出されて、武士に登用されたことはたしかである。光圀は高野、足崎あたりに猪狩りにきて、清水源衛門正仍の養子儀久を召出しているので、そのとき鴨志田家に立寄ったのかも知れない。元禄二年（一六八九）に、久慈郡小島村（現久慈郡金砂郷村）の鴨志田又左衛門が光圀によって、郷士に取り立てられたが、それよりも早い寛文九年に、那珂郡外野村の鴨志田雅楽之介の子が、光圀によって武士に取立てられているのは、鴨志田家が、中世以来の由緒ある家柄であったことを物語っている」。（同書五一～五二頁）

義公代にしばしば又左衛門家に御成りがあり、「小島楓葉」を詠んだ六言律詩を賜ったことをはじめ、幾多の拝領物があった。君儀代、元禄二年には「御物成五十石頂戴郷士」に取り立てられた。

以上のように、外野・鴨志田氏の歩みを辿ってみると、小島・鴨志田氏のそれに大変類似しているのに気づく。現在、小島・鴨志田家側には、少なくとも管見の範囲では、外野・鴨志田家との同族関係を窺わせるような史料は存在しない。伝承などもないようである。姻戚関係を結んだ形跡もないようである。したがって、非常に古い時代はわからないが、小島、外野の地に入部以後はまったく別個の歴史を展開したものと思われる。

それにしても似たような歩みを辿ったのは、なぜだろうか。私は、これは同族関係によるものでなく、中世に新しい土地に入部し、開発を推進し、土豪としての勢力を築いていった者たちが辿った一般的な道であって、結果として似通ったものになったと解したい。

それでは、祖先についての伝承・系譜についてはどうであろうか。これについても、志田氏が綿密な分析を加えておられるので、紹介・引用しつつ検討したい。

「外野村の鴨志田勘解由左衛門が申し伝えたという旧記に、

鴨志田氏系伝略

建武年中之頃、人皇九十六代後醍醐天皇之御宇、足利尊氏公、新田義貞公、越前国黒丸合戦之時分、遠州之国主志田遠江守義政の一子、志田小太郎義氏、其時之将軍江無礼有て、関東江流罪被仰付、是依之、常州那珂郡外野村江落着民家となり候処、然るに志田氏は天下江対し遠慮有り、致替名鴨と云字を上江入、鴨志田と号し、是勘解由左衛門之先祖と申伝候（後略）

とあることから、『旧家の由緒と系譜』では「鴨志田勘解由左衛門の先祖は、建武年中のころ遠江の国主志田遠江守義政の子・志田小太郎義氏が足利将軍に無礼があって関東に流罪となり外野村に落着いたとあるのは、後述のように、幸若の信田にみえる志田小太郎伝承の影響をうけているようである。また鴨志田氏の先祖が遠江国から平野、立原の両氏をともなって、外野にきたという伝承もある。遠江国と境を接する駿河国の南界に志田郡が置かれているので、遠江と志田氏は関係が深いのである。いずれにしろ、鴨志田氏の先祖にひきいられた浪人団が、外野に入ってきたのはたしかである」とされ、また「幸若舞曲と武士、土豪層」においては、外野村に土着した後、「志田氏は天下に対し遠慮があったので「鴨」という字を入れて、鴨志田と名を替えた（中略）。ここには明らかに、ときの将軍によって流罪を命ぜられた豪族が、流浪の末に常陸国に土着し、しかも遠慮があって、替名までしなければならなかったという悲劇の事件が、志田小太郎の物語とむすびつけられている。（中略）。「水府志料」によると、久慈郡小島村の郷士鴨志田又左衛門の家もそのさきは信田氏で鴨志田若狭守と称し、天文年中に佐竹氏に仕えたとあるので、ここにも、幸若舞曲「信田」の影響をみることができる」とされ、さらに「水府志料」のいくつかの村の項に信田小太郎に関する記事が載せられていることを紹介されている。

以上のように志田氏は、信田氏を名乗っていた一族が、外野村や小島村に入部し、鴨志田と改姓した背景に幸若舞曲「信田」の影響を指摘されている。

では、幸若舞曲「信田」とはどのようなものか。これも志田氏の同著からの引用、孫引きであるが、次に掲げる（『同書』九六頁〜九七頁）。

「信田」のあらすじは、つぎのとおりである。

信田小太郎は、姉婿の小山太郎行重に所領を奪われ、母とともに追放される。流浪の途中、近江の番場の宿で、母は重病にかかり死んでしまい、一人の旧臣とも別れて孤独の身となる。小太郎は自害を決意するが、思いとどまり、東国にもどって旧臣浮島大夫に会い、その勧めで小山を討とうとする。しかし、小山の大軍に攻められて、浮島一族は討死し、小太郎も捕えられる。そこで殺されるところを、相馬殿の恩顧を得たことのある千原のはからいで救われる。ふたたび、流浪の身となった小太郎は、都に向う途中、近江国大津の浦で、人買いに捉えられ、諸所に売られて苦労を重ねたあげく、陸奥国外の浜の塩焼きの下人として買いとられる。ところが、小太郎の人品が塩路の庄司の目にとまり、その養子となる。折から着任した国司歓迎宴の席上で、かつて、小山に捕えられていたとき、姉から渡された系図をみせる。国司は小太郎を信望し、三か年の国務をまかせる。一方、常陸国では、姉が系図をもちだしたことが知れて、小山に追いだされ、弟の小太郎をたずねて諸国を放浪し、やっと陸奥国にたどり着き、小太郎とめぐり会う。姉から話を聞いた小太郎は、大軍をひきいて、小山を討伐する。小山は所領をすてて京へ逃げるが、途中で捕えられる。小太郎は小山の首を打ち落して、多年の恨みを晴らし、上洛して関白殿下に対面し坂東八カ国の所領をめでたく安堵され、信田の河内に御所を造って、末長く繁昌する」。

「こうした貴種流浪の物語は、戦乱で主家を離れ、所領を失って放浪の身となり、やっとのことで常陸国にたどりついて土着し、原野に開拓の鍬を入れ、溜池を築いて田地を開き、氏神を勧請して村を作りあげ、苦労の末に生活の安定をみた武士、土豪層の心情と一致する面があったのである。外野の開発土豪である鴨志田家の先祖は、幸若舞の『信田』に強く心ひかれるものがあったらしい」と志田氏は述べておられる。

小島・鴨志田氏の場合は、どうであろうか。故鴨志田灑氏が定衛門家に伝わる各種由緒書等を基に作成したと推測したF「鴨志田氏略系」に、信太小太郎を名乗る人物が、将国（平将門の子）、義政（義将、将国の数代後胤）、信道（嶋成太夫〔「信田」の浮島大夫に類似〕の子、小島村移住後の人物）と三人見えることや、新太郎義道の添書に「大掾氏と倶に江戸氏と戦い敗れて鹿島郡に遁住、後小島村移住。鹿島明霊神分霊（鉾）と釈迦牟尼仏（等身大）持参と伝ふ」と記され、外野・鴨志田氏の伝略の話とモチーフを共通した、信太郡からの敗北と流浪の末に小島村に入部したという伝承になっていることに等に、幸若舞「信田」の影響を見て取れるのかもしれない。

しかし私は、少なくとも小島・鴨志田氏の場合は、相馬系図に伝わる「平将門の子将国が信太小二郎と称し、その流れが信太郡に住んだとする伝説」がより原点にあるように思われる。これはまったくの素人判断で的はずれかもしれないが、幸若舞曲「信田」の原型には「平将門の子将国＝信太小二郎」伝説があるような気がする。信太小二郎と信田小太郎の類似性、「相馬殿の恩顧を得た」と「相馬殿」と敬称を使い、その関連性を窺わせる点等から、このように推測してみたが、いかがか。

私は、外野・鴨志田氏の説話の重要なポイントは、これが建武年間の出来事としていることと、何らかの失敗、あるいは敗北を体験して外野の地に入ったとしていることだと思う。この説話の背景に、一三三三年（建武の直前）の北条氏の滅亡とそれに伴う鴨志田氏の、北条氏の代官的地位と根拠地の喪失、新しい新開地（外野など）への入植・開発の推進といった動きを、私は想定しているのだが、これについては後述する。

私がこうした鴨志田姓の淵源を志田（信太、信田）姓に求める伝説・伝承で気になるのは、鴨志田の下二字志田から志田（信太、信田）を連想し、それにまつわる話を仕立てることは比較的容易だと思うが、志田（信太、信田）から鴨志田という極めて特殊な姓を連想することは大変むずかしいことである。

外野・鴨志田氏の「伝略」では「志田氏は天下江対し遠慮有り、致替名鴨と云字を上江入、鴨志田と号し」とあり、小島・鴨志田氏の「略系」では道忠の添書に「佐竹義信公に仕、苗字鴨志田賜」となっている。私はこうした志田（信田）から鴨志田への改姓、賜姓は現実味がないと思う。すでに鎌倉時代初期からその存在が認められる鴨志田姓の淵源は、「鴨志田」という地名に求めるべきだと、私は思う。

六　武蔵国都筑郡鴨志田郷

では、小島村・鴨志田氏のルーツは、どこに求められるのか。私はやはり新編常陸国誌の「鴨志田姓」の項に述べられているように、武蔵国都筑郡鴨志田郷に求めるのが正しいと思う。永仁（一二九三〜九九年）頃、確かに武蔵国都筑郡に鴨志田郷があったことは、すでに一のア（一九一頁）で述べた。以下、『横浜市緑区通史編』の記述によって、鴨志田の地についてまとめる。

①「鴨志田氏は都筑郡鴨志田郷から起こった武士と考えられる。この地域は昔の面影が少し残っているので、鎌倉時代の武士と村落を考えるてがかりとして見てみたい。谷本川が三輪と麻生の丘陵に挟まれた狭い河岸から出て比較的幅が広くなった所が鴨志田である。西から大きな谷戸がいくつも流れ込んでいて、寺家・鴨志田の丘陵からなだらかな台地が川に向って伸びている。谷頭には堤を築いて溜池を造り、池の小島に水の神を祀る小祠のある池を見ることもできる（中略）。こうした大小の谷戸と谷本川に沿って広がる、低いなだらかな低位台地に開発の手を延ばし耕地化して、背後の丘陵を畠地として利用する生活は中世にまで遡るものと思われる。『吾妻鏡』に登場する鴨志田十郎は、一族や下人（隷属民）、百姓を動員して開発を進めたのであろう」（同書二二〇〜二二一頁）

② 西側の丘陵に共同墓地があり、その一角に神奈川県最古といわれる寛元二年（一二四四）銘の大型の板碑がある。板碑と大石を取り除いたところ、深さ五〇センチの所に骨壷が埋められていた。鎌倉期の板碑には蔵骨器をともなう例が散見されるが、千々和到氏は鎌倉期の造立者は御家人や得宗被官御内人（執権北条氏の嫡流家の家臣）としている。寛元の板碑と蔵骨器の被葬者は鴨志田郷の領主鴨志田十郎かその一族であろう（大意、同書二二一頁）。

③ 甲神社がある台地一帯は古墳時代後期の大きな集落があったと推定され、この土地が古墳時代以来開けた土地であることを物語っている（大意、同書二二二頁）。

④「鴨志田十郎は『吾妻鏡』に二度登場する。建久元年・同六年（中略）、頼朝の上洛の随兵として御家人役を果たしている。鴨志田氏についてはこれ以降の事跡は伝わっていない。永仁年間と思われる「武蔵国留守代阿聖・左兵衛尉実長連署書状」によれば御家人鴨志田氏の果たすべき役を隣郷の恩田氏が果たしている。何らかの理由で鴨志田氏にかわって恩田氏の勢力が鴨志田郷に及んだことがわかる」（同書二二三〜二二四頁）。

以上のように、鴨志田はかなり古くから開けた土地であり、中世にも盛んに開発が進められたようである。鴨志田はそうした開発・発展の跡をいろいろな形で今日に残している土地であると思われる。『横浜市緑区通史編』はこの地の開発を進め、鴨志田郷の領主としての地位を固めていったのが、『吾妻鏡』に登場する鴨志田十郎であるとしている。鴨志田十郎は源頼朝の上洛に随兵として参列しており、御家人であったことが明らかである。

鴨志田郷の領主が鴨志田十郎であったとする直接的な証拠はないが、当時田地を開発し、そこに勢力を扶植した者が、その地名を名字にし（いわゆる名字の地）、その地における存在を誇示したことは極めて一般的にみられることで、都筑郡鴨志田郷の場合も、鴨志田十郎や彼の先祖が開発し、その地名の鴨志田を名字にしたものと判断して間違いはあるまい。

そして鴨志田の地名は極めて特殊であり、一般名詞に近い、大田、山田、田中などとは違い、他に同一地名の地を確認できない（注1）。したがって、日本各地にまったく別個にいくつもの鴨志田姓が発祥していったとは考えられない。その意味で鴨志田姓の発祥は武蔵国都筑郡鴨志田郷にあると断定して差し支えあるまい（それにしても、どうして鴨志田というような特殊な地名がつけられたのか。それはそれで解明されなければならないと思うのだが）。

前頁④にあるように、鴨志田氏は建久六年以降の事跡が伝わっていないと言う。そして永仁年間には、本来鴨志田氏が果たすべき御家人役を隣郷の恩田氏が果たしている。こうしたことをどう解釈すべきか。伊藤宏見氏は、鴨志田郷・鴨志田氏について、元久二年（一二〇五）の畠山重忠の事件において「重忠と戦った者の中に鶴見平次、加世次郎（加瀬）（注2）などの名が見えているので鶴見川の上流に居住する鴨志田氏もこれに交じって討死したものと考えられる。現在、緑区鴨志田町字念仏堂にのこる写真のような立派な板碑があるのはとりもなおさず寛元元年（一二四三年）に一族の改葬供養が行われた時のものと思われる」（『神奈川新聞』昭和五四年四月二四日記事）と記しておられる。

私は注で述べたように、加世次郎を加治次郎の誤りと判断するので、鴨志田氏が畠山重忠と戦って討死したと考えるのは早計だと思う。そして、寛元元年銘の板碑を、この時の死の改葬供養とするには時期が開きすぎているような気もするし、この板碑を畠山事件による鴨志田氏の戦死と結び付けるには根拠が薄弱のように思う。

私は鴨志田郷・鴨志田氏（物領家）が、この畠山重忠事件が契機になったかどうかわからないが、何らかの理由で勢力が衰え、御家人の地位も失うことになったのではないかと推測する（注3）。このように考えれば、建久六年以降の事跡が伝わっていないことも、永仁年間に恩田氏の勢力が鴨志田郷に及んでいることも、ある程度説明がつく。

しかし、鴨志田一族が完全に滅亡してしまったわけではあるまい。私は、鎌倉初期の時点までに、鴨志田氏は鴨志田郷の物領家を中心に武蔵国の近在に庶子の自立（分家の創設）がある程度進んでいたのだと思う。右の鴨志田郷の景観で見たように、武蔵国都筑郡の界隈では「谷戸」の地形が広範に展開していたことが窺える。その「谷戸」を切り開いての水田造成がこの時代、この地域の開発の中心だったと思われる。そして、未開の「谷戸」も多く残っていたのではないか。そうした未開の「谷戸」に鴨志田庶子家が開発の手を入れていったのではないか。そしてそれは小規模で新たに「郷」を興すといった段階まで発展しなかったのではないか。したがって、新しく興した郷名を「名字の地」とするには至らず、本姓の鴨志田を名乗っていたのではないか（二三二頁補注）。

私はこのようにして、武蔵国都筑郡の周辺に鴨志田庶子家が成立していたと推測する。そしてこれは武蔵国における鴨志田姓の広まりにつながるのではないかと思う。しかし、こうした鴨志田庶子家は、武士としての成長という点ではそれほどでもなかったのではないか。むしろ百姓としての地歩を固めるのに精を尽くしていたのではないか。それでも中には、北条得宗家との結びつき強め、得宗被官御内人の地位を獲得する者が出たかもしれない。また、そこまで至らなくとも、得宗被官・御内人の誰かの家来としての立場を築いた者があったかもしれない。

（注1）　安部川氏のご教示によって知ったことだが、『角川地名辞典』茨城県の「小字一覧」の常陸太田市小目町の合わせて五〇ほどの小字名の一つに、「鴨志田」がある。これについては後で触れる。

（注2）　加世次郎は加治次郎の誤りと思われる。国史大系本『吾妻鏡』の頭注に加世の「世」について「吉本作治」とあり、数行後に「加治次郎宗季已下多以為重忠被誅」とあるので、加世次郎は加治次郎の誤りと判断する。加治氏は高麗郡（飯能市）の

武士である。なお、この新聞記事も安部川氏のご提供である。

（注3）　一番考えられるのは、何かの政治的事件・反乱に連座して、御家人の地位を失うということである。畠山重忠の場合は幕府勢力と戦ったのは畠山一族・郎党のみであるようだから、鴨志田氏がこれに連座する可能性は低いであろう。一二一三年の和田義盛の乱で和田側に与したといった可能性が考えられる。

七　「武蔵から常陸へ」（一仮説）

私は鴨志田姓の常陸国への広まりの最初に、得宗被官御内人か、その家来になった武蔵・鴨志田氏の一部の勢力の、得宗領など北条氏所領となった常陸北部の地への入部を考えているのだが、網野善彦氏の『里の国の中世』によって常陸北部の動きについて整理する。

「常陸北部の多珂・久慈・那珂三郡のうち、十世紀に那珂郡から吉田郡が分れたが、十二世紀後半までに、那珂郡は那珂川を境に那珂東郡、那珂西郡に分れ、久慈郡は久慈川を境とする久慈東と久慈西郡の両郡、さらに佐都川（里川）の左岸、右岸の佐都東郡、佐都西郡の四郡に分れた。吉田郡を除くこの七郡は、十二世紀末には一括して「奥七郡」（中略）あるいは「奥郡」（中略）とよばれるようになっていた（中略）。常陸のこの七郡がまとめて「奥郡」とよばれたことと、義光流源氏のこの地域への勢力扶植、佐竹氏の支配とは深い関係にある。実際、治承四年（一一八〇）、佐竹氏の所領は「奥七郡並太田、糟田（ぬかた）、酒出等所〃」（『吾妻鏡』）であり（中略）、（佐竹）昌義から隆義、秀義と受け継がれていった佐竹氏の奥七郡に対する権限は、郡司職を統括し、その上に立つものではなかったかと推定されるが、とくに多珂・久慈東・同西・佐都東・同西の五郡には佐竹氏の支配がおよんでいたものと思われ、常陸の他の諸郡と比べると、この五郡では自立した郷の形成度も低く、荘・保も全く見出すことができない」。

「治承四年（一一八〇）十一月、（源頼朝の攻撃に対する）佐竹氏の敗北により、「十一世紀後半以来奥七郡に勢威を振るった佐竹氏の支配は」崩壊した。「（十一月）八日、奥七郡をはじめ太田、糟田、酒出等の（佐竹）秀義の所領を没収、これを有力御家人に恩賞地として与えた。推測をまじえてこのとき奥七郡の地頭となった御家人をあげてみると、まず多珂郡は宇佐美祐茂、久慈東・西は二階堂行村、佐都東郡は宇佐美（大見）平太政光、佐都西郡は佐伯実盛（伊賀光季の叔父）、那珂東・西郡はともに（中略）上総中三左衛門尉実久が、それぞれ郡の惣地頭となったものと思われる。また那珂西郡の塩籠荘は和田氏に与えられ、佐竹義季は恐らく佐竹本領を保持し」た。「常陸北部の形勢はここに一変、そのほとんどが頼朝直属の有力御家人の支配下に入ることになった」。

また、佐都東郡では、次の動きもあった。

「佐都東郡は松殿基嗣に寄進されて佐都荘となり、東西岡田郷とともに、青蓮院宮尊助法親王、後嵯峨院、大宮院、昭慶門院、世良親王と伝領され、鎌倉末期に至った（「天竜寺文書」）。大納言基嗣（天王寺入道）は建保元年（一二一三）から寛元元年（一二四三）まで活動しており、この間に地頭伊勢氏が寄進したものであろう」。

時代が移り、鎌倉時代後期、とくに弘安八年（一二八五）の霜月騒動以後は、常陸国の北部、奥七郡（那珂東郡・那珂西郡・久慈東郡・久慈西郡・佐都東郡・佐都西郡・多珂郡）の地域に北条氏の力が強く及び、ほとんどが北条氏の所領と化したようである。これを同書によって具体的に見ていくと、次のようになる。

「久慈東郡加志村は二階堂行義の子義賢により、孫義員に譲られていたが、義員の父行継（三郎入道自性）がこの騒動にかかわり、それを扶持した義賢の後家尼とともに所領を没収されたさい、それに混って没収されてしまったと、義員は後年、得宗被官平宗綱に訴え、嘉元元年（一三〇三）、この村の知行を認められている（中略）。これによって久慈東郡の恐らくすべてが得宗領とされたことを知りうる（引用者注－ちなみに小島村も久慈東郡に属し、加志村、後の富岡村とそれほど遠くない）。久慈西郡の瓜連も正安三年（一三〇一）以前に得宗領であったと推定され（引用者注－瓜連は小島と久慈川を挟んでほど近い所に位置）、佐都東郡の大窪郷内塩片倉村田五丁・在家一宇も同様で、同郡東岡田郷も幕府滅亡時に北条氏一門の詫間式部大夫の所領であった（中略）。佐都東郡は全体が北条氏所領であった蓋然性は大きく、久慈西郡の場合も同様と思われる。これだけの大きな変動は、まず霜月騒動以外には考え難く、実際久慈西郡の地頭二階堂氏の一族懐嶋道願（二階堂行景）はこの会戦で討死しており、佐都東郡地頭伊賀氏からも、恐らく犠牲者が出たのではないだろうか。また永仁二年（一二九四）、多珂郡の安良川八幡宮の造営について得宗被官諏訪七郎盛宗が「当荘の政所たるによって」とり行ったといわれていることも見逃し難い（中略）。

佐竹氏がいったん回復したかにみえたこの郡も、霜月騒動を契機に得宗領になったのであろう。とすると、奥郡は佐都西郡を二階堂氏が、那珂西郡を大中臣姓那珂氏が保持していたのを除くとすべてが北条氏所領になってしまったのである」（同書一九〇～一九一頁）。

これを示すと、次頁地図1の通りである（同書二四三頁「鎌倉末期の諸勢力の分布」から引用）。

では、これらの所領を北条氏はどのように支配したのか。これも同書によって、その様子を左に上げる。

「弘安改革などを通して、関東御領とともに「御内御領」の体制が整備されてから、北条氏一門領となった郡・荘などでは、政所による支配が徹底して行われた。政所職には多珂郡の諏訪氏のような得宗被官、下妻荘の大仏直房のような地頭の近親がなり、下妻荘年貢銭について書下を発した宗賢・貞長・性観のような奉行人が、地頭の意をうけて運営したものと思われる。そして郡・荘は政所直領・政所例郷・別納の地に分けられ、佐都東郡塩片倉村の田・在家が平盛貞、忠源に与えられたように、政所例郷は御内人ないしはそれに近い人々が給主、給人として預け置かれた。しかし下妻荘で「本主知行分七ヶ所、未だ存知せず」といわれたのが別納の地で、政所職を大仏氏が掌握したのちも「本主」―前地頭下妻氏の一族のうち一部はそのまま知行した（中略）。しかしこうした別納の郷の地頭たちも、年貢・公事を未進・対捍すれば、直ちに政所例郷とされ、例郷の給主が未進すれば政所直領とされるなど（中略）、郡を統治する郡政所の流れを主として継承しつつ、惣領として主従関係の頂点に立つ惣地頭職のあわせ持つ北条氏の郡・荘政所による支配は、これら地頭・給主たちをきびしく統制していた」（同書二〇〇～二〇一頁）。

このように、常陸国ことに北部の奥七郡で起こっていた得宗領等北条氏所領の爆発的な増加とその支配の強化、そのために得宗被官＝御内人やそれに近い人たちの政所職や給主としての入部という動きを考えると、そのような流れの中に鴨志田十郎の流れを汲み、鴨志田を名乗る者がいなかったか。鴨志田姓が、常陸北部、久慈・那珂などに点在するのはそれと関係しないか（私は最初、何らかの理由で鴨志田郷・鴨志田氏（惣領家）が没落したという所伝の存在を知らなかったので、御家人・鴨志田氏が何かの勲功で常陸国の北部の地に所領を与えられて、一族の一部がそこに移住していったという風に考えたのだが、右のように考え直したい）。

　鴨志田凞氏の「鴨志田氏略系」に信田新太郎が小島村に移住してきた年とされている徳治二年（一三〇七）は、まさにこうした時期にあたる。

　武蔵国都筑郡鴨志田郷に起こった鴨志田氏が、右のような変遷を経て、常陸国北部に入部してきたと私は推測する。今のところこれを裏づける文書・文献などを発見していないが、武蔵国都筑郡に起こった鴨志田姓が常陸北部の那珂・久慈郡に集中的に分布しているという事実は、右のような歴史的な動き・背景を考える以外に説明がつかないのではないかと思われる。

地図1　鎌倉末期の諸勢力の分布

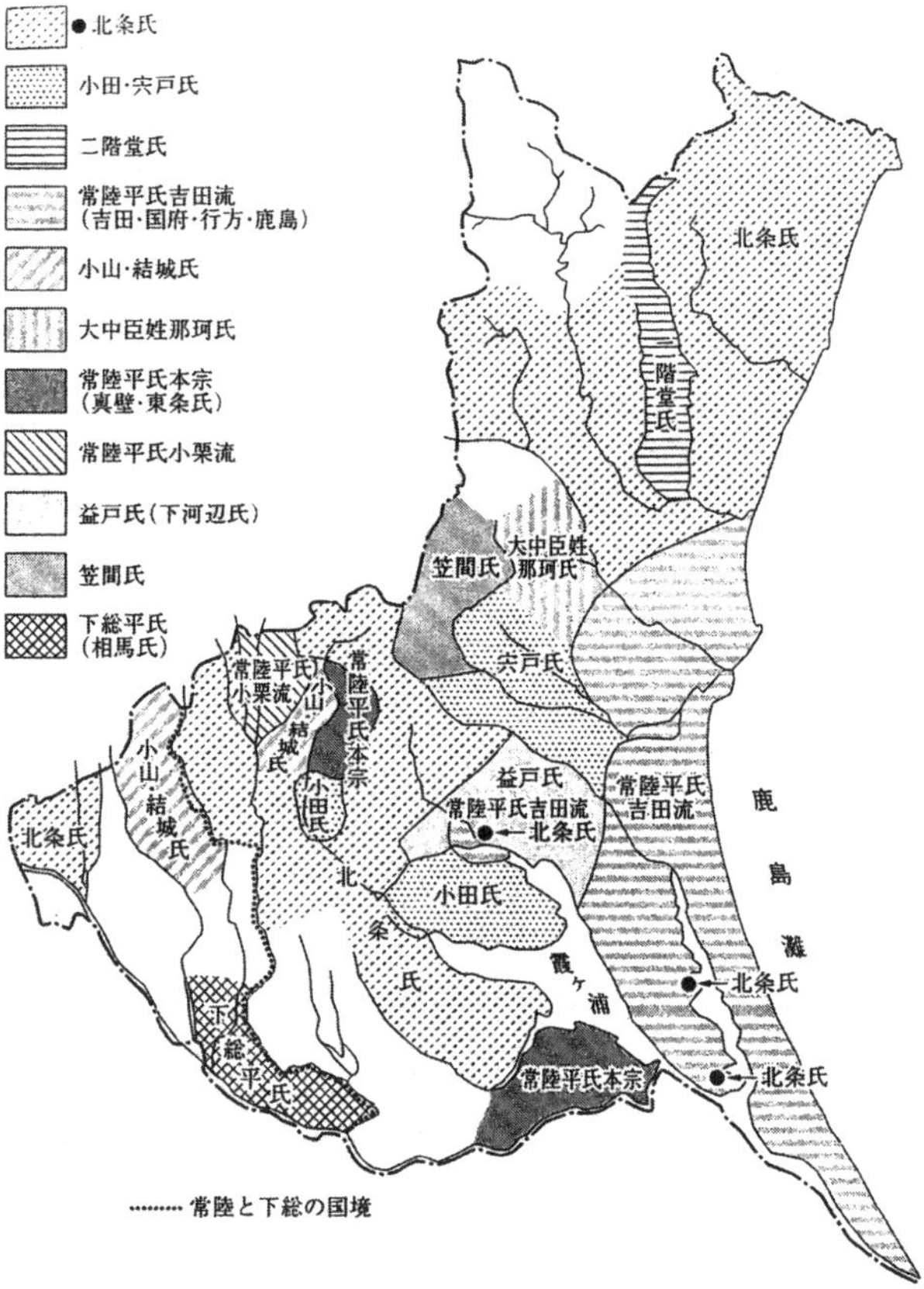

　鴨志田氏の常陸北部入部が、右のように北条得宗被官御内人やそれに近い存在、得宗領政所職や給主としてであったとして、常陸北部のどこに入ってきたのか、また一三三三年の主君・北条氏の滅亡後はどのようにして存続をはかったのか。
　これらの点についても、まったく史料がないので、歴史的に推測を試みる以外にない。まずどこの地に入部し、拠点としていったかであるが、これも不明とせざるを得ないが、私が第一の候補地として考えているのが、近世の久慈郡小目村（現常陸太田市小目町）の地である。

さて、小目村であるが、『新編常陸国誌』巻三郷里の岡田郷の項に次のようにある。

「〔岡田郷〕倭名鈔、岡田按ズルニ今ノ岡田村ナリ（中略）佐竹長義ノ弟四郎義隆〔又義高〕此地ニ住シテ岡田冠者ト称ス、子孫真崎ノ地ニ移テ真崎氏トナル（中略）、岡田、沢目、小目、小沢、内田、落合等ノ六村四千六百余石ノ地皆古ノ岡田郷ナリ、コノ地中世佐都東郡ニ入ル」

また同誌巻五村落の岡田の項には、

「即倭名抄、久慈郡岡田ノ本郷ニテ弘安大田文ニ佐都東、東岡田十五町、西岡田十町トミエ、佐竹家中文書目録ニ、正長二年佐都庄岡田郷トアリ、中世佐竹氏ノ族コヽニ居リ岡田氏トナル、佐竹系図、佐竹常陸介義繁ノ子ニ岡田四郎義隆アリ即是ナリ」

とある。以上の『新編常陸国誌』の記述と前の網野氏の佐都東郡および東西岡田郷についての記述を合わせて考えると、次のようにまとめることができよう。

① 小目村は倭名抄岡田郷に含まれる村であり、同じく域内の「岡田、沢目、小目、小沢、内田、落合」の中で東側に位置するので、東西岡田郷に分かれた中世では、東岡田郷に属すると思われる。

② 東岡田郷は中世佐都東郡に属し、弘安大田文に「東岡田十五町、西岡田十町」と見える。網野氏の叙述にもあったように、中世常陸北部の地では中世的郡を単位とする支配が行われていたようだが、弘安大田文でも「佐都東二百八十九丁八段三百歩」と並んで「東岡田十五丁」「西岡田十丁」と記され、東西岡田郷は佐都東郡とは別個独立の支配・行政単位を形成していたと考えられる。

③ 東西岡田郷は鎌倉前期に、佐都東郡とともに大納言基嗣に寄進され、皇室領となり、鎌倉末まで続く。この寄進は地頭伊賀氏がしたものと網野氏は推測している。

④ 岡田郷（東西含めてと考えられる）は、鎌倉中期頃には佐竹長義の弟（義繁の子）義隆が岡田冠者・岡田四郎義隆と称して、ここを領し、「名字の地」にしていたと考えられる。鎌倉中期と考えたのは、義隆の父義繁の生没年が西暦一一八六～一二五二年であり、兄長義は一二〇七～七二年だからである。佐竹氏は治承四年の敗北以来、一気に常陸奥郡の支配権を失ったが、鎌倉前・中期頃には部分的に勢力を回復しつつあり、東西岡田郷についても何らかの理由で恐らく地頭職を得たものと考えられる。

⑤　網野氏によれば、岡田郷は幕府滅亡時北条氏一門の詫間式部大夫の所領になっていた。佐都東郡は全体が北条氏所領となっていた蓋然性は大きいという。弘安八年（一二八五）の霜月騒動後の動きと考えられる。こうした中、佐竹氏＝岡田氏はこの地から撤退し、拠点を真崎の地に移し、真崎氏を名乗るようになったと考えられる。

⑥　一三三三年の北条氏滅亡後の東岡田郷の支配はどうなったか。これについては直接それを物語る史料は見当たらないが、南北朝期足利氏と結んだ佐竹氏が奥七郡に急速に所領を奪還していったことを考えれば、やはり佐竹氏の手に帰したと考えるのが順当であろう。ただし、文和四年（一三五五）と康安二年（一三六二）の佐竹義篤譲状には、不思議なことに佐都東郡の所領は一つもあがっていない（他の六郡には広範に所領が散在しているのに）。岡田の地はすでに鎌倉中期に佐竹氏の庶子家の所領になったことがあることを考えれば、佐都東郡は岡田氏など佐竹庶子家の所領になっていたのではないか。東岡田郷に関しては、岡田氏が奪還した可能性が高いと思われる。

次に、常陸太田市小目町については、小目町の北方にそびえる比高二〇メートルほどの台地上に小目館と名づけられている中世城館の遺構が残っている。「小目館は、鎌倉時代中期に佐竹五代義重の子義澄が築いたものであると伝えられている。義澄は後に岡田氏を称するようになる。岡田氏はこの土地で繁栄したらしく、岡田氏関連の城館と呼ばれるものは近辺に複数存在している。上記の通り、城館はあまりぱっとしないものである。おそらく古い時代のものであり、戦国期には使用されなくなっていたのではないだろうか」という。

右の義澄は『新編常陸国誌』の義隆（高）と同一人物と思われ、小目館を義隆の館跡と比定することは一応可能であろう。また『角川日本地名大辞典』には、次の五〇の小字が上げられている。

宮西、藤山下、天神谷、北谷、堂谷、高井、高井下、別所町、宿後、荒代、入宇田、道府川、芦ノ内、川中子、川久保、堀ノ内、鴨志田、須郷田、寺西、川場田、花立、古宿、尻上、堂本堀句、内能楽、能楽、向能楽、長塚、五反田、一町田、金井田、久保田、江口、豆飼後、沢目、豆飼、鵜ノ巣、下沢目、霞田川場田、霞田、金柄、西ノ妻、八石田、新沼、長瀞、遠ト、代畠、表霞田、平宿、上宿

一方、『新編常陸国誌』は小目村の「小名」として、このうち「高井、川中子、平宿、新沼、豆飼」をあげている。『国誌』の「小名」は村落中の集落名をあげていることが多いと思われるので、角川の小字はさらにそれよりも小さい地元でのみ通用している小さい地名を、その所在地の順にあげているものと思われる。

ここで注目すべきは「堀ノ内」と「鴨志田」の小字名で、しかもそれが隣り合っているということである。「堀ノ内」は在地領主（武士）の武家屋敷に多くつけられる地名である。そしてその隣の地につけられたのが「鴨志田」の小字名である。こうしたことから私は、このあたりは鴨志田氏の屋敷があった地であり、その痕跡が「堀ノ内」「鴨志田」の小字名であると解釈したいが、いかがであろうか。

その推測が許されるならば、それはいつ頃、どのような形で鴨志田氏は東岡田郷に住むことになったのか。それは鎌倉中末期、東岡田郷の地が北条氏の手に帰し（恐らく得宗領）、それまでここの領主であった佐竹氏＝岡田氏がこの地から撤退し、代わって北条氏の代官的立場の者がここに乗り込んでくるという形で進行したのではないかと、私は推測する。

鴨志田姓を名乗る勢力が、得宗被官・御内人か、それに近い身分で、この地に給主等の立場で入部し、この地に屋敷を構えるということはなかったか。あるいは次のようにも考えられるかも知れない。これら給主などが現地に入部するには、それなりの武力を保持して現地に臨まなければ、支配の実効を挙げられなかったのではないか。その意味で現地入部に際して、自分の一族のみならず、一定の与党的勢力を引き連れていくということがあったのではないか。そうした勢力の中に鴨志田姓を持つ者が含まれていて、それが給主等の館の周辺にまず定着した。

さて、武蔵・鴨志田氏の常陸北部入部の年であるが、私は「鴨志田氏略系」にある徳治二年（一三〇七）をあげたい。「略系」の若狭以前の系図や添書が全体的に信用するに足らないことは、すでに指摘した。しかし、ある氏・一族にとって極めて重大な事が起こった年号・年が、一族によって記憶され、伝承され、やがて起こった事象が歪曲・拡大されたりすることはあっても、年号・年のみは独立して記憶・伝承されることはままあることではないか。

私は、武蔵・鴨志田氏が初めて常陸に入部した徳治二年という年を、小島・鴨志田氏が小島に転住した年と混同して伝えられたのではないかと解釈したい。

今日でも鴨志田姓が濃厚に分布し、鴨志田氏による土地開発の由緒や歴史の残る那珂郡外野、久慈郡小島や鴨志田姓の集中する久慈郡真弓（私は真弓の鴨志田氏についてはまったく調査していない）などの地へは、北条氏滅亡後の混乱の中で東岡田郷から第二次的に移住したのではないか。この点は後でふれる。

八　入植とその後の歩み

次に、主君北條氏滅亡後に、常陸北部に残留することになった鴨志田氏の歩みを見る。そこにはかなり厳しい現実が待っていたように想像される。常陸北部の地では、鎌倉後期急速に拡大強化された北条得宗の勢力の前に雌伏を余儀なくされていた佐竹氏が、北条滅亡後、足利氏と積極的に結び、常陸守護の座を獲得し、本来の自己の勢力圏であった常陸北部に急速に勢力を挽回していった。

かつて佐竹氏を抑圧する存在であった北条得宗の被官もしくはそれに連なる勢力であったと考えられる鴨志田氏の経歴は、佐竹氏など在地勢力との関係を大変むずかしいものにしたのではないか。先に推測したように、鴨志田氏が入部・定着したと考えた佐都東郡東岡田郷の地も、北条氏滅亡後まもなく、先の領主岡田氏（佐竹庶子家）に奪回されたと考えられる。あるいは岡田氏などの在地の勢力によって本拠地を襲撃され、敗走するという事態に立ち至ったかもしれない。

そうでないまでも、東岡田の地からの撤退を余儀なくされたと思われる（小島・鴨志田氏が「江戸氏」との戦いに敗れ、鹿島郡を経由して小島に入った説話、外野・鴨志田氏の遠江の豪族が流されて外野の地に入り、開発に努めたという説話等は、こうした「原体験」が基になって作られたという見方ができると思われる）。

こうした中で、常陸・鴨志田氏は次のような道をとったのではないか。それは自己の武士的な側面を捨て、新しい未開の土地に入り、田地開発・農業経営の向上に力を注ぎ、自己勢力の存続・発展を図るという道である。いわば草切百姓・地百姓として生きる道である。そして百姓として活動した期間は相当長く続いたのではないか。そうした中で次第に力を強め、土豪・地侍化していったのではないか。こうした百姓・鴨志田氏の姿を物語るのが次の史料である。

『新編常陸国誌』巻三郷里、久慈郡・楊島郷の項で引用されている「白石文書、佐竹義俊ヨリ白石氏ニ贈レル状」に、

小島之村鴨志田五郎在家同村之内、高畠之在家南宮方鞠子進候、合三十五貫也、子細八木弥二郎申付候云々

と。さらに、『国誌』は八木氏を説明し、

「簗田氏家譜ニ佐竹殿ノ一門八木殿トアリ、コレハ嘉吉永享比ノ人ナリ」

とし、また小島を説明し、

「小島ト云フハ、川島（久慈郡川島村、現常陸太田市松栄町、倭名抄・楊島郷の中心地に比定）ヨリ浅川ヲヘダテ、向ヒノ地ニアリ」

とする。右の佐竹義俊（一四二〇～一四七七）は、佐竹家一四代当主で、永享九年（一四三七）に父義人から家督を引き継いだ。ところが、管領上杉憲実の義子となっていた義俊の弟実定を義人の相続人にしようとする動きが起こり、憲実を始め、山入祐義、江戸通房らがこれを支援した。

享徳元年（一四五二）、義俊は太田城を追われ、庶子家である大山常金を頼って孫根城に逃れた。寛正六年（一四六五）、実定が病死したので義俊は子義治とともに十三年ぶりに太田城に復帰する。

右の書簡は、こうした争いが続く中で、佐竹一門の有力武士であった白石氏を味方につけるためか、あるいは味方についた恩賞か「小島之村鴨志田五郎在家同村之内、高畠之在家南宮方鞠子（中略）合三十五貫」を白石氏に与えることを約し、子細は家臣の八木弥二郎に申し付けてあるとしたものと思われる（南宮方鞠子の南宮方は不明だが、鞠子は小島の地名にある）。

恐らく、義俊が太田城を追われていた一四五二～一四六五年の間頃に出された書簡ではないか。ここに鴨志田五郎在家、高畠之在家が登場する。常陸・鴨志田氏が史料的に確認できるのは、管見の及ぶ限りこれが初めてである。鴨志田五郎在家という呼び方は、明らかに当時の鴨志田氏が百姓身分であったことを物語っている。

同時に「鴨志田五郎」「高畠」と名字を付されているのは、単に「在家」と記されているのとは異なり、鴨志田・高畠が小島村においては特別な百姓であることを物語っている。す

でに見たように小島村の「草切百姓」(注)は鴨志田氏・高畠氏であると、高畠氏由緒書に書かれている。その鴨志田・高畠の名を、一五世紀半ば頃の小島の地に一緒に見出すことができた。

『国誌』によれば、小島の地は、倭名抄・志万郷の中心地で、元は大島といった。「蓋志万ノ本郷ナリ」。なぜ「志万」といったか。ここは久慈川、山田川、浅川などに囲まれ、「三面皆流水ニテ自然ニ島ヲナスユエナリ」。今日でも小島の地は、周りを水田で囲まれたいくつかの微高地に集落と畑地が展開する形になっている。当時、周りは湿地帯が多く、微高地は島のように見えたと思われる。こうした低湿地を水田に、微高地を屋敷・畑地に換えるべく、最初に鍬を入れ、開発を進めたのが、鴨志田氏や高畠氏であったと考えられる。

小島が、『国誌』がいうように大島と呼ばれていた地であるとすれば、康安二年(一三六二)の佐竹義篤譲状に見える久慈東大里郷地頭方大島村がそれで、義篤から興国寺領として譲渡されている。「久慈東大里郷地頭方大島村」の解釈であるが、久慈東郡に属する大里郷(現在の常陸太田市大里町辺りが中心で、小島からもほど近い)の地頭支配方の大島村と解しておく(『茨城県の歴史』〔山川出版社〕新版では「久慈東(郡)大里郷地頭方(金砂郷町)・大島村(勝田市)」と、大里郷地頭方(金砂郷町)と大島村(勝田市)を別個な土地と解しているが、この譲状の書き方は、郷や村の上に必ず郡名(中世の)を記しており、大島村(勝田市)は当時吉田郡に属していたと考えられ、明らかに誤りであると考える)。

網野氏の研究によれば、中世常陸の場合、地頭等により新しく開発された新田は、郷と区別され、村と呼ばれたという(『里の国の中世』一六五頁)。そうすると、大島村=小島村は康安二年(一三六二)以前に、開発が進められている新開地であるとの扱いを受けている土地であることになる。そしてこの大島=小島の地は、譲状に見られるように一時興国寺領になったが、後にまた佐竹本宗家の所領となったらしく、すでに見たように、一五世紀半ばには、佐竹義俊から白石氏に与えられている。

鴨志田氏は、岡田の地で北条氏滅亡を迎え、まもなく武士的要素を捨てて、百姓に転進した。そして、岡田からほど近い、山寄りの地・真弓に入り開拓を進め、また、久慈川縁の低湿地・小島の地や、吉田郡の郊外の未開地・外野などに入植し、開発を進め、耕地を獲得していったと考えられる。

そして次第に力を強め、その地で土豪・地侍化していったのではないか。そうした実力が認められ、小島・鴨志田氏の場合、天文年間、若狭の代に佐竹氏の家臣に組み込まれたと思われる。

佐竹氏の居城のある太田から、小島村はわずか六～七キロメートルほどしか離れていない。にもかかわらず、佐竹氏家臣化が一五三〇年代以降というのは、もし武士的な系譜を誇る家ならば遅すぎる気がする。百姓として再出発し、徐々に頭角を現したと考えれば、これも納得がいくと思う。

長く百姓としての期間が続く中で、遠い昔の常陸移住前の先祖のことは次第に忘れられたのだろう。またそれが記憶され、伝承されていたとしても、北条得宗に仕える武士もしくはそれに連なる勢力の一員であったという系譜は、佐竹氏の勢力の強い常陸北部の地では、公表がはばかられただろう。

そうしたことが、前に検討したように、鴨志田又左衛門家の元禄の由緒書以来、初めて佐竹氏に仕えた若狭以後の系譜が記されるのみで、それ以前については言及していない理由なのではないか。また、又左衛門家の場合漠然と、定衛門家の場合は具体的に、平将門・信太小太郎につらなる系譜が作られていく理由にもなったと思われる。

（注）「草切百姓」については、木村礎著『近世の村』（教育社歴史新書）には、「村に最初に定着し、その後も続いている旧家は一般に草切り、芝切り、草分けとよばれる」とあり、また柳田国男の説をひき、「草切りのいくつかのタイプ」の「一つは落人伝承ともいうべきもので、最も古いのは平家の落人である。戦国期の落人を草切りとする場合も少なくない」とある。

むすび

以上、鴨志田氏の系譜について述べてきたことをまとめると、次のようになる。

ア　a　武蔵国都筑郡鴨志田郷に鴨志田氏発祥。鴨志田十郎、御家人になる（十二世紀末）

b　この頃前後に鴨志田郷以外に鴨志田庶子家の分立が進む？

↓

イ　何らかの原因により、鴨志田郷・鴨志田氏（惣領家）が

没落？（十三世紀初）

↓

ウ　鴨志田氏庶子家の中に北条得宗被官御内人に取り立てられた者、もしくはその御内人と強い繋がりを持つ人物が出る？（十三世紀後半）

↓

エ　御内人となった鴨志田庶子家が、得宗領管理のため政所職や給主等として常陸国佐都東郡東岡田郷に派遣される？（もしくは、御内人に付き従って同地に入部）（同地に土着。常陸・鴨志田氏の始まり。十三世紀末〜十四世紀初）

↓

オ　常陸・鴨志田氏、北条氏滅亡後、いくつかの新開地に入植し、草切百姓として再出発？（久慈郡小島、同真弓、那珂郡外野等、一三三三年以降）

↓

カ　長く百姓として農業に専念、次第に勢力を強め、小島・鴨志田氏や外野・鴨志田氏は土豪・地侍化する？（一四〜一六世紀）

↓

キ　力を認められ、佐竹氏家臣になる（小島・鴨志田氏は天文年間。外野・鴨志田氏は天正末）。佐竹氏秋田国替に際し常陸残留、再び百姓に（両鴨志田とも、一六〇二年）

↓

ク　江戸時代を通じて、各地鴨志田家に分家ができ、次第に鴨志田姓が広まる。小島・鴨志田氏の又左衛門は、元禄二年水戸藩郷士に取り立てられる。

以上のうち、アａとキ・クはある程度史料的にも確認でき、史実として認めることができると私は思っている。しかし、イ〜カは実証的裏づけに欠き、推論を重ねて導き出した鴨志田氏の動きである。

私はこれらの動きを考える時、当時の一般的な東国の歴史的状況、武蔵や常陸の当該地の在地の動向を正確に捉え、その枠内で、鴨志田氏の動きとしてどのようなことが考えられるか、どのような動きをとった蓋然性が高いかを念頭におき推論した。史料的な残存が極端に少ない歴史事象に対する検討は、このような方法しかないとないと判断したからである。

本論後半部において、故網野善彦氏の『里の国の中世』から広範に引用させて頂いたのは、常陸北部の平安末〜鎌倉時代の歴史的状況の推移を正確に捉えておきたかったからである。同様に、那珂郡外野およびその地の鴨志田氏については、志田諄一氏の『中世常陸の土豪と農民』から、武蔵国鴨志田郷および鴨志田氏については『横浜市緑区史　通史編』から、たくさん引用させて頂いた。

「はじめに」でも触れたように、本論は安部川智浩氏からの手紙がきっかけとなって作成を始めたものである。安部川氏からは、鴨志田氏研究の問題意識、史資料に関する広範な知識など多くのことを学ばせて頂いたこと、知的な刺激を与えて頂いたことなど、多くの学恩を受けた。ここで著作から多くのことを引用させて頂いた故網野善彦氏、志田諄一氏とともに厚く御礼申上げたい。

本稿では、武蔵・鴨志田氏の常陸入部の比定地として久慈郡の旧小目村を上げたが、そのフィールド調査をしていない、また現在多数の鴨志田姓が存する同旧真弓村などの調査もまったく手をつけていないなど、課題も多く残している。今後これらの課題も含めて、常陸・鴨志田氏についての種々の側面からの検討を進め、より精度の高い「小島村鴨志田氏の由来」にして行きたいと思っている。


（補注）　こうした中小武蔵武士の小規模開発とそれに伴う武家庶子家（支流）の同地への広がりは、武蔵国界隈では割合広く見られた現象ではないか。一例として、近世の上小金井村（中世の帰属郷名は不明）で大きな勢力を誇った梶家（および修験道の坊・光明院）の場合を、『小金井市誌　歴史編Ⅱ古代・中世』で見てみよう。

小金井市に残存している板碑は六〇基、その大部分の約五〇基は小金井市前原町の梶四郎家の邸内にある。梶家所蔵の板碑の最古のものには、徳治三年（一三〇八）四月と刻んである（現在では、梶家付近の道路で発見された弘安十年（一二八七）二月八日銘の板碑が最古のものになっている）。

「これだけの板碑を造立し得た勢力といえば、中世から小金井の梶家の付近の中丸に土着していた、小土豪、武蔵七党中の丹党の丹治姓加治氏（現在の梶家の祖）が営んでいたと推測される」。

梶家の一族は中世から近世にかけて、同地に光明院という修験道の坊を建て、これを基盤に大きな勢力を保持し続けた。「近世初期の検地帳を見ると全小金井の水田の四分の一くらいをひとり光明院が所持している。きわめて強力な土豪的存在とせねばならない」。そしてこれら小金井の水田はすべて国分寺崖線の下、小河川・野川流域に細長く展開している。

ここから、小金井・野川近辺の水田開発に着手し、この地に開拓の手を入れて、同地に大きな基盤を確立していったのは梶（加治）氏であると考えられる。開発に乗り出したのは、板碑の残存状況から鎌倉中期以降と考えられる。梶（加治）氏は武蔵七党丹党の加治氏の支流であると思われる。

丹党の加治氏は、武蔵国高麗郡加治郷（現埼玉県飯能市）に本拠を置く武蔵武士で、前述の通り、御家人加治次郎宗季は畠山重忠事件に際し、「為重忠被誅」している。その加治氏の支流が、武蔵国多摩郡小金井の野川沿いの開発に乗り出し、加治（梶）の姓をここに広めている。

加治氏本宗が本拠とする加治郷は、現飯能市の「元加治駅（西武線）」「下加治（町名）」などに名を残し、飯能市の中心部に近い所である。加治郷から小金井市前原まで直線距離でも二二キロメートルほど離れている。

こうした遠方にまで武蔵武士一族による「開発」と「名字の広がり」が見られることは、鴨志田姓の武蔵国界隈への広がりを考える際に参考にできるかと思う。ちなみに安部川氏が、鴨志田姓が多く見られる所とされている相模国海老名本郷までは、鴨志田郷から直線距離で二〇キロメートル弱、同武蔵国都筑郡川和までは六キロメートルほどである。

地図２　常陸・北下総荘園公領の分布

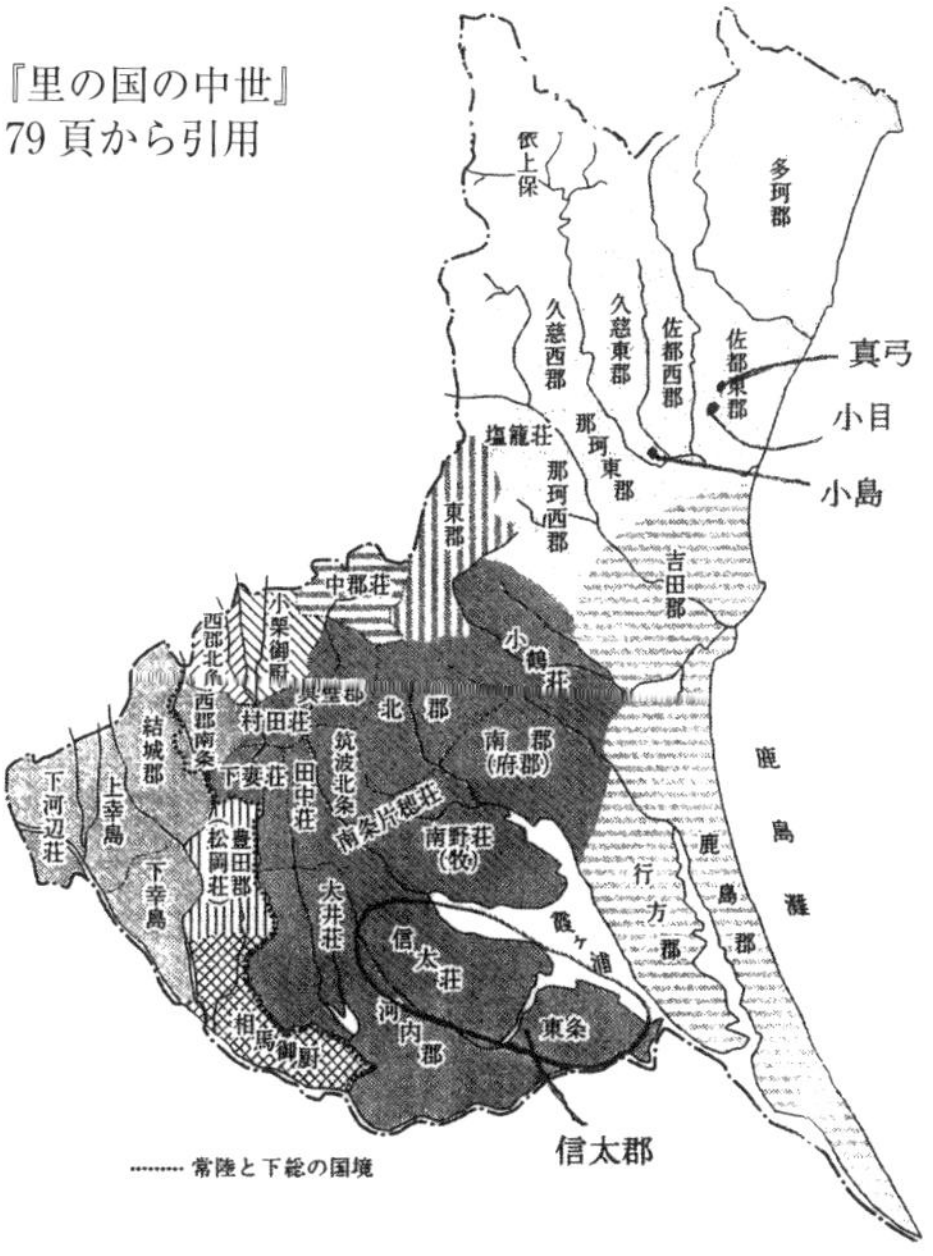

『里の国の中世』
79頁から引用

地図３　外野集落の周辺地図（２万5000分の１）

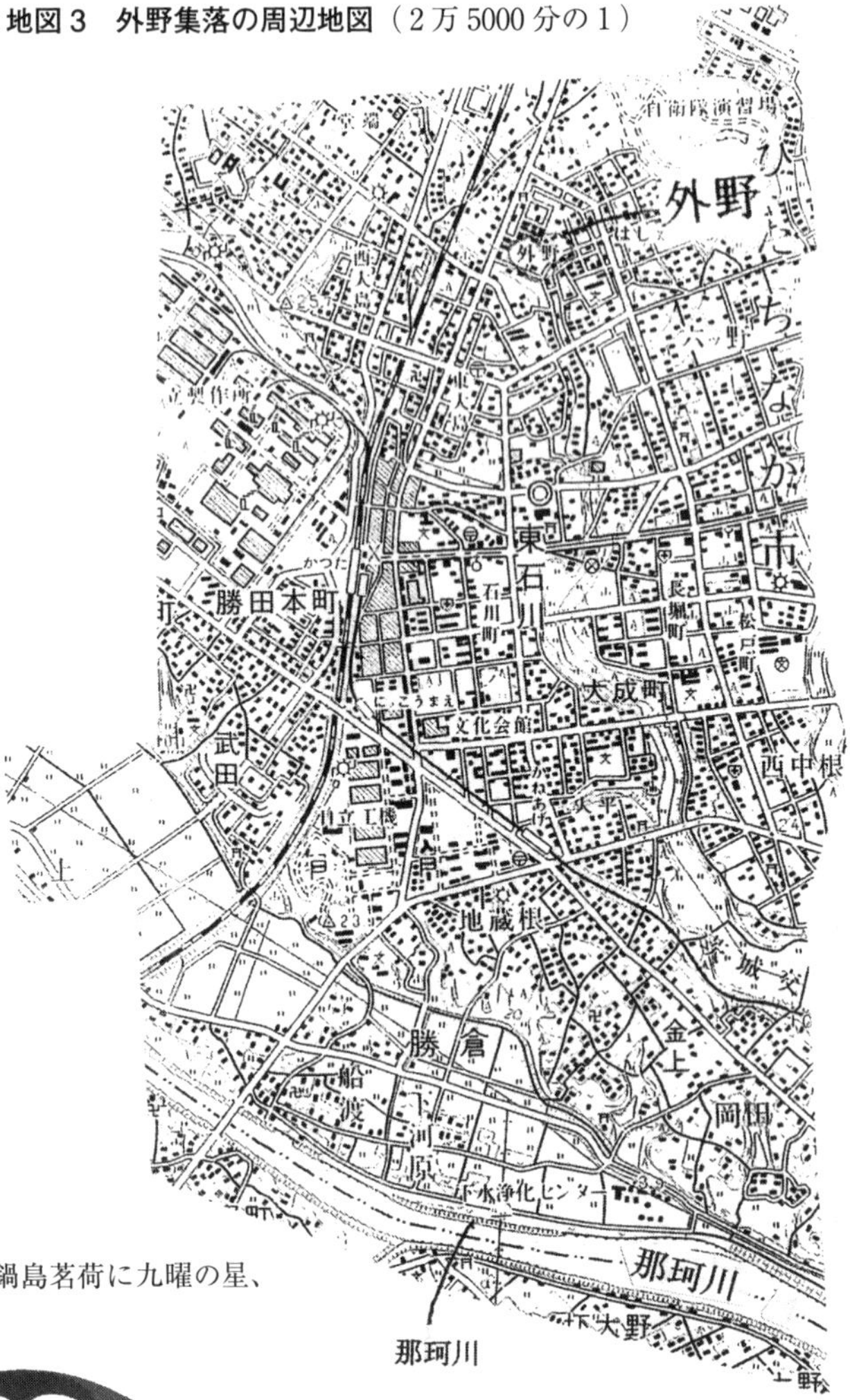

鴨志田家の家紋（鍋島茗荷に九曜の星、209頁参照）

地図4　小島集落の周辺図（5万分の1）

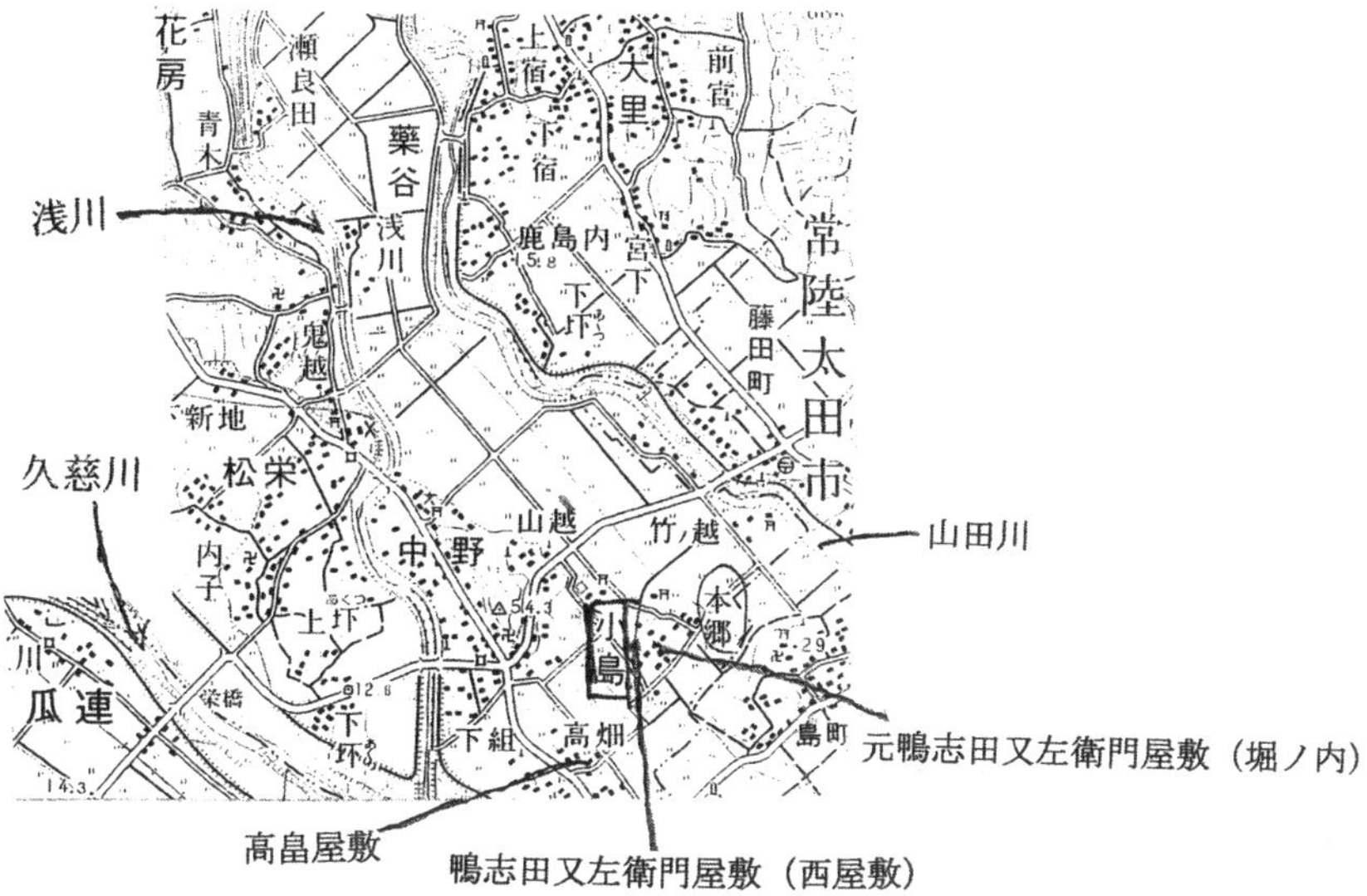

地図5　小目・真弓集落の周辺図（5万分の1）

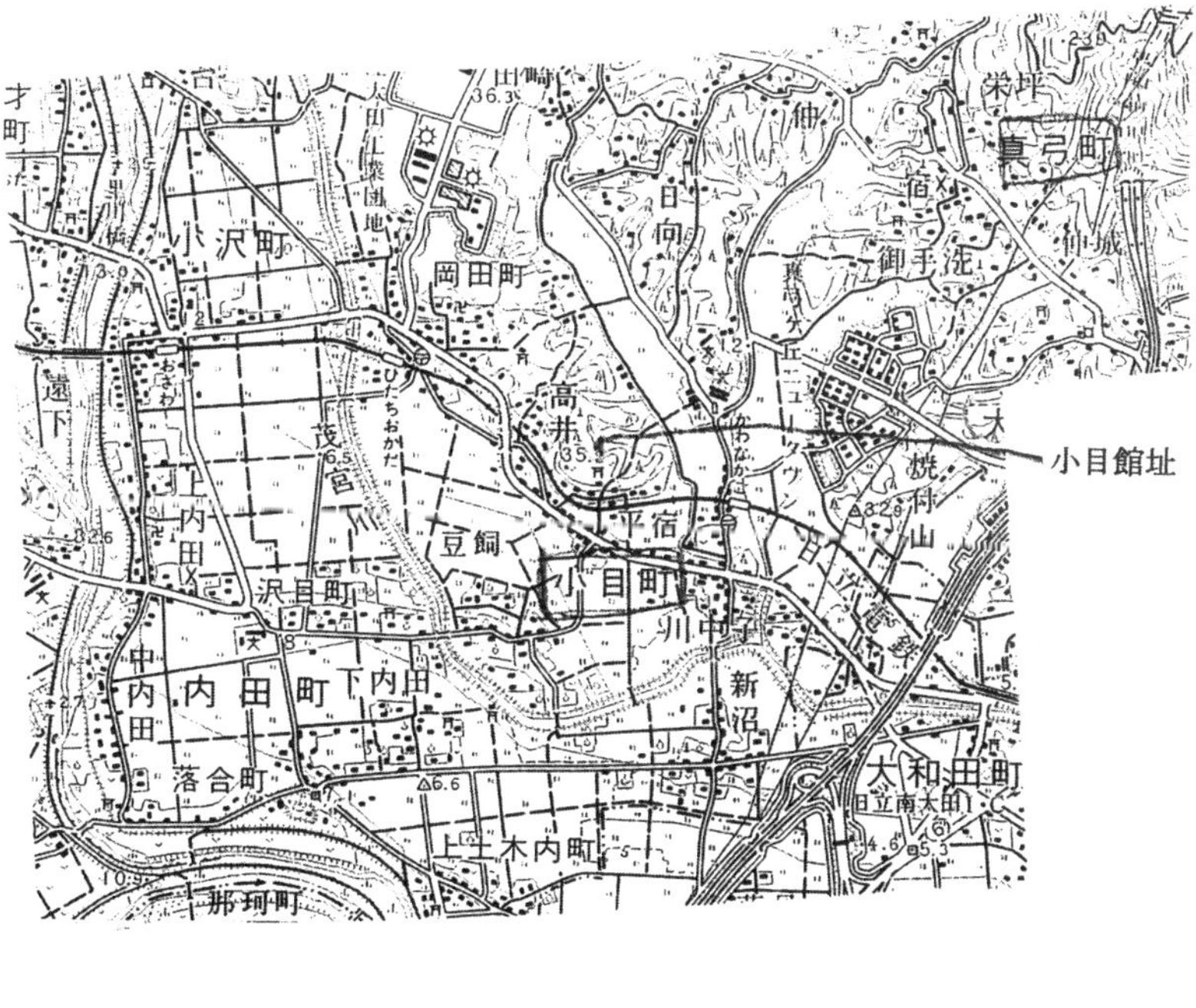

地図６　常陸国久慈郡小島村周辺広域地図

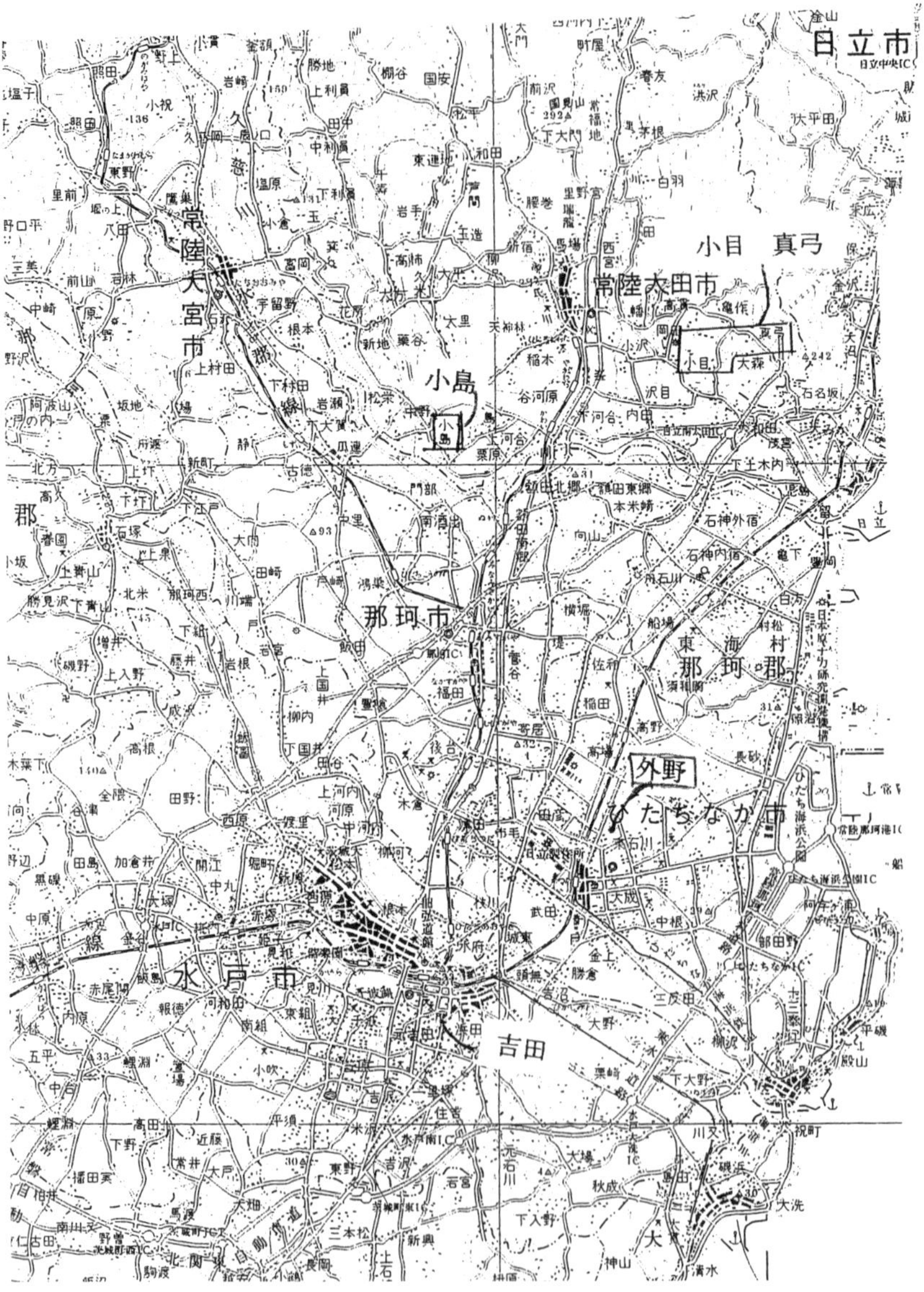

第5章　水戸藩の郷士と鴨志田又左衛門家

はじめに

水戸藩領の郷士《ごうし》については、旧郷士家の多くを探訪し、史料・文献を博捜され、郷士制度の実態とその変遷を的確に分析・位置づけられた瀬谷義彦氏の諸論文がある。

これらの論文は二〇〇六年出版の『水戸藩郷士の研究』(筑波書林)にまとめられている(以下、同書からしばしば引用する。その際は、「同書」と表記する)。

以下、同書によって、水戸藩郷士の歴史について私なりの整理をすると同時に、それと関連させて、元禄二年(一六八九)に郷士に取り立てられた鴨志田又左衛門家の動きを見る。瀬谷氏の水戸藩郷士に関する史料調査は、水戸藩領各地にわたり、精緻をきわめているが、旧鴨志田又左衛門家には及んでいない。『水戸藩郷士の研究』には何カ所か、十八郷士(旧族郷士)としての鴨志田又左衛門についての記述はあるが、又左衛門家所蔵の古文書を使ったものはない。

現在、旧鴨志田又左衛門家(現当主、鴨志田清敏、埼玉県所沢市在住)には、家譜・由緒書の類、義公時代を中心とする書簡類(注1)、土地売券など土地に関する書類、天保六年の家計簿など家計に関する書類、兵法火術師範関係の書類などが残っているが、ほとんど未発表である。ここでは、これら文書の中、主として郷士に関するものを活用し、郷士としての鴨志田又左衛門家について整理をしたい。

一　水戸藩の十八郷士(旧族郷士)

天保六年「年中出入諸雑用覚帳」(注2)を残した鴨志田又左衛門直升の六代前の祖先又左衛門君儀は、光圀(義公)時代の元禄二年(一六八九)に「御物成五十石頂戴、郷士ニ被召出」た。瀬谷氏は同書で、君儀と前後して郷士に取り立てられた者について、加藤寛斎の「常陸国北郡里程間数之記」(以下、「里程間数之記」と略称する)を引き、

「威儀粛三公御国郷士御取立

御国郷士御取立　家系御吟味ありて五拾石郷士ニ被遊たる旧家ナリ

源威公様御代始而郷士御取立　四人

源義公様御代同　八人

源粛公様御代同　六人　粛公様御代御取立といへ共義公様

西山ニましまして御指揮ある故御隠居なから義公様御取
　立と郡庁ニ記録ありしと云

威公様・義公様　両公　御代に被召出郷士拾弐人ハ

田中々村　五十石　大内勘右衛門

小嶋村　五十石　鴨志田又左衛門

馬頭村　五十石　北条斧四郎

大山田村　五十石　石井長右衛門

石塚村　五十石　岡崎勇之介

潮来村　五十石　石田丹後

大津村　五十石　西丸勇次郎

徳田村　五十石　大森伝之進

里川新田　二十俵　蓮見甚衛門　地方三十石居村より

大子村　五十石　益子民部左衛門

谷津村　五十石　谷津三郎左衛門　此もの物成五拾石宛
　賜之

小幡村　五十石　立原弥一郎

磯原村　野口市蔵　此もの物成拾五石三人扶持

町付村　五十石　飯村武介

粛公様御代御取立ハ

芹沢村　三十俵　芹沢外記

介川村　三十俵　長山半兵衛

大子村　三十俵　益子忠太

折橋村　三十俵　佐川八郎

額田村　三十俵　箕川千蔵

額田村　三十俵　大谷四郎兵衛

（中略）右之人数郡庁之旧記ニ不合ヤゆへニもしくハ異動もあらんか、猶可糺」（同書一二〜一四頁など）

右のように「里程間数之記」は、威儀粛三代に取り立てられた郷士は二〇家を数えるが、「後世水戸藩ではこの三代の間に任命された郷士を『十八郷士』と呼び、『古家』『旧家』と称して、後の時代の郷士と区別しているが、二〇名の郷士のうち久慈郡額田村の箕川千蔵と大谷四郎兵衛の両家は郷士として後まで残らなかったため、『十八郷士』と通称されるようになったものであろう」（同書四六頁）と瀬谷氏はされている。これら二〇家を、現在の行政区画を加えて、一覧表にすると、**表1**の通りである。江戸時代の所属郡別に整理すると、多賀郡六、久慈郡五、茨城郡三、下野国那須郡二、行方郡二、那珂郡二（注3）である。全体的に瀬谷氏が指摘されるように、「水戸城下に遠い地域が多く、全体的に北東部に

表1　十八郷士一覧

郷士名	石高	村名	現地名
(威公・義公召出郷士)			
大内勘右衛門	50石	久慈郡田中々村	日立市大和田町
鴨志田又左衛門	50石	久慈郡小嶋村	久慈郡金砂郷村小島（常陸太田市小島町）
北条斧四郎	50石	那須郡馬頭村	栃木県那須郡馬頭町馬頭
石井長右衛門	50石	那須郡大山田村	栃木県那須郡馬頭町大山田上郷・大山田下郷
岡崎勇之介	50石	茨城郡石塚村	東茨城郡常北町石塚（東茨城郡城里町石塚）
石田丹後	50石	行方郡潮来村	行方郡潮来町潮来（潮来市潮来町）
西丸勇次郎	50石	多賀郡大津村	北茨城市大津町
大森伝之進	50石	多賀郡徳田村	久慈郡里美村徳田（常陸太田市徳田町）
蓮見甚衛門	地方30石居村より	多賀郡里川新田	久慈郡里美村里川（常陸太田市里川町）
益子民部左衛門	50石	久慈郡大子村	久慈郡大子町大子
谷津三郎左衛門	50石	茨城郡谷津村	水戸市谷津町
立原弥一郎	50石	茨城郡小幡村	東茨城郡茨城町小幡
野口市蔵	15石3人扶持	多賀郡磯原村	北茨城市磯原町磯原
飯村武介	50石	久慈郡町付村	久慈郡大子町町付
(粛公召出郷士)			
芹沢外記	30俵	行方郡芹沢村	行方郡玉造町芹沢（行方市芹沢町）
長山半兵衛	30俵	多賀郡介川村	日立市助川町
益子忠太	30俵	久慈郡大子村	久慈郡大子町大子
佐川八郎	30俵	多賀郡折橋村	久慈郡里美村折橋（常陸太田市折橋町）
箕川千蔵	30俵	那珂郡額田村	那珂郡那珂町額田北郷・南郷・東郷（那珂市額田北郷町等）
大谷四郎兵衛	30俵	那珂郡額田村	那珂郡那珂町額田北郷・南郷・東郷（那珂市額田北郷町等）

偏在している」（同書四六頁）と言える。

次に、威公・義公・粛公のそれぞれ時代別に、これら郷士について考察を加える。まず威公時代（一六〇九〜六一）から考える。右の「里程間数之記」の郷士名記載は、威公時代と義公時代を区別していないが、威公取立郷士四、義公取立郷士八、「威公様・義公様　両公　御代」の取立郷士は「拾弐人」とその数をあげている。

しかし、記載されている郷士名を実際に数えると、十四名である。瀬谷氏の『水戸藩郷士の研究』に収められた各郷士についての個別的研究によって、水戸藩初代藩主頼房（威公）時代に採用された郷士名をあげると、次の七名である。

○元和二年（一六一六）下野国那須郡馬頭村北条斧四郎物成五十石（同書四六頁）

○寛永十年（一六三三）久慈郡大子村益子和泉兼継（同書一二頁）

○明暦二年（一六五六）多賀郡里川新田蓮見家　地方一〇石支給、寛文元年（一六六一）二〇石増して三〇石と合力籾一〇俵（光圀の時代に二〇俵）（同書四九頁）

○頼房の時代（年代不明）多賀郡徳田村大森七左衛門　五十

石（同書四九頁）
○慶安三年（一六五〇）多賀郡磯原村野口勝親（弥平次）十五石三人扶持（同書一二頁）
○万治二年（一六五九）久慈郡田中々村大内勘右衛門直時五十石（同書一九五頁）
○万治二年（一六五九）十二月　多賀郡大津村　西丸広則五十石（同書一二頁）

これら頼房時代に採用された七郷士の居住する村を、江戸時代の水戸藩の地図および主要街道にそって地図上に位置づける。**地図1**は、江戸時代の水戸藩の道路状況に十八郷士の居住村を重ねたものである。威公時代召立の郷士は、田中々村を除けば、いずれも水戸城下から北に伸びる街道である岩城相馬街道・棚倉街道・南郷街道の最北の宿場またはそれに近い村、もしくは水戸領と他領の境界に位置する村々であることに気づく。また、里川新田・徳田村・大子村のように、山間部の村落も多い。

このような事実は、これら郷士の任用の目的に、水戸藩領の北辺や北西辺の藩境地域の防衛や支配に、彼らの地域社会に対する絶大な勢力を利用するという狙いがあったことを物語っているのではないか。こうした北辺の山間辺境地の一つ小生瀬村で江戸時代初期に、凄惨な弾圧で多くの犠牲者を出した生瀬の乱があったことも、ここからほど近い大子村の益子民部左衛門が寛永十年という早い時期に郷士に任用された背景にあるのかも知れない。また、徳田村の大森七左衛門や里川新田の蓮見甚衛門も小生瀬に比較的近いので、関係があるのかも知れない。

もう一つの狙いをあげれば、こうした遠隔の地にも、領民に藩主の権威を示し、支配の実をあげる目的で藩主の巡見が及ぶことがあったと思われる。そうした際に、彼らに案内をとらせ、宿泊に彼らの家屋敷を提供させるという意味もあったのではないか。例えば、磯原村の野口家の場合、「『御成御旅館』として、藩主が領内巡視の節に立ち寄る時の『御殿』に頼房も二度ほど止宿したといわれる（中略）。光圀の場合（中略）前後三回に及んでいるが、特に磯原・大津方面へはじめて歩を運んだ延宝元年（一六七三）には北領方面巡視の折で、八月二十四、二十五の両日野口家に泊って」いる（同書一五三～一五四頁）。

後述のように、こうした藩主（前藩主）の宿泊が多かった

地図１　水戸藩道路地図から見た十八郷士の分布

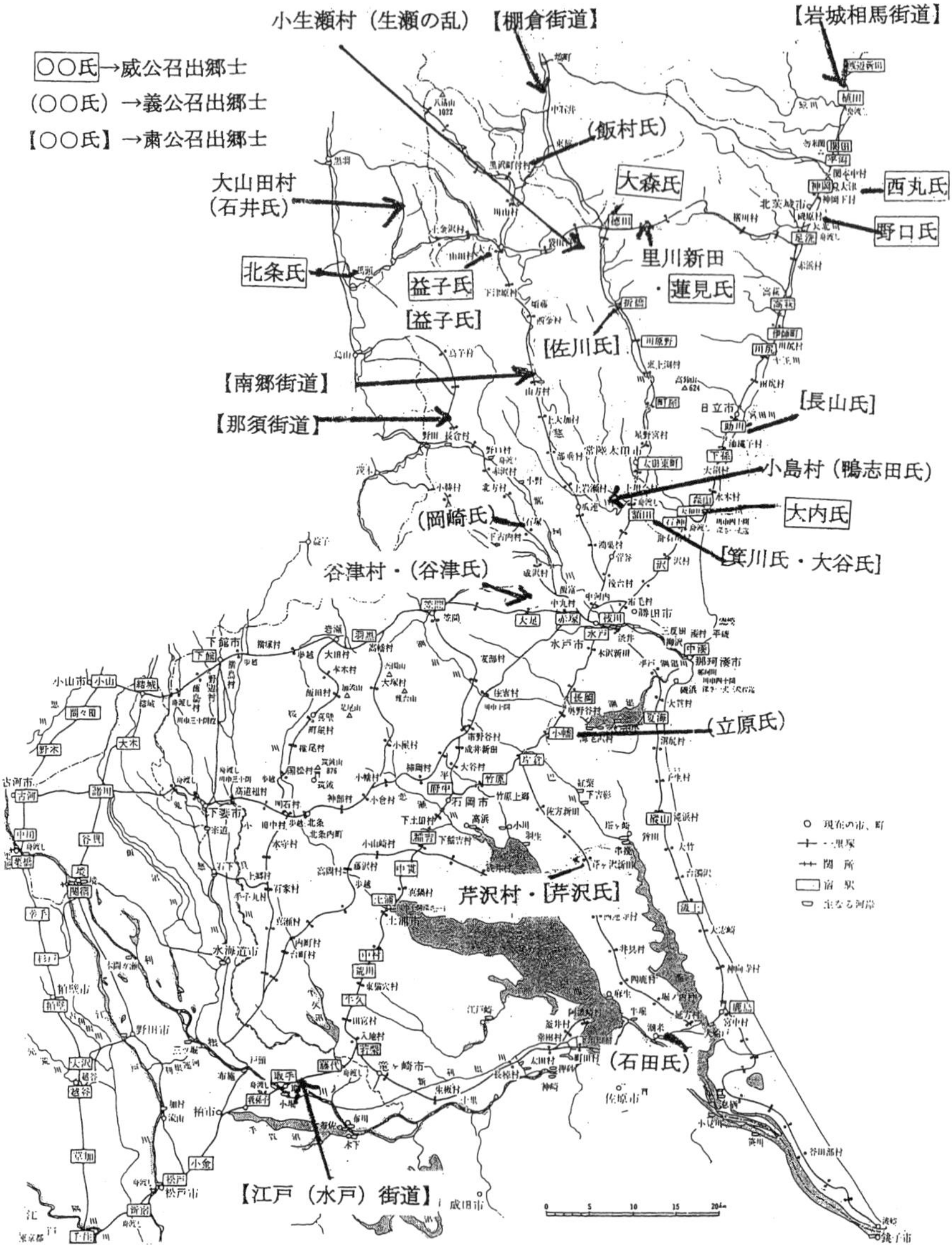

『水戸市史（中一）』第16図の常陸国交通図を元にして十八郷士の分布を書き込んだ。

のが、田中々村の大内家である。田中々村は他の六氏の居住する北辺や北西辺境の地とは異なり、藩の中央部に位置し、岩城街道に近く、また太田にも近い交通便利な所に位置している。とくに光圀は大内家を好み、しばしば訪問し宿泊を重ねている（後述）。

藩主の御成や宿泊に浴することは、それを担った家にとって大変名誉なことで、それを通じて地域社会におけるその家の権威を高からしめる上で大きな意味があっただろう。次に分析するように、続く義公（光圀）時代になると、任用される郷士は、茨城郡・行方郡と藩領の中央部から南部へと範囲が広がるが、田中々村大内家の郷士任用はその嚆矢となったものであろう。

威公時代の七家を除いた次の七家が、義公時代（一六六一～九〇）に郷士に採用された家々になるのではないか。

□鴨志田又左衛門　久慈郡小島村　五十石
□石井長右衛門　下野国那須郡大山田村　五十石
□岡崎勇之介　茨城郡石塚村　五十石
□石田丹後　行方郡潮来村　五十石
□谷津三郎左衛門　茨城郡谷津村　五十石
□立原弥一郎　茨城郡小幡村　五十石
□飯村武介　久慈郡町付村　五十石

これら七家の所在についても、地図1で考えよう。那須郡大山田村の石井家や久慈郡町付村の飯村家のように、威公時代に続く北西辺地任用の郷士も見られるが、茨城郡の郷士が三名、久慈郡でも小島村・鴨志田家のように太田近辺の地の者が選ばれているように（小島村・鴨志田家については次項で詳述）、水戸藩中央部、あるいは行方郡潮来村の石田家のように、水戸藩領の最南端の者が郷士に任用されていることを、この期の特色として上げることができる。北辺のみに偏在するのではなく、水戸藩領の全体に分布するようになってきている。

那須郡大山田村の石井家は前代任用の同郡馬頭村の北条家に近く、久慈郡町付村の飯村家は、やはり前代任用の益子家に近い。馬頭地域や大子地域の支配をより強化・補強する狙いがあったと思われる。また、行方郡潮来村の石田家の場合は、水戸藩領南部の支配や藩主巡見の宿舎に役立てる狙いがあったろう。

立原家の茨城郡小幡村は、江戸（水戸）街道の小幡宿のあった村で、水戸領の境に位置していた。この場合も藩境の守護の役割を担ったのではないか。岡崎家の石塚村も、水戸領であった下野・烏山地方に向かう那須街道の要地に位置していた。

粛公時代（一六九〇〜一七一八）に、郷士に登用された六氏は、次の通りである。

△芹沢外記　行方郡芹沢村　三十俵
△長山半兵衛　多賀郡介（助）川村　三十俵
△益子忠太　久慈郡大子村　三十俵
△佐川八郎　多賀郡折橋村　三十俵
△箕川千蔵　那珂郡額田村　三十俵
△大谷四郎兵衛　那珂郡額田村　三十俵

右の粛公召出の六家の郷士についてであるが、「里程間数之記」には「粛公様御代御取立といへ共義公様西山ニましまして御指揮ある故御隠居なから義公様御取立と郡庁ニ記録ありしと云」とある。光圀の西山山荘隠居時代（一六九一〜一七〇〇）に、実際は光圀の指揮で選抜が進められていたものと思われる（注4）。

鈴木暎一氏の『徳川光圀』「第六　西山の隠士」の章によれば、光圀はしばしば領内の旅行に気楽に出かけ、大内家をはじめ、領内の郷士などの屋敷を訪問・宿泊することもたびたびであった。光圀にとって、それは隠居生活の中で大きな楽しみであった。そうした折に家柄なども考慮して、光圀の目にとまったのが右の六家であったと思われる。

さて、右の六家の水戸藩領における位置についても、地図1で、具体的に見よう。すると、芹沢氏の芹沢村は行方郡の中央部・玉造村に近く、江戸（水戸）街道を片倉で分かれて、行方郡方面に向かう街道の途中にある。義公時代に採用された、石田氏の潮来村に至る途中にある。

長山氏の介川村は、岩城街道助川宿のある村である。大子村は前述のように、南郷街道が通る村で、この地域の中心的な村。益子忠太は、頼房時代の寛永十年（一六三三）に、水戸藩郷士としては二番目に古く召し出された益子民部左衛門の一族かとも思われ、大子方面の一層の支配強化を図ったものと思われる。

佐川氏の折橋村は、棚倉街道の前述の徳田宿の手前に位置する折橋宿のある村。箕川氏・大谷氏の額田は、棚倉街道の太田の手前に位置する宿のある村である。全体的にこの期の郷士採用は、威公・義公時代に置かれた最北端・最北西端・最南端の村々の水戸城下寄りの街道沿いの村が選ばれているようだ。そして、水戸領の全体に満遍なく配置されているように思われる。

以上、十八郷士について水戸領内の地理的位置の観点から考察したが、次に観点を変えて、いわゆる十八郷士の出自を考える。ここでは、やはり瀬谷氏の『水戸藩郷士の研究』の諸論文で個別的に言及されている郷士の出自に関する研究成果を整理する。まず、瀬谷氏は、「十八郷士は前記引用史料に「家系御吟味ありて」取り立てられたとあるように、封建社会で最も尊重された旧家としての家系が、郷士起用の第一条件だったことを示すものである」とされている（同書一九四頁）。

1　久慈郡大子村益子家

「下野益子庄高館の城主たりし紀貞政の後裔の、この地に移り住んで勢力をもっていた」「慶長・元和頃より奥久慈の小金山群の一つ小久慈山において、金の採掘に当っていたといわれ、経済的実力を以て、かつて佐竹の勢力の強く及んでいたこの地方に、大きな土豪的存在だったのではなかろうか」（同書一一二頁）。

2　多賀郡里川新田蓮見家

「頼朝から蓮実の姓を賜わった旧族で、その後下野那須郡に住して那須氏を称したが、やがて久慈郡山間に移り、寛永八年下人を従えて、里川に定住したという。ここで浪人を集め、寛永十八年と明暦元年（一六五五）の二度、あわせて四三〇石余の土地を開き、続いて若栗新田一五〇石余を開いたというから、開発地主というべき旧族だったことになる」（同書四九頁）。

3　多賀郡徳田村大森家

「大森家も、頼房の時代五〇石の郷士となった旧族で、（田中々村の）大内氏家と同じく、長男が佐竹氏に従って秋田に移住し、次男七左衛門が取り立てられたものである」（同書四九頁）。

4　多賀郡磯原村野口家

「野口家が頼房の時代に郷士に取り立てられたのは、隣村の西丸家が佐竹氏に仕えた旧族土豪的存在であったことに由来するのと、同じだったのではなかろうか。特に野口勝親の親と佐竹氏との関係を知れば、水戸藩にとって、野口氏を郷士に起用することは、奥州に近い辺境を固める上からも、重要な意味をもっていたものと考えられる」（同書一五一頁）。

5　久慈郡田中々村大内家

「大内家が文政十一年（一八二六）正月藩命によって提出した系図下書によると、同家は佐竹氏の祖新羅三郎義光の四男で、大内姓をなのった義高の後胤ということになっており、代々佐竹氏の家臣であった。慶長七年大内民部のとき、佐竹氏の秋田移封にあい、義宣に従って秋田に移ったが、弟の土佐は老母と共に故郷に留まって帰農した。その後土佐の孫好時の代になって、水戸藩最初の検地が実施された寛永十八年（一六四一）には、田中々村庄屋として検地に協力した。その子勘右衛門直時のとき、系図指出しの藩命にあい、その結果万治二年（一六五九）頼房の時代郷士とな」った（同書四八頁）。

6　多賀郡大津村西丸家

「西丸家は佐竹氏の家臣であったが、佐竹氏の秋田移封後、従者数十人と共に、西丸（現才丸）から大津に移り住んだ土豪である」（同書一四八頁）。

7　久慈郡小島村鴨志田家

「佐竹氏の旧家臣で、佐竹氏の秋田移封後土着帰農した旧族だったことがわかる」（同書一二八頁）。

8　行方郡芹沢村芹沢家

「芹沢家は常陸大掾繁盛の嫡流といわれる旧族の一人であるが、郷士に取立てられることになったことの起りは、光圀の時代、「所伝の系図」を上覧したことにあるといわれる」（同書一四頁）。

9　多賀郡介川村長山家

「長山家も佐竹氏の一族で常陸に残留した旧族であり、長山半兵衛の母は佐竹氏の家臣で帰農し、金沢村に住んだ照山内匠の子であった」(同書一九八頁)。

以上の瀬谷氏の研究でもわかるように、十八郷士の出自は、佐竹氏の旧臣で、佐竹氏秋田移封後に帰農し、その地域で土豪的勢力を保持していた者の子孫か、中世名族に連なる家系を誇りやはり土豪的勢力であった者であることが理解される。

こうした勢力の郷士起用の意義について、瀬谷氏は総括的に次のように述べておられる。

「藩政成立期には、前支配者であった佐竹氏の遺臣を、どのようにして水戸徳川家の新政権に親附させるか、また佐竹氏の支配に馴れて事なきを得た多くの領民を、どのようにして水戸藩政に心服させるか、ということが、領民支配体制確立の、大きな課題であったに相違ない。このような課題に答える一つの方法が、佐竹氏の在郷遺臣の有力者を郷士に取立てるか、領民に信頼され、領民をおさえる力のある、地方の旧族豪農を郷士に取立てるか、その何れかであったのである。十八郷士はこうして出現することになった。当時の郷士が旧族郷士の名にふさわしいのはそのためであり、地域的にみて、久慈・多賀の地方が主だったことは、これらの地方が、古くから佐竹の旧領だったからである」。(同書七九頁〜八〇頁)

以上のような、佐竹氏の在郷遺臣の有力者や旧族豪農を郷士に取り立てて領民支配に利用した、とする瀬谷氏の指摘はまったく妥当なものと思われる。その上で私は、先の十八郷士の立地上の検討から、水戸藩領内全体を見渡した上で、藩主巡検の折の宿泊場所の確保等交通上の便宜、南北の辺境や藩境の防衛と支配の強化といった点にも力点を置いて、十八郷士の人選が進められたと思われることを付け加えておきたい。

思えば、瀬谷氏のいう、「佐竹氏の在郷遺臣の有力者」や「地方の旧族豪農」は、頼房や光圀の藩主時代、一七世紀の中・後期の頃には、水戸領内各地にかなり多く存在していたのではないか。その中から二〇名の郷士が選抜されたことは、右のような観点から見ることも必要ではないか。

ところでまた、瀬谷氏は次のような点にも注意を払われている。それは佐竹氏と最も関係深い太田の地域に十八郷士がいないことである。その理由について瀬谷氏は次のように記される。

「まず考えられることは、太田の街は佐竹氏の旧城下であったから、有力な家としては高級士族の部類に属するものが多く、彼らは次々に秋田に去り、残った有力町人を郷士に取立てる道は、当時の段階ではまだ開かれていなかったからではなかろうか。また太田に近い農村、つまり現在の常陸太田市域には、有力農民がいなかったか、あるいは旧族の有力農民がいたとしても、太田の街に近接した地域に、郷士が多くなることは、領民支配の上から、かえって不利と判断されたからではなかろうか。若し後者のように考えられるならば、佐竹氏旧領民に対する宣撫的な意味を持った郷士の取立てにも、限界があったことを示すものかもしれない」。（同書二二八〜二二九頁）

実は、次項で詳しく分析する十八郷士に含まれる小島村の鴨志田又左衛門家は、太田の街から一里半（約六キロメートル）ほどの距離で、「太田の街に近接した地域」に当たると思われる（注5）のだが、この問題については、次項であらためて考える（地図2参照）。

二　鴨志田又左衛門の郷士任用

前述のように、瀬谷氏は鴨志田又左衛門家が佐竹氏の旧家臣で佐竹氏の秋田移封後帰農した旧族であったこと、そしてそのことが郷士任用の理由になったことを指摘されている。そして、その根拠に注で『水府志料』小島村の項所載の文書の存在を指摘されている。しかし、史料そのものは引用・掲載されていない。そこでまずその文書をあげてみよう。

1　史料A

（前略）古文書　鴨志田又左衛門所蔵也。其先信田氏鴨志田若狭守と称す。天文年中、佐竹氏に仕ふ。其子式部少輔といふ。天正十九年、野州壬生城攻の時、一方の軍将たりとぞ。勝利を得るに及んで、藤田の内五貫文の地をあたへて賞せらる。慶長年中、佐竹氏秋田に移るの時浪人となる。元禄二巳年水戸殿郷士に命ぜられ、今に伝ふ。〈古文書一通略〉水戸義公観楓葉の作、又同人家蔵也。

詠小島楓葉
任笻到一小舎　遶舎楓葉飽霜
仙人錬丹鉛薬　青女湜臙脂粧
吹起火焼林上　寸断錦曬夕陽
夜易明天難暮　紅継晷短日長

　この史料は、水戸藩の学者で郡奉行だった小宮山楓軒が文化四年に編集した『水府志料』の小島村の項に所載の部分である。『茨城県史料』（近世地誌編）「水府志料」解題によれば、文化二年（一八〇五）に各村々の庄屋・組頭に基礎材料の提出を求めているというので、小島村分も文化二年に庄屋（又左衛門家から分家した家が享保頃から庄屋職を世襲化していた。定衛門を代々名乗った）から、郡奉行（藩）に提出されたものと思われる。

　これに対し、次の史料は天保三年（一八三二）に、その当時の郷士であった又左衛門直升が恐らく藩の求めに応じて、又左衛門家の由緒と郷士取立て以後の来歴をまとめて記述し、藩に提出したものの控えと思われる。今日残存している由緒書・家譜類では、最も詳しく記されている。

2　史料B

鴨志田又左衛門

平親王後胤信田氏孫
　鴨志田若狭守

天文年中佐竹殿ニ仕イ、若狭守嫡子鴨志田式部少輔代、佐竹殿ヨリ、天正年中壬生城引潰シノ節、賜感状今ニ所持、慶長年中秋田ェ国替ノ節ヨリ浪人ト成、田畠高四百石余所持、小島村在居、大庄屋其外郷代官庄屋等代々勤罷在候トコロ源義公様御代郷士ニ被召出、御物成五十石頂戴、私マテ数代無恙実子ニテ相続仕、御奉公申上、難有奉存候、御先代様ヨリ百姓ノ内御成数度、延宝二甲寅年中御成ノ節古書御尋ニ付、感状奉入高覧候由申伝候、御殿有之候所、郷士役被召出候三代目直富代困窮仕、相破レ申候、百姓ニ分家数人有之、今以分家ニテ代々庄屋組頭役無滞相勤申候、若狭守代焼失仕系纂相失、家臣数人有之候所、他参死絶等ニテ只今ハ二軒ニ罷成申候、

　鴨志田又左衛門

君儀元禄二己巳年六月十五日御物成五十石頂戴、郷士ニ被召出、男盈福ト父子大内勘右ェ門父子ト共ニ御西山ェ勤番、所々御成

ノ節御供被　仰付候ヨシ
源義公様御成数度有之、鉄砲矢場相済、拝領物サラシ地クワシ類
略之、御自筆二枚其外左ノ通
一詠小嶋楓葉六言律御詩一首　但、御紋表具掛物
一即事蓮五言御詩一首　但、御鼻カミ被遊候紙御ノシ被遊候テ
御書被遊候由
一御紋付鉄炮　一挺　但、玉目四匁前目当下金ニテ御紋
一御カウガイ　二本　一御茶壷　一ツ　一御茶椀　一ツ
一御盃、台、肴入マテ組立ノ箱（カ）一組
但、是ハ御西山ニテ平日御用イ被遊候ヨシ、御遺物トシテ
拝領
一フラスコ　一ツ　但、右ニ同
右ノ外古書申伝等有之候　妻大内勘衛門女、元禄二己巳年ヨリ
宝永六丑年マテ二十一年御奉公申上候
藤井紋太夫御殺害ノ砌御留守居仕御書翰御添ノシコンブ頂戴
鴨志田又左衛門盈福宝永七庚寅年中親取来御　物成五十石頂戴
郷士月日不分
源粛公様御成之節拝領目録
一白銀三枚　鴨志田又左衛門　一金二百疋　同　妻
一同四百疋　隠居香水夫婦　一同二百疋又左衛門惣領鴨志田千介
一同二百匹同二男千二郎
宝永七寅年ヨリ享保九辰年マテ十五年御奉公申上候（中略）
鴨志田又左衛門直富、享保十乙巳年六月九日親取来御物成五十
石頂戴郷士（中略）
享保十巳年ヨリ天明八申年マテ六十四年御奉公申上候（中略）
嫡子病身ニ付、願ノ上嫡孫承祖
鴨志田又左衛門直好寛政元年己酉年十一月廿一日親取来御物成
五十石頂戴郷士
文化七年三月　源武公様御成、其節　御自筆並鉄砲奉入高覧候、
山芋献上仕、小紙拝領、惣領二男マテ旧例之通リ御目見エ相済（中
略）
寛政元酉ヨリ文政二卯年マテ三十一年御奉公申上候（中略）
鴨志田又左衛門直升、文政三庚辰年十二月廿五日親取来御物成
五十石頂戴郷士（中略）
右
源義公様御代郷士被召出、私マテ数代実子ニテ相続仕、無滞御
奉公申上、難有奉存候、此段書上申候、以上
天保三年辰九月
鴨志田又左衛門

この史料の要点を整理すると、次のようになろう。

①　鴨志田又左衛門家は、天文年中（一五三二〜五五）、若狭の時に佐竹氏の臣となって、その子式部少輔の時に下野・壬生城引潰しの節の功により、佐竹氏より感状が与えられた。

②　慶長年中の佐竹氏の秋田移封に際しては、小島村に留まり帰農した。そして「大庄屋其外郷代官庄屋等」を代々務めた。

③　郷士召出以前から藩主の御成が数度あった。とくに延宝二年（一六七三）の光圀（義公）御成の節は、古書御尋ねにつき、「感状」を高覧に入れた。光圀時代には御成が数度あり、様々な拝領物があった。

④　光圀（義公）時代の元禄二年（一六八九）、又左衛門君儀が五十石頂戴の郷士に召し出された。

⑤　光圀の晩年西山山荘で隠居生活に入った後は、男盈福と親子で、大内勘右衛門親子とともに同山荘に勤番し、光圀が処々に御成の節に御供をした。なお、又左衛門君儀と大内勘右衛門との関係は、勘右衛門の娘が君儀の妻となっている。勘右衛門は君儀の岳父にあたる。

⑥　その後又左衛門家は、現在（天保三年）の直升まで、盈福→直富→直好と、実子にて郷士身分を相続した。その間、盈福代と直好代に合わせて二度藩主の御成があり、そのつど拝領物があった。

以下、①〜⑥について、できるだけ、又左衛門家に残る古文書にそって論証したい。

まず①の又左衛門家が佐竹氏の旧臣であったという点について。又左衛門家および分家の定衛門家（享保以後小島村の庄屋を世襲した、慶長年中に又左衛門家から分家したという）には、何種類かの由緒書・先祖書の類が残っているが、いずれも天文年中の若狭の代に佐竹氏に臣従し、式部少輔の天正十九年（一五九一）の下野・壬生城取潰しの際の功により、佐竹氏より藤田村に五貫文の土地と「感状」を頂いたことが述べられている。又左衛門家の誇るべき歴史として後世に強く伝承されてきたものであろう。このことは史実としてそのまま認めてよいのではないか。

ただ、史料Aに「天正十九年、野州壬生城攻の時、一方の軍将たりとぞ。勝利を得るに及んで」（注6）とあるのは、『水府志料』の基になる資料を提出した小島村庄屋定衛門の文に、明らかに誤認と誇張があったように思われる。兄が佐竹氏に従って秋田に移住し、弟が帰農したという先の大内家などと比べて、又左衛門家の佐竹氏家臣としての地位はそれほど高いものではなかったのではないか。それゆえに、②のように、小島村に留まり、帰農することになったのであろう。

②について。小島村に留まった又左衛門家は、その後「田畠高四百石余所持」し「大庄屋其外郷代官庄屋」を代々務めたという点はどうか。この点を直接的示す史料は残っていない。しかし、又左衛門家は、佐竹氏に臣従する前から土豪としての勢力を小島村界隈に築いていたのではないか。そうした力が認められて、佐竹氏の臣に組み込まれることになったと思われる。そしてその勢力は佐竹氏の臣である地位を失った後もそのまま保持されたのではないか。「田畠高四百石余所持」ということも、有り得ないことではない。「大庄屋其外郷代官庄屋」というのが、どのようなものであるかよく分からないが、初期の水戸藩が地方支配のために、こうした土豪的農民の力を利用することは有り得たと思われる。それから約百年後の元禄頃にも、又左衛門家が依然として土豪的農民としての勢力を保持していたことは、次の史料から伺うことができる。

3　史料C

覚

一又左衛門　年三拾八
一同人女房　年弐拾九
一同人女子　年拾弐
一同人男子　年五つ
　下人　弐拾人　内八人男　拾弐人女
　家風　三拾人（家風人数マヽ）内　拾四人男　拾弐人女
持高　百弐拾石
　内　六拾三石　田方　五拾七石　畠方
其外古証文等茂有之候者差上可申由、私五代以前ニ鴨志田式部と申者、藤田村之内五貫文之処知行仕候、佐竹様よりノ御証文差上申候、其外之御証文共ハ六代以前ノ若狭と申者自火之時分焼失仕候由申伝候、以上

この文書は年未詳であるが、史料B③の又左衛門君儀が郷士に取り立てられる元禄二年六月より少し前に書いて藩に提出した「覚書」の下書きか、草案の一つではないか。その理由は「其外古証文等茂有之候者差上可申由」とあり、郷士取

立ての根拠の一つとして「古証文」等を差し出させようとしたと思われること、この文書と同じ筆跡と思われる元禄二年「潰諏訪社跡拝領始末」とでも称すべき文書（史料Ｄ）が、又左衛門家に残っていることなどによる。

もしそうであるなら、右の文書は元禄頃の又左衛門家の田畠の所持状況、経営内容を示すものとして捉えることが可能ではないか。田畠合わせて百二十石の土地を、家内労働力である二十人の「下人」と三十人ほどの隷属農である「家風」を使って耕作する土豪的農民であることを、窺うことができる。又左衛門家の農業経営のあり方については、次項でより詳しく検討する。

史料Ｂ③に言う藩主の「御成」では、延宝二年（一六七三）の義公（光圀）御成の節は「古書御尋に付、『感状』を高覧に入れた」とあるが、この時の又左衛門家訪問で、光圀にとって強く印象に残ったのは、又左衛門家屋敷近くにあった「きつね穴」であった。それを物語るのが、史料Ｄである。

4　史料Ｄ

覚

一当村潰諏訪社跡如何様之儀ニ而拝領仕候段書上可申由被　仰付候、此儀者当十六年以前延宝弐寅ノ十一月十一日ニ殿様御鷹野ニ被為　成候刻、私処へ御腰を御かけ被遊、其上右之森ニきつね穴御座候を御案内仕候様ニと御訊ニ付、御案内仕、方々穴口御上覧被遊、森之儀御尋被遊候ニ付、潰諏訪社跡ニ御座候由申上候処ニ、跡方者何者支配仕候由御訊被遊候ニ付、前々より私氏神ニ御座候ニ付祭等仕、森之支配私仕候由申上候得者、木もよく立候、向後ハ被下候間、左様ニくぬ木も自由にきり可申候、村之坊主ニとられ不申候様ニ可仕由御訊ニ御座候、其節御供之衆、三木仁平様・朝比奈宇右衛門様　岡崎平兵衛様・牛尾太郎左衛門様なとも御聞被成、難有可奉存知段被仰候、其時分之御郡小浜喜左衛門様御代官亀田半兵衛様御成ニ付、馬場村ニ被成御座候ニ付、其晩早速罷上り右之段申上候、弥以右之御そば衆へも馬場ニ而御礼申上候事

一右之通ニ御座候ニ付、当六年以前貞享元子ノ年、分付山御改ニ付、上山壱反弐畝歩ニ御改申請、鐚百六文宛丑之春より当巳

ノ春迄五ヶ年分〆鐚五百三十文私方より年々ニ上納仕罷有申候、以上

小嶋村

又左衛門

元禄弐年巳ノ五月

右之通りニ鐚差上申候処ニ、御郡鷲尾覚之允様御来書被遊、御評定所御勘定場へ被指上、弥被下候筈ニ罷成申候

右の史料の前半部分に記されているように、光圀は鷹野の際、又左衛門家に立ち寄り、近くの森の「きつね穴」に案内させ、「方々穴口御上覧被遊」れた。そして、潰諏訪社のあるこの森(注7)を支配しているのは誰かと尋ねられ、又左衛門が支配・管理しているとお答えすると、今後はこの森を又左衛門家のものとして下さると言われたとある。光圀がこの後もこの「きつね穴」に関心を持ち続けたことは、次の書簡からうかがうことができる。

5　史料E

以書付申達候

黄門様御機嫌好被遊　御座候間可御心安候、然ハ御意被遊候者、其元ノ山田川へ鮭魚上リ可申候間、取候而塩ニ仕指上可申候、且又其元御自分屋敷之きつね共も水戸ノ若キ衆中ヲ御頼、御つらせ可被遊候間、うらの竹ヤふなとをきり、よくこしらへ置可申候、前ノ大木共ハぼくの御用ニ納候ハヽ御とり可被遊候、手代与五大夫より申参、其元へ切ニ可参候、又仕度いたし置候様ニと被仰出候、右之旨拙者共もより可申候由依御諚如此御座候間、鮭御取候而早々御指上、尤きつねつり申候場所仕よく御こしらへ置可被成候、已上

秋山村衛門

三木幾衛門

八月廿五日

鴨志田又左衛門様

右の書簡は、すでに西山山荘での隠居生活に入っていた光圀の御意を受けて、側近として光圀に仕えていた秋山村衛門と三木幾衛門が連名で又左衛門に出したものである。この中で「其元御自分やしき之きつねとも水戸ノ若キ衆中ヲ御頼、御つらせ可被遊候間」竹や木を切って環境を整えておくようにとの光圀の御意があったことを伝えている。ここに見える「きつね」がいるのは、明らかに史料Dにみえる「潰諏訪社」があった森の「きつね穴」であったと思われる。

この顛末がどうなったかは史料がなくて分からないが、光圀が又左衛門家屋敷森の「きつね穴」に強い関心を持っていたことは確かで、そのことが又左衛門家と光圀との関係をより密接にする役割を果たしたと言えるのではないか。光圀が狐猟に興味を持っていたことは、西山時代の元禄六年「西山諸色小買物帳」を一覧表にまとめた『水戸市史　中一』第一九表元禄六年西山諸色小買物帳の五月十七日の項に、「四八文　ちり紙二十把　狐わなを掛けたとき」とあることからも窺える（この時の狐わな掛けは、又左衛門家のきつねつりとは日付からみて異なるようだ）。

また、右の書簡の最初の部分に、「其元ノ山田川へ鮭魚上り可申候間、取候而塩ニ仕指上可申候」とあるのも、光圀と又左衛門との関係の近さ、密接さを物語るものとして捉えてよいのではないか。光圀は鮭が好物であったことは、私が幼少年期に小島の地で聞いた記憶があるが、事実だったのではないか。鈴木氏の『徳川光圀』（人物叢書）二四二〜二四三頁によれば、光圀は元禄六年九月末〜十月初めに郷士・大内家に滞在したが、その折「久慈浜（日立市）に出かけ、鮭漁や地引網を見物したりしている」。

又左衛門君儀に鮭を取って塩にして差し上げるようにとの御意があったのは、唐突にこうした御意があったとは思えない。それ以前にも西山の光圀に又左衛門家から何度か鮭が献上されていたと思われる。書簡にある山田川は又左衛門の屋敷から東一キロメートルたらずの所を流れ、少し下流の河合で久慈川と合流している（地図2参照）。好物の鮭の無心をするところに、光圀と又左衛門の関係の近さが顕われているように思われる。

史料Dは「当村潰諏訪社跡如何様之儀ニ而拝領仕候様書上可申由被　仰出候」との命により、「書上」られ、恐らく水戸藩に提出されたものと思われる。この文書で強調されていることは、又左衛門家屋敷の近くにあった「きつね穴」に光圀が強い関心を示し、その結果又左衛門家がこの「きつね穴」のある森の一帯を拝領することになり、又左衛門家の分付山と位置づけられ、貞享元年よりは毎年鐚百六文ずつの税を納入している。そのことはこの文書が作成された当時の「御郡鷲尾覚之允」が、「御評定所御勘定場」へ「指上」られ、いよいよ又左衛門家が拝領して、分付山として支配していることは確かなことである。

地図２　鴨志田又左衛門に関連する地域地図（5万分の1）

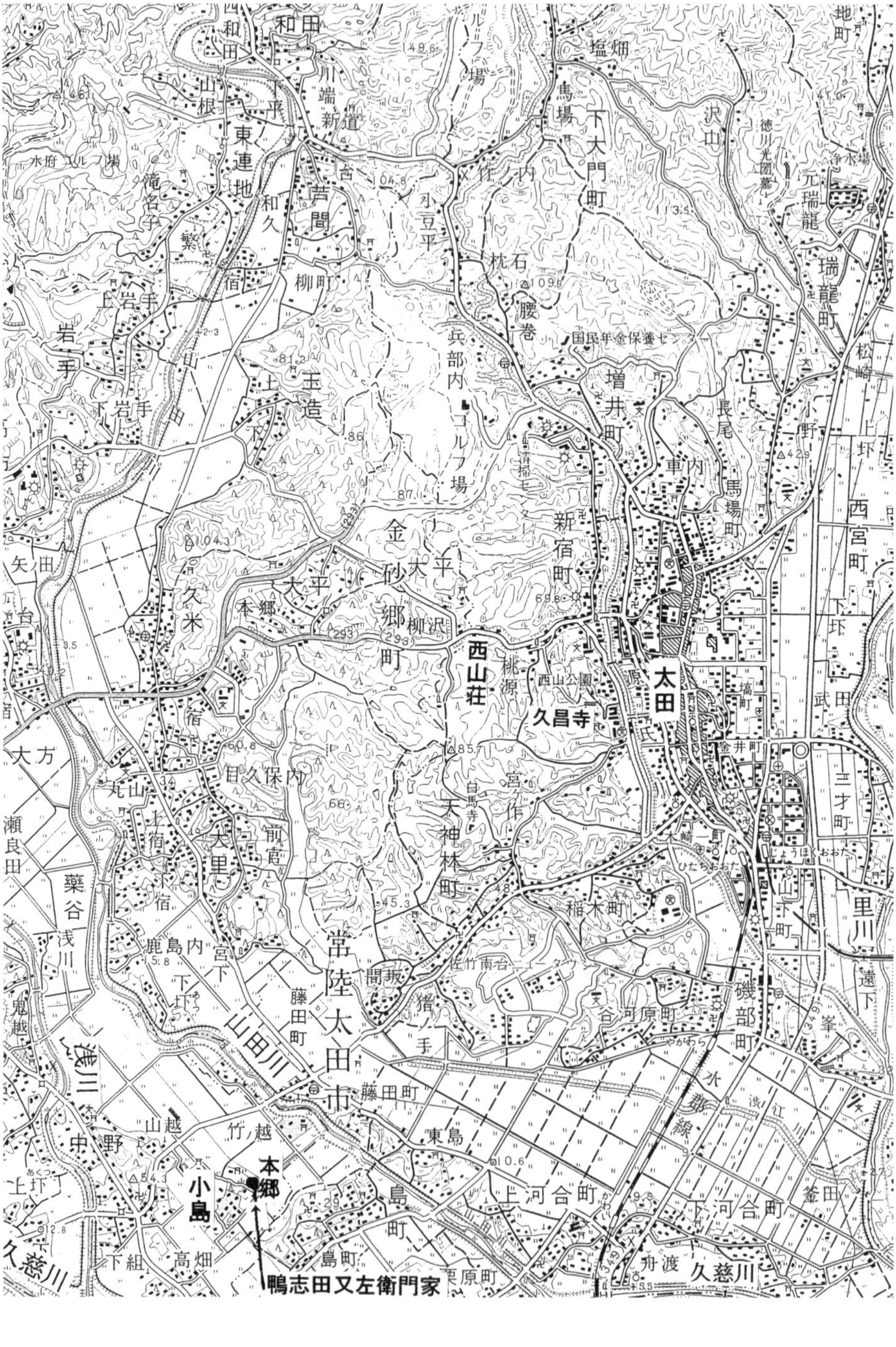

右の経過からも見られるように、この文書の作成提出には、郡奉行・鷲尾覚之允が関わっていたことが窺われる。この文書が作成提出されたのが、元禄二年五月であること、そしてその一月後の六月には、又左衛門君儀が郷士に採用されていることを思えば、この文書が、光圀が又左衛門家の「きつね穴」に強い関心を示したことを取り上げて、光圀と又左衛門家との関係の濃密さを示すことによって君儀の郷士採用を有利に進めようとする意図で作成・提出されたことはほぼ間違いない。そしてこれらのことを積極的に指示・指導したのが、郡奉行・鷲尾覚之允であると判断してよさそうである。

　次に、史料B④で、元禄二年（一六八九）六月十五日に又左衛門君儀が五十石頂戴の郷士に召し出された（注8）ことについて考える。六月十五日の郷士拝命のための水戸城への登城について、御郡鷲尾覚之允が又左衛門君儀にいろいろ世話をやき、細かいアドバイスをしていることが、次の鷲尾から又左衛門宛に出された書簡から読み取れる。

6　史料F

尚々十五日ニハ早天ニ御城へ罷出候間
十四日ニ屋敷迄可罷出候、諸事御用候間可申聞候、已上

　手紙ニ而申遣候、其方事御用候間、当十四日ニ早々屋敷迄可罷出候、御奉行
　衆より申来候者十五日ニ其方召連、御城へ可罷出之由ニ候間、袴羽織ニ而刀指候而小者壱人召連可参候、上下者所持不申候哉、御城へ者袴羽織ニ而罷出候へ共、上下入申事可在之候間持参可申候、若持不申候ハヽ、早々此地へ罷越、上下求一日ニ仕立申事ニ候間左様ニ成共可然候、目出度事ニ可有之候間悦可罷出候
　殿様近日御下国之由ニ候間、左候へハ上下入可申候、為必取如此ニ候、已上

六月十一日　　鷲尾覚之允

右の書簡には、十五日の早天には、（郷士拝命の儀式があるので）郡奉行鷲尾覚之允が又左衛門君儀を「召連」れて登城すること、御城へは袴羽織にて罷出ること、上下（裃）も必要なので持参すること、裃は持っていないだろうか、持っていなければ、当地・水戸にて仕立てて用意するように等の指示を与えていることが記されている。

　郡奉行としての職務ということもあるのだろうが、鷲尾が

又左衛門のために積極的に立ち働いていることが読み取れる。鷲尾の又左衛門君儀に対する好意的立場は、君儀の郷士拝命の後も続いたようだ。例えば鷲尾の又左衛門宛の次の書簡はそうしたことを物語るものであろう。

「(前略) 一昨日ハ殿様より晒壱疋頂戴被成候由ニ而預御出誠以御冥加ニ御叶被成候事と存候、畢竟黄門様御威光を以、御拝領被成、於我等も難有御儀奉存候、如之御祝可被成候(後略)」。

ここに見える「殿様」は恐らく綱條で、多分君儀の黄門様(光圀)への奉仕を賞して晒一疋が綱條から下賜されたと思われるが、そのような段取りをつけたのも鷲尾だったのではないか。

また又左衛門君儀は郷士拝命の後、水戸藩上層部の者に御礼の書簡を出したようで、それに対する返礼の書簡三通が、又左衛門家に残っている。朝比奈内匠泰直の(元禄二年)七月十一日付書簡には、「一筆令啓達候、弥御無事ニ御座候哉、承度令存候、然者先日御知行御拝領被成候付、早々為被御知得存候、為御礼如此ニ御座候、恐惶謹言」とある。吉田加兵衛からの七月十三日付には、「先頃者御状令拝見候、此度御自分義郷侍被　召出御合刀御拝領之難有之旨御紙面之趣令演述候所ニ尤之至被存候」とあり、藤井紋大夫徳昭の六月十八日付には、「今般郷士ニ被召出難有仕合之由也、早速飛翰之趣得其意候、御祝着候程」とある。

藤井は、この五年後の元禄七年に光圀によって御手打ちにされるという事件で有名である。史料Bに小字で「藤井紋太夫御殺害ノ砌御留守居仕御書翰御添ノシコンブ頂戴」と書き込まれていて、又左衛門君儀が何かこの事件に関係しているかにも読めるが、詳しいことは分からない。それはともかく、こうした、藩上層部への礼状差出も、鷲尾の指導によるものかと思われる。

次に、史料B⑤の西山山荘時代の光圀と又左衛門家との関係や、又左衛門家と大内勘右衛門との関係を考慮しつつ、元禄二年(一六八九)六月十五日の時点でなぜ又左衛門君儀が郷士に任用されたかを考える。史料Fの(元禄二年)六月十一日付の鷲尾の書簡に、「殿様近日御下国之由」とあるように、元禄二年六月中に水戸藩主として最後の就藩をしている。そして約一年水戸に滞在し、翌三年六月九日に帰府している。

鈴木暎一氏の『徳川光圀』には、次のように書かれている。

「元禄二年の秋、就藩中の光圀は、農村巡見の折、白坂（新宿村白坂）を通ったとき、佐々十竹らにこの辺によろしき土地はあるまいか、見立てておくように、と指示し、十竹らが、西山の場所を、狭いながらも好適の由を申し上げると、早速笹本次郎太夫に命じて地ならしをさせたので、人々は光圀の真意をはかりかね、小寺でも建てるつもりだろうか、と不審に思っていたという（同前）。とすると、光圀は西山への隠棲を引退の前年にははっきり心に決めていたことになる。草刈を行なって普請を開始したのは、翌三年十一月である」（二一六頁）。

私には、はっきり根拠のあることではないが、このたびの光圀の就藩の大きな目的が、自分の隠居生活の地の選定にあったのではないかと思われる。そして、その地として光圀の頭にあったのは、水戸徳川家の墓地である瑞龍山や馬場御殿、さらには久昌寺などに近い太田郊外のいずれかの地だったのではないか。そしてこのことは、光圀のみでなく、水戸藩の上層部の家臣たちも了解していたことではないか。

そうであるなら、光圀就藩の直前の又左衛門君儀の郷士任用も、その動きと結びつけて考えることができると思われる。

又左衛門君儀の屋敷のある久慈郡小島村は、太田中心街から一里半の近さである。光圀の実際の隠居所となった西山山荘からでも、同程度の道のりである。これらの位置関係については、地図2を参照されたい。前章で取り上げた十八郷士の中でも、又左衛門君儀の屋敷の位置は最も近い。

又左衛門家は佐竹氏の旧臣で、佐竹氏の秋田転封後に帰農した家で、所持する田畑や家風・家人など現在も土豪としての勢力を保持している、しかもこれまでに鷹野などの折、光圀の同屋敷への御成があり、特に同屋敷にあった「きつね穴」には光圀自身が関心を示しているなど、郷士に任用する条件はクリアーしている。光圀の隠居生活が太田郊外の地で営まれることになるとすれば、又左衛門君儀を郷士に任用して、光圀の隠居生活に活用することは何かと都合がよいはずだと当時の郡奉行鷲尾覚之允などが考え、任用のために積極的に動いたのではないか。

もう一つ又左衛門君儀の郷士任用に力になったのは、すでに頼房時代に郷士に任用されていた大内勘右衛門の存在ではなかったかと推定される。前掲『徳川光圀』によれば、元禄三年十月に家督を綱條に譲り隠居した光圀は、十二月初めに水戸に帰り、十二月末には大内勘右衛門家を訪れ、ここに宿泊して元禄四年の正月を迎えている。

このような前代未聞の光圀の行動は、けっしてこの時に急に思い立ち実行されたことではあるまい。それ以前にも光圀は何度も同家を訪れ、勘右衛門家とは極めて親しい関係ができていたはずで、引退後の正月を大内家で送るという構想は前から光圀の頭にあったのではないか。

そして、小島村の又左衛門君儀は大内勘右衛門の女婿である。当然又左衛門家と大内家は深い関係にあったと思われる。このような両家の関係は、当然郡奉行鷲尾覚之允は認識しており、大内家とともに今後の光圀の隠居生活を支える力として活用するため、小島村の又左衛門を郷士に登用する案が浮上したのではないか。何らかの働きかけが、大内家から藩上層部に対しあったことも考えられる。

実際、又左衛門君儀が、元禄四年（一六九一）五月から始まる光圀の西山山荘での隠居生活で多大な貢献をしたことは、史料Eの光圀の「山田川の鮭を捕獲して塩付にして献上すること」「又左衛門屋敷のきつねつりの為の環境整備を図ること」などの御意を受けた光圀側近の秋山村衛門・三木幾衛門連名の書簡などから、垣間見ることができるか。

また、史料A・Bに見える、又左衛門家御成の際の「詠小嶋楓葉六言律御詩一首」の存在、「御紋付鉄砲」等の下賜された拝領物の多さなどは、又左衛門の貢献に対する光圀の感謝の意が込められていると見ることもできる。「（又左衛門君儀）男盈福ト父子大内勘右ェ門父子ト共ニ御西山ェ勤番仕、所々御成ノ節御供被　仰付候ヨシ」とあるのも、多少の誇張があるにしても、又左衛門君儀が光圀の身近に仕えていたことを示しているように思われる。

以上のように、又左衛門君儀が西山山荘に隠棲した光圀に、様々な形で奉仕・貢献したことが確認できるが、光圀引退の一年余前の君儀の郷士任用は、こうしたことを見越してのことではなかったか。元禄二年（一六八九）六月十五日という、光圀最後の就藩の直前の郷士任用は、近い将来始まる光圀の隠居生活に備えての人事であったと、私は思う。

ところで、元禄四年（一六九一）から西山山荘で隠居生活を送った光圀は、ほぼ十年後の元禄十三年（一七〇〇）十二月六日に同山荘で亡くなる。光圀没後の西山山荘は、家臣らも水戸に引き上げ、まもなく取り壊されることになる。光圀没後、又左衛門家では、「御盃、台、肴入マテ組立ノ箱（カ）一組」と「フラスコ」が「是ハ御西山ニテ平日御用イ被遊候ヨシ、御遺物トシテ拝領」したと史料Bに記されている。これらのことも光圀と又左衛門君儀の関係の深さを物語っているように思える。

光圀の没、西山山荘の解体により、当然又左衛門君儀が親しく西山に奉仕することもなくなり、次第に水戸藩との関わりも薄くなったと思われる。その後、郷士の身分は、史料B⑥のように君儀から盈福に継承されるが、綱條（粛公）時代に一度御成があり、盈福には白銀三枚、妻や長男・次男にはそれぞれ金二百疋、隠居香水（君儀）夫婦にも金四百疋が下賜されたようである。盈福の子直富は、享保十年から天明八年まで六十四年間郷士であったが、その間藩主の御成は一度もなかったようだ。

直富の孫直好（直富の嫡子が病弱のため孫が郷士を継承）の時、藩主・武公の御成が文化七年三月にあり、その際は、「御自筆並鉄砲奉入高覧候、山芋献上仕、小紙拝領、惣領二男マテ旧例ノ通リ御目見エ相済」とある。ここに見える「御自筆並鉄砲」は、史料Bにある義公より拝領の「漢詩の掛軸」と「御紋付鉄砲」を指すのではないかと思われる。このように、光圀後は藩主の御成も極めて稀になり、関係の密度も光圀時代とは比べようもないものになったようだ。

この間に、史料Bに「御殿有之候所、直富代困窮仕、相破レ申候」とあるように、又左衛門家の経済的困窮も進んで行ったようだ。これについては次項であらためて触れる。

三　献金郷士の出現と鴨志田家

十八郷士以後、水戸藩の郷士制はどのように展開したか。瀬谷氏は次のような新しい動きを指摘されている。

「その後水戸藩の定着に伴い、一方に財政的危機が時代とともに進行してくると、郷士取立てによる財政危機の緩和が、当面の政治目的化し、献金郷士、上金郷士などの名称で呼ばれる、一種の売官制が公然と行われるようになった。それは寛政前後に発祥し、文政時代にその極に達した感が深い。しかもこの時代の新郷士には、物成一〇〇石以上の待遇を受ける者が七名もあり、その中には那珂郡鷲子村の富豪で二〇〇〇両を献じ、一五〇石を給された薄井友衛門や、那珂郡湊村の富商海産物問屋の大内要介らがいる。特に大内家は一度にではないが、合せて七〇〇〇両を献じて、物成三五〇石、格式代官列という、水戸藩全期を通じて他に例を見ない郷士最高の待遇を受けたのである。そして寛政以来、文政年間取立ての郷士の数は四五名に及び、一八郷士と合せて六三名になった」(同書八〇頁)。

このような趨勢の中で、中世的土豪に系譜を引くと考えられる旧族郷士も、新しい事態に対応した何らかの経営変換が求められていたのではないか。こうした事態に対応した動きとして、瀬谷氏は、北茨城市の旧族郷士であった二家の野口家と西丸家を例にあげて、次のように述べておられる(同書一五九〜一六〇頁)。

「『野口氏系図』によれば、水戸藩初代藩主頼房以来、水戸藩主の巡見には旅館に当てられた野口家の『浜御殿』が、度々類焼し、享保年中よりは自分持の普請となり、長い間には時々の修理を余儀なくされたが、『小身極窮之私格別之修復も行届兼』ねたと、幕末になってその子孫が述懐しているように、格式を誇る旧族郷士も、いかに藩への上申書とはいえ、自らを『小身極窮』とまで卑下しているのは、格式高い郷士の身分を維持するには、それを裏付ける一家の財政的基礎が、いかに必要かを暗示しているようなものではなかろうか。

この点について西丸家の場合をみると『西丸家譜』に、

文化某の年、醸造を造営し、又かたはら漁舟を業とし、専ら志を貨殖に尽し能旧弊を改めしかバ、財用常にとぼしからざりけり

という記述に出合う。西丸家が右に記されたように、醸造業を営み、かたわら網主として『漁舟を業』とするようになったのが、はっきり文化何年とわからないにしても、この記述は、新郷士があちこちに取立てられるようになった寛政前後から、旧族郷士が新時代への対応を迫られて来たことをうかがわせるものであろう。」

「それと同時に旧族郷士達は、村民からは、村役人より上座の郷士として扱われる代わりに、村入用などに対しては、まず第一に寄付金などを出さねばならなかったであろうから、新郷士が現れるような時代ともなれば、旧態依然たる一家の経営では、到底旧族郷士としての体面の維持が困難になったことであろう。」

こうした西丸家や野口家の例を参考にして、同じく旧族郷

士たる鴨志田又左衛門家について考える。前項の史料Bであげた又左衛門直升作成の天保三年の恐らく水戸藩に提出されたと思われる家譜由緒書風のものによれば、「享保十巳年ヨリ天明八申年マテ六十四年」郷士として「御奉公申上」た直富代に、「御殿有之候所、直富代困窮仕、相破レ申候」という有様であった。これは右の野口家の事例によく似ているではないか。

御殿は野口家の「浜御殿」と同じで、藩主の御成に際してその宿泊施設として鴨志田家側で用意したもの(注9)であろう。直富が郷士だったのは、西暦一七二五〜一七八八年で、このように長い間郷士役を務めたのは、嫡子が病弱で郷士役を継ぐことができず、嫡孫の直好が相続することになったためである。この直富代に又左衛門家の困窮化が進んだと思われるが、その根底には左に見るような又左衛門家の農業経営上の問題があったと推定される。

まず、郷士に任用された、元禄二年前後の又左衛門家の農業経営を振り返ってみよう。前項の史料Cの必要部分のみ再び上げる。これは又左衛門家の元禄二年の郷士取立てに先立って、藩の命で又左衛門家の現状や由緒を書いた覚書の下書きか、草案の一つであろう。

覚

一又左衛門　年三拾八　一同人女房　年弐拾九
一同人女子　年拾弐　一同人男子　年五つ
　下人　弐拾人　内八人男　拾弐人女
　家風　三拾人　内拾四人男　拾弐人女（家風人数ママ）
　持高　百弐拾石　内六拾三石　田方　五拾七石　畠方
（後略）

とあり、家内労働力である下人や隷属農である家風を使って、百二十石の田畑を耕作・経営する土豪的有力農民であったことが窺える。ここで『水戸市史　中一』で渡辺隆喜氏が分析を加えている茨城郡又熊村の有力農民「主税」家の場合と比較検討する。

寛文五年（一六六五）の「主税」家の所持する下人は八人、家風は二九人である。また、「主税」家の農業経営は「寛永期では十二町三反歩余りの所持地のうち、三町歩余りは家風が小作し、残り九町歩余りは下男・下女と家族が主体となって耕し、それで不足のところは家風の労力を提供させて地主手作経営を行っていたと推測される」（一二五頁）としている。

又左衛門家の持高田畠合わせて百二十石は面積に直すと大体十二町歩ほどになると思われるから、「主税」家と同規模であったと考えられる。家風数は大体同じ。下人数は又左衛門家の方が多い。こうしたことから考えて、又左衛門家の元禄期頃の農業経営は「主税」家と大体同じようなものか、やや手作分が多かったとも考えられる。

しかし、こうした経営は時代が進むにつれて、それを維持することがむずかしくなったのではないだろうか。前述したように、一八世紀前半から同後半にかけて、郷士であった直富代になると、「困窮仕」る事態に立ち至る。

その要因としては又左衛門家から「百姓ニ分家」が重なったこと、隷属農民たる家風に自立の動きがあったことなどが考えられる。後者については、寛永二〇年（一六四三）頃に、すでにその動きが始まっていた（注10）。旧鴨志田又左衛門家に残る最も古い文書として、寛永弐十年未ノ八月二日付の「指上申手形之事」がある。少し長い史料だが、珍しい史料なので、全文をあげる。

1 史料G

指上申手形之事

一我々事前々より之御家風ニ御座候を、此程五六ヶ年中様々侘致、此度与右衛門殿五右衛門殿両衆を頼申、金四両にて御ゆるし候へと御侘申候へハ、壱銭も御取不被成、御ゆるし被下候段、御ゆるし被成候上も右之通少も違背仕間敷候、若於何事ニもきやくしん（注－逆心）申候者、本之ことく家風ニ被成候共少も御恨申間敷候、貴殿之義ハ不及申、御岡中（注－御家中カ）之代々迄も何むも違背申ましく候、但田うへ田うない之時分者前々のことく年ニ弐度つゝ両人之者罷出、ふしん（注－普請カ）可仕候、為後日之手形進申候、仍如件

寛永弐十年未ノ八月二日

新右衛門㊞

小左衛門㊞

弥蔵㊞

鴨志田又左衛門殿

進上

以上のように、「違背・逆心したら元のように家風身分にもどすこと」「田植・田うない（田の耕作）の際、年に二度

ずつ二人のものを労働力に出すこと」という条件つきで、「一銭も御取不被成」、新右衛門・小左衛門・弥蔵の「家風」身分からの解放が認められている。

ここでいう家風について、前記渡辺氏は次のように述べている（同書一二〇頁）。

「この分付百姓（『二郎兵衛分　与次郎』の与次郎のように検地帳に記された農民―引用者注）は当時「家風」とよばれ、自分の竈を持って居住しながら、主家の世帯の中に属するものとみなされた隷属的農民であった。それは万治二年（一六五九）「又熊村総百姓御改帳」に表された「家風」の大部分が検地帳面の分付百姓と一致していることであきらかにわかる」。

家風の解放は時代とともに進んでいったものと思われる。さすれば、そうした労働力に依存する度合いの強い農業経営は、次第に困難になってくるのではないか。一八世紀、直富代の又左衛門家の困窮の背景には、こうした農業経営上の問題が推測される。さらに、元禄二年に郷士取立てになって以降、郷士身分に伴う儀礼的出費、郷士仲間や村落社会における義理的な出費も相当あったと考えられる。こうした郷士身分に伴う出費の増大も困窮化に拍車をかけたろう。

文政三年（一八二〇）に父直好より郷士身分を継承した直升は、次項で詳しく触れるように、兵学松田新流や砲術の指南の面で活躍したが、天保六年「年中出入諸雑用覚帳」（以下これを『覚帳』と略称する）という一種の家計簿を残している。これは天保六年（一八三五）一年間の又左衛門直升家のほぼ毎日あった支出と時々あった収入とを記録したものである。

これについては、その翻刻と注付けを行った本書第1章と第2章を参照されたいが、その『覚帳』の中に、何回か「弐分弐朱　蛭田に七借　白黒綿入一つ」のような記載が見られる。この七借は質借で、白黒綿入一つを質草に弐分弐朱の金を「蛭田」から借りたという意味と思われる。また『覚帳』の末尾の方に別立てで、次のような記載が見られる。

覚　蛭田より酒借

正月十七日　使徳蔵　一　壱升

正月十九日　使頭　△三升

正月廿一日廿二日　使徳蔵　△弐升

これは「蛭田」から、例えば正月十七日に酒一升をいわゆる「付《つ》け」で購入した、その時の「使」が徳蔵（恐らく使用人）だったとの意味と思われる。ここに見える「蛭田」が質屋「蛭田」であることは確実である。『覚帳』に見るように、「蛭田」は天保六年頃には酒販売（恐らく製造も）や質屋業を営んでいた。そしてまた、同じ部落内に屋敷があった又左衛門家がしばしばそれを利用していたことが分かる。又左衛門家の質屋・蛭田の利用状況を月日ごとに示すと、次の通りだ。

（月日）	（金額）	（適用）
三月五日	三朱	△辰四月七草物、七請元利
四月八日	三百六十四文	△七利、使松右衛門　蛭田へ
四月廿一日	壱分弐朱	○七借　すが投網　蛭田へ
四月廿一日	壱分壱朱	△元利　御母様袷請
四月廿一日	百八十文	△利百八十文払　羽織三朱ニ而残る
七月十一日	弐分弐朱	○蛭田へ七借　よき弐つ
七月廿六日	弐分弐朱	○蛭田に七借　白黒綿入一つ
八月九日	八百十三文	△七利　蛭田網等請
九月十四日	弐分弐朱二百二十八文	△よき七請元利
十月三日	壱分壱朱八十四文	△元利　水之介綿入七請
十一月二日	弐分弐朱二百八十三文	△七請元利

上の○印は質借を意味し、又左衛門家は三回、「すが投網」等を質草に合わせて一両二分の金を借りている。△印は質屋・蛭田への元利を払っての質草の請け、または利子のみ払っての質流れ防止のための支払いを意味し、八回、合わせて金二両一朱と一貫九百五十二文の銭を支払っている。このように頻繁に質屋・蛭田を利用してやり繰りしているところに、天保六年時の家計の苦しさが現れている。

一方、「蛭田より酒借」をまとめると、酒を「付け」で買った回数は百二十回、合わせて一石三斗三升五合と八百文分が購入されている。当時蛭田では酒一升を百八十文で売っていたようなので、右の合計酒量を金額に直すと三両二分三朱と銭百二十三文となる。『覚帳』によれば、蛭田への酒借の支払いは実質的には金壱分ほどしか済ましておらず、多くは借金として残ったのではないか。

このように、当時の又左衛門家は、蛭田家に大きく依存して家計を営んでいたと見受けられる。十八世紀中・後期、三代目郷士だった直富の代に「困窮仕」ったという又左衛門家の家計は、十九世紀前半、五代目郷士直升代になっても依然として苦しい状態が続いていたようである。

そうした又左衛門家とは対照的に、蛭田家は農業経営に加えて、酒販売（恐らく製造も）・質屋業を営むことで、急速に勢力を伸ばしていたと考えられる。恐らく同家による土地の集積もかなり進んでいたのではないか。このように勢力を強めていた蛭田恒衛門は、当時進められていた水戸藩全領検地においても郷役人に起用され、その実績が評価されて天保十五年（一八四四）に郷士に取り立てられている（同書九五、九七頁）。

瀬谷氏によれば、「水戸藩は天保十年六月八日一郡を四組に分け、一組に縄奉行二人、御郡手代二人、郷役人二人、縄取郷夫二人、計八人の役職を明らかにした」（同書九二頁）。郷役人に任命された者は、「『一、郷役人之儀ハ大山守、横目、荘屋等之内才気有之、村々にて取用宜人物撰』というように、まず大山守、横目（山横目のことで、水戸領南部では大山守、東西北部では山横目と称し、他の地方の大庄屋的村役人に相当する）といった、村役人で最高の地位にある者か、現に庄屋を勤めている者でなければならなかったことがわかるが、さらにその中で才気ある人物ということだった」（同書九三頁）。

小島村山横目についていた恒衛門はこうした基準に合致する人物として郷役人に抜擢されて、検地の遂行に協力したと思われる。検地が成功裏に終了した後、天保十五年正月十四日には、郷役人、笠取ら多数が、それぞれの家格と功績に応じて、褒章の栄に浴した。こうして恒衛門も郷士に取り立てられた。この場合の郷士取立ては「一代郷士列、代々苗字帯刀麻上下着用御免」というもので、「本郷士でない列は、すべて無給であることが注意される。本郷士が主として物成高、物成籾を支給されているのと大きな違いで、まったく何の支給も受けない、ただ名誉職的なものだったわけである」（同書九五頁）。

水戸藩の天保の改革は、その絶対的指導者であった藩主徳川斉昭の失脚によって頓挫する。天保の改革時、献金郷士は禁圧されていたが、斉昭の失脚、天保改革派の後退によって、弘化年間になると復活する。こうした中、恒衛門は弘化三年五月、恐らく五百両の献金によって二五石の郷士に取り立てられている。この間の動きは、次の河和田村の平戸嘉兵衛の場合と同様だったと推測される。

「弘化三年（一八四六）四月九日付で、改革挫折後の保守派の政権下、十数名の献金郷士が取立てられたとき、改革派に起用されて、一代郷士列となってからまだ二年余しかたっていない平戸嘉兵衛が、その中の一人として、次のような辞令を受けていることを指摘しておこう。

平戸嘉兵衛

御奉公振も有之候ニ付、此度
郷士被仰付物成弐拾五石被下
置もの也

弘化三年丙午四月九日

これは、水戸藩の若年寄小山小四郎から仰せ渡されたものであるが、これによって平戸家は、一代郷士列という名誉職的な、一代限りの郷士待遇から、一やく物成二五石を給せられた本郷士に昇格したものである」。（同書九九頁）

平戸嘉兵衛を鴨志田恒衛門に置き換えれば、この記事がそのまま該当するのではないか。

以上のように、恒衛門家は弘化三年に献金郷士に取り立てられるが、その前提には、先に検討したように、同家の農業経営の成功発展、土地の集積、あわせて酒造販売、質屋業など商業的分野への事業拡大などによる富の蓄積があったことは、言うまでもない。この時代の典型的な、台頭する豪農＝献金郷士の道を辿ったと言って差し支えないだろう。

恒衛門が献金郷士に取り立てられる弘化三年の一年前、弘化二年にあった新旧郷士の動きを示す象徴的事例を、旧又左衛門家文書の中からあげる。

2　史料H

借用仕金子手形之事

一　金弐両也

右者御借用仕事実正ニ御座候
御返済之義ハ七月中元利相揃
急度御返済可仕為後日依而如件

弘化二巳年四月　　鴨志田水之介㊞

小沢弥三衛門様

右の鴨志田水之介は、又左衛門直升の長男で、この頃父直升に代わって、様々な面で活動することが多かったと思われる。一方小沢弥三衛門は、明和五年から始められた太田村鋳銭事業の願主で献金郷士の嚆矢となった小沢九郎兵衛の子孫で、太田村の有力郷士であった。旧郷士の鴨志田又左衛門家が新興の献金郷士から借金をするということは、鴨志田恒衛門の場合もそうだが、新旧郷士の当時の状況を象徴的に示している。

四　水戸藩郷士の海防・軍事訓練

この項では、郷士と海防・軍事訓練について触れる。『水戸藩郷士の研究』には、次のように記されている。文政六年（一八二三）の太田村御用留に見える次の文書に、以下のように記されている。

村松詰
大内勘衛門　小沢弥三衛門　白石平八郎
黒沢彦兵衛　大谷周助
水木詰
小林彦次衛門　岡部新次衛門　佐川八之進
長山万次郎　武藤七之介
川尻詰
長久保源太夫　野口友次郎　西丸勇次郎
羽部源三郎　樫村所衛門

一、異国船所々に相見え候に付為御手当て、村松、水木、川尻三ヶ所え、郷士五人猟師五拾人宛相詰候事
一、異国船相見え候に付、村松出役被仰付候条、配布之品着次第、火事装束にて旅宿に罷出、石神役所支配之者え着届いたし、指図を受候様可被致候、着日より鉄砲玉薬等都て御渡に相成候、其旨御心得可被有之候　以上

六月十五日

大関恒衛門

小沢弥三衛門様

右の史料は、文政六年六月九日に一艘の異国船が湊の沖合いに近づいたとの報告があってまもなく、郡宰大関恒衛門の名で、太田の郷士小沢弥三衛門宛に出されたものである。「水戸藩の郷士が、寛政以来主として常北の海岸要所に出張を命ぜられ、猟師を従えて、何日間か交代で滞在している事実は、郷士が藩の海防という軍役の一端を担っていたことを示している」。村松・水木・川尻の三カ所に、一カ所五人ずつ、それぞれの郷士が一〇人ずつの猟師を連れて出役した（同書二六三頁）。

右に見える、村松詰・水木詰・川尻詰の各五人の郷士について、太田菊池氏の郷士連名帳（同書一一二〜九頁）によって、その居住村をあげると、

村松詰
　大内勘衛門　大和田村（日立市大和田町）
　小沢弥三衛門　太田村（常陸太田市太田）
　白石平八郎　大中村（常陸太田市大中町）
　黒沢彦兵衛　下土木村（日立市下土木内町）
　大谷周助（注11）　額田村？（那珂市額田）
水木詰
　小林彦次衛門　太田村（常陸太田市太田）
　岡部新次衛門　大久保村（日立市大久保町）
　佐川八之進　折橋村（常陸太田市折橋町）
　長山万次郎　助川村（日立市助川町）
　武藤七之介　助川村（日立市助川町）
川尻詰
　長久保源太夫　赤浜村（高萩市赤浜町）
　野口友次郎　磯原村（北茨城市磯原町）
　西丸勇次郎　大津村（北茨城市大津町）
　羽部源三郎　太田村（常陸太田市太田）
　樫村所衛門　友部村（多賀郡十王町友部）

以上のように、出役した十五名の郷士の居村は、現在の日立市・北茨城市・高萩市など水戸藩領中北部の海岸線に接する村か、それに隣接する常陸太田市域に属する村に居住する郷士で、それぞれ比較的近い場所に詰めることを命じられている。また、十五名の中、大内勘衛門、佐川八之進、長山万次郎、野口友次郎、西丸勇次郎、大谷周助の六名は十八郷士（旧族郷士）に属するが、それ以外の九名は献金郷士であると思われる。

このように、この時代の軍役は旧新の郷士に関係なく賦課されていた。そしてこれら動員された郷士は「何日間か交代で滞在した」とあるから、この外にもたくさんいた水戸藩中北部の郷士達が交代で動員されたと考えられる。もちろん、文政三年に郷士身分を継承した鴨志田又左衛門直升も、当然こうした軍役を担ったであろう。

「このような郷士の武役は天保期においては、一層強化され、砲術などの訓練を受けていた（中略）。天保十二年の太田村の『御用留』には、その六月六日郡宰鈴木庄蔵から、太

田村の郷士小沢・羽部・武弓の三人に宛てた次のような達が記されている。

太田大子之鉄砲矢場相建に相成、一同致修学候様被仰付処、此度鴨志田又左衛門、羽部廉蔵、益子民部左衛門、右世話役申付候条、其旨御心得申合可被致出精候

これによると、鉄砲矢場（練習場）を太田と大子へ建てるので、その世話役に三人の郷士が（中略）任命されたことがわかる」（同書二六七頁）。

以上のように、鴨志田又左衛門直升は天保十二年鉄砲矢場世話役に任命され、この地域の砲術訓練の中心を担う者の一人になる。

又左衛門家は、いつ頃からかわからないが、代々鉄砲砲術・玉薬調合等にかかわってきた。史料Bにあげた鴨志田又左衛門家由緒書によれば、「源義公様御成数度有之、鉄砲矢場相濟ミ」とあり、当時鉄砲矢場が存在したことを示し、また、史料Aや史料Bにみえる光圀の「詠小嶋楓葉」の漢詩にある「仙人練丹鉛薬　青女逞臙脂妝　吹起火焼林上」は、鉄砲玉薬調合等に携わっていたことを想像させる。又左衛門家には、天保・嘉永・安政の頃の「兵法火術指南」「同見分」に関する史料が何点か残されている。その一つをあげると、

1 史料I

長谷川流　佐藤権内矢場

星　十匁　梶斧三郎　〃　里見宗三郎

角　〃　佐久間熊三　星　〃　園部城之介

壱　〃　雑賀八五郎　弐　〃　岡本源八郎

角　〃　乙部吉兵衛　星　〃　福地政次郎

（以下同様の書き上げが続く。組氏名のみ記す）

三（塙茂一郎　堀江彦三郎　佐川八郎　大森伝之進）

四（大久保重次郎　平戸喜太郎　鬼沢安二郎　宮本正介）

五（小泉彦太郎　富田太之衛門　荷見甚右衛門　東條七之允）

六（竹田仙右衛門　斎藤又右衛門　芹沢五右衛門　石川弁之允）

七（高橋六蔵　小沢弥三右衛門　濱野茂右衛門　岡崎友次郎）

八（関勝五郎　橋本昌右衛門　大森孫太郎　住谷七之允）

九（長瀬重兵衛　小泉彦兵衛　斎藤東介　平戸四郎）

十（武石清八　中立仁左衛門　渡辺甚蔵　根本清右衛門）

十一（菊池三之右衛門　門東仁右衛門　石川治左衛門　小笠原五兵衛）

十二（横山喜四郎　北河原常右衛門　酒井平右衛門　芹沢又
　　右衛門）
十三（園部吉次郎　福田角太郎　中崎又市）
十四（市川善太夫　岡部左仲　平山与市）
十五（宇佐美平五郎　須藤曾兵衛　佐藤政之允）
十六（鴨志田又左衛門　白井小右衛門　須藤孫十郎　市川佐
　　五右衛門）
十七（須藤熊之允　武石八四郎　武弓謙助　須藤竹三郎　佐
　　川八蔵）
〆人数六拾六人
　中り　弐十八人
　四分弐厘平均

外記流　高山勘左衛門矢場
（以下組氏名のみ）
壱（高山徳次郎　外岡豊之允　塩津治部三郎　高山雄三郎）
弐（跡部幸次郎　外岡龍三郎　萩　吉太郎　鵜殿熊吉）
三（佐野彦太郎　吉見惣七郎　岡田佐治衛門　高山差馬之介）
四（梅村七十郎　中村彦之進　筧　季吉）
五（栗田新八郎　佐藤乃右衛門　蔭山四郎兵衛　蔭山城太郎）

六（千葉六郎　高山勝五郎　穂坂市九郎　加治持次郎）
七（加治左馬之介　鈴木兵次衛門　松村伝七郎　阿部伊左衛門）
八（岡部市左衛門　内藤儀左衛門　児玉伝介　石川新吉）
九（小沢巳之次郎　藤咲小右衛門　寺門喜右衛門　高山勘左
　　衛門）
〆人数三十五人
　中り十九人
　五分四厘平均

萩野新流天山流　羽部廉蔵矢場
（以下同様に組氏名のみ）
壱（田村五左衛門　山国喜太郎　石川熊次郎　白石平八郎）
弐（初瀬与惣兵衛　石川友太郎　秋山捨吉　障子徳之介）
三（篠本源四郎　濱口熊三郎　益子逸平　渡部徳之允）
四（篠本安五郎　障子弁吉　羽部廉蔵）
五（大内左馬之介）
〆人数十六人
　中り九人
　五分七厘平均
右之矢場七月廿五日御中御番ニ而見分有之、六ツ半時退キ申

候、已上

御目代

一朝比奈弥七郎　一中村与一左衛門

御年寄

一近藤儀太夫　一大森弥之左衛門

若年寄

一渡部九四右衛門　一山田吉郎

御用人

一山国喜八郎　一跡部彦九郎　一山口頼母

御目附

一岡見甚内　一中山寿平

右　何れも様方御出席ニ而見分（中略）

天保二年卯七月廿五日

右の史料は、天保二年に御年寄・若年寄・御用人といった水戸藩幹部や御目附という役人の列席・見分の下に、天保二年（一八三一）七月二五日に実施された砲術流派ごとの砲術・射撃訓練について、その参加メンバーと成績をまとめたものと考えられる。この史料の筆者は筆跡から判断して鴨志田又左衛門直升である。

ここで『水戸市史　中三』第十五章天保の改革（一）の第七節武芸の改革「砲術」によって、右に出てくる砲術流派、長谷川流・外記流・荻野新流天山流について見ておく。

長谷川流は、後に天保十三年藩主斉昭の命で高山流とともに竹谷流と名を変える。この門流には、北河原甚五衛門景重・佐藤権内重信らがいた。

外記流は初め井上外記流と称したが、天保十三年にやはり斉昭の命で高山流と改名する。道統は井上外記の後、歴代高山勘左衛門を名乗る血統で引き継がれた。

荻野新流天山流は、荻野新流と天山流の関係がわからないが、荻野流の門流には羽部廉蔵（太田村郷士）・山国喜八郎共昌らがいた。

右の天保二年の砲術・射撃訓練は、長谷川流は佐藤権内矢場、外記流は高山勘左衛門矢場、荻野新流天山流は羽部廉蔵矢場をそれぞれ会場として実施されているが、それぞれ流派の中心指導者の矢場で行われたことがわかる。このうち、羽部廉蔵矢場は太田にあったことは確実であるが、佐藤権内矢場や高山勘左衛門矢場は水戸城下にあったものと思われる。

三会場に分かれ、しかも水戸と太田で同時に実施されているから、藩の幹部連中や目附の役人はそれぞれ手分けして各矢場の見分に当たったものと思われる。また、御目代として「御年寄　一朝比奈弥七郎　同一中村与一左衛門」「若年寄　一近藤儀太夫　同一大森弥之左衛門」「御用人　一渡部九四右衛門　同一山田吉郎」の名があげられているのは、これら藩の幹部は藩主の代理としてこの砲術訓練を見分したとの意味であろう。こうしたところに藩の力の入れようが窺える。

御目附として見分に参加した山国喜八郎・跡部彦九郎・山口頼母・岡見甚内・中山寿平の中、山国喜八郎は先に見たように砲術・荻野流の中心指導者であることを考えると、それぞれ砲術に通じた人物で、藩の藩士や郷士に対する、砲術指導の実務に携わる役人たちであると思われる。

各矢場では、大体四人一組となって、砲術・射撃の腕が競われたようだ。佐藤権内矢場では「〆人数六十六人　中り弐十八人　四分二厘平均」とあるのは、この会場の参加者の総数が六十六人で、その中、的に命中した者の人数が二十八人、命中率が四割二分であったという意味と思われる。

同様に高山勘左衛門矢場は、参加者三十五人、命中した者十九人、命中率五割四分で、羽部廉蔵矢場は、参加者十六人、命中者九人、命中率五割六分であった。矢場ごとに記録された参加者名とその成績を、後で鴨志田又左衛門直升が一つにまとめて藩に提出した文書の控えが、本文書であると思われる。

さて、右の参加者の中には、多くの水戸藩士と思われる名前の中に、水戸藩郷士の顔ぶれも少なくない。弘化三年に筆写されたと考えられる太田菊池家の郷士連名帳《『水戸藩郷士の研究』一一二〜一二九頁》と照合すると、姓名が一致するか似通っていて、郷士と確定できるのは次の人たちである。

塙茂一郎（中野村）、堀江彦三郎（久米村）、佐川八郎（折橋村）、大森伝之進（伝五衛門、徳田村）、荷見甚右衛門（里川村）、小沢弥三右衛門（太田村）、浜野茂右衛門（宍倉村）、岡崎友次郎（雄之助、石塚村）、須藤曾兵衛（細谷村）、鴨志田又左衛門（小島村）、羽部廉蔵（太田村）、白石平八郎（大中村）、大内左馬之介（大和田村）

その他、益子、武弓、須藤など姓が一致するものの中には、郷士の子弟が参加している場合も考えられ、もっとたくさんの人数になるかと思われる。これら郷士の中でも、この記録を残した鴨志田又左衛門直升や、砲術荻野流の中心指導者で自らの鉄砲矢場を所持しその矢場が藩の訓練見分の会場に使われている太田の羽部廉蔵などは、この当時から中心的位置を占めていたと思われる。天保十二年に彼らが世話役に選ばれる基盤はすでにできていた。

鴨志田又左衛門直升は、兵学・松田新流の指導者として水戸藩では知られた人物だったようである。

「松田新流は横山吉春から箕裘を享けた桜園権之介尊紡（綱條時代）にはじまり、横山左七政矩（宗堯・宗翰時代）に伝承、治保時代あたりから数派に分かれ、斉昭時代の門流には、鴨志田又左衛門直升・石川久敬らがある。直升は久慈郡小島村の郷士で、徳大寺左兵衛昭如が没してからは文化十四年四月指南となり、天保十四年八月、先に合併した古流・新流のものと合併した」（『水戸市史　中三』二七四頁）。

また、弘道館武芸四〇流派指南役名簿に「〇軍用二流　松田古流・鵜殿八大夫長年、松田新流・下野隼太郎遠猶・石川清漣久敬・鴨志田又左衛門直升」とあり、水戸の藩校・弘道館でも指導に当たっていた。直升は、自宅屋敷でも門弟や周辺の郷士、その子弟などにも兵法火術（その実態は砲術とあまり変わらなかったと思われる）の指導に当たっており、それに関連した文書がいくつか残っている。その一つを次にあげる。

2　史料J

（一枚目表）

覚

故徳大寺左兵衛より免許　故徳大寺左兵衛門弟　私より免許　流水惣領

免許三日　前田助十郎　免許六日　石川又三郎

六日　塙　茂一郎　三日　堀江彦三郎

石山彦四郎門弟　彦四郎惣領　右同断　清衛門惣領

五日　石山彦吉　三日　亀井八次郎

（一枚目裏）

近藤内蔵門弟　又左衛門惣領　故徳大寺左兵衛より指南免許

六日　鴨志田水之助　指南免許三日　近藤内蔵

故徳大寺左兵衛より指南免許　右同断

指南免許三日　吉川甚五郎　指南免許三日　石山彦四郎

右者兵法火術去未年中稽古日数八日出精之族如此ニ御座候、

已上

申正月　鴨志田又左衛門

御目附所様中

（二枚目表）

覚

中山備前守殿家士
三日　掛札源之丞

右者兵法火術去未年中稽古出精如此ニ御座候　已上

申正月　　鴨志田又左衛門

御目附所様中

（三十五枚目表）

覚

免許三日　都筑甚次郎　　免許三日　小林真十郎
免許六日　後藤源三郎　　免許十一日　吉川甚五郎
免許十九日　鴨志田恒衛門　　免許十八日　茅根部左衛門
免許十五日　須藤正之衛門　　七日　小林彦次衛門

（三十五枚目裏）

仁左衛門惣領　　伊左衛門惣領
十九日　栗原仁兵衛　　廿二日　須藤真十郎
平次兵衛惣領
十九日　石川勝之介　　廿日　鴨志田恒十
与左衛門惣領　　仁衛門惣領

廿日　成井源三郎　　廿日　安　平介
四郎衛門惣領
十五日　木下孝十郎　　十三日　木村政次衛門
十五日　寺門平八郎

（三十六枚目表）

恒衛門惣領　　仁衛門孫
廿二日　鴨志田恒三郎　　十九日　安　健之介
仁左衛門孫
五日　瀧　藤之進　　十九日　栗原敬蔵
伝重惣領
五日　小林次之衛門　　五日　立原謙介
近藤内蔵より免許　私より
指南免許三日　鴨志田水之介　　指南免許廿一日　堀江彦三郎
指南免許三日　塙　茂一郎

（三十六枚目裏）

故徳大寺左兵衛より免許　私より　　右同人より
指南免許三日　近藤内蔵　　指南免許三日　吉川甚五郎

右者兵法火術去寅年中稽古日数四十五日出精之族如此ニ御座候

以上

卯正月　　　　　　　　　　　　鴨志田又左衛門

御目附所様中

（三十七枚目表）

覚

中山備前守殿家士

五日　掛札庄左衛門

右者兵法火術去寅年中稽古出精如此ニ御座候　已上

（以下欠）　（「安政二卯年下書」と端書あり）

右の史料は、用紙一枚を横に二つ折りにし、その表裏に内容を記し、それを四十九枚まとめて紙縒りで綴じた冊子の一、二枚目と三十五、六、七枚目を抜書きしたものである。

この冊子には表紙等は付いていないが、内容から、毎年行われた「兵法火術」の稽古の参加者氏名と参加日数を記し、水戸藩「御目附所」に報告した文書の控えと考えられる。「御目附所」は先にも指摘したように、水戸藩の鉄砲射撃訓練などを指導・監督する役所・役人であったと思われ、又左衛門直升が自ら指南する砲術稽古の様子を右役人に報告したものと思われる。場所は小島村の又左衛門屋敷の矢場（注12）であったと考えられる。

この史料には年次の記載がなく、十二支で年次を記しているだけである。ただ、十二支はその順番に綴じられ、それを順に記すと次のようになる。

「申、酉、戌、亥、子、丑、寅、卯、辰、巳、午、未、申、酉、戌、亥、子、丑、寅、卯、辰、巳、午、未、申、酉」（最後の申、酉年分に混同がある。後述）

そして一番最後の酉年から遡って六番目の卯年の報告の端書に「安政二卯年下書」とあることから、この卯年は安政二年に当たる。また、最後の酉年の前の申年の報告の冒頭には、「万延二年酉正月」と記され（注13）、この酉年が万延二年のものであることも間違いない。これら年次の確定できる十二支を基に、他の十二支の年次を確定することができる。

それを実際に行うと、最初の申年は天保七年、次の酉年は天保八年になる。このように、この冊子は天保七年（一八三六）から万延二年（一八六一）までの二十六年にわたる報告をまとめたものであることが分かる（最後の酉年分＝万延二年（一八六一）のものはごく一部の断簡が残っているに過ぎない。その前の申年分＝万延元年分は大部分四十七枚目表に記されているが、次の四十七枚目裏には恐らく次の酉年分＝

酉年	戌年	亥年	子年	丑年	寅年	卯年	辰年	巳年	午年	一門郷士の別	郷士	備考
嘉永2	嘉永8	嘉永4	嘉永5	嘉永6	安政元	安政2	安政3	安政4	安政5		居住村	
1849	1850	1851	1852	1853	1854	1855	1856	1857	1858			
										一門		
								不明	不明	一門		
										一門		
10日	9日	27日	11日							一門		
										一門		
15日	13日	20日	10日	11日	19日	9日	10日	18日	7日	郷士	中野村	
8日	7日	17日	8日	7日	21日	11日	10日	10日	6日	郷士	久米村	
7日	6日	3日	3日							一門		
6日	5日	3日	3日							一門		
6日	5日	3日	3日							一門		
8日	7日	17日	7日	8日	6日	5日	4日	10日	3日	郷士	太田村	
8日	7日	5日	6日	7日	7日	3日	3日	10日	3日	郷士	太田村	
		22日	9日	10日	10日	9日	7日			一門		
		22日	8日	7日	5日	5日				一門		
5日	4日	18日	7日	7日						郷士	中利員村	
		25日	11日	10日	11日	10日	9日	18日	7日	一門		
6日				9日	19日	7日	7日	12日	4日	郷士	小島村	
8日	5日	23日	10日		22日	7日	7日	9日	4日	郷士	小島村	恒衛門惣領
7日	4日	14日	8日	9日	18日	8日	7日	13日	4日	郷士	中利員村	次部左衛門惣領
		13日	7日	7日	15日	4日	5日	3日		郷士	下利員村	
		22日	13日	13日	19日	9日	5日	9日	4日	郷士	岩手村	仁左衛門惣領
		22日	9日	10日	22日	7日	5日	12日	5日	郷士	下利員村	伊左衛門惣領
		21日	8日	9日	19日	6日	4日	9日	4日	郷士	中利員村	平次兵衛惣領
		25日	9日	10日	20日	8日	7日	15日	7日	郷士	小島村	
		21日	9日	9日	20日	7日	6日	10日	4日	郷士	玉造村	与左衛門惣領
		22日	10日	10日	20日	8日	8日	9日	4日	郷士	松栄村	仁衛門惣領
					15日	5日	3日	10日	4日	一門		
					13日	5日	3日	10日	4日	一門		
					15日	7日	6日	10日	4日	郷士	瓜連村	
					19日	7日	7日	9日	5日	郷士	松栄村	仁衛門孫
					5日			不明		一門		
					19日	5日	4日	10日	4日	郷士	岩手村	仁左衛門孫
					5日	4日	3日	10日	3日	郷士	天神林村	
								15日	9日	郷士	久米村	彦三郎惣領
								12日	3日	郷士	中利員村	正之衛門惣領
					5日	4日				郷士	大宮村	伝重惣領
										一門		
22日	19日	25日	18日	19日	32日	15日	15日	皆出	皆出	郷士	小島村	又左衛門惣領
6日		5日	3日	3日	3日	3日	3日	3日			一門	
5日		5日	27日	11日	10日	11日	3日				一門	
										一門		
10日	10日	5日	5日	5日			7日	記載なし	5日	郷士	落合村	中山備後守殿家士
					5日	5日	5日		3日	郷士	落合村	
									3日	藩士		
16人	15人	25人	25人	22人	29人	28人	26人	26人	27人			
9人	9人	16人	16人	16人	21人	21人	20人	22人	21人			
22日	20日	37日	20日	20日	45日	20日	22日	30日	15日			

表２　兵法火術稽古出精者届

氏名	未年	申年	酉年	戌年	亥年	子年	丑年	寅年	卯年	辰年	巳年	午年	未年	申年
	天保 6	天保 7	天保 8	天保 9	天保 10	天保 11	天保 12	天保 13	天保 14	弘化元	弘化 2	弘化 3	弘化 4	嘉永元
	1835	1836	1837	1838	1839	1840	1841	1842	1843	1844	1845	1846	1847	1848
前田助十郎	3 日	3 日	3 日	3 日	3 日									
前田葛五郎														
石川又三郎	6 日													
石川善兵衛		5 日	5 日	4 日	4 日	3 日	3 日	3 日	13 日	38 日	9 日	8 日	9 日	10 日
徳大寺勇次郎	6 日	5 日	5 日	5 日	4 日									
塙茂一郎	3 日	3 日	3 日	4 日	3 日	2 日	2 日	2 日	10 日	31 日	12 日	12 日	13 日	14 日
堀江彦三郎	3 日	3 日	3 日	3 日	3 日	2 日	2 日	2 日	8 日	29 日	9 日	9 日	7 日	9 日
石山彦吉	5 日	5 日	5 日	5 日	4 日	3 日	3 日	3 日	12 日	7 日	7 日	5 日	6 日	6 日
小笠原小野吉									8 日	20 日	5 日	3 日	4 日	5 日
三村伝左衛門									8 日	15 日	5 日	3 日	4 日	5 日
小林真十郎										22 日	8 日	7 日	7 日	8 日
小林彦次衛門										22 日	8 日	7 日	7 日	8 日
都筑甚次郎										23 日				
後藤源三郎										21 日	7 日	5 日	4 日	3 日
茅根次部左衛門										23 日	7 日	6 日	5 日	4 日
吉川甚之介														
鴨志田恒衛門												3 日	3 日	4 日
鴨志田恒三郎												4 日	5 日	6 日
茅根部左衛門														
須藤正之衛門														
栗原仁兵衛														
須藤真十郎														
石川勝之介														
鴨志田恒十														
成井源三郎														
安　平介														
木下孝三郎														
木村政次衛門														
寺門平八郎														
安　健之介														
瀧　藤之進														
栗原敬蔵														
小林次之衛門														
堀江徳之丞														
須藤次郎八														
立原謙介														
亀井八次郎	3 日	3 日	3 日											
鴨志田水之介	6 日	5 日	5 日	5 日	4 日	3 日	3 日	3 日	13 日	37 日	20 日	20 日	21 日	21 日
近藤内蔵	3 日	3 日	3 日	3 日			3 日	3 日	5 日	10 日	5 日	5 日	5 日	5 日
吉川甚五郎	3 日	3 日	3 日	3 日	3 日	3 日	3 日	3 日	13 日	32 日	7 日	5 日	5 日	5 日
石山彦四郎	3 日	3 日	3 日	3 日	3 日	3 日								
掛札源之丞	3 日	3 日	3 日	3 日	3 日	3 日	3 日	3 日	5 日	記載なし	10 日	10 日	11 日	10 日
掛札庄左衛門														
住谷惣兵衛														
参加人員 (内、郷士数)	12 人 4 人	12 人 4 人	●人 4 人	11 人 4 人	10 人 4 人	8 人 4 人	8 人 4 人	8 人 4 人	10 人 4 人	14 人 6 人	14 人 7 人	16 人 9 人	16 人 9 人	16 人 9 人
稽古日計	8 日	7 日	7 日	7 日	6 日	5 日	5 日	5 日	13 日	51 日	20 日	20 日	21 日	21 日

万延二年分の最後の部分が記されているものと思われ、申年分と酉年分が混同している。このような混乱は万延二年二月に直升が亡くなったことに起因していると思われるが、これについては後述する）。

史料Jに戻る。最初の申正月の報告であるが、正月に報告しているのであるから、実際は前年＝天保六年（一八六五）分の活動報告である。天保六年には稽古が全部で八日行われ、これに参加した者の氏名とその実際の参加日数が記されている。この年には十二名の者が参加している（三日通った掛札源之丞は水戸藩付家老中山備前守領の久慈郡落合村在住の中山家士であり、陪臣なので別立てで報告しているものと思われる。掛札源之丞は直升の女婿に当たる）。

十二名の中、塙茂一郎（中野村）、堀江彦三郎（久米村）は、史料Iにも出てきた水戸藩郷士である。直升惣領の水之介と合わせて三名が郷士またはその子弟で、右記のように掛札源之丞は中山備前守家士である。残る八人は氏名の横に添えられた書付内容などから見て、兵法松田新流の一門の門弟であると思われる。

次に卯正月である。これも実際は、前年の寅年＝安政元年（一八五四）の活動報告である。この安政元年は、直升の矢場での兵法火術の稽古に二十九人と最も多くの参加者をみた年である（注14）。この内訳は、兵法・松田新流の門弟の参加者が六名、郷士またはその子弟（中山備前守家士の掛札庄左衛門を含む）の参加が二十三名である。天保六年の稽古参加者と比べ、その数が大変増えていることが注目されるが、なお注目すべきはその中、郷士関係の参加者の増加が著しいことである。

この年の稽古日数は全部で四十五日と、冊子に収められた報告控えの中では最も多い。このように参加者数・稽古日数ともに最高の数を示したのは、前年にペリーが来航し、この年ついに日米和親条約が結ばれるという対外的緊張・海防の危機意識の高まりを反映していると思われる。

以上のような各年次の直升家矢場での「兵法火術」稽古の参加者と参加日数を一覧表にまとめると、前頁見開き**表2**になる（最後の未年＝安政六年分と申年＝万延元年分はデータが不完全なので省略した）。以下、表2を基に考察を進める。

天保六年～安政五年の二十四年間に延べで四十三名が直升家矢場での稽古に参加しているが、このうち十五名が、松田

表3

弘化三年		
小島村	二五石	鴨志田恒衛門
瓜連村	二五石	又左衛門
弘化四年		
中利員村	二五石	茅根治部左衛門
下利員村	二五石	須藤庄之衛門
天神林村	二五石	小林次之衛門
嘉永二年		
岩手村	二五石	仁左衛門
中利員村	二五石	平次衛門
下利員村	二五石	伊左衛門
天下野村	二五石	木村政次衛門
天下野村	二五石	四郎衛門
嘉永四年		
小島村	二五石	鴨志田恒十
松栄村	二五石	安仁衛門
久米村	二五石	与左衛門

新流の門弟筋と思われる。残り二十八名中、二十五名は水戸藩郷士またはその子弟、二人は水戸藩家老中山備前守家士、もう一人は門弟外の水戸藩士と思われる。表2によれば、最初は松田新流の門弟の参加が多いが、弘化二年（一八四五）頃から郷士関係の参加が多くなり、嘉永～安政にかけては圧倒的に多くなる。

『水戸市史　中四』によれば、弘化元年五月水戸藩主斉昭が失脚し、反改革派が実権を握ると、改革派政権では禁止されていた献金郷士が復活する。そして弘化二年から嘉永四年までに郷士に取り立てられた四十二名（本郷士昇格も含む）の村名・石高・氏名または名前が一覧表（第二七表、三四〇頁）にリストアップされている。そのうち、先の表2の顔ぶれに重なると思われる人名は、上の**表3**の通りである。

新規取立て四十二名のうち、直升矢場に通った者は十三名にのぼる。これは、新規に取り立てられた郷士の約三一パーセントを占めており、その比率の高さが注目される。なぜ直升矢場の稽古に通える範囲の地域にこれほど献金郷士が急増したのか、大変興味があるが、それについての分析はまた別の機会にして、ここではその事実の確認にとどめておく。

さて、ここで、表2の郷士関係の参加者の顔ぶれを改めて整理する。

最初から最後まで連続して参加しているのは塙茂一郎と堀江彦三郎の郷士二名と、郷士で師範の鴨志田又左衛門の惣領・水之介である。それに水戸藩家老中山備前（後）守領の家士である掛札源之丞を加えることができる。これらの四名は恐らく天保六年以前から直升主催の兵法火術の稽古に参加していたものと思われる。

この四名の居住村（（　）内には現行政区画（ただし平成合併前））と郷士としての取立時期と石高等を主として太田菊池家の郷士連名帳等によって、以下に記す。右の四名以外の郷士についても同じ要領で整理する。この場合、表3も参考にする。なお、以下の一覧の内、□は郷士本人、○は郷士子弟を意味する。

□塙　茂一郎　中野村（金砂郷町中野）

文公御取立　五十石。

中野村は直升の小島村にごく近い隣村である。直升の屋敷から一キロほどしか離れていないところに屋敷がある。

□堀江彦三郎　久米村（金砂郷町久米）

文公御取立　五十石。

○鴨志田水之介（又左衛門惣領）　小島村（金砂郷町小島）

又左衛門　元禄二年義公御取立　五十石　水之介はこれまでに直升同門の近藤内蔵の門弟として修業してきたようである。

□掛札源之丞　落合村（常陸太田市落合町）

中山備後守家士源之丞には、直升の娘が嫁いでいる。掛札家からは直升の母が嫁いできている。直升家と掛札家はごく親しい親戚関係を結んでいる。

次に直升矢場稽古に参加してくるのは、弘化元年（一八四四）からの小林真十郎・小林彦次衛門・茅根次部左衛門の三名である。両小林は太田村の有力商人で、後述のように太田村からの参加は注目される。

□小林真十郎　太田村（常陸太田市太田）

小林中本家、文政六年取立、二十五石が最初、その後加増（『常陸太田市史　通史篇上』八九六頁）。

□小林彦次衛門　太田村（常陸太田市太田）

小林本家、伊兵衛、天明三年取立、五十石が最初、その後加増（『常陸太田市史　通史篇上』八九四頁）。

□茅根次部左衛門　中利員村（金砂郷町中利員）

この人物はまず斉昭時代の天保十五年に御検地取立で郷士に任用され、直升矢場の稽古に参加してきたものと思われる。そして斉昭失脚後の弘化四年（一八四七）にあらためて献金により本郷士に取り立てられている。二十五石。

次は、弘化三年からの鴨志田恒衛門、同恒三郎の二名（親子）である。恒衛門は直升と同じ小島村居住で、恒衛門については、二六六〜二六八頁で詳述した。

□鴨志田恒衛門　小島村（金砂郷町小島）

この恒衛門も、右の茅根次部左衛門と同様の経過で、天保十五年御検地御取立、弘化三年本郷士取立、二十五石（『水戸藩郷士の研究』九九頁）。

○鴨志田恒三郎（恒衛門惣領）　小島村（金砂郷町小島）

父・恒衛門については右述。

次は、嘉永二年の茅根次部左衛門惣領の部左衛門である。

○茅根部左衛門（次部左衛門惣領）　中利員村（金砂郷町中利員）

父・次部左衛門については右述。

次は、嘉永四年からの次の七名である。嘉永二年以後に郷士に取り立てられた者の子弟が多く参加していることが注目される。

□須藤正之衛門　下利員村（金砂郷村下利員）

弘化四年御取立、二十五石、御合力籾三〇俵。

○栗原仁兵衛（仁左衛門惣領）　岩手村（金砂郷町岩手）

父・仁左衛門、嘉永二年御取立、二十五石。

○須藤真十郎（伊左衛門惣領）　下利員村（金砂郷町下利員）

父・伊左衛門、嘉永二年御用、二十五石。

○石川勝之介（平次兵衛惣領）　中利員村（金砂郷町中利員）

父・平次兵衛、嘉永二年御用、二十五石。なお、『水戸市史　中四』第二七表には「中利員村　二五石　平次衛門」と記されているが、これは二人後に記載されている「下檜沢村　二五石　平次兵衛」と間違って記載したものかと思われる。

○鴨志田恒十　小島村（金砂郷町小島）

恒衛門家の分家、嘉永四年取立、二十五石。

○成井源三郎（与左衛門惣領）　久米村（金砂郷町久米

父・与左衛門、嘉永四年取立、二十五石。

○安平介（仁衛門惣領）　松栄村（金砂郷町松栄）

父・仁衛門、嘉永四年取立、二十五石。

次は、安政元年参加の次の七名である。郷士の孫の参加が二名、久慈川西の瓜連村、大宮村、太田に至る道の途中の村である天神林村、そして小島からはかなり遠方に位置する天下野《けがの》村からの参加が二名など、参加者の世代や範囲が広がっている点が注目される（また、中山備後（前）守家士である掛札家からの参加は、庄左衛門である）。

○木下孝三郎（四郎右衛門惣領）　天下野村（水府村天下野）

父・四郎右衛門、嘉永二年取立、二十五石。

□木村政次衛門　天下野村（水府村天下野）

嘉永二年取立、二十五石。

□寺門平八郎　瓜連村[注15]（瓜連町瓜連）

寺門勝之進、弘化三年御取立、二十五石。

○安健之介（仁衛門孫）　松栄村（金砂郷町松栄）

祖父・仁衛門については先述。

○栗原敬蔵（仁左衛門孫）　岩手村（金砂郷町岩手）

祖父・仁左衛門については先述。

□小林次之衛門　天神林村（常陸太田市天神林町）

弘化四年御取立、三十石。

○立原謙介（伝重惣領）　大宮村（常陸大宮市大宮）

父・伝重（伝十とも）、文公御取立、御合力籾三十俵。謙介は安政元年・同二年のみ参加し、同三年以後は参加していない。これは安政三年に父伝十が水戸藩の内部抗争で処刑された結城寅寿一派に与したとして、鷲子村郷士・薄井一族らとともに処罰された（安政四年に追罰）ことによると思われる（『水戸市史　中四』五七九頁）。

（□掛札庄左衛門

庄左衛門は掛札家の当主の通称名で、恐らくそれまで源之丞を名乗っていたのを改名したものと思われる）

次に、掛札家では安政三年以後、右の庄左衛門の外に、惣領の源之丞が新たに参加している。

○掛札源之丞（庄左衛門惣領）　落合村（常陸太田市落合町）

この源之丞は従来源之丞を名乗っていたものが、庄左衛門と改名したのに伴い、その嫡子が新たに源之丞を名乗ったものと思われる。

次は、安政四年参加の堀江徳之丞、須藤次郎八の二名である。

○堀江徳之丞（彦三郎惣領）　久米村（金砂郷町久米）

地図3　金砂郷村内の大字（旧村）の分布

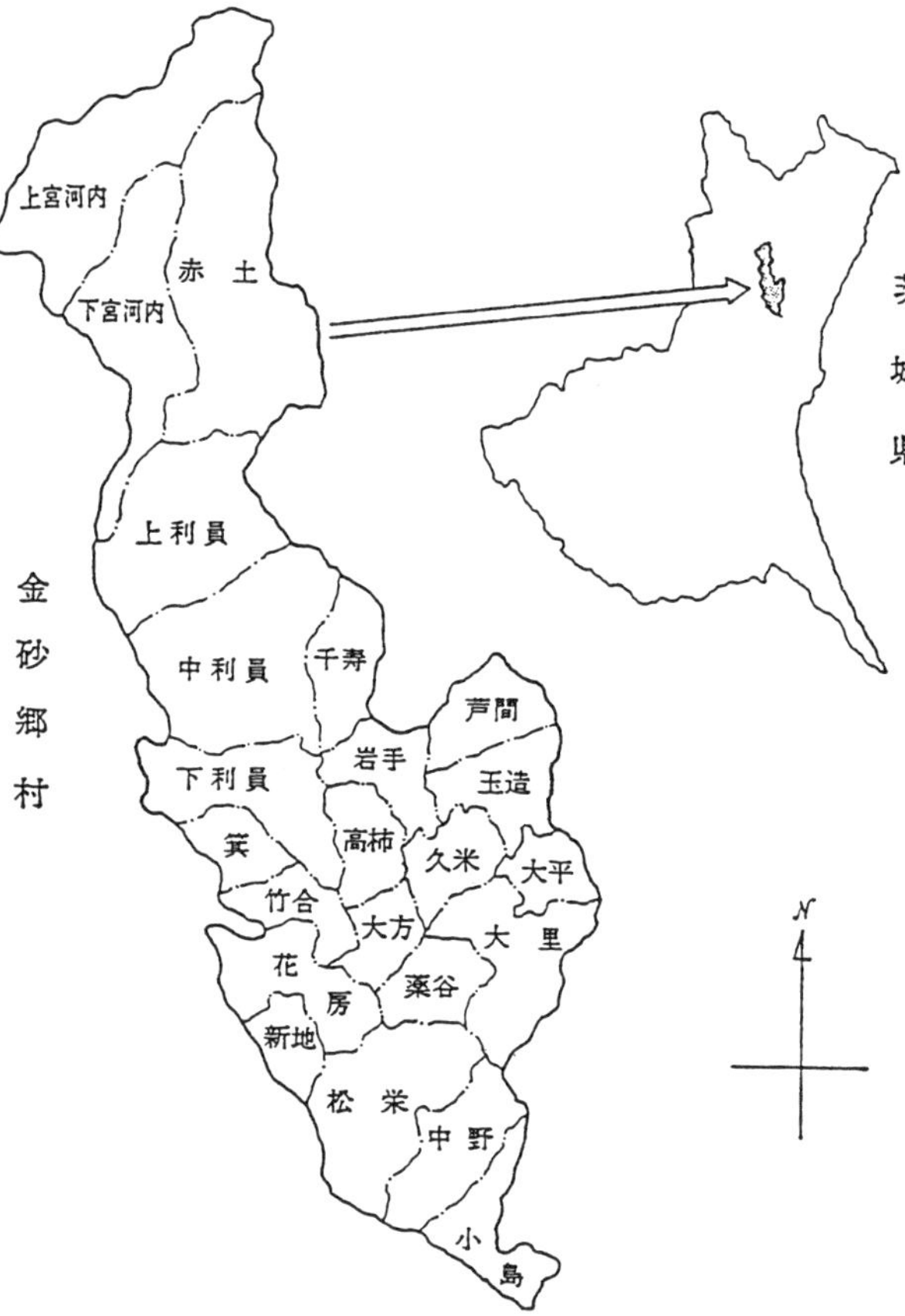

『金砂郷村史』より

父・彦三郎については先述。

○須藤次郎八（正之衛門物領）　下利員村（金砂郷町下利員）

父・正之衛門については先述。

右のような参加状況の整理からは、次のことがうかがえる。まず参加者の居住地は、多くが小島村にほど近い太田街の東側、旧金砂郷町（小島もこれに属する。現在は常陸太田市）内の郷士が多い（**地図3**を参照）。それ以外では太田街内から二名、天神林村・瓜連村・大宮村各一名と山田川上流の天下野村から二名である。小島村から遠くても一里半ほど（ただし天下野村はさらに遠い）の距離内である。

当時、太田の街内では有力商人が献金により郷士に列せられることが多く見られたし、太田の周辺にも同様に郷士が出現していた。そのような中で太田の東側地域の郷士達が小島村の直升矢場に稽古に通って来たことは、こうした郷士の砲術稽古が太田の街を中心に東と西に分けて実施されていたことを物語っているのではないか。

太田の街内とその東側地域の郷士の砲術稽古を担当したのは、先にも出てきた太田の有力商人・郷士で、荻野流砲術の師範であった羽部廉蔵であったと推測される。先にも触れたように、羽部は自らの矢場を所持している。稽古はそこで行われたことであろう。

そうすると、太田街中から小林真十郎、小林彦次衛門両人が直升の稽古に弘化元年（一八四四）から連続して参加していることについて、どのように考えたらよいのか。『常陸太田市史　通史編上』によれば、小林彦次衛門家、小林真十郎家は本家・分家の関係にある。文化元年の水戸藩領の「分限者番付表」によれば、彦次衛門家は東二枚目、真十郎家は西十一枚目に位置し、太田では一、二位を占めている。両家は多額の献金をすることによって本郷士の地位を勝ち得ている。このように両小林家は太田街では最有力の商人であった（八八七頁）。

一方砲術師範の羽部家も、「天明期に向って発展し、問屋商人として、また地主として、或いは金融業を営み、太田では有数の富豪となった。安永九年の郷士並起用も、恐らく献金によるものではなかったかと思われる。そして羽部は天明五年には郷士格に進み、同七年（一七八七）七月十九日には、一〇〇石取りの郷士という、領内でも当時としては最も大きな本郷士となっている」。（八九四頁）

さて、太田街内および太田の東側地域の郷士の砲術指南を羽部廉蔵が担っていたのではないかという先の推定が正しいとすれば、両小林家も最初は羽部矢場で稽古を受けていたのではないか。それが弘化元年（一八四四）に至り、何かの事情で直升矢場に参加するようになったのではないか。詳しい事情は分からないが、両小林家の羽部家への対抗心、商人同士の確執といったものがあったのかもしれない。

次に注目されるのは、先にも少し触れたが、弘化以降直升家の稽古に参加してくる郷士の多くは、水戸藩内の斉昭失脚後の改革派の後退、反改革派の進出を背景に、斉昭時代には禁止されていた献金郷士が復活してきた弘化二年（一八四五）〜嘉永四年（一八五一）頃に献金により郷士に任用された者であることだ。

先述の通り同期間に水戸藩全体で四十二名の献金郷士が誕生しているが、太田の西側の旧金砂郷町を中心とする地域から実に十三名（三一パーセント）が任用されている。そしてそのすべてが任用されて二年後頃に、自ら直升矢場の稽古に参加するか、惣領と一緒に参加するか、または惣領など子弟のみを参加させるかのいずれかの道をとっている。

これは水戸藩では「郷士は旧族郷士であろうが、献金郷士であろうが、すべて城下町在住か、江戸在勤の武士と同じく、武術の修練を義務づけられていた」（『常陸太田市史　通史編上』一一七五頁）ことによると思われるが、異国船の日本接近が頻発する時勢の中で、水戸藩当局が軍事力強化の一環として、郷士の武芸奨励を一層強く促していったことにもよるものと考えられる。

さらにまた、直升家の稽古には郷士の子弟（惣領十三人、孫二人）の参加が多く見られるが、それはこうした若い層への指導を強め、軍事力の底上げを図ろうとする藩当局の意図が働いていると見て間違いなかろう。

従来から献金郷士の多数採用は藩の財政危機の中で、その献金によって財政状態の改善を図ろうとしたという面が強調されてきたように思うが、もちろんそうした面が強いことは疑い得ないが、同時に右に見たような、献金郷士の大量採用→郷士の軍事訓練強化→軍事力強化といった面もあったことも見逃すことができない。

以上のように、史料Jから、天保六年（一八三五）～万延元年（一八六〇）にわたって、鴨志田又左衛門直升が少なくとも二十六年間（藩の御目附所への報告は天保六年からしか残っていないが、直升の師範としての兵法火術の指南はそれよりかなり前から行われてきたと思われる）、多くの門弟や近隣の郷士やその子弟に兵法火術を指南してきたことを確認できる。

このように、鴨志田又左衛門直升が太田周辺の郷士層の中では兵学・松田新流や砲術の師範として重きをなしていたことは明らかだが、他方、第1章・第2章の「郷士の暮らし向き―天保六年」で見たように、自らの家計では苦しいやり繰りを強いられていた。こうした家計の中で、門弟への砲術師範に当たる直升の苦悩を物語るのが次の史料である。

3　史料K

私指南仕候兵法火術、此度上而御見分御座候ニ付罷出候處、筒手入仕候内三寸ハ相破候間新規ニ仕候、扨火術之義ハ外稽古ニ

違イ物入多キ稽古ニ候所、自分も困窮、門弟之族ニも困窮之者も御座候而指支候間御仁恵之御了簡ヲ以被下流金等も有之候へハ一同難有奉存候、猶此上稽古之族励ミニも罷成可申候、尤先達而　上覧之節被下流御金頂戴仕難有奉存候、其節よりも此度ハ人数も相過シ、筒新規旁故御仁恵ヲ以相済候様偏ニ奉願候、
已上

九月　　　　鴨志田又左衛門

右の史料は年未詳であるが、天保から嘉永頃にかけての時期のものと推定される、水戸藩への歎願書の草案と思われる。兵法火術の稽古は砲筒の新調など「物入多キ稽古」であるが、師範である自分（又左衛門）は困窮し、門弟の中にも困窮している者もいる。そのような事情であるので、今度の藩の「御見分」の際に「被下流金」すなわち資金的援助をお願い申し上げる。そうして頂ければ門弟一同の励みにもなるといった内容で、家計困窮の中で兵法火術師南に当たる困難さを訴え、藩からの資金的な援助を歎願している。直升の困難な立場が読み取れると思う。

しかし、そのような直升にも最期の時がくる。鴨志田又左衛門家墓地の直升墓石の裏面に刻された文字によれば、直升は万延二年（一八六一）二月二二日に七十四歳で亡くなっている（注16）。史料Jの大部分は直升自身の手によって書かれているが、最後の三枚表裏は惣領水之介の筆跡によるものである。

史料Jは、申正月鴨志田又左衛門の名で「御目附所」に出されたものと、酉正月鴨志田又左衛門から「同所」に出された報告書である。この報告書には混同が見られることは、すでに指摘した。恐らく直升の病状が思わしくなく、水之介が代筆して報告したものであろう。しかしその控えを残す時に二カ年分を混同する誤謬を犯したのであろう。そして直升矢場での兵法火術稽古も直升の死によって終止符が打たれたのか、史料Jも直升が死んだ万延二年正月で終わる。

史料Jの最後の四十九枚目裏には、

故近藤内蔵より免許　私より
指南免許皆出　　鴨志田水之介
（中略）
酉正月　　　鴨志田又左衛門
御目附所様中

と記されている。酉正月は直升の亡くなる直前の万延二年の

正月である（この報告の筆跡は右述のように水之介である）。このことは直升が藩に隠居願等を出し又左衛門の名跡と郷士身分を惣領水之介に継承させる手続きを、死ぬまで取らなかったことを意味している。直升の死後、水之介は藩に届け出て、郷士役の継承を認められたものと思われる。そして水之介改め又左衛門直準を名乗ったと思われる。

直升が亡くなる万延二年二月前後には、水戸藩はまさに未曾有の激動の時代を迎える。前年三月には水戸浪士による井伊大老殺害の桜田門外の変が起こり、三年後には水戸藩を二分する内乱であった元治甲子の乱が勃発している（注17）。そうした激動の中、明治維新を迎える。こうした時代に郷士・又左衛門直準がどのように生きて行ったかは、残念ながら史料が不十分で明らかにできない。

おわりに

私の幼少年時代に、私の生家には、桐の小箱に収められた古文書が大切に保管されていた。これらは（注1）で触れたように、義公時代の書簡類であることを後に知った。また、親などからは「御西」（私の生家、又左衛門家の屋号）は郷士の家系であることをよく聞かされた。

長じて、大学で日本史（中世史）を専攻した私は、後になって旧又左衛門家の古文書を調べ始めた。その結果、同家には、初代郷士の君儀時代のもの（元禄頃が中心）と五代目郷士直升時代の古文書（天保頃が中心）が比較的多く残存していることを知った。君儀時代の古文書は右書簡類が中心である。

これらを解読していく中で、史料Eとして紹介した、秋山村衛門・三木幾衛門連名の書簡に出合った。これは西山山荘に隠棲した徳川光圀（黄門）と又左衛門君儀との間に交流があったことを物語る内容であった。この出合いから私は、又左衛門家と光圀との関係をより深く調べてみようと決意した。これがそもそもの本稿作成の動機である。

五代目郷士の直升関係の古文書も調べた。『水戸市史　中三』等を通じて、彼が兵法・松田新流の師範で弘道館でも教えたほどの人物であったことを知った。直升の残した古文書は兵法・松田新流や砲術指南に関係したものが多い。これらの中には、直升が自宅矢場で、近隣の郷士やその子弟などに砲術の指南をしていることを示す古文書もあった。

直升は、「四　水戸藩士の海防・軍事訓練」で述べたように、太田界隈の郷士の中で、砲術の指導者・世話役として活躍している。また、直升は又左衛門家の由緒と郷士としての来歴を詳しく記した文書（史料B）を残しており、又左衛門家の歴史を知る上で大変参考になった。

その他、直升は天保六年「年中出入諸雑用覚帳」という天保六年の家計簿を残し、その頃の旧族郷士の家計の内実を示す貴重な資料を提供してくれている。これについても、詳しくまとめたので、本書にも第1章と第2章として収録してある。

以上のように、本稿は、又左衛門家の郷士としての歴史を、同家に残る君儀と直升時代の史料を中心に考察したが、これらの史料の中には、私の非力ゆえに十分に読みこなせず、本稿作成に活かせなかった史料もある（特に光圀時代の書簡）。また、又左衛門家の史料のみでなく、小島村・恒衛門家の史料やその他郷士家の史料、水戸藩関係の史料なども合わせて検討すべきであるが及ばなかった。今後の課題としておく。

水戸藩郷士については、学生時代の恩師の一人である、瀬谷義彦氏の『水戸藩郷士の研究』から、非常に多くのことを学ばせて頂いており、本稿でも極めて多くの引用をさせて頂いた。

「はじめに」でも述べたように、瀬谷氏の研究には旧鴨志田又左衛門家の古文書は利用されていない。本稿は未発表である又左衛門家の史料紹介を兼ねる意味で、できるだけ史料を全文掲載するようにした。そのため、論考がやや冗漫になった感があるかもしれないが、ご了解願いたい。本稿が瀬谷氏の郷士の研究にほんの少しでも肉付けできたとすれば望外の幸せである。

また、鈴木暎一氏の人物叢書『徳川光圀』からは、詳細な光圀の年譜や光圀の引退から西山に隠棲するまでの動き、そして西山山荘における隠居生活について多くのことを学ばせて頂き、本稿の作成にも参考にさせて頂くことが多かった。両先生にあらためてお礼申し上げげる。

なお巻末に、太田村菊池家の「郷士連名帳」を基に作成した「水戸藩郷士名簿」を、**表3**として掲げた。あわせて参照されたい。

（注1）　これらの書簡類は、昭和三年の義公生誕三百年祭の際に出

品したようである。水戸徳川家からは、印刷物の礼状と出品の書簡類を保存するための桐の小箱が贈られている。

（注2）「年中出入諸雑用覚帳」の翻刻を行い、注を付した本書「第1章　郷士の暮らし向き―天保六年（前編）」と、その内容を分析・検討した本書「第2章　郷士の暮らし向き―天保六年（後編）」を参照されたい。

（注3）瀬谷氏は「下野国那須郡二、常陸国久慈郡一〇、多賀郡三、那珂郡一、茨城郡二、行方郡二」（同書四六頁）とされていて、徳田村・里川新田・折橋村を久慈郡に数えておられる。しかし、「元禄郡郷帳」によれば、これら三カ村は多賀郡に属していたようだ。また、那珂郡一は二の誤りと思われる。

（注4）瀬谷氏は、介川村・長山半兵衛の郷士任用の年を享保元年（一七一六）とし、注で次のように記している。「長山半兵衛が郷士になったのを享保元年とするのは前掲『義公史蹟行脚』によったものであるが、『常陸国北郡里程間数之記』には、本文に引用したように、粛公（綱條）時代の郷士起用は、隠居中ながら、「義公様御取立」と郡庁の記録にあったというから、それを信頼するならば、義公光圀在世中、つまり元禄十三年以前ということになり、享保元年というのは遅すぎて疑問が残ることになる。今後の研究課題としよう」。

（注5）瀬谷氏が鴨志田又左衛門家を「太田に近い農村、つまり現在の常陸太田市域」に入れなかったのは、瀬谷氏がこの論文を執筆された当時、又左衛門の住む小島村は、常陸太田市域ではなく、金砂郷村（町）に属していたことも関係あるかと思われる（現在は平成の大合併で常陸太田市域に含まれている）。

（注6）天正十九年は西暦一五九一年に当たり、前年の小田原合戦で北条氏が滅亡している。それまで、関東では北条氏と佐竹・宇都宮などの反北条勢力が敵対し、しばしば戦闘を繰り返してきた。しかし、小田原合戦における豊臣秀吉の勝利により、こうした戦闘にも終止符が打たれた。下野の壬生城は北条方の居城として重要な役割を果たしてきた。そのためにこの城は取り潰されることになったのであろう。その取り潰しの役を担ったのが佐竹氏だったようだ。したがって、壬生城をめぐって実際の戦闘があったわけでない。鴨志田式部少輔は、この取り潰しに佐竹氏により動員されたのであろう。「野州壬生城攻の時、一方の軍将たりとぞ。勝利を得るに及んで」といった事態はとうてい想定することができない。

（注7）この地は現在「諏訪山」の地名で呼ばれていて、現在は開発が進められて大部分が田畑になっている。しかし、その中央部に古代の前方後円墳が残されていて、その後円部の上に「星神社」が建っている。また、後円部下には鴨志田又左衛門家や分家の定衛門家の墓地がある。又左衛門家屋敷から数百メート

ル北に位置している。

（注8） 元禄二年（一八六九）六月十五日には、久慈郡町付村の飯村家も郷士に取り立てられている。同家も又左衛門家同様にそれ以前に巡見の折に光圀の訪問を受け、密接な関係ができ、光圀引退後はさらに深い関係を結んでいる（『大子町史 通史編上』）。十分に調査していないので何ともいえないが、あるいは光圀時代取立ての郷士の中には、他にもこの日に取り立てられた郷士がいるかもしれない。このような点から見て、この日付の郷士採用は光圀引退後の体制構築の一環として、水戸藩全体規模で構想されたともいえるかもしれない。

（注9） 又左衛門家の由緒や郷士取立て以後の来歴を最も詳しく記した直升作成の史料Bの文書にも、又左衛門家へ藩主御成が何度かあったことは記されている。だが、藩主が又左衛門家に宿泊したという記事はない。藩主の宿泊があったということは、家にとっては大変名誉で特筆すべきことであるはずである。したがって、こうした文書には必ず記されるはずである。史料B以外の由緒書類にもその記録はない。このことは又左衛門家に藩主が宿泊した事実がなかったことを物語っていよう。それにもかかわらず、藩主宿泊用の御殿は用意されていたのではないか。恐らく、十八郷士のすべてが「御殿」を用意していたのではないか。「御殿」は旧族郷士のステータスシンボルのようなものではなかったか。

（注10） この二年前の寛永十八年には、水戸藩領村々の総検地が実施されている。また「寛永十八年（巳年）・寛永十九年（午年）は大凶作で米麦が共によく稔らず、飢饉の惨害が猛威をふるって人々を苦しめた。このため領内諸所に飢民が続出し、一家離散が多く、餓死者も出て、田畑が荒廃したので、後々まで『巳年の餓死』と言い伝えられ」た（『水戸市史 中一』一〇六〜一〇七頁）。こうした検地や凶作・飢饉が「家風」の解放とどう関わるかは不明だが、関係はあったと思う。

（注11） 「大谷周助」の名は、弘化三年に筆写されたと考えられる太田・菊池家の郷士連名帳にはない。瀬谷氏の『水戸藩郷士の研究』四六頁によれば、大谷家は「郷士として後まで残らなかった」とのことであるが、この文書が出された文政六年（一八二三）頃までは、大谷家は郷士として存立していたと解釈できないか。ここではそのように解釈し、十八郷士（旧族郷士）の一員に数えた。

（注12） 私の子ども時代に、旧又左衛門家には、母屋の裏の大きな楓の木の側に（この楓は、現在は枯れて切り倒されているが、光圀が漢詩に詠ったものと思われる）、「ヤバ」と称する小屋があった。柱に屋根がついただけの三十〜四十坪ほどの建物であったが、当時は農作物の倉庫代わりに使われていた。この「ヤバ」

は矢場で弓矢の練習場ではないかと考えていたが、右のような史料や先にあげた由緒書の記事を念頭において考えてみると、「鉄砲矢場」すなわち砲術の練習場であったと思われる。恐らくここで、又左衛門直升は、周辺の郷士やその子弟・門弟などの稽古・訓練を行っていたと思われる。

（注13） 最後の酉年の前の申年の報告の冒頭には、「万延二年酉正月」と記されているが、この記述は誤りである。年次を記すなら、申正月の報告書だから「安政七年申正月」と記すべきである。本文の中で述べているように、師範として長いこと兵法火術の指導に当たってきた直升は、万延二年二月に亡くなっている。死の直前で混乱が見られるようだ。この報告書の綴りも事実上、安政七年＝万延元年（一八六〇）で終わっている。

（注14） この年には閏七月にも「兵法火術」のタイトルのついた文書が作成され、鴨志田又左衛門の名で「御目附所様中」宛に提出されている。内容は、

五寸五分　　　　　　　　　　　　五寸五分

一七調玉　壱　塙　茂一郎　一　同　　十三　堀江彦三郎

のように記され、記されている人名の大部分は、史料Jの記述と重なる。そして末尾に、「右之通ニ御座候　閏七月　鴨志田又左衛門　御目附所様中」と記され、年次記載がなく、「閏七月」とあるのみである。当時で閏七月があるのは天保六年か、嘉永七年＝安政元年であるが、史料Jの安政元年分と重複する人名が多いことから、安政元年のものと判断される。この年は特別な年で、閏七月にその前半年分の報告をしたのではないかと推測される。

（注15） 「郷士連名帳」に、「寺門平八郎」の名はない。寺門姓で同帳にあげられているのは、寺門彦左衛門（斉昭時代の寺院御取立郷士、石神外宿）と寺門勝之進（弘化三年取立）の二人である。小島村に近い瓜連村の郷士であること、しかも直升の嫡子水之介の妻が同家から嫁していることなどから、瓜連村の寺門であることはほぼ間違いないと思われる。

（注16） 万延元年は二月十八日までで、二月十九日には文久に改元になっている。したがって、万延元年二月二二日は存在しない。改元直後のことでこうした誤りが生じたのであろう。

（注17） ちなみに、直準の長男本介直列は、元治甲子の乱に参加した。そして那珂湊で幕府側に降伏し、武蔵川越から江戸佃島へ移され、慶応二年八月二十六日に二十一歳（十九歳とも。『幕末維新全殉難者名鑑　一』新人物往来社、四二七頁）で獄死している。

【郷士名】	【石高等】	【村名】
秋葉友次郎	本役ニ成、但シ一代之内	秋葉村
雨宮鉄之助	本役ニ成、但シ一代之内	湊村
羽生仁吉		富口村
【中納言御取立】　［中納言（斉昭）］ 1829 ～ 1844 年		
薄井宗七	120 石・御同胞朋格代々	鳥ノ子村
薄井定兵衛	150 石・御同胞朋格代々	鳥ノ子村
宮本尚市郎	25 石　但シ 3 人扶持とも承ル	潮来村
【中将御取立】　［中将（慶篤）］ 1844 年～		
石橋運平	50 石（弘化 3 年 4 月）	潮来村
礒山平七	25 石（弘化 3 年 4 月）	潮来村
大森又吉	25 石（弘化 3 年 4 月）	潮来村
岡山次郎左衛門	50 石	高部村
樫村吉郎衛門	25 石是ハ籾 40 俵之由（弘化 3 年 4 月）	友部村
鴨志田恒右衛門	25 石（弘化 3 丙午閏 5 月 14 日）	小嶋村
菊池喜右衛門	25 石（弘化 3 丙午閏 5 月 14 日）	太田村
小林稲彦	25 石（弘化 3 年 3 月）	太田村
小林彦之進	100 石（弘化 4 年 50 石加増・小十人列）	太田村
小林彦太夫	150 石・御代官列（弘化 4 年 85 石加増）	太田村
坂　太兵衛	25 石	嶋崎村
佐川与兵衛	25 石（弘化 3 年 4 月）	小菅村
猿田市右衛門	25 石（弘化 3 丙午閏 5 月 14 日）	太田村
関口平五郎	25 石（弘化 3 年 4 月）	潮来村
高倉新五衛門	25 石（隠居新五衛門一代代官列、長八郎代々小十人列）	川和田村
嶽野仙助	25 石（弘化 3 年 4 月）	潮来村
根本幸十郎	25 石（弘化 3 年 4 月）	宮田村
平戸嘉兵衛	50 石	川和田村
山口弥七	25 石（弘化 3 年 4 月）	潮来村
【中納言御検地御取立】　［中納言（斉昭）］		
大場惣助	御検地取立	玉造村
加倉井兵左衛門	御検地取立	成沢村
窪谷太郎衛門	御検地取立	潮来村
黒沢覚衛門	御検地取立・倅覚助代々御徒列	石神村
小泉李兵衛	御検地取立	大沼村
竹内源助	御検地取立	大岩村
茅根治部左衛門	御検地取立・弘化 4 年丁未霜月本役	中利員村
塚田六助	御検地取立	金沢村
中野治部左衛門	御検地取立・代々御代官列	小菅村
信戸太郎兵衛	御検地取立	倉数村
星惣兵衛	御検地取立	馬頭村
堀江次郎衛門	御検地取立	幡村
和田銀之衛門	御検地取立・弘化 3 年丙午 8 月本役	大山村
岡部城衛門	寺院御取立	前浜村
加藤登	寺院御取立	石塚村
小松川紀伊	寺院御取立	額田阿弥陀寺
砂押登	寺院御取立	石神内宿
関幸之助	寺院御取立	小目村
関口隼人	寺院御取立	菅谷村
寺門彦左衛門	寺院御取立	石神外宿
寺沢堅次郎	寺院御取立	油縄子村
萩原右膳	寺院御取立（願ノ上也）	常盤村
橋本伊預之助	寺院御取立	谷川原サイコヲ寺
日野淡路之助	寺院御取立	川合枕石寺
堀川主殿	寺院御取立	大子村
宮本利衛門	寺院御取立（願ニ而他国）	松平村
森伸十部	寺院御取立	湊村
【追加】　［弘化 3 年（1846 年）5 月以降］		
石川平次兵衛	25 石・嘉永 2 年酉正月 14 日御用	中利員村
川又惣六	二人扶持	青山村
菊池惣次右衛門	25 石・弘化 3 年丙午 12 月 24 日	川山村
栗原仁左衛門	25 石・嘉永 2 年酉正月 14 日御用	岩手村
小林次之右衛門	30 石・弘化 4 丁未霜月 13 日 5 石増	天神村
須藤伊左衛門	25 石・嘉永 2 年酉正月 14 日御用	下利員村
須藤庄之右衛門	25 石・弘化 4 年丁未霜月 19 日御合力籾 30 俵	下利員村
寺門勝之進	25 石・弘化 3 年丙午 12 月 24 日	瓜連村
茅根治部左衛門	25 石・弘化 4 丁未霜月 19 日	中利員村
藤岡作右衛門	25 石・弘化 3 年 8 月 14 日	潮来嶋崎村
藤田重衛門	無禄代々列・嘉永元年 11 月 19 日	小砂子村
和田銀之右衛門	二人扶持・弘化 3 年 8 月 4 日	アハ山

表3　水戸藩郷士名簿

【郷士名】	【石高等】	【村名】
【威公義公粛公御取立】　［威公（頼房）義公（光圀）粛公（綱條）］ 1609 ～ 1718 年		
飯村清兵衛	50 石	町付村
石田丹後	50 石	潮来村
大内左馬之助	50 石　御徒列	田中々村
岡崎雄之助	50 石	石塚村
大森伝五衛門	50 石	徳田村
鴨志田又左衛門	50 石	小嶋村
佐川八郎	御合力籾 30 俵	折橋村
芹沢外記	御合力籾 30 俵　上座	芹沢村
立原弥市	50 石	小幡村
長山万次郎	御合力籾 30 俵	助川村
西丸勇五郎	50 石・代々小十人列	大津村
野口友太郎	三人扶持米 15 石	磯原村
蓮見甚衛門	籾 20 俵・地方 30 石	里川村
北条斧四郎	50 石	馬頭村
益子軍蔵	御合力籾 50 俵	大子村
益子民部左衛門	50 石	大子村
谷津友之助	50 石	谷津村
【文公御取立】　［文公（治保）］ 1766 ～ 1805 年		
岡部新次衛門	150 石・一代御徒士列	大久保村
小沢庄五郎	三人扶持	太田村
小沢弥三衛門	50 石	太田村
小宅三左衛門	25 石	菅谷村
折笠純一郎	田畑ニテ 10 石 6 斗 3 合年貢御免	矢幡村
加倉井淡路	50 石・御徒列	成沢村
菊池忠衛門	50 石・一代小十人列	冥賀村
後藤友衛門	50 石（御検地に付 25 石加増）	箕川村
小林彦次衛門	150 石 150 俵御代官列代々	太田村
須藤助三郎	五人扶持	細谷村
須藤曾兵衛	50 石	細谷村
須藤弥十郎	三人扶持	細谷村
立原伝重	御合力籾 30 俵	大宮村
長久保源五兵衛	50 石	赤浜村
西野忠左衛門	25 石・弘化 2 年小十人列代々	上那賀西
塙茂一郎	50 石	中野村
羽部廉蔵	100 石・一代小十人列	太田村
堀江彦三郎	御合力籾 30 俵・郷士列	久米村
武藤七之助	五人扶持	助川村
森田直三郎	25 石・一代御徒列	岩根村
【哀公御取立】　［哀公（斉脩）］ 1816 ～ 1829 年		
秋山弥六郎	25 石・一代御徒列	大内村
飯村忠治	三人扶持	粟野村
石井繁之進	50 石	大山田村
薄井貞蔵	150 石御代官列代々	鷲ノ子村
大内要助	350 石御代官列代々	湊村
大久保重次郎	50 石	亀作村
樫村安之進	60 石（25 石加増）	友部村
川又多一郎	100 石・小十人列	青山村
黒沢才助	25 石・代々御徒士列	下土木村
後藤信之允	25 石	木倉村
小林真十郎	100 石籾 100 俵・小十人列代々	太田村
斉藤貞吉	25 石	田伏村
榊原啓助	150 石・小十人列代々	辻村
白井伝之助	25 石	玉造村
白石平八郎	25 石	大中村
武弓惣次衛門	25 石	太田村
竹内新六	25 石	安食村
竹内仙衛門	120 石・小十人列代々	安食村
成井節之助	25 石	玉造村
羽部本助	75 石（50 石加増）・代々小十人列	太田村
浜野茂衛門	60 石・小十人列代々	宍倉村
室町荘五郎	25 石	下玉里村
綿引新三郎	25 石	青山村

（注）本表は菊池氏の郷士連名帳（『水戸藩郷士の研究』112 ～ 129 頁所載）に記載された水戸藩郷士を、取り立てた藩主ごとに、アイウエオ順に並べ替えたものである。

第6章　常陸国弘安二年「作田惣勘文」の一考察

はじめに

中世常陸における在庁官人の活動や国衙機構の様相について、数々の注目すべき事実を伝える史料の多い「税所文書」の中でも、弘安二年（一二七九）の「常陸国作田惣勘文案」[1]（一般にこれは常陸国大田文と称されている。以下、これを「弘安田文」と呼ぶ）は、その白眉といえよう。確かに、常陸国の郡、郷、庄、保等と、その田数をほぼ網羅的に記載登録したと考えられる弘安田文が、中世常陸ひいては東国に関する様々な問題を考察するに当たって、重要な素材を提供してくれる史料であることは間違いない。

しかし、この弘安田文の豊かな内容に値するだけの十分な研究が進められてきたとは必ずしも言いがたく、実は弘安田文の作成目的すら十分には明らかにされていない。本稿では、まず、弘安田文の作成目的に関する問題を考察し、ついで弘安田文の記載内容をめぐる問題点について、若干の検討を加えてみたい。

幸い常陸国には、嘉元四年（一三〇六）の「常州田文」[2]（以下、これを「嘉元田文」と呼ぶ）という弘安田文と極めて類似した大田文が残存しているので、両田文を比較検討することによって、また関連文書等を参照することによって、右の二つの問題にアプローチすることはある程度可能だと思う。

一　作田惣勘文の性格と作成目的

弘安田文が一国平均の役賦課を主要な目的の一つとして国衙在庁官人によって作成された大田文の類型に属することは、すでに石井進氏の研究[3]によって明らかにされている。しかし、弘安田文は多くの諸国大田文に記載されている事書、注進文言、差出書等を、少なくとも文書の現存部分では欠いている関係もあって[4]、弘安田文の性格についてはなお不明な点が少なくない。

弘安田文が一国平均の役賦課と関連して作成された大田文であるとすれば、それはいかなる一国平均の役であったか。嘉元田文がそうであるように役夫工米賦課のためなのか、あるいはそれ以外の一国平均の役賦課のためなのか。そもそも嘉元田文と弘安田文の関係はいかなるものであったか。

また、弘安田文は延文六年（一三六一）に大掾詮国によって某奉行所に書写注進されたと考えられるが、それは弘安田文についてどのようなことを物語っているのかといった点が、さし当たって解明されなければならない。ここではこれらの点を中心に、弘安田文が一体いかなる性格の大田文であるかを探っていきたい。

さて、この問題を考察するに当たって、まず参考にしなければならないのは、石井進氏の大田文に関する研究である。(5)氏は諸国大田文の記載様式に着目し、大田文には弘安田文のように一国内庄公田数のみを記載する（A）型、若狭国惣田数帳のように庄公田数の他に、公領応輪田についてのみ所当米を記す（A'）型、薩摩国図田帳のように庄公田数と領主ことに地頭を詳記する（B）型の三類型が存すること、そしてこれらの記載様式の相違は、各大田文の作成目的の相違を反映したものであること、すなわち（A）型大田文は一国平均の役賦課を主要な目的として国衙在庁官人によって作成された大田文であり、（A'）型は若狭国惣田数帳のみであるが、これはこの大田文作成と同じ年に行われた若狭国一国惣検の結果を整理したものと考えられ、これまた国衙在庁の手になる国衙側大田分であること、最後の（B）型は地頭補任の現地調査、御家人役の賦課等を主要な目的として、幕命により国衙在庁が作成した幕府側大田文であること等を明らかにされている。

ところで、問題の弘安田文は、石井氏の分類によれば、常陸国のもうひとつの大田文である嘉元田文とともに、（A）型大田文の類型に属するというのである。

確かに、初めに「注進　常陸国伊勢□宮役夫工米田数事合壱段別壱升四合定」と記され、末尾に税所平、大掾平、目代前加賀守の連署のある嘉元田文が、役夫工米＝一国平均の役賦課を目的として、国衙在庁官人によって作成された大田文であることは明白であり、また、この嘉元田文と比較して、まったく同様の記載様式をとり、記載内容においても重複する事例が極めて多い弘安田文が、嘉元田文と類似した性格の大田文であることは容易に推測されるところで、その意味で石井氏の区分は妥当であると考える。

さて、このように弘安田文が一国平均の役賦課と関係した大田文であることは、まず動かしがたいのであるが、それでは具体的にはいかなる一国平均の役賦課と関連して作成されたのか。この点についてはすでに宮田俊彦氏(6)や、島津久紀氏(7)

が、それぞれ見解を発表されているので、まずその検討から始めよう。

宮田氏は、弘安田文が伊勢神宮役夫工米賦課と関連して作成された嘉元田文といちじるしく類似していることから、弘安田文もまた役夫工米賦課を目的として作成されたのではないかと推測されている。確かに、後述するように、弘安、嘉元両田文は記載事項が重複する事例が極めて多く、また形式的にも極めて類似している。この点から考えて、役夫工米賦課を目的に作成されたとする宮田説は、ごく自然で、説得力ある解釈と言わなければなるまい。しかし、この説には次の難点がある。即ち、嘉元田文の末尾の部分に、

一　勅免地
　吉田社　百五十八丁六反半
　橘　廿五丁七反
　国分寺　十三丁
　　此外
　伊勢御厨小栗保　三百二十丁（後略――傍点筆者注、以下ことわりない限り同じ。）

と記されている事実である。右の記載からみて、伊勢御厨小栗保は、本来役夫工米賦課免除地であるか、あるいは少なくとも一般庄公領とは別格扱いにされていたと思われるが、弘安田文においてはそれが一般庄公領と並んで記載され、この点に何ら特別の注意が払われていないのである。

もし、弘安田文が役夫工米賦課を直接的な目的として作成された大田文であるとするなら、個々の庄公領が役夫工米の賦課対象となるかどうかといった点に、最大の注意が払われてしかるべきであり、そこに注意が払われていないということは、少なくとも弘安田文が役夫工米賦課のみを直接の目的としていないことを意味するのではないかとの推測を可能にする。私はこの点から弘安田文即役夫工米賦課台帳という見解には、直ちに賛意を表しかねる。

次に、弘安田文が大嘗会米賦課を目的として作成されたとする島津久紀氏の見解を検討する。島津氏が主たる論拠とされたのは、次の文永一一年（一二七四）の常陸国留守所に下された庁宣案である。[8]

　庁宣　　留守所
　可早任　宣旨状、除三社領外、不論神□(社)、仏寺以下免給等、
平均宛催公田、□建久以後新立庄園、令進済大嘗□(会)用途料、

段別参升米事

副下　宣旨　院宣

右、大嘗会者、（中略）早任、宣旨、平均令宛催、早速可進済、兼又新立庄園并公田員数等、委可注進言上之状、所宣如件（後略）

右の庁宣とともに副え下された宣旨、院宣によって、大嘗会米賦課とともに新立庄園ならびに公田の員数の注進命令が出されたことがわかるが、この庁宣が出された文永一一年（一二七四）と、弘安田文が作成された弘安二年（一二七九）が、年代的に極めて接近していることから考えて、大嘗会米賦課に際しての「新立庄園并公田員数」の注進命令と弘安田文作成が密接に関連していたことは十分に考えられる。その意味で弘安田文が大嘗会米賦課を目的として作成されたとする島津説は、文永一一年の庁宣案による限り妥当な見解といえよう。

しかし、この島津説にもまた難点がある。というのは、先の宣旨、院宣は、建久以後の新立庄園と公田の員数の注進を命じているのだが、弘安田文所載の多くの庄園がすでにこの建久以前に立庄されていることが確認できるからである。

例えば、康治二年（一一四三）の安楽寿院古文書[9]の中には、すでに村田庄や南野牧が見えている。大嘗会米の場合、「建久以前庄号御寄進地、被除之条、雑掌所帯之官符、明鏡之由[10]」とか、「当国大嘗会米（中略）不限当国一所、被仰下諸国平均宣旨之状云、於建久以後新立庄園、准公田任旧符、充民畝備神護[11]」とか言われるように、建久以前に立庄されたかどうかによって、賦課の対象とされるか否かが決定されている。

したがって、もし大嘗会米賦課のみを直接の目的として大田文が作成されたものとすれば、まさにこの点にこそ大田文作成の最大の眼目がおかれなければならないはずである。しかし、村田庄等の例によって明らかなように、弘安田文は必ずしも右のような基準だけから作成されたとは言えない。大嘗会米賦課説をとる島津氏の説は、肝心の点について配慮を欠いている。したがって、私は弘安田文がことさらに大嘗会米賦課だけを目的として作成された大田文であるとする島津説も、全面的には支持しがたい。

以上のように、弘安田文は、とくに役夫工米、あるいは大嘗会米といったこの時代の著名な一国平均の役賦課のみを目的とした大田文とは、言いがたい面をもっている。しかし、このことは弘安田文が役夫工米や大嘗会米の賦課とまったく無関係で、他の何らかの一国平均の役賦課を目的として作成された大田文であることを意味するというのではない。それは役夫工米・大嘗会米をも包含した、いわばより広義の一国平均の役の総合的な賦課台帳として作成された大田文ではなかったかということである。

かかる推測を可能にするのは、ひとつにはこの弘安田文が中世全般を通じて基準台帳としての生命を持ち続けたと考えられること、次には役夫工米・大嘗会米賦課が免除され、他の一国平均の役賦課も免除されていた可能性が強い鹿島社領橘郷が弘安田文から欠落しているという事実である。以下、これらの点について順を追って検討していく。

まず、第一の点であるが、注目すべきことは、弘安田文が作成された弘安二年から約一世紀も経過した延文六年（一三六一）に至って、この弘安田文が書写注進されたと推定される事実である。税所文書所収「常陸国大田文奥書」[12]には、

常陸国大田文事任仰下候旨、一巻進写覧之候。以此旨可有御披露候。恐惶謹言。

延文六年五月三日　　散位詮国（花押）

進上　御奉行所

とあり、延文六年に常陸国大田文が大掾詮国によって、室町幕府や常陸国守護の奉行所とおぼしき「御奉行所」に書写注進されたことが確認される。このことと関連して注意すべきことは、弘安田文の紙継目に右の大田文注進者である大掾詮国の花押が明瞭に記されていることである。[13]このことは南北朝時代延文六年に大掾詮国によって書写注進された大田文が、実はこれまで検討し来たった現存弘安田文、すなわち「常陸国作田惣勘文案」そのものであることを示唆していると思われる。

年代上のずれから考えて、弘安田文の作成とは無関係であるはずの大掾詮国の花押が、弘安田文の紙継目ごとに見られるという事実については、これまでほとんど言及されたことはなかったが、延文六年に幕府や守護への書写注進の事実を考えるならば、弘安田文における大掾詮国の花押の存在も矛盾なく理解できるのではあるまいか。

ところで、延文年間に至って、「御奉行所」に田文を書写注進したということは、一体どのような意味をもっていたのか。このことと関連して考えられることは、段銭賦課の基準として、弘安田文が利用されたということである。室町期において段銭の賦課・徴収およびその賦課基準となった大田文記載田地＝公田の把握が、幕府―守護の支配にとって重要な意味を持っていたことについては、田沼睦氏(14)が詳細な研究を発表されている。室町幕府法をみても、

　一日吉社神輿造替要脚内、其国段銭事 応安五 七 一一
　就被下　院宣、所有其沙汰也、所詮召出国之大田文、寺社本所領并地頭御家人等分領、悉充公田段別三拾文、急速可執進之（後略）(15)

等とあるように、段銭賦課の基準となったのは、常に大田文記載田数である。このように室町期に至っても、とくに段銭賦課と関連して、大田文は重要な意義を持っているのであり、弘安田文が延文年間に書写注進されたと推定される事実も、かかる一環として把えることができるのではないか。

　とすれば、当時国衙に保存されていた諸文書・台帳類の中で（嘉元田文を含めて）、弘安田文がそのような目的に最も合致した台帳ということになり、少なくとも鎌倉後期以降、最も基本的な台帳となっていたことを意味するのではないか。

　このことは、弘安、嘉元両田文の内容的な比較からも、ある程度推察できる。いま、両田文の郡、郷、庄、保、名等の田数を比較してみると、次のような事実が明らかにされる。すなわち、第一に、これまで再三述べてきたところであるが、記載田数の完全に合致する事例が極めて多く、全体の八〇パーセント前後の庄公田数記載が一致していることである。

　第二に、数少ない事例であるが、一致していない場合を見ると、弘安田文記載田数が大で嘉元のそれが小という関係にあるのがほとんどで、その逆のケースはわずか二例あるにすぎない(16)ことである。第三に、弘安田文の記載郷名が嘉田文には見られないという事例がままみられるが（その逆の現象は、南郡別名に石岡が見えるのみである）、弘安田文に記載されながら、嘉元田文において除外されている土地は、主として別名・名等の地であるということである。

　以上の比較の結果から、両田文の関係について、次のようなことが言えるのではないか。すなわち、元来在庁官人等の開発等にもとづいて私有性が強く、したがって課役賦課に際

して特別な取扱いを受ける可能性の強い在庁名等が、弘安田文では記載されながら、嘉元田文では削除されているケースが多いこと、若干の部分において、嘉元田文田数が弘安のそれに比較して減少しているケースが見られることから判断して、嘉元田文は弘安田文を基礎にしながら、それに一四世紀初頭嘉元段階の土地所有の事実に即した若干の修正を加え、再編・整理した大田文ではないかということである。逆にいえば、約三十年後に作成された嘉元田文の基礎・母体となったほど、弘安田文にはこの時代における基準台帳としての性格が強かったといえるのではないか。

以上、弘安田文作成目的についての諸説の検討、さらには弘安、嘉元両田文の比較検討を通じていえることは、ひとつは弘安田文が鎌倉中末期以降常陸国における最も基本的な土地台帳をなしていたことである。また、弘安田文はこれまで先学によって指摘されているように、役夫工米・大嘗会米賦課を目的として作成されたということは、その限りでは正しいのであるが、それは田文作成のすべての目的や役割を必ずしも尽くしてはいない。

それはこれまで述べてきたように、役夫工米や大嘗会米賦課に加えて、各種反銭・反米、後にふれる国役雑事といった抽象的な表現に含まれる広範な、いわゆる一国平均の役の賦課台帳として作成されたといった方が、明確な決め手を欠くかもしれないが、一応無難と言えるのではあるまいか。もっとも、その作成の時点において国衙がそれらすべての賦課を想定していたかどうかは別問題であり、各段階における田文の効用や役割も漸次変わっていったと推測されるが。

以上のことと関連して、ひとつの問題を投げかけてくるのが、前述の鹿島社領橘郷[17]が弘安田文から欠落しているという事実である。以下この点について検討する。

橘郷は、承安四年（一一七四）の国司庁宣[18]によれば、「可令鹿島社神領橘郷事」として、鹿島社に寄進され、官物以下国役雑事が免除されている。また、治承四年（一一六〇）には、留守所下文[19]において「件郷任先例為神領免除国役雑事」として、再度国役雑事免除が確認されている。さらに治承五年には頼朝によって改めて鹿島社に寄進されているのである[20]。

このような事実から考えて、橘郷は数ある鹿島社領中でも、最も社家の一円的進止権が貫徹された所領のひとつであったと考えられる。したがって、役夫工米・大嘗会米といった一国平均の役は免除されていたと思われる。事実、役夫工米の場合について見れば、嘉元田文では橘郷は勅免地とされており、正応二年（一二八九）にも「任先例於□□□□（御物忌殿并カ）社家方一円下地進止地者、不可懸此役、一向所避進也」という造大神宮所司右衛門尉兼定の避状[21]が鹿島社に下されているから、役夫工米の賦課が免除されていたことは疑う余地はないと考える。

また、大嘗会米についても、元応二年頃には賦課地か否かをめぐって相論が起こっているが[22]、この場合でも社家側は「建久以前庄号、御寄進地被除之条、雑掌所帯之官符」を盾にこれを拒んでおり、この「雑掌所帯之官符」が先にみた文永一一年の庁宣を指すことはほぼ明白であるから、少なくともこの庁宣が出された文永一一年から四年後の弘安田文作成の時点において、橘郷が大嘗会米の賦課免除地とされていたことはほぼ確実である。

このように、役夫工米・大嘗会米賦課が免除され、また国役雑事免除という庁宣・留守所下文が相ついで鹿島社に下されている事実からみて、役夫工米・大嘗会米以下の一国平均の役についても同様の扱いを受けたと推測され、結局橘郷にはいっさいの一国平均の役が賦課されなかったと考えて差し支えないのではないか。

ところで、この橘郷は南郡に属する郷であるが[23]、弘安田文の南郡の項には橘郷は見えず、この田文から欠落していたと判断される[24]。

このようにいっさいの一国平均の役賦課の免除地であったと推定される鹿島社領橘郷が、弘安田文から欠落しているということは、先に考察してきたように、弘安田文が一国平均の役の総合的な賦課台帳であったという推定を裏書きしているのではないか。何となれば、いっさいの一国平均の役賦課が免除されているなら、それらを包含した一国平均の役の総合的賦課台帳として作成された大田文に記載し、把握する必要がないからである。ただ、この橘郷の事例のみでは偶然的な誤脱ということも当然考えられることである。しかし、橘郷と同年に頼朝によって鹿島社に寄進され[25]、橘郷と極めて類似した鹿島社領であったと考えられる佐都東郡大窪郷[26]が、同じく弘安田文から欠落しており、これも橘郷と同様の事情によるものと推測される点から考慮して、偶然でなく、弘安田文の記載基準に照らしてこの大窪郷も意図的に削除されたと見るべきだと思う。

以上検討し来たった諸点から考えて、公安田文が単に役夫工米・大嘗会米だけでなく、すでに石井進氏が指摘している[27]ように、鹿島・吉田社等国内社寺の修理造営をも含めた、より広義の一国平均の役の総合的な賦課台帳として作成されたということは、まず動かしがたい事実であると考える。それは結局は通説を確認したに過ぎない当然の結論であるといえるかもしれないが、とにかく弘安田文作成の目的をより具体的に、また弾力的に、幅広く把握してゆくための基礎作業の積もりである。

二　作田惣勘文の記載内容

弘安田文には、郡郷、荘園等の田数が、羅列的に記載されているのみで、それ以外の記載はまったくない。地頭・領主等をも詳記した（B）型大田文はもとより、弘安田文と同型の（A）型大田文と比較しても、その記載事実の貧困さは否定できない事実である。しかし、そこに記載された田数や郡郷は、中世常陸の社会構造等について、いくつか検討に値する事実をわれわれに示唆している。

最近ではこれらを素材にした研究も一、二発表されている[28]が、今後さらにこの面での研究が進むことが望まれる。ここでは、とりあえず弘安田文に記載された田数および郡郷をめぐる二、三の問題点について、検討を加えたい。

ところで最近、網野善彦[29]、田沼睦[30]、入間田宣夫氏[31]等によって、鎌倉後期以降、大田文の記載田地が固定され、現実に存在した下地から遊離した擬制的＝政治的な田地として、段銭等の賦課基準となっていたこと等が明らかにされている。かかる現象は、総対的な一国平均の役賦課台帳としての弘安田文の記載田地においても見られることなのであろうか。まず、この点の確認から始める。

弘安田文記載田数の固定化という事実については、すでに網野善彦氏によって指摘され[32]、また、前述のように弘安田文の記載田数が嘉元田文にほぼ継承され、さらに、延文六年に弘安田文が書写注進されたと思われることなどから考えて、ほぼ疑いえない。しかし、さらに関連文書の参照等を通して、この点に関する吟味を加えてみよう。

この問題を考察するに当たって非常に示唆的なのは、次の真壁郡長岡郷に関する元徳三年の二つの史料である。

A　長岡郷公田十五町内　鹿嶋造営用途之事
　除分大町壱町八段、浄観内一町・下河辺分五反・除町壱町・小幡分二反・宮田四反・竹内三町壱反・御手作壱町三反
　定田十壱町三反 下地二十町二反分　（中略）
　　元徳三年六月[33]　日

B　依有要売渡常陸国真壁郡長岡郷内田在家代銭事
　合在家壱宇田壱町者堺坪付有別帋
右彼所者、自国香依為重代相伝之私領、舎弟了弥房仁限永代直銭陸拾貫文売渡所也、於御公事以公田参段分限、守先例可令勤仕（中略）
　元徳三年《かのとのひつし》三月廿七日　平宣政[34]（花押）
　　尼阿妙

右の史料Aは、真壁郡長岡郷に鹿島造営用途が賦課された際の田数注文であるが、この中で、除分・定田・下地の各田数は一連の土地把握にもとづく田数である。下地二〇町二反から定田一一町三反を引いた残り八町九反という数字は、除分の記載面積を合計した九町三反と近似するから、若干の誤差はあるにしても、まず右のように判断して差し支えあるまい。

ところが、Aの冒頭に記された公田一五町という数字は、下地二〇町二反、定田一一町三反といういずれの数字とも関連性が認められず、まったく別個の、独立田地と判断される。

史料Bは、長岡郷内の在家一宇・田一町を長岡郷の在地領主平宣政が弟了弥房に売却したことを示す史料であるが、ここで注目すべきことは、売却した田地一町の中、公田三段分についてのみ公事勤仕を求めている事実である。この公田三段は、入間田宣夫氏が注意されているように[35]、「堺坪付有別帋」とある坪付状[36]とまったく同種のものと考えられる建武二年の坪付状において、公田について注意がまったく払われていない点から考えて、現実に存在する個々の田地を意味するのではなく、公事賦課の客体として抽象的に定められた田数であると思われる。しかも、この公田三段は、A、Bが同年の史料である点からみて、Aの公田一五町と同一の土地を指し、その一部をなしていたと考えられる。

以上、史料A、史料Bの検討から、真壁長岡郷の公田一五町が現実に存在する下地の実体とは無関係に、公事賦課の客体として擬制的に定められていた田地であったと判断される。とすると、この公田一五町はどのような根拠にもとづい

て定められた田数なのであろうか。

　私はこの公田一五町が、弘安田文の長岡郷記載田数一五町二反六〇歩とほぼ合致する事実から考えて、公安田文に依拠して定められた田数としか考えようがないと思う。

　とすれば、入間田氏、田沼氏等によって指摘されたような大田文記載田地の固定化、在地領主層の実際の所領とのずれ、公田は所領田数の一部分にすぎないといった現象を、われわれは右の史料A、史料Bと弘安田文との関連から明らかに確認できるわけである。

　弘安田文記載田地の固定化という事実そのものは、その他の例についても指摘しうる。例えば、元亨二年（一三二二）の役夫工米田数注文[37]に、

　　真壁郡内
　　　山生郷　拾弐町　　田村郷　拾町
　　　山田郷　弐拾弐町　桜井郷　拾柒町
　　　源法寺　陸町壱反　　以上五ケ郷（後略）

とある各郷の田数は、弘安田文のそれとまったく合致し、文安五年（一四四八）大使一志文世書状[38]に示された真壁郡竹来郷八町二反六〇歩も田文のそれと一致している。


　かかる固定化の原因として、網野氏や田沼氏は、在地の規制力、すなわち国衙権力による検注に対する在地領主層の抵抗・拒否をあげているが、常陸国の場合も、先の長岡郷の事例からみてまず同様の事情によるものとみて差し支えあるまい。

　ところで、石井進氏が指摘している[39]ように、一般に大田文作成の基礎となったのは、国衙検注の結果を集約・整理した文書類であったと考えられる。国衙検注の結果を要約・整理した大田文であるという点においては、弘安田文も同様であったろうと思われる。しかし、その弘安田文作成の基礎となった国検がいつの時点で実施されたかという点が問題であろう。

　というのは、大田文作成と、その基礎となる国検の実施が、必ずしも時期的に同じ、あるいは接近しているとは言いがたい場合があるからである。この点は嘉元田文の作成が端的に物語っている。嘉元田文は前述のようにごく一部を除いて、弘安田文の記載内容をほぼ継承しており、弘安田文を基礎として作成された大田文と判断される。

　とすると、仮に弘安田文の作成の基礎となった国検が、そ

の直前に実施されたとしても、嘉元田文の作成との間にはなお約三〇年の年代的隔たりがあることになる。つまり、嘉元田文は少なくとも約三〇年前の国検の結果を基に作成された大田文ということになる。

このように大田文の作成と、国検の実施との間に年代的隔たりが認められる場合、当然その大田文に記載された田地は、大田文が作成された時点における土地の実体を物語るものではないことは容易に理解できよう。

では、弘安田文作成の基礎となった国検は、いつの時点で実施されたものか。そもそも弘安田文の公領の記載田数は、一体いつ頃の土地の実体を反映したものなのか。

弘安田文が鎌倉後期以後、最も基本的な土地台帳となっていたことは、すでに考察した。その意味で、弘安田文作成の前提として、その直前に国衙による大規模な一国惣検が実施されたのではないかと考えられないこともない。

常陸国においても鎌倉期に国衙検注が行われていたことは、吾妻鏡建保六年（一二一八）三月二三日条の「常陸国志筑郷内願成寺住僧等、有参訴事。検注使以新儀可入勘寺領之由、張行云々。仍可停止之趣、右京兆下知給之云々」という記事から推測される。しかし、検注の地域と規模が問題である。この志筑郷は常陸国衙の近在に位置する郷であり[40]、それだけ国衙の支配が強力に浸透しうる地域であったと考えられる。したがって、この事実から直ちに建保の検注をもって常陸一国にわたる国衙の検注とみなすことは躊躇される。

むしろ、網野善彦氏が指摘されているように[41]、「荒野新作田等所当、留守所在庁不可致違乱」といった内容の幕府の下知が貞応元年常陸国に下されるなど、幕府は在地領主の新田開発を積極的に保護奨励する態度をとっていたこと、一方、在地領主層はこの幕府の保護を盾に、自己の新田に対する権利を主張し、領家・国衙等の検注を拒む傾向にあったこと等に示される鎌倉初期の政治的情況を考慮するなら、一国全体にわたって国衙が強力に検注を実施するといった事態をこの時代に想定することは、かなり困難ではないか。

この点は、弘安田文の記載内容からもある程度推測できる。すなわち、弘安田文において、国衙近在の南、北、真壁郡等についての記載が極めて詳細であるのに比べて、常陸国の北辺に位置する奥七郡や、西辺に位置する西郡等の記載が極めて簡略になっていることである。もちろんこれは、後に述べるように、郷単位・郡単位といった国衙領の基礎単位の相違を反映したものとも考えられるが、それにしても同じ郷単位記載の郡でも右の南、北、真壁の三郡が、とくに詳記されているということは、国衙支配の貫徹度の差、したがって検注の実施程度の差を示唆しているのではないか。

右のような点から私は、弘安田文はそれが作成された弘安二年の時点で、あるいはそれから遠からぬ時期の一国惣検等の結果を基に作成された大田文ではなく、弘安二年より歴史的にかなりさかのぼる時点の国衙検注[42]（その時期を確定することはできなかったが）によって把握されていた各郡・郷等の田数を、弘安二年の時点で要約・整理した大田文と判断すべきではないかと思われる。

次に、弘安田文の庄領記載田数についても若干考察を加えておく。諸国大田文を見ると、庄領の場合、おおむね立庄時に国衙に確認・把握された田数が大田文に記載されている。例えば、淡路国大田文の場合、「於国領田畠者付当任検注員数令注進之」とあるように、公領田数が国衙検注によって把握されたものであったのに対し、庄領田数は「建立最前立券文旨注進仕」ったものである。また、能登国大田文においても「家田庄　捌拾伍町六段七　永承六年立券状」というように、立庄時の田数が大田文に記載されている。

庄領の場合、庄園領主が国衙公権から分割委譲された様々な権限の一つとして、検注権を保持していて、国衙が直接的に庄領内部の田地変動を確認することは極めて困難であったと推測される。したがって、国衙が大田文を作成する場合、右のように立庄時に把握した田数を記載していくことは当然のことといえよう。

弘安田文の場合も事情は同様であったと思われるが、この点を常陸国の庄園の中で比較的史料の豊富な吉田社領を例にとって、検討・吟味してみる。

(a)下　吉田社

可慥令催進伊勢内宮役夫工米未済事

右如官行事所配符者、当社領田百五十町六段半也、而当時田数不満其数歟、其上給田分対捍之間已有七石余之未済（中略）於有田数余剰者強不可及沙汰、多以不足之処、除彼給田之条甚不可然、不論彼給田可令催進（中略）

寛喜元年七月日

主殿頭　小槻宿禰（花押）[43]

(b)下　吉田社領郷郷地頭住人等
可早任先例進済伊勢豊受大神□役夫工米弐拾壱斛玖升壱合事（中略）
宝治元年四月日（後略）(44)

(c)下　吉田社領住人事
可早任先例不日進済造伊勢二所太神宮役夫工米事（中略）
右件米者（中略）如配符者田数佰伍拾丁六反半内宮分弐拾壱斛玖斗壱合（段別壱升肆合定）外宮分米拾捌石柒升捌合（段別壱升弐合定）（中略）
弘安八年六月日
大仏判官安倍（花押）(45)

右の吉田社に下された伊勢神宮役夫工米関係の三つの史料において、まず注目すべきことは、吉田社領の役夫工米賦課田数が一五〇町六段半に固定されていることである。史料(b)について若干説明すると、資料(c)から常陸国の場合、伊勢豊受神宮すなわち外宮の役夫工米段別賦課率は一升四合であったと考えられるから、この一升四合で(b)に記載された二一石九斗一合を割ると、ちょうど一五〇丁六段半という田数になり、(a)および(b)に記載された田数と同一になる。

ところで、この一五〇町六段半という田数は、弘安田文に記載された田数であると考えられる。弘安田文は吉田郡に相当する部分が欠損していて、吉田社領についての記載はないが、嘉元田文には「吉田社　一五八丁六反半」と記されている。これによると、嘉元田文記載田数には八町の増加が見られる如くであるが、私はこれを一五〇町六段半の誤記あるいは誤写であると判断する。その理由はこうである。

前述のように、嘉元田文の記載内容は弘安田文のそれに内包されるような関係にあり、前者の記載田数が後者のそれより増加している事例はまったくといってよいほど見られず、しかも重複する事例が極めて多いのであるから、もし嘉元田文の吉田社領田数に誤りがないとすれば、弘安田文にも嘉元田文と同一田数＝一五八丁六段半が記されていたと思われる。ところが、史料(c)のように、弘安田文作成直後の弘安八年の役夫工米賦課の際把握された吉田社領田数は依然として一五〇町六段半のままである。

これは弘安田文が一国平均の役の総合的な賦課台帳として作成されたと考えられる点からみて、極めて不可解である。しかもここで注意すべきことは、嘉元田文の一五八町六段半という田数はただ「八」という数字が加わっただけで段歩その他の数はすべて一致し、また嘉元田文が写しであるということである。

以上のような諸点から、私は嘉元田文記載の吉田社領一五八町六段半という田数は、百五〇町六段半の誤記ないし誤写であると考える。したがって、当然弘安田文に記載されたであろう吉田社領田数も、一五〇町六段半であったと考える。

では、この一五〇町六段半という田数は何に依拠して導き出された田数なのか。それが、現実の吉田社領田数とは無関係に、国衙側によって定められた田数であることは、史料(a)において「当時田数不満其数歟」と言われるように、庄園内部の状況とはまったく無関係に、国衙側の一機関と思われる「官行事所」の配符によって定置されている点からみて明らかである。とすれば、この吉田社領一五〇町六段半という田数は、吉田社領が立庄化された時点で国衙に最終的に把握されたものであると考えてまず差し支えあるまい。

以上検討してきた吉田社領の事例から判断して、当然のことながら弘安田文記載の庄領田数は、立庄の時点で国衙に把握された田数に依拠しているとみて間違いない。

以上、弘安田文の記載田数をめぐって考察を進めてきたが、次に記載郡郷[46]に関する問題についても一、二簡単に触れておきたい。

弘安・嘉元両田文の郡郷記載で特徴的なことは、郡によって、郡あるいは条とその田数のみしか記さないものと、郡の内部構成とその田数まで詳記するものとがあることである。ここで仮に、前者を郡単位記載、後者を郷単位記載と呼んでおく。

さて、かかる田文の郡郷記載の特色をわれわれはどのように理解し、評価すべきか。考えられることは、弘安・嘉元両田文の性格からみて、各郡ごとにおける国衙支配の在り方の相違を直接的に反映したものであるということである。以下、この点を論証しよう。

まず、注目すべきは、次の南北朝・室町期のものと思われる「切手員数[47]」である。

切手員数

笠間郡　切手十二　吉田郷　切手十四

鹿嶋郡　切手二　東条郡　切手一

奥七郡七・世谷一・国井保・加津見沢三

真壁郡　切手廿一　行方郡　切手　十八
南庄　一通　小鶴庄　一通
関伊佐　二通　北郡　十五
筑波北条郡分廿二七
山庄　一通　西郡北条西郡南条二通

ここでいう「切手」とは、役夫工米賦課に際して、「役夫之時、以当郷除切符方文之条」(48)「切手郷」(49)「切手分」(50)等と言われている事実から推測して、役夫工米賦課割宛状ないしはその受取状を指すと考えられる。したがって、この史料は役夫工米賦課対象となる群、郷、庄の数を列記したものと判断される。とすると、ここで注意すべきことは、右の「切手員数」の各郡ごとに示された数と両田文の記載郡郷、ことに嘉元のそれとがほぼ対応していることである。

例えば、鹿島郡の切手二は、鹿島郡南条・北条の二つの条と対応し、真壁郡の切手廿一は真壁郡の郷数二一と完全に符合している。このことは嘉元田文が現実の役夫工米の賦課形態に即して作成されたことを意味し、田文の郡郷記載にみられる特色が、各郡ごとにおける国衙支配の在り方の相違を反映したものであるという先の推定が、ほぼ妥当であることを裏付けるものであろう。

常陸総社宮の造営をみても同様のことがいえる。総社宮の造営に際しては、治承三年の「造営注文」(51)や、文保三年の「造営役所地頭等請文目録」(52)等から考えて、その造営費用を総社宮周辺の南北両郡内の諸郷に賦課したと考えられるが、これは田文の南北両郡が詳細な郷単位記載になっていることとまさに符合する。

また、常陸国三宮である吉田社の祭礼や造営についても、同様の事実を指摘しうる。吉田社の四月祭礼は建暦三年の官宣旨(53)に、

（前略）件御供者四月御祭之備毎年不闕之勤也、新籾年別拾斛内五斛者東郡(那珂──引用者注)五斛者西郡、任国符(カ)所勤来也、而東郡公文慶宣法師去建仁元年以後十一箇年之間□(無カ)指申緒平以対捍計其積者五十五斛也（後略）

とあるように、那珂東西両郡が年五斛ずつ負担すべきものであったが、那珂東郡公文慶宣法師が対捍し、那珂東郡の未納分が五五斛になってしまったというのである。このように、吉田社四月祭礼費用が、郡公文を媒介として調達されている事実からみて、那珂東西両郡には、国衙の賦役が郡単位に課

されていたと考えられる。これも嘉元田文の那珂東西両郡の記載が郡単位であることと一致している。

一方、吉田社造営費用は右にあげた官宣旨の前半に、「為例所□仰吉田那珂両郡令造営」とあるように、吉田、那珂東、那珂西の三郡が負担すべきものであった(54)。この中、吉田郡分は建保三年の国司庁宣(55)に「可早任先例令大戸長岡□（中之カ―引用者注）根両郷充催吉田社内田倉竈神両社造営事」とあるように、吉田社末社田倉竈神両社の造営費用を吉田郡内の国衙領大戸長岡、中之根両郷に負担させている点から考えて、国衙課役が郷単位に賦課されていたと思われる。とすれば、この場合も嘉元田文の郷単位の記載と合致するわけである。

ところで、那珂東西両郡は奥七郡を構成する二つの郡であるが、奥七郡の場合、すべて郡単位に国衙の課役が課せられていたと判断される。というのは、すでに佐々木銀弥氏が指摘されているように(56)、奥七郡は国衙の直接的な支配統制が困難な、特殊な行政区域に属すると思われるからである。

奥七郡の場合、各郡ごとに先にみた那珂東郡公文のような郡司あるいはそれに類した職掌のものが存在していたと考えられる。吾妻鏡建暦二年九月一五日条に「常陸国那珂西沙汰人等兼行地頭職（中略）所謂行光、祐茂、行村、光季等也」とあるが、この那珂西沙汰人という職掌は、那珂東郡の郡公文と同一あるいは類似した職掌と考えられる。

佐都東郡にも同様のものが存在したと思われる。吾妻鏡建保元年（一二一三）五月七日条によると、和田合戦における勲功賞として、「常陸国佐都」が伊賀前司に与えられている。一方、それから十数年後の嘉禄三年（一二二七）の関東下知状案(57)に、鹿島社領佐都東郡内大窪郷(58)に対して、地頭伊賀判官四郎代官光依が非法を働いたことが見えるが、この伊賀判官四郎は、右の伊賀前司と恐らく同一人物と思われる。また、この下知状に見える「前地頭宇佐美平太入道」は、吾妻鏡建暦三年五月二日三日条の（和田）合戦被討人々日記にある宇佐美平太郎左衛門を指すものであろう。

したがって、和田合戦に際して和田義盛方に与党した宇佐美平太左衛門の所領「常陸国佐都」が没収され、代わってそれが伊賀前司に勲功賞として与えられたことは確実なのである。ところで、この伊賀前司に与えられた「常陸国佐都」がどのような内容の所領か必ずしも明らかでないが、先の下知状案で地頭と称されている点から見て、佐都東西両郡あるいは佐都東郡の郡地頭を意味するのではないか。

とすれば、それは那珂西郡で「那珂西沙汰人等兼行地頭職」とあるのと同様に、元来郡司あるいはそれに類した職掌のものが、同時に郡地頭に補せられていたものと推測される。(59)

以上、那珂東、那珂西、佐都東の三郡について、郡司あるいはそれに類したものの存在がほぼ確認されるが、これらの職は本来佐竹氏が保持していたものを継承したものと推測される。周知のように、佐竹氏は治承四年に頼朝に討たれたが、その時収公された佐竹氏の所領が吾妻鏡治承四年一一月八日条に「被収公秀義(佐竹──引用者注)領所常陸国奥七郡幷太田、糟田、酒出等所々」とあるように、奥七郡全体にわたっている事実から判断して、奥七郡の郡司職は佐竹氏の手にあったものと考えられる。先の慶宣法師等の所職は、この時、「被充軍仕勲功賞」したものか、あるいはそれを継承したものであろう。したがって、右の那珂東、同西、佐都東の三郡以外の奥七郡にも佐竹氏から継承した同様の職が存在したと解される。

以上のように、奥七郡の場合、各々の郡に郡司あるいはそれに類した職掌のものの存在がほぼ確認され、国衙の諸課役は彼らを仲介として、郡単位に賦課されていたと思われる。

とすると、ここで問題となるのが、右の奥七郡について嘉元田文は郡単位記載をとり、弘安田文において、那珂東・佐都東・佐都西の三郡が郷単位に記載されていることを、どのように解するかである。このように、嘉元田文では郡単位記載をとっているのに対し、弘安田文では郷単位になっている郡としては、他に河内、鹿島の二郡がある。

さて、この問題を考察するに当たって、非常に示唆的なのは、弘安田文において右の那珂東等五郡の中、鹿島郡は前部が欠けていて不明であるが、他の四郡には、

佐都東二百八十九丁八段三百歩
　東岡田十五丁
　西岡田十丁

というように、郡の冒頭部分に郡全体の田数が郷田数の外に記載されているのに対し、右の五郡以外の郷単位記載の郡である東、真壁、北、南等の郡の中、北部を除いた郡には、

南郡
　小河四十一丁一段

というように、それが記載されていないということである。

また、その郡の冒頭に記された郡田数がまったく変動なく、

嘉元田文の郡単位に記された田数に継承されている点も注意すべきである。

これらの事実は、弘安田文では郷単位記載がとられ、一見郷単位に国衙の諸課役が賦課されているように思われる那珂東等五郡が、実際には郡単位に賦課されていたことを意味するものではないか。そのように解した方が、これまでの奥七郡についての考察に照らしても自然だと思われる。

とすると、結局弘安、嘉元両田文の郡郷記載にはさしたる矛盾はないということになり、これまでの考察では、とくに嘉元田文の方に国衙の諸課役賦課の具体的な在り方と合致する事実が認められたが、右のような点を考慮するならば、その事実は弘安田文の方にもそのまま妥当しうるわけである。

以上の考察から、両田文の郡郷記載の特色、すなわち郡によって、郡単位記載をとるものと郷単位記載をとるものとがあるという事実は、各郡ごとにおける国衙支配の在り方の相違、具体的にいえば、郡単位記載をとる郡の場合、郡司あるいはそれに類似した職掌のものを通して間接的な支配がなされ、一方、郷単位記載の場合は、国衙が郡―郷というような段階的な支配ではなく、直接的に郷を把握していたことを反映したものであると解される。

おわりに

以上、弘安田文の性格、記載内容をめぐる問題等について考察を進めてきたが、十分にそれらを明らかにできたとは言いがたく、論証の不十分な点、なお検討を要する点を多々残してしまった。また、弘安田文には、本稿で直接検討した問題以外にも、なお多くの問題が残されている。これらを合わせて、後日あらためて検討したい。
付記　本稿作成に当たっては、終始佐々木銀弥先生のご教示とご配慮を賜った。厚く御礼申し上げる次第である。

この論文は、鴨志田昌夫が昭和四五年（一九七〇）に茨城大学人文学部史学科の卒業論文としたものである。卒業の翌年、一九七一年三月一五日発行の『茨城県史研究』19号に掲載された。それを今回、学友助川常治氏の御好意により複写していただいた。

（1）『茨城県史料＝中世編1』所収、税所文書五

(2)『佐竹古証文』『安得虎子三』所収
(3) 石井進「鎌倉幕府と律令制度地方行政機関との関係」(『史学雑誌』六六の一二)および『中世国家史の研究』Iの第二章
(4) 現存の諸国大田文の中で、これらを欠いているのは、弘安田文の外には承久三年の能登国大田文があるのみである。
(5) (3) 論文
(6) 宮田俊彦『茨城県古文書集成　第二　税所文書』解説
(7) 島津久紀「中世常陸の国衙」(『歴史』三二)
(8) 常陸国総社宮文書(『茨城県史料＝中世編1』所収)以下総社文書はすべてこれによる。
(9)『平安遺文』
(10) 元応二年　橘郷大嘗会米免除訴状案(『茨城県史料＝中世編I』所収、鹿島神宮文書一一〇、以下鹿島神宮文書はすべてこれによる)
(11) 応長元年安芸国新勅旨田雑掌頼有申状(「東寺百合文書」な十一―十五、『中世法制史料集』第一巻第三部三七条)
(12) 税所文書(『茨城県古文書集成』第二所収)。以下税所文書は『茨城県史料＝中世編I』に収められたものについてはそれにより、それ以外は右の『茨城県古文書集成』所収のものによることとし、その際前者を『県史料』、後者を『古文書集成』と呼ぶ。
(13) この花押が大掾詮国のものであることについては、『茨城県古文書集成　第二　税書文書』解説および『茨城県史料＝中世編Iの「常陸国作田惣勘文案」に関する注記参照。
(14) 田沼睦「公田段銭と守護領国」(『書陵部紀要』一七)および「室町幕府と守護領国」(講座日本史3『封建社会の展開』所収)
(15)『中世法制史料集』第二巻第二部一一二条
(16) その二例というのは、「東郡大蔵省保五十一丁二反二百四十歩→六十六丁五反」「真壁郡塙世六丁四反三百歩→十一丁二反三百歩」の場合であるが、前者は所領構成に大幅な変化があったための増加、後者は嘉元に記載の誤りがあったためで、本来は同一田数であったと思われる。すなわち、大蔵省保の場合は、弘安田文では大蔵省保と並列的に記載された大淵、黒栖、方庭、石井原等の郷が、嘉元田文では「一大蔵省保六十六丁五反内、大渕廿六丁四段六十歩……」というように記され、これらの郷が大蔵省保内部に加納されたものと解される。一方、塙世の場合は、その前に「同助貞十一丁二反」とあり、この十一丁二反が二重写しになったとも考えられる。
(17) 橘郷については、宮田俊彦氏の詳細な史料紹介と研究がある(「国井八郎太郎正俊について」(『茨城県史研究』一〇))。
(18) 鹿島神宮文書三二九
(19) 同文書三一一
(20)『吾妻鏡』養和元年十月十二日条

(21) 鹿島神宮文書一二六
(22) (10) 史料参照
(23) 橘郷が南郡に属することは、①乾元二年鎌倉将軍家政所下文案(鹿島神宮文書三六二)に「常陸国府郡橘郷」とあり、南郡が国府の所在する郡であることからみて、府郡とは南郡の別称であると考えられること、②『倭名類聚抄』巻六の常陸国郡郷の項に「茨城郡(中略)立花」とみえ、南郡はこの茨城郡が南北に二分された一方であること(この点については『新編常陸国誌』巻三、高田実「東国における在地領主制の形成」(『日本歴史論究』所収)参照)、③弘安七年関東下知状(鹿島神宮文書三二七)に「常陸国橘郷内倉員村」とあるが、この倉員村は現在の東茨城郡小川町倉数に比定され、弘安田文の南郡の諸郷の現在地と比定される地名を地図上に拾って得られる南郡領域内に、それが含まれること等の諸点から明らかである。
(24) 橘郷が弘安田文の最初の欠損部分に、免除文としてまとめて記載されていたとも考えられないことはないが、たとえそうであったとしても、所論には支障はないと思う。
(25) 『吾妻鏡』養和元年三月十二日条
(26) 大窪郷が佐都東郡に属することは、嘉暦三年関東下知状案(塙不二丸氏所蔵文書(『茨城県史料=中世編I』所収)四)に「常陸国佐都東郡内大窪郷住人等」とあることから明らかである。
(27) (3) 論文I第三章参照
(28) 高田実「東国における在地領主制の成立」(『日本歴史論究』所収)等が代表的なものである。
(29) 網野善彦「職の特質をめぐって」(『史学雑誌』七六―二)および「常陸国南郡惣地頭職の成立と展開」(『茨城県史研究』一一)
(30) 田沼睦「公田段銭と守護領国」(『書陵部紀要』一七)および「室町幕府と守護領国」(講座日本史3『封建社会の展開』所収)
(31) 入間田宣夫「公田と領主制」(『歴史』三八)
(32) (29) 論文
(33) 長岡郷鹿島造営用途注文(真壁長岡文書)
(34) 平宣政・尼阿妙田在家売券(同文書)
(35) (31) 論文
(36) この坪付状(真壁長岡文書)には、

坪付事
二段　そりまち　源平太作
二段　五段田内　教智作
二段　　　竹王作
二段　ツふ志リ
二段　八段田内
　合壱町
三段　五段田内

三段　即号三段田
二段　そりまち
二段　かこまち
　合壱町（後略）

と記されているのみで、公田についての記載がまったくない。もし、公田が具体的に存在する田地を意味するならば、右の坪付状のどこかに公田についての記載があってしかるべきであろう。

(37)　税所文書（『県史料』）九
(38)　税所文書（『古文書集成』）目―一一
(39)　石井進「鎌倉幕府と律令制度地方行政機関との関係」（『史学雑誌』六六―一一）および『中世国家史の研究』Ⅰ第二章
(40)　志筑郷は弘安、嘉元田文によれば北郡に属する郷であり、現代の新治郡千代田村の上・中・下志筑に比定される。国衙から数キロの地に位置する郷である。
(41)　(29)『茨城県史研究』論文
(42)　その実施年代を明確に定めることは、現在のところその素材を欠き、極めて困難である。この点については後にあらためて検討したい。
(43)　吉田社領家小槻某下文（水戸市史編纂委員会編『吉田神社文書』二五）
(44)　将軍家政所下文（吉田神社文書二二）
(45)　吉田社領家小槻某下文（吉田神社文書四八）
(46)　この郡郷の性格については、すでに高田実氏が論文「東国における在地領主制の成立」（『日本歴史論究』所収）の中で、それが古代的な郡郷の解体・分化の中から生まれた中世的郡郷であることを明らかにされている。
(47)　税所文書（『古文書集成』）②―八。これが南北朝・室町期のものであることは、『茨城県古文書集成　第二税所文書』の第二部、すなわち現山戸茂氏所蔵分の年代の記されている文書のすべてが南北朝・室町期のものであること、この切手員数に鎌倉期の史料の中ではみられない山庄等の庄名がみえることなどから推定される。
(48)　橘郷大嘗会米免除訴状案（鹿島神宮文書一一〇）
(49)　大使文世書状（『古文書集成』所収、税所文書②―六）
(50)　役夫工米大使文世書状（同税所文書②―五）
(51)　常陸国総社宮文書一。この造営注文は前欠であるが、ここに記載された萱間、片野、田子共、大橋等の郷が南北両郡に属するものである点からみて、その前欠の部分には南、北両郡の郷が記されていたと思われる。
(52)　同文書二一
(53)　吉田神社文書一三

(54) なお吉田社造営費用は「一廻廊六間内社役三間并玉垣事　右件用途如先先無其実者社領内為臨時乎□令田率不日可造畢也」（吉田神社文書三〇、吉田社領家小槻淳方下文）とあるように、吉田社領内に社役として賦課される分もあった。

(55) 同文書一六

(56) 佐々木銀弥「中世常陸の国府六斎市とその商業」（『茨城県史研究』一八）

(57) 塙不二丸氏所蔵文書四号

(58) 西岡虎之助「坂東八カ国における武士領荘園の発達」（『荘園史の研究』下巻一所収）や、石井進「鎌倉時代の常陸国における北条氏所領の研究」（『茨城県史研究』一五）等は、この大窪郷を多賀郡の郷と解されているが、明らかに誤解である。

(59) 石井進氏は前注論文で、鎌倉末期に佐都東郡全体が北条氏得宗の手に帰していたことを示唆されているが、本論のように考えれば、それは十分にあり得ることだと思われる。

あとがき

この論文集著者の鴨志田昌夫は、二〇一五年九月一日に膀胱癌の転移による多臓器不全のため逝去しました。

亡くなる二、三年前、それまでに書き溜めて知人等に送っていた数点の論文を自費出版したいという希望を妻や実姉の私に漏らしたことがありました。しかし、私が具体的に話を進めようとすると、「まだ、もう少し調べたいこともあるので」と躊躇していました。

しかし、二〇一五年八月に「癌」の転移が明らかになった時、電話で見舞った私に「やはり出版したい」と言ったので、私の大学の後輩〈あずさ書店〉の水沢千秋氏に自費出版の依頼の手紙を八月末に出していました。

昌夫は、八月三一日に呼吸困難を訴え、杏林大学付属病院に緊急入院しました。午後に見舞いに駆けつけた家族や兄や私と会い、落ち着いて話もできました。「出版の話を進めて欲しい、原稿はパソコンに入れてあるので取り出して使って欲しい」と言います。そこで「明日、また来るね」と言って帰宅しました。その夜に水沢氏から電話があり、「出版のこと、お引き受けいたします。そういう事情なら、早くした方がいいですね。明日九月一日に打合せをしましょう」とのことでした。

ところが、昌夫は入院翌日の九月一日早朝に突然呼吸困難に陥り、私たちが駆けつけるのも待たずに亡くなりました。享年六八歳でした。

登山と古文書の研究が趣味でした。登山は、「百名山」はもちろん、「二百名山」にも挑戦していました。古文書は退職以前から、我が家に遺されていた「古文書」を解読してみたいという気持ちがあったようです。そこで、退職後「古文書を読む会」に参加し、ここに載せた数点の論文をパソコンでプリントして冊子にし、知人や兄や私にも送付して批評を請うていました。

昌夫が実家（常陸太田市小島町）の片隅で見つけた先祖の「家計簿」のような和綴じの冊子に興味を持ち、それを解読分析したのが、第1章・第2章の「郷士の暮らし向き」（二〇一二年十一月作成）です。参加していた「小金井古文書の会」での研究をまとめたのが、第3章「多摩郡上小金井村の幕末農民」（作成年は不明ですが、二〇一二年以降）、第4章は「鴨志田」というちょっと珍しい実家の姓と一族の由来について調べたもの（二〇一二年六月作成）、第5章は実家の系譜について調べたもの（二〇一二年五月作成）、第6章は昌夫の茨城大学の学部の卒業論文（一九七〇年一月作成）で、指導教官の佐々木銀弥先生のご推薦で、『茨城県史研究』に載せていただいたものです。これは大学時代の友人の、助川常治氏が「遺稿集を作るなら、卒論もぜひ載せてあげてください」とおっしゃって、コピーを送ってくださいました。

冊子にして公開した後でも、パソコン内で補足・推敲を重ねています。本人としては、もっと研究を深めて完全なものにしたかったのだと思いますが、志なかばで死に見舞われ、さぞ心残りだったことと思います。

出版については、遺された家族と改めて相談した結果、「遺稿集」として自費出版して、ゆかりの方々にお配りして読んでいただこうということになりました。出版を勧めてきた姉の私が中心となって、作成を水沢氏にお願いすることにしました。まだまだ未完成の部分も多くて、本人は苦笑していることと思いますが、供養として御一読いただければ幸いです。

出版にいたるまでには、編集をしていただいた水沢千秋氏、昌夫の大学時代の友人の助川常治氏にひとかたならぬお骨折りをいただき、感謝にたえません。助川氏は、卒論をこの論文集に掲載するように強くお勧めくださり、卒論の掲載誌を探し出してコピーをお送りくださいました。心からお礼申し上げます。

また、彼が生前、古文書研究の過程でご協力とご指導いただきました皆様にも、紙上をもちまして深く感謝申し上げます。

二〇一六年七月

川口久美子（昌夫姉）

著者紹介

鴨志田　昌夫（かもしだ・まさお）

1947年7月21日　茨城県常陸太田市小島町生まれ
1970年3月　茨城大学人文学部史学科日本史専攻を卒業
1970年4月　東京都立九段高校定時制社会科教員として就職し、以後、南葛飾高校・赤城台高校・神代高校・小平西高校などを歴任。2008年3月退職
2015年9月1日　逝去

古《こ》文《もん》書《じょ》を聴《き》く
—鴨志田昌夫歴史論文集—

2016年9月1日発行Ⓒ　　定価（本体価格2500円＋税）

著　書　鴨志田　昌夫

発行所　あずさ書店
東京都新宿区西新宿8-10-8
☎（03）5389-0435
郵便振替　00160-7-26689

ISBN978-4-900354-70-8 C3021 ¥2500E